U0542941

法学学科新发展丛书
New Development of Legal Studies

人权法的新发展

莫纪宏 王祯军 戴瑞君 王 毅\著

New Development of Legal Studies

中国社会科学出版社

图书在版编目（CIP）数据

人权法的新发展/莫纪宏等著．—北京：中国社会科学出版社，2008.10
（法学学科新发展丛书）
ISBN 978-7-5004-7347-3

Ⅰ．人…　Ⅱ．莫…　Ⅲ．人权-法的理论　Ⅳ．D90

中国版本图书馆 CIP 数据核字（2008）第 166547 号

出版策划　任　明
责任编辑　王半牧
责任校对　王应来
封面设计　杨　蕾
技术编辑　李　建

出版发行　中国社会科学出版社
社　址　北京鼓楼西大街甲 158 号　　邮　编　100720
电　话　010-84029450（邮购）
网　址　http://www.csspw.cn
经　销　新华书店
印　刷　北京奥隆印刷厂　　装　订　广增装订厂
版　次　2008 年 10 月第 1 版　　印　次　2008 年 10 月第 1 次印刷
开　本　710×980　1/16
印　张　28.75　　插　页　2
字　数　497 千字
定　价　42.00 元

总　序

景山东麓，红楼旧址。五四精神，源远流长。

中国社会科学院法学研究所位于新文化运动发源地——北京大学地质馆旧址。在这所饱经沧桑的小院里，法学研究所迎来了她的五十华诞。

法学研究所成立于1958年，时属中国科学院哲学社会科学学部，1978年改属中国社会科学院。五十年来、尤其是进入改革开放新时期以来，法学研究所高度重视法学基础理论研究，倡导法学研究与中国民主法治建设实践紧密结合，积极参与国家的立法、执法、司法和法律监督等决策研究，服务国家政治经济社会发展大局。改革开放初期，法学研究所发起或参与探讨法律面前人人平等、法的阶级性与社会性、人治与法治、人权与公民权、无罪推定、法律体系协调发展等重要法学理论问题，为推动解放思想、拨乱反正发挥了重要作用。20世纪90年代以后，伴随改革开放与现代化建设的步伐，法学研究所率先开展人权理论与对策研究，积极参与国际人权斗争和人权对话，为中国人权事业的发展作出了重要贡献；积极参与我国社会主义市场经济法治建设，弘扬法治精神和依法治国的理念，为把依法治国正式确立为党领导人民治国理政的基本方略，作出了重要理论贡献。进入新世纪以来，法学研究所根据中国民主法治建设的新形势和新特点，按照中国社会科学院的新定位和新要求，愈加重视中国特色社会主义民主自由人权问题的基本理论研究，愈加重视全面落实依法治国基本方略、加快建设社会主义法治国家的战略研究，愈加重视在新的起点上推进社会主义法治全面协调科学发展的重大理论与实践问题研究，愈加重视对中国法治国情的实证调查和理论研究，愈加重视马克思主义法学和中国法学学科新发展的相关问题研究……

五十年弹指一挥间。在这不平凡的五十年里，法学所人秉持正直精邃理念，弘扬民主法治精神，推动法学创新发展，为新中国的法治建设和法学繁荣作出了应有贡献。

法学研究所的五十年，见证了中国法学研究事业的繁荣与发展；法学研究所的五十年，见证了中国特色社会主义民主法治建设的进步与完善；法学研究所的五十年，见证了中国改革开放与现代化建设事业的成就与辉煌。

今天的法学研究所，拥有多元互补的学术背景、宽容和谐的学术氛围、兼收并蓄的学术传统、正直精邃的学术追求、老中青梯次配备的学术队伍。在这里，老一辈学者老骥伏枥，桑榆非晚，把舵导航；中年一代学者中流砥柱，立足前沿，引领理论发展；青年一代学者后生可畏，崭露头角，蓄势待发。所有的这一切，为的是追求理论创新、学术繁荣，为的是推动法治发展、社会进步，为的是实现公平正义、人民福祉。

在新的历史起点上，我们解放思想，高扬改革开放的大旗，更要关注世界法学发展的新问题、新学说和新趋势，更要总结当代中国法学的新成就、新观点和新发展，更要深入研究具有全局性、前瞻性和战略性的法治课题，更要致力于构建中国特色社会主义法学理论创新体系。

为纪念中国社会科学院法学研究所建所五十周年，纪念中国改革开放三十周年，我们汇全所之智、聚众人之力而成的这套法学学科新发展丛书，或选取部门法学基础理论视角，或切入法治热点难点问题，将我们对法学理论和法治建设的新观察、新分析和新思考，呈现给学界，呈现给世人，呈现给社会，并藉此体现法学所人的襟怀与器识，反映法学所人的抱负与宏愿。

五十风雨劲，法苑耕耘勤。正直精邃在，前景必胜今。

中国社会科学院法学研究所所长李林　谨识

二〇〇八年九月

前　　言

从严格学术意义上来讲，我国目前对人权法的理论研究仍然处于初创阶段，现有的关于人权法的理论研究成果基本上停留在对各种形式的人权法律制度的介绍和分析上，还没有建立起比较系统和科学的人权法学体系。所以，从学术意义上来看，目前还很难准确地提出“人权法学”的概念或者是“人权法学的新发展”这种学术命题。正值法学所所庆五十周年之际，由所里组织的“法学新发展”丛书邀稿，就近年来人权法学学科发展的情况进行系统介绍，但苦于“人权法学”尚未形成比较科学的学科体系，特别是在国内人权法与国际人权法之间存在着比较大的价值差异的情形下，要从宏观上来对“人权法学的新发展”作出一种学术上的总结对于作者来说显然力不从心。但是，我国学术界近些年来在介绍国际人权法制度和国内人权法制度方面所取得的成就还是令人瞩目的。因此，基于各种有关人权法的论著所作出的系统和全面介绍，在知识形态上就国际人权法与国内人权法在制度上的表现特征和发展线索作较为系统的学术梳理，这样的学术努力还是很有价值的。因此，本书的主旨也就由“人权法学的新发展”变为“人权法的新发展”。也许在学术上，对“人权法的新发展”的系统介绍和分析恰恰是人权法学自身不断发展和成熟的一种表现。

在我国理论界，对于人权法的理论研究肇始于对人权概念的理论探讨。而人权法不过是从法律和制度的层面来探讨人权价值在现实生活中的存在和实现方式。因此，人权法的基本理论是与人权的基本理论密切相关的。人权概念真正在学术意义上得到探讨，只是近20年来的事。

新中国成立以来相当长的一段时间内，人权一词一直是作为资产阶级法学理论的术语来对待的，主导的观点认为该概念存在的最大的问题是抹杀了人权本身的阶级性，突出了抽象的“自然人”，所以，人权基本上作为资产阶级的“法权”而受到我国理论界的批判。即便是在1976年唐山大地震之后，虽然全国人民万众一心、众志成城地投入抗震救灾，但在整个抗震救灾期间，包括《人民日报》在内的全国主要媒体仍然将批判资产阶级“法权”，作为当时各项任务的中心。人权问题一直属于我国理论界的一个学术禁区。

新中国成立初期，我国法学界基本上全盘接受了苏联的法学理论，因此，以自然人为主体的人权概念没有被我国的法学教育和法学研究所接受。在苏联的法学理论中，“‘自然人’这一概念是完全适合资产阶级法学原则的。但是，对于社会主义法律关系来说，就不能不加批判地予以接受。资产阶级法的一个特点就是用形式上的平等来掩盖和粉饰实际上的经济和政治的不平等，用形式上的平等来掩盖和粉饰剥削者和被剥削者的阶级对立性。资产阶级法抽象地，完全撇开了任何经济和政治因素，而单单从自然存在出发来看待个人。资产阶级法学中，‘自然人’这一概念还同下述事实相联系，即在资产阶级社会中，作为商品私人占有社会的市民社会是同国家相对立的。在市民社会中，个人表现为一个自然存在中的人，一个‘自由的人’，一个在资产阶级法的世界观中被描述成神秘的‘自然人’的形象的商品所有者。‘自然人’这一概念不过是资产阶级法中的一种幻觉，一种虚构”。[①]因此，人权与自由、平等、博爱等都被视为资产阶级的东西长期被法学理论视为“禁区”，不仅不能讨论，而且还带有非常严重的政治色彩。这种情况一直延续到“文化大革命”以后。

1978 年 5 月，《光明日报》发表了《实践是检验真理的唯一标准》一文之后，我国理论界掀起了一股解放思想的热潮[②]。在解放思想的大背景下，1978 年 6 月 19 日《光明日报》发表了徐炳撰写的《论“人权”与“公民权”》的文章，该文章是“文化大革命”后第一次在公开发表的媒体上正式讨论“人权”的文章，该文章的发表在理论界引起了很大的反响，揭开了我国理论界对人权问题讨论的序幕。特别是李步云、徐炳合作撰写的发表在 1979 年 10 月 30 日《人民日报》上的《试论我国罪犯在法律上的地位》一文可谓一石激起千重浪，触发了法学理论界和法律实务界关于罪犯有没有人权的大讨论。但是，由于 20 世纪 80 年代整体的理论环境还没有完全适合对人权问题进行深入研究，因此，人权问题的研究出现

① A. K. 斯塔利科维奇：《社会主义法律关系理论的几个问题》，《政法译丛》1957 年第 5 期，第 6 页。

② 在该文发表后，《北京日报》曾发表文章，标题旗帜鲜明地指出《人权是资产阶级的口号》，《红旗》杂志也刊登旗帜鲜明的文章，指出人权不是马克思主义的口号。参见郭道晖、李步云、郝铁川主编《中国当代法学争鸣实录》，湖南人民出版社 1998 年版，第 174 页。

了反复，总体研究状况是不到位的，很多关于人权问题的理论禁区无法突破①。

1989 年的政治风波之后，以美国为首的西方国家以中国侵犯人权为借口，在国际社会煽动反华势力对我进行制裁或者是在国际人权会议上提出对我不利的反华人权议案。在人权国际斗争面临诸多复杂局面的情况下，1991 年 3 月 2 日中宣部召开了人权问题座谈会，会议传达了中央领导同志对研究人权问题的高度关注，并组织专家落实了包括马克思主义人权理论、西方人权学说、发展中国家人权、社会党和民主社会主义人权观、中国人权建设、世界各国人权约法等著作的写作工作。《中国法学》1991 年第 3 期发表了一篇《深入开展人权与法制的理论研究》的“本刊评论员”文章。该文章首次提出了“高举马克思主义的人权旗帜”的命题。文章强调：“开展人权与法制的理论研究，首要的目的在于更完整地掌握马克思主义的人权理论，更好地将它运用于我国社会主义人权法制实践，完善有关人权的立法与执法，推进我国民主与法制建设。”② 此后，首都法学界迅速行动起来，在短短的几个月内先后召开了多次有关人权问题的理论研讨会，对人权问题展开了比较深入的研究。在此基础上，1991 年 11 月 1 日，国务院新闻办公室正式发表了《中国的人权状况》白皮书。至此，新中国成立以后长期以来在人权问题上的研究禁区终于被打破。人权问题不仅成为理论界关注的热点问题，也成为政府工作的一项中心任务。

从 20 世纪 90 年代初以后，人权问题开始成为我国理论界的热点问题。不仅介绍国外和当今世界各种人权理论和思潮的著作纷纷面世，而且还出现了一些面对我国人权实践、在总结各种人权理论学说基础上提出的带有创新意义的人权学说和人权观念。由于在人权实践中，我国政府在国际人权领域与美国为首的西方国家展开了针锋相对的人权斗争，我国人权理论界也开始调整以往习以为常的人权问题研究视角，注意吸收当今世界有关人权问题的最新学说和有关人权实践的最新的制度要求，在许多重要问题上，与西方国家展开了富有成效的人权对话，如中美人权对话、中欧人权对话、中国与北欧国家之间的人权对话、中国与澳大利亚之间的人权对话等。人权对话的深入不仅使对话双方理解了彼此在重要人权问题上所持的基本立场和态度，也

① 参见郭道晖、李步云、郝铁川主编《中国当代法学争鸣实录》，湖南人民出版社 1998 年版，第 176 页。

② 同上书，第 375—381 页。

促进了我国人权理论研究事业的空前发展和人权实践的不断进步。1997年10月27日，我国政府签署了联合国通过的著名国际人权文件《经济、社会和文化权利国际公约》，并于2001年2月28日由全国人大常委会批准了该公约[①]；1998年10月5日，我国政府还签署了联合国通过的另一个重要的国际人权公约《公民权利和政治权利国际公约》[②]，目前有关部门正在加紧研究，对于批准《公民权利和政治权利国际公约》需要解决的理论问题和制度问题进行深入地研究[③]。迄今为止，我国已经批准了23个重要的国际人权公约。最近的一次是2008年6月26日，第十一届全国人民代表大会常务委员会第三次会议批准了联合国的《残疾人权利国际公约》。对该公约的批准标志着我国人权法制建设又迈上了一个新台阶。

近年来，人权问题已经成为政府和全社会共同关注的热点问题。特别值得一提的是2004年3月14日第十届全国人民代表大会第二次会议通过的《中华人民共和国宪法修正案》，将“国家尊重和保障人权”明确写进了宪法。可以说，人权保护目前已经不仅仅停留在理论宣传和观念传播阶段，而且正在逐渐成为制度建设的基本任务。

“人权入宪”到底会给我国的社会主义民主和法制建设带来什么样的影响，是否会触发新一轮的思想解放和社会制度的变革，对于我国开展人权国际保护领域的交流和合作是否具有实质性的推动作用等等，这些问题在实践中要能够得到有效的解决，首先必须在理论上给以科学的解释和说明。

应当说，自20世纪90年代初以来，人权问题开始进入政府文件、国家立法和学者的研究著作中，但是，由于我国法学理论长期以来缺少对人权问题的规范性研究成果，导致了在法学理论上对人权的概念、人权的内容、人权保护的方式、人权保障机制、人权实现状况的评估等一系列基本理论问题的认识产生了巨大的争议，甚至是在如人权的概念这样一些最基本的理论问题上也还没有完全形成共识。在这样的理论背景下，“人权入宪”既是一种机遇，也是一种挑战。作为机遇，“人权入宪”为人权理论研究提供了制度建设性质的课题，使人权的理论研究具有了人权实践的支持；作为挑战，“人权入宪”通过将人权概念制度化，使得今后对人权问题的理论探讨必须

---

① 到2003年5月，该公约的成员国已经达到142个，另外，还有61个国家在公约上签了字。

② 截至2003年2月16日，该公约的成员国已经达到149个。

③ 到2002年12月9日，已经签署《公民权利和政治权利国际公约》，但尚未批准的国家共有8个。

具有实效性，从概念到概念的学究式研究肯定是要从人权问题研究领域出局的。

很显然，对“人权入宪”意义的解释必须要结合我国目前已经批准和签署的国际人权公约来进行。如果“国家尊重和保障人权”中的“人权”与国际人权公约中的“人权”的内涵相异，那么，要在我国建立一套为国际社会所普遍接受的人权保护机制是非常困难的。因此，必须用目前为我国所批准和签署的国际人权公约中的人权观念来解释“人权入宪”的价值。“人权入宪”从学术上来看，实际上使得我国在国内法角度来谈论“人权法”的概念才真正具有了针对性和实际意义。

可以说，人权问题在今天已经成为我国理论界理论研究的重点课题，与之相适应，人权研究机构也纷纷成立，各高等院校，特别是法律院校的人权教育课题也不断开设，有关人权问题的理论著作也纷纷出版。人权问题从禁止研究到成为政府和社会公众普遍关注的话题，在我国走过了一个漫长的岁月，我国理论界研究人权问题的视野也随着这种进程的变化和发展逐渐得到拓展。可以说，我国理论界对人权问题的研究，已经打破了单一的理论研究模式，多元化的研究方法被广泛地运用于人权问题研究的各个领域。这在一方面带来了人权问题理论研究的形式多样化和研究成果表面上的繁荣，另一方面也对人权实践的发展，特别是人权价值的制度化造成了一定的障碍。由于多元化的人权研究方法使得迄今为止并没有形成一种能够自圆其说的人权理论。一些试图以马克思主义基本原理来分析人权问题的理论学说，由于不能很好地掌握和运用马克思主义理论的精髓，因此，对人权问题产生的学说结论往往流于肤浅。这样的理论研究状况表现在从人权概念的界定到人权的性质、人权与其他价值的区分、人权的表现形式等各个方面。所以，当2004年3月14日第十届全国人民代表大会第二次会议通过新的宪法修正案将“人权”一词写进宪法的时候，从法律规范的角度如何来界定宪法修正案中所确立的“人权”概念的内涵，这是一个远远没有解决的基本人权理论问题，并且会直接影响到人权实践的开展。基于此，有必要对人权的一些最基本理论问题作出科学和有效的解释。

随着学术界对“人权入宪”的关注，“人权法”的概念也逐渐成为国内法律制度的重要组成部分。而对“人权法”内涵和特征的理论研究，理所当然地会逐渐形成比较科学和合理的“人权法学”。作者相信，随着我国学术界对人权法的普遍关注，建立在人权法基础之上的人权法学也必然日趋成熟。我们目前奉献给读者的虽然不属于“人权法学”学科自身的发展的知识，但是，本书全面和系统地梳理国际人权法与国内人权法的基本特征和历史发展线索以及对目前各种研究人权法的学术机构研究状况的系统介绍，相信会为科学地构建人权法学体系提供必要的知识背景和学术基础。很高兴，我指导的三位从事人权法学研究的博士生王祯军、戴瑞君以及王毅在从事博士学位论文写作的同时，都进行了卓有成效的资料收集和整理工作，其中王祯军博士负责国际人权法部分资料收集和写作工作；戴瑞君博士利用在国外学习的便利条件，系统地整理和介绍了当今世界主要的人权研究机构的研究状况；王毅博士负责国内人权法部分的资料收集和写作工作。在此，对诸位博士所作出的贡献表示感谢。最后，特别要感谢的是中国社会科学院人权研究中心张惠强女士。张女士直接提供了本书所附录的大量的有关人权法和人权法学理论研究的第一手相关资料，这些资料比较全面和系统地反映了迄今为止我国学术界对人权法的关注程度以及对人权法的理论研究状况和水平，为读者从事人权法的理论研究提供了较丰富的学术线索。作者相信，再过十年来写“人权法的新发展”，肯定会比现在条件更加成熟，学术信心更加充足。

莫纪宏

2008 年 7 月 10 日于北京西直门

目　录

第一章　国际人权法的基本制度

第一节　国际人权法的历史发展

国际法传统上只调整主权国家间的关系，国家与其管辖的个人之间的关系则严格属于主权国家国内法律所调整的对象。以国家和其领土内或受其管辖的人之间的关系为调整对象之一的国际人权法，在国际法上以独立的身份出现是在第二次世界大战之后。而在此之前，人权的保护问题基本是作为纯粹属于国内管辖的事项，国际法只是对一些特定领域或个别人权问题进行了一定程度的调整，这些问题包括宗教自由问题，禁止奴隶制和奴隶贸易，保护少数人，国际劳工保护和人道主义法等。

一　第一次世界大战之前国际法对特定人权问题的调整

（一）宗教自由问题

“宗教具有强大的力量。”“每一个社会都受益于充分的，不受阻碍的宗教和信仰实践。”① 正因为如此，宗教自由问题成为最早进入国际法调整范围的人权问题，宗教自由也成为国际法承认的第一项人权。1555 年的《奥格斯堡和约》就已经规定了天主教徒和路德教徒在神圣罗马帝国内享有同等的地位。17 世纪欧洲宗教改革后，为解决宗教冲突问题，欧洲各国相互签订了保护宗教自由的双边条约，例如，土耳其奥斯曼帝国和法国签署了一系列的条约，以保护在土耳其居住的法国人的宗教自由。另外，作为结束欧洲 30 年宗教战争标志的 1648 年的《威斯特伐利亚和约》，也包含了保护宗教自由的条款，它是处理宗教自由问题的第一个多边国际条约。此外，在 1878 年的柏林会议上，各大国承认塞尔维亚、黑山和罗马尼亚的前提条件就是接受“宗教自由的伟大原则”，《柏林条约》还给予了某些宗教团体以特别的法律地位。

---

① Tore Lindholm, W. Cole Durham, Jr., Bahia G. Tahzib-Lie (eds), *Facilitating Freedom of Religion or Belief: a Deskbook*, Martinus Nijhoff Publishers, 2004. p. 13.

（二）禁止奴隶制和奴隶贸易

奴隶制的历史可能和人类出现在地球上的历史一样长。[1] 奴隶制是指一个人有效地“拥有”另一个人，从而前者可以彻底剥削后者而不受处罚的制度，它直接导致一个人把所“拥有”的另一个人作为一项动产，从而导致后者“法律人格的毁灭”。奴隶制是一项非常野蛮、非人道的制度，它的存在还直接导致了奴隶贸易的长期存在，而奴隶贸易则同样是将人作为一种商品的买卖，因此，无论是奴隶制还是奴隶贸易，都受到了国家直至国际社会的谴责。禁止奴隶制和奴隶贸易从而也成为最初的国际人权运动的一部分。

早期国内法上有关禁止奴隶问题的规定很少具有人权和人道主义的性质，而只具有经济的性质。尽管如此，一些国家，如英国，[2] 在废除奴隶贸易最终废除奴隶制度上，对于国际法全面禁止奴隶制和奴隶贸易的发展具有特别重要的意义。19 世纪，国际禁止奴隶贸易的规定源自大量的双边协议，1815 年在维也纳大会通过的《关于奴隶贸易的宣言》和几个双边条约以及 1841 年《伦敦五部分条约》，为 19 世纪逐渐并最终废除奴隶和奴隶贸易发挥了作用。随后出现了一些多边条约，如 1841 年的《打击非洲奴隶贸易条约》，1856 年的《巴黎条约》，1878 年的《柏林条约》，1885 年《柏林大会法案》，而 1890 年由 19 个国家签订的《布鲁塞尔关于贩卖非洲奴隶问题的总议定书》，不仅禁止一般的奴隶买卖，而且规定了禁止奴隶买卖的措施，它是第一次世界大战之前有关国际社会禁止奴隶贸易的最为详尽和最为完备的多边国际公约，被称为禁止买卖非洲奴隶的大宪章。另外，在国际联盟的支持下，最终于 1926 年产生的《禁止奴隶公约》，是第一部现代人权保护的国际条约。它严厉禁止奴隶和奴隶贸易，代表了在国际法上第一个为了保护人权而签署的普遍性条约中的一个。[3] 目前，禁止奴隶和役使的规定，作为对这种在过去和现在都存在的人剥削人的极其可憎的现象的反映，已被列

---

① ［加］约翰·汉弗莱著，庞森、王民、项佳谷译：《国际人权法》，世界知识出版社 1992 年版，第 21 页。

② 在教友会和禁奴协会的推动下，英国政府在 19 世纪初开始采取谨慎的步骤逐步废除奴隶制和奴隶贸易。而在英国本土，自 1772 年起就明确宣布奴隶制为非法。参见［加］约翰·汉弗莱著，庞森、王民、项佳谷译：《国际人权法》，世界知识出版社 1992 年版，第 22 页。

③ 但是，《禁止奴隶公约》和《布鲁塞尔关于贩卖非洲奴隶问题的总议定书》一样，两者都没有就监督实施和执行问题做出规定，1953 年该条约经一项联合国议定书予以修正，并于 1956 年增加了一项附加公约，主要处理如农奴或债役等类似奴隶制的做法。根据公约，各缔约国不仅有义务制定国内禁止规定，而且必须在刑法中制定相应的制裁措施以及在此领域互相协作。

入所有关于基本人权的一般范畴之内。禁止奴隶已经成为习惯国际法并被认为构成了国际强行法。

（三）对少数者的保护

国际法对少数者的保护，是指通过国际条约对一个国家内部，在人种、语言、宗教等方面处于少数的群体的保护。早在1606年，特兰西瓦尼亚君主与匈牙利王国缔结的《维也纳条约》中就包含了新教徒礼拜自由的条款。1856年的《巴黎条约》和1878年的《柏林条约》也涉及保护奥斯曼（土耳其人的）帝国境内基督教少数民族问题。而少数者的保护在国际法上得到进一步的发展则发生在第一次世界大战后的国际联盟时代。

（四）外交保护

在第二次世界大战之前，除非涉及多个国家的利益，国际法并不负责个人权利的保护，尤其对于外国人的情况就更是如此。按照传统国际法，对于居住在一国的外国人来说，他们的国籍国相对于居住国在一定条件下具有保护他们的权利的义务。因此，如果一国的公民在居住国犯了侵犯居住国公民的罪行，罪犯的国籍国有合法的利益确保它的公民不受到酷刑，并确保他们享受公平审判的刑事程序。如果涉及特定的一群人，如政府官员、外交人员、士兵或其他在居住国代表居住国行动的人员，居住国在行使保护权方面的利益更加明显。这种外交保护权是主权国家基于互惠原则所具有的一项合法功能，它属于国籍国的权利，并非是个人权利。因此，传统国际法上的外交保护权与对个人人权的保护是不同的。但是，外交保护权对与国际人权法的形成也具有一定的意义，正如托马斯·伯根索尔（Tomas Buergenthal）等所言，"当现代国际法开始承认个人应该享有一定的基本人权时，无论个人的国籍如何，国家责任法的大量原则为国际人权法的制定提供了可以吸收的标准库"①。另一方面，外交保护权也导致了国际法和国际人道法上的豁免权的发展。豁免权是最初的也是最重要的使特定人员免除居住国国家主权管辖的权利，同时，这一权利在国际人道法中得到了升华。国际人道法还发展了武装冲突中的人的最低待遇标准。这些标准非常类似于人权，但是因为仅在武装冲突中适用，它们与人权是不同的。

（五）武装冲突中的国际人道法

国际人道法，是在战争或武装冲突中形成和发展起来的，基于国际人道

---

① Tomas Buergenthal, Danan Shelton, David Stewart, *International Human Rights*, West Group, 2004. p. 16.

主义原则，专门规定给予战争受难者（包括但不限于武装部队的伤病员、战俘和平民）以必要保护的国际法规范。[①] 国际人道法起源于“作战应遵守一定的原则和习惯”这一古代文明与宗教规则。19世纪，国际人道法的思想理论得以形成，为国际人道法的以后发展奠定了基础。1862年，在瑞士人亨利·杜南特（Henry Dunant）的倡议下，瑞士发起了红十字组织运动。1864年，瑞士、法国、荷兰、比利时、葡萄牙等12个国家在日内瓦签订了《改善战地武装部队伤者境遇的公约》，该公约后经1906年、1929年和1949年三次修订，成为著名的日内瓦四公约之一。该公约宣布，要对受伤或患病的武装部队人员或其他人员进行保护，给予人道待遇。如该公约第3条规定，在非国际性武装冲突中，缔约国对于不实际参加战争的人员，包括放下武器的武装部队人员及因病、伤、拘留或其他原因而失去战斗能力的人员，在一切情况下不得“对生命与人身施以暴力”、“作为人质”、“损害个人尊严”或随意审判。公约还规定，对于医疗队及医疗所，专门从事寻觅、收集、运送、医治伤者、病者及预防疾病的医务人员及相关的职员、随军牧师、医疗运输队，在任何情况下都应该受到冲突各方的尊重和保护。至今，国际红十字委员会——一个总部设在日内瓦的瑞士人道主义组织，在监督国际人道主义法的执行和提供人道主义援助方面仍然发挥着杰出的作用。

（六）人道主义干涉

尽管传统国际法将国家与其公民的关系看作是完全属于国内管辖的事项，但是在一些情况下，这一规则也有可能被超越。明显的例子就是所谓的“人道主义干涉”，即当一个国家犯有对本国人民施行残暴或迫害的罪行，这种残暴或迫害是如此的野蛮和广泛，以至于否定了他们的基本人权并且震撼人类的良知，那么承认某些国家为了人道进行干涉而使用武力为合法。[②] 人道主义干涉的理论出现于17世纪，19世纪出现了一些以人道主义为借口对外干涉的案例，如奥斯曼帝国以为了维护宗教上的少数人的权利对外施行的干涉。由于进行人道主义干涉的原因常常是基于对政治因素的考虑，实际上它更多的是被滥用来作为侵犯国家主权、干涉别国内政的工具。正因为如此，很多国家怀疑这种人道主义干涉的合法性。但尽管如此，人道主义干涉第一次提出了这样的主张：国家根据国际法所享有的自由在对待本国公民时

① 王虎华：《国际人道法的定义》，参见 http：//www.haolawyer.com/，2008年5月8日访问。

② ［英］赫希·劳特派特修订，王铁崖、陈体强译：《奥本海国际法》上卷，第一分册，商务印书馆1971年版，第235页。

也是受到一些限制的。[1] 这为以后国际人权公约的制定和国际人权保护机制的建立提供了一种理论上的支持。

二 国际联盟的成立

第一次世界大战之后，在人权国际保护方面的一个重要进展就是国际联盟的出现。国际联盟的建立是第一次世界大战的产物，它是根据1919年1月至6月举行的巴黎和会签订的《凡尔赛和约》（全称为《协约和参战国对德和约》）第一章“国际联盟盟约”成立的第一个国际合作性的国际组织。国际联盟也是第一个普遍性的国际组织，并被认为是联合国的先驱。它的宗旨是“维持国际和平与安全”以及“促进国际合作”[2]，阻止再一次发生战争。尽管这一目标最终由于政治原因而失败，但是国际联盟在强调国际关系的多边和法律性方面还是做了很多的贡献。另外，尽管人权保护问题没有包含在国际联盟的宗旨中，但是它的委任托管权和少数人保护制度以及国际监督机构制度，还是为今天联合国和各区域组织所实践的人权保护建立了一定的基础。

委任托管权条约是签署于国际联盟和托管国（英国和法国）之间的、旨在为居住在托管领土的人民设立最低限度权利的协议。这些最低限度的权利中的一些权利，诸如禁止酷刑，其实就是我们现在所说的人权。国际联盟任命了一个托管委员会监督由托管国提交的定期报告，并处理托管领土内的个人提交的申诉。这些活动都体现了人权国家报告和个人申诉程序的开始。

另一方面，传统上以种族、语言和宗教为区分界线的少数人问题由于第一次世界大战的原因也凸显出来。典型的例子就是土耳其帝国和奥匈帝国的瓦解以及1919年和1920年间以《凡尔赛和约》为首的一系列和约中确定的边界。正是这些和平条约导致了许多少数人群体的出现，如在意大利居住的说德语的群体，希腊国内的阿尔巴尼亚少数群体，等等。通常，这些少数人是居住国的公民，但是却受到在种族、语言、宗教和文化原因与它们有联系的起源国的保护，而这些起源国通常与他们的居住国接壤。他们的保护国认为他们有责任确保他们的少数地位得到维持，使他们的种族、语言、宗教和文化身份得到保护。由国际联盟实施的少数人保护正是基于终止第一次世界

---

① Tomas Buergenthal, Danan Shelton, David Stewart, *International Human Rights*, West Group, 2004. pp. 3—4.

② 参见《国际联盟盟约》序文。

大战的和平条约。如1919年9月签订的对奥地利和约、同年11月签订的对保加利亚和约以及1920年6月签订的对匈牙利和约等，都把对这些国家内少数民族的保护列为专编，还规定了少数民族的一些权利和基本自由。通过签署这些和约，同盟国和它们的继承国同意对它们的少数人授予一定的权利。国际联盟还任命了少数人委员会确保和约对少数人的保护能够在国际法上得到遵守。到1938年为止，少数人委员会已经处理了大约650件由少数人或它们的成员国所提交的申诉。另外，国际常设法院也反复处理少数人问题，如1935年法院就“关于在阿尔巴尼亚的少数人学校”问题发表了咨询意见。

另外，在国际联盟时代还出台了一些保护人权的国际条约。如1926年9月25日国际联盟主持制定的《禁奴公约》、1930年6月28日的《禁止强迫劳动公约》，都是有关人权的国际保护的公约。[①]

此外，《凡尔赛和约》除了结束第一次世界大战并导致了保护少数人的规定的产生，建立了国际联盟之外，还建立了另外一个被证明对国际人权保护的发展具有非常重要意义的国际组织——国际劳工办公室，它是国际劳工组织的前身。国际劳工组织是根据1919年《国际劳工组织章程》成立的一个自主的、常设的政府间组织，现今是对保护经济、社会和文化权利最有效的一个联合国专门机构。根据《国际劳工组织章程》序言的规定，该组织的主要目的是从正义和人道主义出发，改善劳动现状。具体目的包括：限制工作时间、防止失业、担保足以维持相当生计水平的工资、保证工人的疾病医疗和工伤医疗、保护儿童和青年男女、规定年老及残废之养老金、保障外籍工人的利益、承认自由结社的权利、组织职业和专门教育等。截至第二次世界大战前的1939年，国际劳工组织大会一共通过了67个国际公约和66个建议，公约的批准国有38个，批准总数达948个。[②] 在国际劳工组织大会第二次世界大战前通过的国际公约中，主要包括关于基本权利和自由方面的公约，关于劳动权利的公约，关于劳动条件和生存条件权利的公约，关于禁止童工和保护青年工人权利的公约以及关于保护妇女工人的公约。与此同时，国际劳工组织还建立了一套诸如会员国的报告制度、审查制度以及处理争端的特殊制度等相关的监督机制，这些制度对于第二次世界大战后成立的

---

① 参见王铁崖主编《国际法》，法律出版社1981年版，第261页。

② 参见［日］高野雄一《国际组织法》（新版），有斐阁1975年日文版，第322—323页。

联合国及其专门机构对人权所建立的保障机制都产生了非常重要的影响作用。①

总体上看来，从第一次世界大战到第二次世界大战短暂的二十几年间，人权的国际保护观念有了进一步的提高，相对于19世纪国际条约对人权的保护来说，人权保护的水平有了质的改善，出现了保障人权实现的监督机制。但是，由于在这一阶段，主要资本主义国家之间的矛盾以及殖民地与宗主国之间的矛盾不断激化，所以，没有能够形成为大多数国家所普遍接受的人权概念。而为国际条约和有关的国际组织所保护的人权范围很窄，仅限于禁止奴隶、保护少数民族的权利以及保障劳工权利等。还没有形成制度化的人权国际保障机制以及具有一定合理秩序的国际人权关系。

三 作为国际法独立分支的国际人权法

尽管根据国际人道法的规定，武装冲突中的战俘有免受酷刑的权利并应获得有尊严的待遇，但是，由于国家与其公民及居民的权利义务关系完全由国内宪法等法律调整，致使国家可能为所欲为地对“它自己的”人民实行种族灭绝而不受外部的干涉和反对。“这一道德的双重标准是国家主权原则和不干涉内政的国际法原则的结果。”② 面对1915年发生在阿尔巴尼亚的对土耳其人的屠杀所表现出的国际外交的无能为力，是这种可能性变成现实的很好的一个例子，从中也表明了人权需要来自国际的保护。更为深刻的是，第二次世界大战彻底暴露了仅靠国内宪政体制保护人权所存在的不足。第二次世界大战所造成的对人权的极大践踏让国际社会清醒地认识到：人权保护问题不仅仅是一个国家的内部问题，而且也是一个国际性的问题。

（一）第二次世界大战后国际人权法的产生和发展

第二次世界大战之后，鉴于第二次世界大战给全世界人民所带来的巨大灾难以及战争对人的尊严的践踏和漠视，包括战败国在内的世界各国政府和人民痛定思痛，在总结法西斯主义给人的生命和尊严所造成的巨大危害的血的经验教训基础之上，提出了在全世界范围内通过建立有效的国际组织，确立具有普遍意义的人权保护标准来防止第二次世界大战悲剧的重演。

1941年1月6日，美国总统罗斯福在国情咨文中把战后世界性的政治

---

① 参见刘升平、夏勇《人权与世界》，人民法院出版社1996年版，第149—150页。

② Manfred Nowak, Introduction to the International Human Rights Regime, Martinus Nijhoff Publishers 2002. p. 21.

和社会基本目标确定为：言论和表达自由，每个人以自己的方式来崇拜上帝的自由，免于匮乏的自由和避免恐惧的自由，即著名的“四大自由”原则。同年8月14日，英美两国首脑发表了著名的《大西洋宪章》。重申了“四大自由”原则。1942年1月1日，美、英、苏、中等26个国家在美国首都华盛顿签署了《联合国家宣言》，该宣言重申了《大西洋宪章》的宗旨，明确宣告：“深信完全战胜它们的敌国对于保卫生命、自由、独立和宗教自由并对于保全本国和其他各国的人权和正义非常重要，同时，他们现在正对力图征服世界的野蛮和残暴的力量从事共同的斗争。”在第二次世界大战结束之前，又有21个国家加入了《联合国家宣言》。这个宣言标志着世界反法西斯同盟的形成，为战后建立联合国组织奠定了基础。

1944年夏末，由苏、美、英、中四国在美国华盛顿的敦巴顿橡树园会议上通过了《关于建立普遍性的国际组织的建议案》。1945年6月25日，由50个国家在美国旧金山一致通过了《联合国宪章》。《联合国宪章》第一次将“人权”规定在这个普遍性的国际组织宪章中，并将尊重全体人类的人权及基本自由作为联合国的一项宗旨。《联合国宪章》在“联合国宗旨及原则”中就开诚布公地规定：“促成国际合作，以解决国际间属于经济、社会、文化及人类福利性质之国际问题，且不分种族、性别、语言或宗教，增进并激励对于全体人类之人权及基本自由之尊重”为联合国的基本宗旨之一。①《宪章》包含了七项涉及人权的条款。② 这为当代人权法的发展奠定了法律上和概念上的基础。其中最重要的就是关于“经济及社会理事会”职权的规定。《联合国宪章》第68条规定：“经济及社会理事会应设立经济与社会部门以提倡人权为目的之各种委员会，并得设立于行使职务所必需之其他委员会。”这一条规定成为后来在经社理事会建立人权委员会的法律基础。

《联合国宪章》生效后不久，联合国筹备委员会就建议经济与社会理事会立即设立人权委员会以制定一份“国际权利法案”。这一建议在1946年2月12日得到联合国大会的批准。人权委员会在第一次会议上成立了一个由美国、中国和黎巴嫩代表组成的三人委员会起草宣言草案。由于委员之间意见不一致，所以，没有取得任何成果。1947年6月，人权委员会新设立了由8人组成的起草委员会，并任命了由法国、黎巴嫩和英国三国代表组成的

---

① 参见《联合国宪章》第1条第3款。

② 即第1条（3），第13条（1），第55条，第56条，第62条（2），第68条和第76条。

工作小组。该工作小组请法国代表海耐·卡森在联合国秘书处准备的提纲基础上，起草了一个新的草案。1948 年 5 月至 6 月，人权委员会在第二期会议上通过了宣言草案。1948 年 12 月 10 日，在联合国大会第三届会议上，大会以压倒多数正式通过了《世界人权宣言》。后来，12 月 10 日这一天被联合国定为国际人权日。

《世界人权宣言》的诞生是人权国际保护的标志性国际法文件，它开创了国际人权关系的新时代，从此，以《世界人权宣言》为基础，建立了一系列以保障人权为宗旨的国际性或区域性的法律制度，特别是 1966 年 12 月 16 日第 21 届联合国大会通过的《经济、社会和文化权利国际公约》和《公民权利和政治权利国际公约》，它们与《世界人权宣言》一道构成了当今国际人权关系的法律基础，成为人权国际保护的最核心的国际法文件，被称为“国际人权宪章”。在此之后，一些专门性和区域性的国际人权公约也相继出台。国际人权保护进入了前所未有的规范发展时期，与此同时，国际人权保护的实施机制也得到建立并获得了不断地发展，国际人权法作为国际法的一个重要分支就此而产生。

（二）国际人权法作为独立分支产生的必然性

约翰·汉弗莱（John Humphrey）认为，人权之所以需要国际法保护的一个原因是，“尽管保护人权的主要责任在于国家，但说到底，人权还必须由一种超越国家秩序之上的法律秩序来加以保护。需要一种更高级的法律程序，以便依照它对国家程序加以评判。因为国家的法律，包括宪法规定的法律，对人权可能未提供充分的保障，或者提供了保障但却可以更改”。[①] 实际上，造成第二次世界战爆发的原因尽管是多方面的，但其中一个重要原因就是战争的制造者德国国内宪政制度在人权保护上的失灵。从战争的挑起者德国当时的情况可以很好地验证这一点。

德国 1919 年成立“魏玛共和国”后，制定了一部《魏玛宪法》。该宪法在许多领域都发展了近代宪法以来所沿袭的宪法传统，体现了资产阶级民主色彩，特别是确立了人民主权原则，规定了魏玛共和国在保障公民权利方面的责任，几乎涵盖了当时各种先进的宪法所规定的各项权利，特别是对公民经济权利的规定，开创了宪法所规定的以政府积极主动的保障责任为基础的经济、社会和文化权利等第二代人权的先河。整个宪法共有 181 条，约 1.4 万

① ［加］约翰·汉弗莱著，庞森、王民、项佳谷译：《国际人权法》，世界知识出版社 1992 年版，第 6 页。

字，是当时最长的一部宪法。因此，就宪法本身而言，它是一部具有一定历史进步性的宪法，尤其是在人民的基本权利规定上对后来各国宪法产生了非常巨大的影响，堪称当时宪法中的典范。然而，这样一部在当时近乎完美的宪法却不仅没有发挥人们所期望的使人权得到充分保护的功能，相反，它却成了纳粹践踏人权，发动战争的工具。《魏玛宪法》规定总统在认为国家受到扰乱或危害时，有权停止宪法关于公民基本权利条款的效力，使统治阶级能随时镇压劳动人民，这为后来在德国建立法西斯专政开辟了道路。随着希特勒法西斯政权的上台，依据该宪法所建立的资产阶级民主制度事实上遭到了践踏，被法西斯政权通过的《消除民族和国家危机法》（1933 年 3 月 23 日通过）、《联邦参政会废止法》（1934 年 2 月 14 日通过）、《禁止组织新政党法》（1933 年 7 月 14 日颁布）、《关于帝国最高领袖的法令》（1934 年 8 月 2 日颁布）、《保护德意志人民紧急条例》（1933 年 2 月 4 日颁布）、《保护人民与国家条例》（1933 年 2 月 28 日颁布）等法西斯法律所取代，《魏玛宪法》名存实亡。法西斯对内采取践踏人权的野蛮行为，对外则实行对外侵略扩张的残暴行径，终于导致了第二次世界大战的爆发。第二次世界大战中法西斯和军国主义泯灭人性的践踏人权的行为，特别是纳粹德国对犹太人的灭绝种族的行为，“至少在当时向人们证明了这样一个事实：即一国政府对其国民的野蛮行为与对其他国家的侵略之间密切相关，尊重人权与维护世界和平之间密切相关”。[①]“如果在国际联盟时代存在着一种保护人权的有效的国际制度，这些侵犯中有一些应可以被制止”。[②] 因此说，国际人权法的产生和发展是历史发展的必然，是对国家宪政建设的一种必不可少的补充。

（三）国际人权法的基本框架

国际人权关系的产生和发展是随着人权在国际法上的保护方式、保护范围以及保护机制的变化而不断变化的，迄今为止，已经形成了以联合国以及各专门机构作为人权国际保护的主要组织形式，以《世界人权宣言》和两个国际人权公约为基本的法律基础，由联合国绝大多数成员国参加的既有区域性、又有全球性的国际人权保护体系。在具体的制度中，国际人权保护又是由人权法律、承认和批准制度、实施责任、监督机制等要素组成的一个综

---

① 龚刃韧：“国际人权法与比较宪法：兼论中国宪法和国际社会中的人权事项”，载白桂梅主编：《国际人权与发展》，法律出版社 1998 年版，第 85 页。

② Tomas Buergenthal, Dinah Shelton, David Stewart, *International Human Rights*, West Group 2004, p. 27.

合性的既有区域性、又有全球性的人权国际保护关系体系。国际人权关系已经产生了一定程度上的制度规范，并且具有比较稳定的行为模式。任何民族国家，不管它以何种方式来承认或参与人权的国际保护事业，都必须服从迄今为止已经形成的国际人权关系秩序。从目前有关国际人权关系的基本法律制度来看，现行国际人权保护制度的基本法律框架由以下几个方面组成：

1. 联合国人权保护制度

（1）《联合国宪章》机制

对人权的普遍保护是由联合国和它的专门机构来实施的。联合国不仅发展了大量的国际人权标准，也依据《联合国宪章》建立了复杂的、普遍性的机构和制度来监督对人权的遵行。《联合国宪章》机制的力量更多的不是存在于执行人权条约的程序上，而是存在于它们的政治机构（特别是联合国大会和前人权委员会）的活动上，也涉及多边外交，其中特别重要的是一些特殊的机制，如主题机制、国别机制、工作组、专家和特别报告员。另外，联合国人权事务高级专员办公室的努力工作以及以成立联合国人权理事会为标志的对《联合国宪章》机制的重大改革，都意味着联合国及其机构在国际人权保护中将继续发挥重要的作用。

（2）联合国人权条约机制

第二次世界战之后，产生了以联合国大会通过的《世界人权宣言》为基础，《经济、社会和文化权利国际公约》、《公民权利和政治权利国际公约》及其议定书为核心的“国际人权宪章”。具体来说，“国际人权宪章”由三组相互密切联系的国际法文件构成的，即宣言、公约和任择议定书。宣言通常是带有原则性和指导性的；公约则将宣言所确立的各项原则具体化，并设立相应的保障人权实现的机制；任择议定书是为了保证公约的内容得到更好的实现而制定的要求缔约国承担更多的保障人权的职责的辅助性文件。此外，联合国还通过了一些重要的人权文件，比较重要的有《消除一切形式种族歧视国际公约》、《防止及惩治灭绝种族罪国际公约》、《消除对妇女一切形式的歧视公约》、《禁止酷刑和其他残忍、不人道或有辱人格的待遇或处罚国际公约》、《儿童权利国际公约》、《迁徙工人及其家庭成员权利公约》以及《残疾人权利国际公约》等。这些国际人权文件不仅设立了普遍性的人权标准，并且建立了监督公约实施的专门机构。共同构成了联合国层面上，在《联合国宪章》机制之外的国际人权保护制度。

2. 欧洲人权保护制度

欧洲是最早建立区域性人权保护制度的地区。然而，欧洲人权保护制度并不是一项单一的制度。这方面的先驱者之一是欧洲理事会，它是第一个建立人权法院的国际性组织，开启了司法性的个人申诉程序。在欧洲理事会中，人权问题一直并直到今天仍然是首选问题，以《欧洲人权公约》为基础所建立的人权保护制度是目前世界上运行最为有效的一项制度。其次，欧洲联盟在政治上仍然是最具活力和影响力的机构，尽管在保护人权方面只发挥间接的作用，然而，人权问题日益被吸收到迅速扩张的欧盟的计划中，《欧洲基本权利宪章》的出台正预示着欧盟将在未来的欧洲人权保护中发挥更积极的作用。最后，尽管主要作为一个旨在欧洲范围内促进安全和和平的组织，但是欧洲安全与合作组织采取了很多有价值的人权行动，无论是以前的欧洲安全合作会议，还是今天的欧洲安全合作组织，无论是以《赫尔辛基最后法案》为基础所建立的会议机制，还是后来发展的人权维护尺度机制、国内少数专员机制，都在维护欧洲的稳定与和平和保护人权中发挥着重要的作用，成为欧洲人权保护制度中不可或缺的一个组成部分。

3. 美洲人权保护制度

美洲国家组织是第二个重要的区域性人权保护组织。在国际人权保护制度中，美洲国家组织的人权保护制度以“双重性”而独具特色。从建立制度的法律文件上来看，美洲国家组织所建立的人权保护制度是由两项不同的制度组成的，一项制度是基于《美洲国家组织宪章》和《美洲人的权利和义务宣言》，另一项是基于《美洲人权公约》。而从美洲人权委员会既是美洲国家组织的主要机构，同时也是《美洲人权公约》的主要监督机构的事实上来看，两项制度似乎又是重合在一起的。美洲人权保护制度的这一特点实际上是在坚持固有人权传统的基础上吸取欧洲人权保护制度先进模式的一种反应。美洲人权保护制度正是在这种继承与改革中缓慢地向前发展。2001年5月1日生效的新的程序规则对个人申诉程序所做的看似微小的修改，或许会成为美洲人权保护制度向更有效的的方向发展的前哨。

4. 非洲人权保护制度

非洲虽然有“黑暗的大陆”之称，但是它在建立区域性人权保护制度的道路上却走在了亚洲的前面。长期遭受西方殖民主义政治压迫和经济剥削的非洲，其所建立的以《非洲人权和民族权宪章》为基础的人权保护制度充分反映了其反殖民主义、追求民族独立发展的特点。非洲人权和民族权委员会、国家报告程序以及个人申诉程序的建立说明，在饱受剥削、频遭战乱、经济落后的非洲已经并不缺少人权保护的机制。而非洲人权保护制度存在的问题更多地在于，非洲的政治家们是否真正具有执行人权保护制度的意愿，也在于进一步完善现有监督机制并使之更为有效。1997 年《非洲人权和民族权宪章关于建立非洲人权和民族权法院的议定书》在将非洲人权和民族权法院的建立提到议事日程的同时，也是对非洲的政治家们的人权意愿以及现有人权监督机制的一次挑战。

此外，由于存在着多种文化，特别是多种形式的宗教信仰，并且还存在着对人权价值有不同理解或者是根本冲突的社会制度，亚洲至今尚没有建立区域性的人权保护制度。

第二节　联合国国际人权保护制度的基本内容及特征

作为国际联盟的继承组织，同时也是作为对由战争导致的灾难的一种反应，联合国建立于二战胜利后的 1945 年，是接受旧金山会议上签订的《联合国宪章》所载义务的国家所组成的全球性组织。联合国现在已经有 191 个成员国，实质上已经包括了世界上所有的主权国家，成为当今世界上最有影响和最大的综合性国际组织。联合国的主要目标是《联合国宪章》第一条所规定的，维持国际和平与安全，实现国际合作发展和人权。如今，促进人权保护问题已经上升为联合国所致力解决的最重要的问题之一，联合国已经建立起了以《联合国宪章》和联合国所通过的众多人权公约为基础的人权保护制度。

一　《联合国宪章》中的人权条款

《联合国宪章》“勾划出了战后维护世界和平与安全的蓝图，使世界各国争取平等反对侵略的旗帜，是国际法和国际关系史上一部划时代的重要文献”![①] 宪章分别在序言和七个条款中对人权问题做出规定，这些规定如下：

宪章在序言部分开宗明义地宣布：“欲免后世再遭今代人类两度身历惨不堪言之战祸，重申基本人权，人格尊严与价值，以及男女与大小各国平等权利之信念。”

宪章的第一章“联合国宗旨及原则”中的第 1 条第 3 款规定：“促成国际合作，以解决国际间属于经济、社会、文化、及人类福利性质之国际问题，且不分种族、性别、语言或宗教，增进并激励对于全体人类之人权及基本自由之尊重。”

---

① 梁西：《国际组织法》，武汉大学出版社 2001 年版，第 64 页。

宪章第四章第13条“大会”中的第1款（丑）项规定：大会应发动研究，并做成建议，“以促进经济、社会、文化、教育、及卫生各部门之国际合作，且不分种族、性别、语言、或宗教，助成全体人类之人权及基本自由之实现”。

宪章第九章“国际经济及社会合作”中的第55条规定：“为造成国际间以尊重人民平等权利及自决原则为根据之和平友好关系所必要之安定及福利条件起见，联合国应促进：（子）较高之生活程度，全民就业，及经济与社会进展。（丑）国际间经济、社会、卫生、及有关问题之解决；国际间文化及教育合作。（寅）全体人类之人权及基本自由之普遍尊重与遵守，不分种族、性别、语言、或宗教。”

宪章第56条在第55条的基础上进一步规定：“各会员国担允采取共同及个别行动与本组织合作，以达成第五十五条所载之宗旨。”

宪章第十章“经济及社会理事会”中的第62条第2款规定：“本理事会为增进全体人类之人权及基本自由之尊重及维护起见，得做成建议案。”

宪章第十章的第68条规定：“经济及社会理事会应设立经济与社会部门及以提倡人权为目的之各种委员会，并得设立于行使职务所必需之其他委员会。”

最后，宪章第十二章“国际托管制度”中的第76条（寅）项规定：“不分种族、性别、语言或宗教，提倡全体人类之人权及基本自由之尊重”为联合国托管制度的基本目的之一。

《联合国宪章》的上述条款从规定上来看虽然并不复杂，但有关这些条款的解释，无论在理论上还是在实践中都存在严重的分歧。而因为对条款内容的解释不同也直接导致一直以来对于“宪章的人权条款是否为联合国的会员国创设了一种法律义务，以及创设了何种法律义务”的问题的争议。首先，《联合国宪章》作为一项多边国际条约，它可以对缔约国创设国际义务，这一点根据1969年《维也纳条约法》的规定是不容置疑的。因此，就宪章的人权条款而言，显然，宪章在人权方面是创设了一定的国际法上的义务。其次，宪章的人权条款是否都是为缔约国创设的义务呢？从宪章的人权条款的字面上来看，尽管它们都提到了人权，但实际上大部分条款创设的义务与缔约国没有直接的关系。这些条款或者是规定联合国的宗旨，如第1条第3款，或者是规定联合国组织的职权或义务，如第55条，或者是规定联合国各机构的职权或程序，如第13条第1款，第55条以及第62条和第68条，或者是规定联合国有关制度的目的，如第76条。因此，上述提到的人权条款显然并没有直接为缔约国创设义务。实际上，在宪章的七项人权条款中，只有第56条规定了“各缔约国担允……”为缔约国创设了法律义务。然而，接下来的问题是，第56条为缔约国创设的是“保护人权”的义务吗？从第56条的字面上来看，缔约国根据该条规定应“担允采取共同及个别行动与本组织合作，以达成第五十五条所载之宗旨”，而第55条所载的宗旨是“促进”“全体人类之人权及基本自由之普遍尊重与遵守，不分种族、性别、语言、或宗教”。也就是说，宪章第56条为缔约国设定的法律义务仅仅是“促进”全体人类之人权和基本自由的尊重和遵守。①

《联合国宪章》虽然提及了“人权”的保护，但在为缔约国设定义务时却选择了“促进”而不是“保护”，这是因为在起草宪章的当时，多数国家固守这样一种观点：保护人权的国际措施不应该干涉国家的主权，国际法所建立的任何措施都应该是基于国家要求，或由相关国家同意的措施。然而，也正是因为《联合国宪章》并没有为缔约国创设“保护人权”的义务，使得“如何保护个人的人权免受国家的侵犯”需要在国际法中做进一步的规定。因此，国际社会在联合国建立的随后几十年中继续专注于制定具有法律拘束力的人权标准。

二　主要的《联合国宪章》机构和机制

由于《联合国宪章》将“尊重人权和基本自由”作为联合国的宗旨和原则，并对联合国的附属机构创设了人权方面的职责或义务，联合国各个附属机构都在其职权内，在涉及人权的问题上，使自己的工作符合《联合国宪章》的要求。特别对于宪章规定的负责人权问题的机构，在实践中，发展了各种国际人权保护机制。

（一）联合国大会

根据《联合国宪章》第4章的规定，联合国大会由联合国的全体会员国组成。2002年，随着东帝汶和瑞士加入联合国，联合国大会成为唯一一个由所有191个联合国会员国组成的机构。

根据《联合国宪章》第10条，联合国大会有讨论《联合国宪章》范围内的所有问题和事务以及宪章规定的任何机构的权力和职权的总的权限。唯一的例外是根据宪章第12条授予安理会的优先权。当安理会处理争议，非

① 有关缔约国“促进”人权义务的分析，见白桂梅、龚刃韧、李鸣等主编《国际法上的人权》，北京大学出版社1996年版，第59页。

经安全理事会请求，联合国大会不可以对该问题发表任何意见。除此之外，联合国大会还对维护国际和平负责，根据宪章第 11 条第 3 款的明确授权，联合国大会有权引起安理会对可能危及国际和平的情况的注意。如果安理会因为其常任理事国的否决权不采取行动，联合国大会可以采取集体措施对成员国采取行动或提出建议，包括在破坏和平的情况下使用武力。

在促进国际合作方面，《联合国宪章》第 13 条第 1 款（丑）项授权联大“促进经济、社会、文化、教育、及卫生各部门之国际合作，且不分种族、性别、语言、或宗教，助成全体人类之人权及基本自由之实现”。负责这一事务的是联合国大会第三委员会，该委员会像人权委员会一样，通过国别和专题机制研究有关国家的人权局势。

在多年的实践中，联合国大会在人权方面采取了许多举措：如设立发展、食品和环境问题项目，设立人口基金或儿童基金、设立难民和人权高级专员办事处、开展对妇女发展或国际犯罪防止的独立的研究制度等等。除了大会的年会包括广泛的人权项目外，近年来，联合国大会还通过举办高峰会议的形式显示了对人权等基本问题的关注，并制定发展计划。如 2000 年 9 月，联合国大会在纽约举行了纪念新千年的特别会议，有 150 个国家和政府的首脑参加。会议通过了“千年发展计划”，该计划总体上与实现基本人权，尤其是教育权、健康权和消除贫困的目标是一致的。再如 2002 年 5 月，联大举行“第二届世界儿童峰会”，会议召集了 70 多个国家和政府的首脑，非政府组织的代表，并且是第一次有 300 多位儿童和青少年参加。最终大会达成了最后文件——“一个为了儿童的世界”，要求各国政府在教育、健康、防止暴力、不良待遇和掠夺等领域采取相应的措施。

尽管联合国大会的决定不具有法律拘束力，但它仍然是联合国的主要立法机构。作为联合国所有会员国表达自己意愿的舞台，大会所做的许多国际性的决议都具有道义的影响，能够形成强大的社会舆论压力。

（二）联合国安全理事会

与联合国大会不能强制性要求会员国采取行动不同，根据《联合国宪章》第 25 条的规定，联合国安全理事会的决议是各个会员国必须同意并予以执行的。因此，在联合国的机构中，安全理事会是唯一一个其决定对所有成员国具有国际拘束力的机构，它具有最重要的政治地位。为了使联合国能够迅速有效地采取行动，《联合国宪章》第 24 条第 1 款规定：“为保证联合国行动迅速有效起见，各会员国将维持国际和平及安全之主要责任，授予安全理事会，并同意安全理事会于履行此项责任下之职务时，即系代表各会员国。”

纵观《联合国宪章》的规定，它没有明确地授权安理会保护人权的权力。但考虑到安理会专门对维持国际和平与安全负责，宪章第 39 条规定：“安全理事会应断定任何和平之威胁、和平之破坏、或侵略行为之是否存在，并应做成建议或抉择依第 41 条及第 42 条规定之办法，以维持或恢复国际和平及安全。”而由于宪章第 2 条第 7 款规定，“本宪章不得认为授权联合国干涉在本质上属于任何国家国内管辖之事件”，按照传统国际法观点，人权被看作是一国的“国内管辖之事件”，因此，安理会被认为不能依据第 39 条对一国进行所谓的“人道主义干涉”。直至今天，这个问题在安理会内部仍存在很大的争议。

尽管“人权”的字眼很少出现在安理会的相关决议中，但它的许多行动都服务于保护人权的目的。如安理会已经在许多国家采取了维和行动，人权构成了新一代广泛的和平行动的主要元素。安理会对宪章第 7 章规定的维护和平与安全的权利进行了高度创新性的解释。另外，安理会为前南斯拉夫和卢旺达问题设立了国际刑事法庭，推动了国际刑法的进一步发展。2001 年“9·11”后，安理会也决定和采取了许多有深远意义的反恐措施。

（三）联合国经济及社会理事会

《联合国宪章》第 62 条第 2 款规定，联合国经济及社会理事会为增进全体人类之人权及基本自由之尊重及维护起见，得做成建议案。由于在 2006 年联合国人权理事会建立之前，任何一个联合国的主要机构都不是专门为处理人权问题而建立的，根据此项规定，经社理事会被视作是为促进人权的目的所建立的联合国的主要机构。经社理事会的职权包括国际经济、社会、文化、教育、健康和其他相关事宜。为了能够完成广泛的任务，理事会被赋予了召开国际会议，起草国际公约，从事研究，准备报告，向联合国成员国和专门机构提建议的权利。另外，《联合国宪章》第 68 条授权经济及社会理事会设立经济与社会部门以及以提倡人权为目的之各种委员会，并得设立于行使职务所必需之其他委员会。据此，经社理事会下设五个区域委员会以及十个职司委员会，这些功能性的委员会的大部分都在一个或其他方面处理人权问题，其中，主要负责处理人权问题的委员会是人权委员会、妇女地位委员会以及犯罪防止和刑事司法委员会。人权委员会又设立了防止歧视和保护少数小组委员会。①

① 1999 年更名为“促进和保护人权小组委员会”。

1. 联合国人权委员会

(1) 联合国人权委员会概况

联合国人权委员会是联合国经社理事会根据《联合国宪章》第68条的授权，于1946年设立的。作为经社理事会中以“人权”命名的附属机构，大多数的属于经社理事会职权范围内的人权问题都由它处理，它因此也成为在联合国人权理事会成立之前、联合国制度框架内最主要的处理人权问题的政府间机构。

委员会最初由18个会员国组成，经过多年的发展，委员会的规模也有所扩大，自1990年起，委员会的会员国数量就已经达到了53个，使其具有政治和外交的影响力。会员国是由经社理事会以保证公正的地域分布为原则指定的，任期为三年。委员会的委员是由会员国指定的，他们作为政府的代表而非以个人身份工作。

人权委员会的主要职权包括：向经社理事会提交有关人权问题的建议和报告；协助经社理事会协调联合国体系内的人权活动；起草人权文件；建立促进人权的计划，发展处理人权问题的程序和技术。由于《联合国宪章》没有提及“保护”而仅提到“促进”人权，并且宪章第2条第7款禁止干涉一国“国内管辖之事件”，在冷战前十年，委员会被认为应遵守“无权采取行动”的原则，甚至是最轻微的干涉国家主权的行动也无权采取。为了恪守这一原则，委员会消减了它的权限。① 尽管联合国几乎从诞生时起就从个人和非政府组织收到大量声称侵犯人权的来文，但直到20世纪60年代末期，委员会一直将自身限制在制定促进措施，即咨询服务，举行研讨会，在有关国家邀请下任命专家、准备人权文件的起草等活动上。② 这种状况一直持续到1967年联合国经社理事会的1235号决议出台。根据该决议，委员会可以讨论所有国家的人权局势。因此，1235号决议也成为对抗“无权采取行动”原则并在委员会层面采取人权保护措施的法律基础。从这一时期起，为了促进对人权的广泛保护，以《联合国宪章》的人权条款为依据，委员会建立了很多专题性的和针对特定国家的机制和程序。

人权委员会每年在维也纳召开为期6个星期的年会。会议不仅有来自

---

① 人权委员会在1947年做出决定：“它无权就有关人权的任何申诉采取任何行动。”这一决定后来得到了经社理事会1947年8月5日的75（V）号决议的肯定。参见 Tomas Buergenthal, Dinah Shelton, David Stewart, *International Human Rights*, West Group 2004, p. 111。

② 这种情况也使得人权委员会能够将更多的精力投入到人权文件的起草中，联合国在人权方面的最初成就就是实现了普遍人权的法典化，人权委员会可谓功不可没。

53 个国家的代表参加，而且也汇集了众多的政治家，外交家，人权专家，区域组织的代表，媒体，土著民族的代表，另外，还有上百位人权活动家，他们作为非政府组织的代表，被经社理事会授予咨询地位。他们在一起讨论各国人权局势，考虑决议，起草决定。特别是非政府组织的代表，他们几乎是全面融合到委员会的工作中。[①]

委员会可以独立通过自己的决议，但是所有组织性特别是财政性的决议需要得到经社理事会的正式同意。因此，委员会通过的每一项宣言和起草的公约都必须在最后交于联合国大会通过前事先经过理事会的批准。

人权委员会“在扩大联合国的人权议程，以及率先使用新的国际技术处理人权侵犯方面所发挥的重要作用”是应该得到承认的，此外，委员会“把人权问题转变成国际社会议程上的重要议题，以及在有效地扩大了《联合国宪章》人权条款适用的法律范围方面”[②] 所做出的成绩也应该受到肯定。然而，尽管委员会服务于人权保护，然而，作为国际社会的一个政治机构，委员会由政府代表组成，这些代表最终基于政治标准来行动和做出决定，这也成为委员会自成立以来难以治愈的“硬伤”，并因此而广受批评，最终导致了 2006 年被联合国人权理事会所取代。

（2）1235 程序

1959 年 7 月 30 日，联合国经社理事会通过了 728F（XXVIII）号决议，要求联合国秘书长准备一份所有一般性申诉的清单和一份送交人权委员会的针对所有特定国家的申诉的秘密清单，并将这些清单分发给委员会的成员。[③] 针对特定国家的申诉被转交给有关政府给予评述。委员会任命了一个特殊的委员会调查这些申诉。然而，该决议仍然承认了委员会的先前的决定，即它无权对有关人权的申诉采取任何行动。尽管如此，728F 号决议还是建立了调查人权申诉的第一个程序，并为后来在根据经社理事会的 1235 号决议建立的公开程序和根据 1503 号决议建立的秘密程序两者之间的区分打下了基础。

---

① 非政府组织是否有权在委员会中发言也取决于理事会是否授予该组织以咨询地位。然而，投票的权利专属于 53 个成员国，观察员国和非政府组织无权投票，他们也被排除在根据“1503”程序举行的秘密会议之外。

② Tomas Buergenthal, Dinah Shelton, David Stewart, *International Human Rights*, West Group 2004, p. 101.

③ 2000 年 7 月 16 日，经社理事会通过 2003/3 号决议，规定这些来文由联合国人权事务高级专员办公室负责接收。

1967年6月6日，联合国经社理事会通过1235（XLII）号决议，该决议被证明是对世界上所有国家大规模和系统侵犯人权进行调查和公开讨论的基础。该决议授权人权委员会对暴露出持续不断侵犯人权的情势进行全面深入的研究，并以建议的方式向经社理事会提出报告。据此，人权委员会和它的小组委员会有权调查基于根据728F决议制定的申诉清单调查有关严重侵犯人权的申诉。同时，对委员会“深入研究”的授权也为任命针对特定国家或专题的工作组和报告员提供了基础。然而，1235号决议对委员会进行调查的授权不涵盖仅仅是个人权利受到侵犯的案件，只针对大规模系统侵犯人权的一般情势。在实践中，委员会为完成对有关案件进行“深入研究”的任务，通常采用国别机制和专题机制。

① 国别机制

联合国经社理事会的1235号决议明确授权人权委员会在有合理证据证明存在系统的大规模侵犯人权的事件时进行彻底的调查。实践中，委员会并不是自行进行调查，而是将该调查请求提交到联合国秘书长，或提交到联合国秘书长任命的特殊使节或特别代表。委员会也可以通过委员会主席任命工作组，工作组正常情况下由代表联合国五个地理区域的五个成员组成，或者由“独立专家”或所谓的“特别报告员”组成。[①]

一旦对国家的调查被启动，无论该国国内侵犯人权的状况是否持续，委员会都将基于调查的结果做出决定。如果发现确属有人权侵犯的事实，委员会将延长调查的期限，[②] 直到局势得到明显的改善，才最后将有关国家从“黑”名单上去除。

②专题机制

基于联合国经社理事会的1235号决议所建立的国别机制一般指委员会对特定国家的人权局势进行调查，而专题机制则是指委员会在全世界所有国家的范围内就某一专门的人权问题进行调查。

20世纪70年代，在一些拉丁美洲国家，特别是阿根廷，许多与军事独

---

① “独立专家”通常主要从事处理有关技术合作和咨询服务的问题，而“特别报告员”通常主要是对1235号决议意义上的人权局势进行调查。例如，由于赤道几内亚存在大规模侵犯人权的情况，早在1979年委员会便任命了特别报告员，随着局势在一定程度上的改善，特别报告员于1980年被新任命的独立专家所取代。然而，随着后来局势的再次恶化，1993年，委员会根据1235号决议又再次任命了特别报告员。

② 关于南非的工作组被委任了28年（1967—1995），这是人权委员会建立的最长的特定国家机制。

裁持不同政见的人失踪，然而，阿根廷因为政治的原因，却成功地逃避了本应对该国进行的专门调查。结果，人权委员会 1980 年决定建立一个关于强迫和非自愿失踪的工作组，该工作组被赋予了广泛的权力。第一个专题机制于是建立。专题机制后来得到广泛使用，在 20 多年的时间里，该程序处理了 90 多个国家的近 5000 件关于强迫失踪的个人申诉案件。委员会还建立了其他专题机制来处理诸如任意处置，酷刑或宗教不能容忍的人权侵犯问题。今天，许多专题机制处理经济、社会和文化权利（如教育权，健康权，食品和足够的住房），发展政策问题（反贫困，发展权，结构调整政策），对妇女的暴力，贩卖儿童或土著民族的人权等问题。

根据专题机制进行的调查一般持续到人权问题获得解决为止。根据该机制设立的特别报告员或工作组的权限一般延续 3 年。有关专家不应该任同一职位超过 6 年。为了有效地解决人权侵犯的案件，根据专题机制所采取的每一项行动一般都需要专业的非政府组织的密切合作。

专题机制被证明是非常有效的一种解决人权问题的机制，例如，由于非政府组织的成功调查，一国政府仅在秘密逮捕一个人后的第二天就可以收到来自联合国特别报告员的通知，要求政府立即停止对该人适用酷刑，从单独拘禁中释放，将他们送交法庭处理。显然，这种做法比一些非政府组织在没有联合国的支持下独自采取的紧急行动能够获得更好的效果。因此，专题机制被人权委员会甚至是联合国的其他机构所广为使用。

（3）1503 程序

1970 年 5 月 27 日，联合国经社理事会通过第 1503（XLVIII）号程序，授权防止歧视和保护少数小组委员会建立一个工作组审查联合国收到的来文，查明哪些来文中明显暴露出具有某种持续不断的大规模的和证据确凿的侵犯了小组委员会职权范围内的人权和基本自由的典型情况，并决定是否送交人权委员会审查。与 1235 程序一点重要的不同是，1503 程序是一个秘密程序。为确立适用 1503 号决议的具体程序，1971 年 8 月 13 日，防止歧视和保护少数小组委员会通过了 114（XXIV）号决议，该决议确定了接受来文的标准和尺度，并且规定，投诉人并不局限于被侵犯的受害人，只要一个人掌握有关这种侵犯的直接和可靠的情况就可以提交来文。但投诉人必须标明已用尽国内救济措施，或标明这种补救措施没有效力或被无理地拖延了。至此，1503 程序成为一项具体而完整的程序，根据该程序，人权委员会不负责处理个人案件，而只是处理经可靠证明存在大规模、系统侵犯人权的案件。在受理后，由一个独立的工作组进行事先调查，然后人权委员会召开秘密会议具体审查有关局势。最后，委员会可以对以下事项做出决定：委派一个特别委员会或委派一个特别报告员对局势进行更详细的调查；是否将该案件根据1235号决议转换成公开程序；[①] 是否鉴于局势的改善而中止审查；是否继续秘密地调查和审查有关国家。

根据经社理事会1503号决议建立的实质性审查人权侵犯事件的程序在一定程度上是成功的，因为它开启了新的、通过正式程序审查申诉的方式，包括针对那些还没有批准相关人权公约的国家。另外，该程序也促进了防止歧视和保护少数小组委员会的工作。更为重要的是，1503程序在一定程度上可以较好地达到敦促国家改善国内人权状况的效果。因为大多数人权状况出现问题的国家不愿通过公开程序、决议或对之任命特别报告员的方式被公布于众，因此，他们更愿意通过秘密的程序与委员会合作并做出一些让步来改善人权局势，否则，如果国家不与委员会合作，案件将被转入公开程序。在实践中，好多案件都是一开始适用的是1503程序，而后来被转成1235程序。

然而，1503程序的保密性也成为它的最大缺陷之一，因为投诉人除了最初得知委员会已收到其来文外，对来往文件情况就不得而知。另外，实践也表明，秘密程序又可能被严重地政治化，一些不愿意改善国内人权局势的国家，却仍然通过这一秘密程序处理了好多年，如20世纪70年代的乌干达，80年代的巴拉圭，90年代的乍得等。1503程序对国家形成的压力最终是否有效果主要取决于政治格局和有关国家愿意合作的意愿。另一方面，由于多年来人权公约建立的监督机制得到了发展，很多申诉通过公开程序的方式提交到各公约监督机构，也使得1503程序在很大程度上失去了意义。

（4）联合国促进和保护人权小组委员会

促进和保护人权小组委员会的前身是“防止歧视和保护少数小组委员会”，是由联合国人权委员会根据经社理事会1947年9月（II）号决议授权设立的人权委员会的附属机构。1999年7月27日，经社理事会决定将“防止歧视和保护少数小组委员会”正式更名为“促进和保护人权小组委员会”。

小组委员会的成员不像人权委员会那样由政府代表组成，它由26位独立专家组成，由人权委员会成员国从联合国会员国提名的候选人名单中选举

① 例如，委员会曾先后通过1503号程序，1235号程序对赤道几内亚的国内人权状况进行了审查，总共历经26年。

产生。从1988年起，专家任期为4年，可连选连任。小组委员会建立了几个附属的工作组，如来文工作组、奴隶问题工作组、土著居民工作组等来协助它的工作。小组委员会每年8月在日内瓦举行为期3周的年会，由参加人权委员会年会的外交家和非政府组织代表参加，讨论与人权委员会年会所审议的相同的国家局势和类似的决议草案，唯一的不同是只有专家而不是人权委员会的成员国享有投票权。

小组委员会被设想为一种“科学的”咨询机构或者作为人权委员会处理一些困难问题的“智囊库”，它的权限包括：承担研究项目就各领域与歧视有关的人权问题进行研究，并向人权委员会提出建议；履行由经社理事会或人权委员会可能委托给它的任何其他职责。在实践中，小组委员会处理的问题十分广泛，几乎囊括了联合国系统内产生的全部人权问题，如起草人权文件，进行广泛的人权形势调查，准备相关报告，等等。另外，根据1503程序，小组委员会要从来文名单中挑选出上千份个人来文，并最终挑选出存在大规模系统侵犯人权的情况的来文，并提交到委员会接受进一步的处理，以推动程序继续进行。

小组委员会的成员都是以个人身份进行工作的，它所有的工作都努力服务于作为人权委员会“智囊团”的功能。它为许多人权问题起草了标准；它的申诉工作组在根据经社理事会1503号决议的个人申诉程序方面发挥着重要的作用，同时它也为根据1235号决议的公开程序提供至关重要的信息。小组委员会的工作为提高世界各国对人权问题的意识发挥了重要的作用，因此，它被认为是“传统上一直是联合国机构中最顺应人权目标的机构”。①

然而，小组委员会毕竟长期处于人权委员会附属机构的地位，这不得不决定了小组委员会通过自己的决议谴责国家侵犯人权——这一复制人权委员会做法的实践，当然不可避免地受到政治因素的影响。实际上，小组委员会的部分成员的选举也是受政治力量驱动的，它的专家肩负着沉重的政治压力，它的独立性总体上受到削弱。因此，它的政治成分也日益受到外界的批评。因此，人权委员会和经社理事会对小组委员会进行了全面的改革，包括缩减小组委员会的会期（由原来的4周减为3周），更改名称，削减它在一些问题上的权限，等等。这些改革措施从1999年7月开始，2000年起生效。

① Tomas Buergenthal, Dinah Shelton, David Stewart, *International Human Rights*, West Group 2004, p. 102.

2. 联合国妇女地位委员会

1946 年，根据《联合国宪章》第 68 条的授权，经社理事会通过 1946 年（II）号决议建立联合国妇女地位委员会，作为经社理事会下属的职司委员会。它由 45 个联合国会员国的代表组成，按照地域划分原则选举产生。委员以国家代表身份工作，任期四年。委员会每两年召开一次为期 8 天的会议。

委员会是专门处理妇女发展问题的联合国主要政治机构，它的职权包括：就人权和有关影响妇女权利的问题进行研究，并就各个领域有关妇女权利的事项为经社理事会准备报告；就在妇女权利领域需要立即引起注意的问题向经社理事会提出建议，以期落实男女平等的原则；接受个人及团体有关妇女权利问题的来文。另外，委员会还积极参与有关妇女权利的人权文件的起草工作，所有主要的有关妇女问题的条约，包括 1952 年《妇女政治权利公约》，1979 年《消除对妇女一切形式的歧视公约》都是由该委员会起草的。另一方面，委员会还致力于采取各种措施推动妇女权利的发展，所有关于妇女发展的主要措施，包括四个妇女国际大会的准备和召开，都是由该委员会筹办的。

建立一个与人权委员会同一级别的独立委员会促进和维护妇女权利，是联合国所倡导的男女平等原则的体现。妇女地位委员会在消除对妇女的法律上和事实上的歧视，提高人们对妇女权利的关注方面起到了非常重要的作用。但另一方面，委员会也面临着许多问题，如委员会的会期过短；缺乏足够的活动经费；相对于人权委员会，它受到国家和非政府组织的关注较少以及在处理个人申诉问题上的效率低下，等等。

3. 联合国预防犯罪和刑事司法委员会

作为联合国经社理事会所属的另一个职司委员会，预防犯罪和刑事司法委员会（联合国犯罪委员会）由经社理事会于 1992 年建立。委员会由 40 个成员国组成，他们每年在维也纳举行为期 10 到 11 天的会晤。它的秘书工作由位于维也纳的联合国毒品控制和犯罪防治办公室中的国际犯罪防治中心提供。

传统上，预防犯罪和刑事司法委员会在人权方面的作用并没有受到与人权委员会、妇女地位委员会一样的重视。但随着一方面有组织的国际犯罪和恐怖主义成为对人权的主要威胁，另一方面，委员会参与起草了一些刑事司法管理的新标准，这些标准涉及了大量的人权，如生命权，禁止酷刑，人身自由权，独立法庭前的公平审判权，这些标准在很多情况下也被联合国经社理事会或联合国大会正式通过，它们是对相关人权条约，尤其是对《公民权利和政治权利国际公约》的适用的主要解释之一。因此，预防犯罪和刑事司法委员会在维护人权方面的作用今天也逐渐受到关注。

（四）联合国人权理事会

鉴于人权问题的日益重要性，同时也因为人权委员会在工作中存在的种种缺陷，2006 年 3 月 15 日，联合国大会第 72 次全体会议通过决议（大会第 A/60/L. 48 号决议草案）建立人权理事会以取代人权委员会。人权理事会是大会的附属机构，直接向联合国所有会员国负责，它的主要目标是充当联合国关于人权问题对话与合作的主要论坛，通过对话、能力建设和技术援助，帮助会员国遵循人权义务。同时，理事会向大会提出关于进一步发展人权领域国际法的建议。为了防止对人权的公然侵犯，人权理事会可要求秘书长干预或派专家调查某种人权状况。

人权理事会成员资格向联合国所有会员国开放。理事会由四十七个会员国组成，由大会通过无记名投票、以成员的多数票方式（即至少 96 票）直接选举产生各个成员；成员构成将以公平地域分配为基础。[①] 2006 年 5 月 9 日理事会选举了首批成员。理事会每年召开定期开会，会址设于日内瓦。每年计划举行的会议不少于三次，包括一次主要会议，总会期不少于 10 周。委员会每年举行一次会议，为期 6 周。理事会在需要时经成员要求及三分之一成员同意的情况下举行特别会议。2006 年 6 月 19 日，理事会的第一届会议在日内瓦召开。

除了机构级别提高了之外，与人权委员会相比，在委员的选举方法上，新成立的人权理事会成员由联合国大会所有会员国投票产生，当选者必须获得联大 191 个成员半数以上支持。理事会成员任期为三年，在连续两任后没有资格立即再次当选。在委员的任职资格上，会员国在选举理事会成员时应考虑候选国在促进和保护人权领域的贡献以及就此作出的自愿誓言和承诺。当选为理事会成员者在促进和保护人权工作中应维护最高标准，与理事会充分合作，并在任期内接受定期普遍审查机制的审查。候选国同样要在促进和保护人权领域作出自愿誓言和承诺。另外，对于理事会中严重并有计划侵犯人权的成员，大会以出席并投票的成员的三分之二方式，可暂时停止其在理事会的成员资格。在职权方面，理事会将承担、审查并在必要时改进及合理

① 在各个区域集团分配成员席位如下：非洲集团，13 个；亚洲集团，13 个；东欧集团，6 个；拉丁美洲和加勒比集团，8 个；西欧和其他国家集团，7 个。

调整人权委员会的所有任务、机制、职能和职责，以便保持特殊程序、专家指导和申诉程序的制度。理事会应在举行首届会议一年内完成此项审查。理事会在与联合国人权高级专员办事处的关系上继承人权委员会的任务和责任。

理事会成员将在其任期内接受理事会新的普遍定期审查。理事会在召开首届会议后一年内，应拟订普遍定期审查的方法并做出必要的时间分配。普遍定期审查是人权理事会最有创新性的审议机制，它是人权理事会促进和保护人权的主要机制。它以一种普遍性和权威性，但又关注每一个不同国家不同情况的方式来审议各国的人权状况。另外，非政府组织、其他政府间组织、国家人权机构和专门机构在内的观察员可获准参与理事会的活动。

（五）联合国托管理事会

作为对支持民族自决原则的体现，《联合国宪章》第 75 条规定，联合国建立国际托管制度。联合国托管理事会是为具体实施这一制度而建立的，它是联合国负责监督托管领土行政管理的机关。根据《联合国宪章》第 86 条，托管理事会由五个安全理事会常任理事国组成。

《联合国宪章》第 76 条直接规定建立托管制度的基本目的之一是，“不分种族、性别、语言、或宗教，提倡全体人类之人权及基本自由之尊重，并激发世界人民互相维系之意识”，促进托管领土的居民的进步，使他们朝自治、独立的方向发展。托管理事会根据《联合国宪章》的规定来履行职能，包括维护托管领土居民的人权。托管理事会在托管领域内实现联合国两公约所保护的民族自决权和其他人权发挥了实质性的作用。随着 1994 年 11 月 1 日帕劳群岛作为最后一个托管领土获得独立，托管理事会也随之中止运行。

（六）联合国秘书长

1. 秘书处的结构和协同机制

联合国秘书处是联合国的主要机关之一，它的任务是为联合国其他机关服务，并执行这些机关制定的计划与政策。秘书处是集若干办公室，部门，项目，制度和协同机制于一体的极度复杂的行政机构，总部在纽约，另外在日内瓦、维也纳和内罗毕也设有主要办事处。联合国秘书长由安理会推荐并经联合国大会任命，任期 5 年。

1994 年至 1997 年间，日内瓦的人权中心被改为人权事务高级专员办事处，他的首脑也成为联合国副秘书长。1997 年，当时的秘书长科菲·安南对秘书处开始了全面的结构重组，包括建立一系列的协调机制，任命行政委员会连同人权事务高级专员办事处一起协调人道主义事务、和平与安全、发展、经济和社会事务等各部门的工作。另外，为了各个部门的活动在更广泛的意义上紧密联系在一起，秘书处设立了机构间常设委员会，由17个人道主义机构组成。由一个独立的工作组处理人道主义行动和人权问题。另一个重要的协调机构是联合国协调首席执行官（以前的协调行政委员会），它的主席是联合国秘书长。

2. 联合国人权事务高级专员办事处

在许多国家和非政府组织反复呼吁设立以联合国难民高级专员为模式的独立的联合国人权事务高级专员的情况下，1993年10月，第二次世界人权大会向第48届联合国大会第三委员会提交建议案，1993年12月20日，联合国大会通过了创立联合国人权事务高级专员（High Commissioner on Human Rights）的第48/141号决议。1994年2月14日，联合国大会通过了第48/321号决议，任命厄瓜多尔前外交部长何塞·阿亚拉·拉索（José Ayala Lasso）为第一任联合国人权事务高级专员。

联合国人权事务高级专员（简称人权高专）是经联合国大会通过由联合国秘书长任命的联合国高级官员，任期为四年。在联合国秘书长的指导和授权下，与联合国秘书长在相互信任的基础上关注各成员国的有关人权问题。人权高专的主要职责是负责开展联合国的各种人权活动。人权高专承担着许多项任务，其中包括：促进和保护所有人切实享有全部人权；推动人权事务方面的国际合作；协助制订新的人权标准；促进人权条约的批准；为确保对人权的尊重和防止侵权行为，积极与各国政府开展对话；在联合国系统内部，鼓励和协调联合国系统内部的人权行动，强化和精简联合国人权机构，使这些机构的工作更加卓有成效。此外，人权高专还被授权处理严重侵权行为，负责人权危机管理，并采取预防性行动和措施。实践中，人权高专已在30个国家组织了人权实地调查。除了这些，人权高专还负责将人权引入所有联合国的维和行动中，在人权领域进行合作项目的发展。

人权事务高级专员办事处（人权高专办）是联合国所开展的各种人权活动的协调中心。办事处实际上是前人权委员会、条约机构以及其他联合国人权机构的秘书处。该办事处还开展人权现场活动及提供咨询服务和技术援助等工作。人权事务高级专员办事处从作为联合国秘书处的众多部门之一，转变成一个独立的协调中心，这一变化具有更多的象征性意义。作为一个中心，它是联合国众多人权机构的服务机构；作为人权事务高级专员办事处，它又具有自己的职能，它对所有联合国项目负有主要责任，并应该对所有重要的人权问题采取正式的立场。办事处受理来自那些声称自己的人权被侵犯的团体和个人的来信。实践中，人权高专办每年收到的这类指控超过 10 万起。考虑到有关公约和决议所规定的执行程序和办法，办事处在收到投诉后会将指控书转交给联合国有关机构。此外，该办事处还是机构间常设委员会成员之一，在和平与安全工作方面与联合国秘书处所属的各部门紧密合作，并协助负责监督国际社会对人道主义紧急情况做出的反应。

在建立之初，因为缺少当时的联合国秘书长加利的支持，缺少财政支持等原因，人权高专的工作条件极其困难。在玛利・罗宾逊（Mary Robinson）就任第二任人权高专期间，由于得到当时的联合国秘书长科菲・安南和非政府组织的大力支持，人权高专在许多有争议的人权问题上采取了强硬的立场，使人权高专办事处以独立的机构而闻名。目前，人权高专办仍然处于树立独立形象的进程中，尽管仍然有许多组织性的、官僚性和财政问题等待处理，但是由于人权高专,[①] 特别是前两任高级专员为推动人权运动做了许多工作，他成功地为办事处树立了一定的权威，并为联合国人权项目奠定了新的根基。总之，联合国人权高专办的建立开启了联合国一个人权制度的新时代，从促进、保护向国际执行方向发展，最终达到防止侵犯人权的目的。

三 《世界人权宣言》

由于《联合国宪章》只是原则性地提及了“人权”，为了对宪章人权条款的性质做出更具体的说明，联合国成立后的首要任务就是确立一个普遍有效的“人权”标准。而实现这一任务的第一步是：宣布一个没有拘束力的宣言作为未来具有法律拘束力的人权公约的基础。1948 年 12 月 10 日，第三届联合国大会第 217A［III］号决议以 48 票赞成、0 票反对、8 票弃权通过了《世界人权宣言》。宣言是由联合国这一世界性的国际组织所宣布的第一个全面性的人权文件，它同时也是人权国际化的重要标志之一。而在短短两年的时间内国际社会就能够对一个普遍性的宣言达成一致，一方面是因为联合国人权委员会及宣言起草委员会对宣言的起草发挥了重要作用；另一方面也得归因于刚刚经历战争后的国际社会对人权的极度渴望。此外，在技术

---

① 人权高专的就任者的个人魅力似乎也会对人权高专的工作产生一定的影响，例如：Mary Robinson 因为公开批评几个国家的政府受到媒体和公众的好评，但同时，她的直率和对人权的忠诚也意味着失去了许多政府的支持。她的继任者 Sergio Vieira de Mello 以擅长外交技巧和与众多国家关系良好而闻名。他的第一年的工作保持相当的低调，甚至在整个美国发起的伊拉克战争期间都是这样。这也使得他当时不得不面临着，“如何在对政府不进行不必要的冒犯的同时勇敢地维护人权”这一问题的挑战。

上，宣言的起草对很多容易引起争议的问题采取了灵活的处理方法也是一个非常重要的原因。[①]

《世界人权宣言》包括序言和30个条文，宣言全文可以分为三个部分：第一部分是宣言的目的和指导思想（第1—2条），第二部分是宣言的权利清单（第3—28条），第三部分是限制性条款（第29—30条）。宣言所涵盖的权利可以分为两个部分：第一部分是公民权利和政治权利（第3—21条），第二部分是经济、社会和文化权利（第22—28条）。从宣言所涵盖的权利种类上来看，宣言将作为第一代人权的公民权利和政治权利与作为第二代人权的经济、社会和文化权利规定于一个人权文件中的做法，体现了一种“权利不可分割”的思想，这或许为后来的1993年维也纳人权大会正式确立“权利不可分割”的原则奠定了理论基础。另外，宣言第28条承认“人人有权要求宣言中所规定的权利获得充分实现的社会和国际秩序”，这一规定不仅为作为第三代人权的集体人权提供了基础，也一般被认为是国际人权制度合法性的根基。此外，宣言中也包括了一些在随后的两个人权公约中未加规定的权利，如第14条的避难权和第17条的财产权。而另一方面，宣言也没有包括后来的人权公约中所涵盖的一些权利，如自决权和少数者权利。

《世界人权宣言》在国际人权法领域具有划时代的意义，它是第一个在国际法领域就人权问题做出具体规定的国际文件。它对《联合国宪章》中的人权条款做了具体的权威性的解释，为后来许多国际人权公约的制定提供了理论依据和思想基础。另外，“所有的直接基于《联合国宪章》进行的人权活动，人权委员会的机制和其他联合国机构都将《世界人权宣言》作为被所有国家普遍承认的标准”。[②] 宣言也对许多区域性人权文件和国家宪法的制定产生了重要的影响。

然而，宣言也具有不可回避的局限性：首先是宣言所反映的意识形态方面的问题。从权利的内容上看，《世界人权宣言》主要反映了启蒙时代的人权思想，它把“西方文化和价值观的标准作为全世界的普遍标准的倾向无疑忽视了全世界多元文化和不同社会发展水平的现实，忽略了发展中国家在发展过程中的特殊要求，为日后发达国家和发展中国家的人权分歧和斗争埋

---

① 《世界人权宣言》在五个方面达成妥协：（1）不在宣言中包含那些可能引起争议的问题；（2）对于难处理的问题尽可能使用概括性措辞；（3）在难处理问题上规定限制性条款；（4）在构成宣言的基本理论问题上达成一致；（5）消除争论的枝节问题以简化就宣言内容达成一致的过程。

② Manfred Nowak, Introduction to the International Human Rights Regime, Martinus Nijhoff Publishers 2002. p. 76.

下了种子”。[①] 其次是宣言的效力问题，长期以来围绕着“宣言是否具有法律拘束力”？“是否构成习惯国家法”？甚至“是否构成国际强行法”等问题存在广泛的争议。

尽管《世界人权宣言》对于国际人权事业的发展具有十分重要的意义，尽管在许多涉及人权问题的实践中宣言被各种国家机构所引用，但宣言当时是作为联合国大会作为一项决议通过的，根据《联合国宪章》，它对成员国不具有法律拘束力。而当时宣言的起草者们也只是将它视为一个“努力实现的共同标准”。当然，尽管宣言作为不具有法律拘束力的联大决议的属性是不能更改的，但这并不意味着否认宣言有朝一日可以上升为国际习惯法的地位，毕竟，国际习惯法的体系始终是开放的，但是，宣言如果要上升为国际习际法规范显然还有待于在“法律确信”上的进一步发展。另外，尽管对于《世界人权宣言》总体上是否已经构成了国际习惯法的地位还存在怀疑，但宣言中的一些个别条款，诸如禁止酷刑和奴役，今天显然不仅已经上升为国际习惯法的地位，甚至已经具有强行法的地位。但无论如何，随着批准具有法律拘束力的联合国人权公约的国家数量不断增多以及人权体系的不断完善，关于宣言效力的学术争论至少在实践层面将逐渐失去意义。

四 联合国人权条约保护制度

作为对《联合国宪章》人权条款的性质做出具体说明，并确立一个普遍有效的“人权”标准的第二步，联合国在1948年通过《世界人权宣言》之后，又以条约的形式通过了大量的人权文件。在所有的人权文件中，有七项“核心”条约，它们不仅为缔约国在国家一级增进和保护人权设定了法律义务，还建立了专门的监督机制。当一个国家通过批准、加入或继承接受了一个这样的条约，它就承担了落实该条约所阐明的权利的法律义务，并且要接受相应的条约机构通过各种措施对其履行条约义务的监督。

（一）《公民权利和政治权利国际公约》及其监督机制

1.《公民权利和政治权利国际公约》概述

《世界人权宣言》通过后，联合国人权委员会就开始着手准备制定有拘束力的人权公约。然而，在起草公约时，遇到了东西方国家间意识形态

① 徐显明主编：《国际人权法》，法律出版社2004年版，第66页。

差异的障碍，[①] 最终，1951 年至 1952 年，在第六届联合国大会上，西方国家以微弱多数通过了决议，决定请人权委员会起草两项单独的、各自具有不同实施机制的人权公约：一项关于公民权利和政治权利，一项关于经济、社会和文化权利。人权委员会于 1954 年向联合国大会提交两个公约的草案，在随后的 1955 年至 1966 年的十余年间，联合国大会第三委员会对两个公约进行了仔细地审查。1966 年 12 月 16 日，第 21 届联合国大会以 105 票对 0 票通过《公民权利和政治权利国际公约》和《经济、社会和文化权利国际公约》。大会同时通过了《公民权利和政治权利国际公约任择议定书》。1976 年，两个公约分别达到了公约关于“35 件批准或加入书交存联合国秘书长”的生效要求，1 月 3 日，《经济、社会和文化权利国际公约》生效，3 月 23 日，《公民权利和政治权利国际公约》和它的任择议定书也随后生效。1989 年 12 月 15 日，第 44 届联合国大会通过了《公民权利和政治权利国际公约第二个旨在废除死刑的任择议定书》，该议定书于 1991 年 7 月 11 日生效。

《公民权利和政治权利国际公约》由六部分共 53 条组成。第一部分，即第 1 条，规定了民族自决权；第二部分是一般性条款，规定当事国的一般义务，如非歧视、采取立法和其他措施实施公约、补救义务、男女平等、国家克减权的行使及义务（第 2—5 条）；第三部分是公民权利和政治权利的内容（第 6—27 条）；第四部分规定了所设立的人权事务委员会的构成、职权等（第 28—45 条）；第五部分规定了公约内容与《联合国宪章》和各专门机构的组织章程的规定之间的关系以及公约规定与国家经济主权之间的关系；（第 46—47 条）；第六部分规定公约的批准、加入、生效和修正等事项（第 48—53 条）。此外，《公民权利和政治权利国际公约》第一任择议定书规定了个人申诉程序，第二任择议定书对废除死刑问题做出了明确而严格的规定，两项议定书都单独开放签字。

与 1950 年《欧洲人权公约》、1969 年《美洲人权公约》相比，《公民权利和政治权利国际公约》没有包括财产权，而一些权利，诸如个人自由和隐私权，也没有像两个区域性人权公约规定得那么详细。而另一方面，公

---

① 西方国家要求按照“欧洲理事会的模式”将公约分成两个部分，这一决定招致了社会主义国家的反对，他们主张所有人权具有相互依赖性和不可分割性。西方国家的主张是，经济、社会和文化权利仅仅是“计划性的权利（programmatic rights）”，它们不能建立任何直接具有强制力的国际义务，因此不能作为“可诉性的”的权利。

约中也规定了一些《欧洲人权公约》中没有规定的权利,[①] 如民族自决权(第1条),属于少数人的权利(第27条),一般性的平等权(第26条),儿童的最低权利(第24条),法律人格权(第16条),禁止战争宣传和民族、种族、宗教歧视,敌对或暴力的煽动(第20条)。另外,政治权利(第25条),家庭权利(第23条),被拘禁者的最低保证(第10条),对死刑的限制(第6条),也都超过了《欧洲人权公约》中的相应标准。1989年公约的第二任择议定书对禁止死刑的规定的严厉性也比1983年《欧洲人权公约》的第2议定书的相应规定要高。此外,《公民权利和政治权利国际公约》第5条也规定,公约中的任何权利不得解释为隐示任何国家、团体或个人有权利从事任何旨在破坏公约所承认的任何权利或自由,或对它们加以较公约所规定的范围更广的限制和活动或行为。对于任何国家中依据法律、惯例、条例或习惯而被承认或存在的任何基本人权,不得借口公约未予承认或只在较小范围内予以承认而予以限制或克减。因此,除了该公约明确列举的公民权利和政治权利之外,公约保护的范围实际上还包括了未被公约所列举的各项公民权利和政治权利,该公约所保障的公民权利和政治权利实际上是一个开放的权利体系。因此,总体而言,公约的权利范围超越了《欧洲人权公约》和《美洲人权公约》的权利范围。

2.《公民权利和政治权利国际公约》的监督机制

(1)监督机构

尽管《公民权利和政治权利国际公约》比欧洲和美洲的人权公约提供了更广泛的适用范围,但公约在国际监督机制的建立上却不如两个区域性的人权公约。《公民权利和政治权利国际公约》第28条规定设立专门的监督机构——人权事务委员会,负责监督缔约国对公约的实施。“人权事务委员会是唯一一个拥有明确地执行《公民权利和政治权利国际公约》及其议定书职能的机构。”[②] 委员会的主要职能包括:审议缔约国提交的报告;对公约某些条款的范围和含义做出解释,发表“一般性意见”;接受和审议一缔约国指控另一缔约国未履行公约义务的指控;接受和审议个人声称其人权遭

---

① 《欧洲人权公约》的这些缺陷后来被第一附加议定书(投票权),第四附加议定书(移动自由和免受债务拘禁),第七附加议定书(反对驱逐外国人的最低保证,刑事事项的程序保证,夫妻平等)以及第十二附加议定书(免受歧视)所弥补。2002年5月通过的《欧洲人权公约》第十三附加议定书提供了在战争和和平时期对死刑的全面禁止。

② See Dominic Mcgoldrick, *The Human Rights Committee – Its role in the Development of the International Covenant on Civil and Political Rights*, Clarendon Press, Oxford 1991. p. 44.

到缔约国侵害的来文；协助缔约国实施公约条款和编写报告。委员会由18位专家组成，他们必须是公约缔约国的国民，而且必须是“具有崇高道义地位和在人权方面有公认的专长的人”和“具有法律经验的人”，任期四年。委员会委员以个人身份任职，不作为本国政府的代表。为了确保最高行为标准，委员会通过了道德准则作为对其委员的指导。委员会的议事规则（CCPR/C/3/Rev. 7）还从形式上落实了这方面的某些要素规格。因此，设置了保障办法，既从实质也从表现形式上增进公正。人权事务委员会通常每年举行3届全体会议，每届为期3周。

（2）监督措施

①国家报告程序

《公民权利和政治权利国际公约》所建立的国家报告程序是监督缔约国履行公约义务的一项重要措施，同时也是公约建立的三项监督措施中唯一一项具有强制性的措施。《公民权利和政治权利国际公约》第40条规定了报告程序，根据该条规定，公约各缔约国承担在公约对有关缔约国生效后的一年内及此后每逢委员会要求这样做的时候，提出关于它们已经采取而使本公约所承认的各项权利得以实施的措施和关于在享受这些权利方面所做出的进展的报告。在“关于周期的决定”中，人权事务委员会将报告提交的周期解释为每五年递交周期性报告的义务。① 报告中应指出影响实现本公约的因素和困难，所有的报告应送交联合国秘书长转交委员会审议。联合国秘书长在同委员会磋商之后，可以把报告中属于专门机构职司范围的部分的副本转交有关的专门机构。委员会应研究各缔约国提出的报告，并应把它自己的报告以及它可能认为适当的一般建议送交各缔约国。委员会也可以把这些意见同它从各缔约国收到的报告的副本一起转交经济及社会理事会。与其他人权公约有关国家报告制度的规定相比，《公民权利和政治权利国际公约》第40条的措辞显得较为广泛和一般。实践中，在审议国际报告时，委员会一般要求有关国家政府授权负责相关事务的高级政府代表参加，并仅在他们在场的情况下才审查报告。

②国家间指控程序

国家间指控制度也称作政府间指控制度。按照这一制度，如果国际人权公约的一缔约国认为另一缔约国未实施公约的有关规定，可依该公约规定的程序将此事项通知有关委员会，提请该委员会注意。《公民权利和政治权利国际公约》第41条对此制度作了任意性规定。该条规定，只有在发表声明

① Decision of the Human Rights Committee of 22 July, 1981, ICCPR/C/19.

承认人权事务委员会有权接受并审议一缔约国指控另一缔约国不履行公约义务的来文的公约缔约国之间才可援用此制度。

单从制度设计上来看，国家间指控制度可以促进公约缔约国之间在履行公约义务方面的互相监督，敦促各国更好地保护人权。但实际上，这项制度的影响是非常小的。其原因主要在于两个方面，一方面有大量的国家对这条作了声明，使这项制度在适用范围上受到了限制；另一方面，至今还没有国家根据《公民权利和政治权利国际公约》第41条对另一国家提出指控，使得国家指控程序所预期的作用被架空。

③个人申诉程序

个人申诉程序是个人依据有关国际人权公约的规定对国家侵犯其人权的行为向有关国际人权机构投诉以寻求救济的措施。《公民权利和政治权利国际公约》第1任择议定书对个人申诉程序做了详细规定。根据该任择议定书的规定，联合国人权事务委员会接受并审查符合下列条件的受害人来文：来文所涉及国家既是公约缔约国又是议定书的缔约国；来文须署名，并且没有构成滥用此项呈文权，并符合公约的规定；来文一般由受害人直接呈交；申诉人已经用尽可以运用的国内补救办法；来文所涉及的同一事件不在另一国际调查或解决程序的审查之中。根据《公民权利和政治权利国际公约》的任择议定书，只有个人，即受害者本人和他们的代表（律师）或亲属能够向人权事务委员会申请。实践中，如果个人群体声称它们是同一违反公约的行为导致的受害人并提出请求的话，人权事务委员会也会给予审查。委员会有时也参与审查与同一事实有关的不同个人分别提交的请求。但是，非政府组织在委员会前没有任何申诉地位。另外，人权事务委员会对个人申诉的处理完全基于书面信息。

个人申诉程序在《欧洲人权公约》和《美洲人权公约》的保护制度中是较为成功的一项监督措施，但对于《公民权利和政治权利国际公约》却不然，例如：人权事务委员会在其存在的25年的时间里仅仅收到1000多件个人申诉。造成这种情况的主要原因在于，一方面，《公民权利和政治权利国际公约》所设立的个人申诉程序是一种选择性的程序，这在一定程度上限制了该程序的适用范围；另一方面，人权事务委员会处理个人申诉案件后所做出的意见往往因为缺乏法律拘束力而得不到有效的执行。

（二）《经济、社会和文化权利国际公约》及其监督机制

1.《经济、社会和文化权利国际公约》概述

《经济、社会和文化权利国际公约》与《公民权利和政治权利国际公

约》一道于1966年由联合国大会通过，1976年1月3日生效。

《经济、社会和文化权利国际公约》构成了规定"第二代人权"的最重要的国际公约，公约分序言和五个部分共31条。第一部分即第1条与《公民权利和政治权利国际公约》一样，规定民族自决权；第二部分是涉及整个公约的一般性规定（第2—5条）；第三部分规定了经济、社会和文化权利的具体内容（第6—15条）；第四部分规定了公约的国际监督机制（第16—25条）；第五部分是公约的最后条款，涉及公约的签字、批准、生效、修正等事项（第26—31条）。

《经济、社会和文化权利国际公约》除了明确提及的经济权利（工作权，公平和良好的工作条件的权利，组织和参加工会的权利，罢工的权利），社会权利（家庭受保护的权利，母亲应受保护，保护儿童和少年，社会安全权，包括食物、穿衣、住房的足够的生活标准的权利，健康权），文化权利（教育权，参加文化生活权，知识产权保护）之外，与《公民权利和政治权利国际公约》一样，公约第5条也规定，公约中的任何权利不得解释为隐示任何国家、团体或个人有权利从事任何旨在破坏公约所承认的任何权利或自由或对它们加以较公约所规定的范围更广的限制和活动或行为。对于任何国家中依据法律、惯例、条例或习惯而被承认或存在的任何基本人权，不得借口公约未予承认或只在较小范围内予以承认而予以限制或克减。因此，除了该公约明确列举的权利之外，公约保护的范围实际上还包括了未被公约所列举的各项经济、社会和文化权利，该公约所保障的经济、社会和文化权利实际上也是一个开放的权利体系。

尽管《经济、社会和文化权利国际公约》和《公民权利和政治权利国际公约》在原则上是平等的，但是《经济、社会和文化权利国际公约》第2条第1款规定的国家履行公约义务的措辞上比《公民权利和政治权利国际公约》明显要弱。① 缔约国的义务仅仅是采取步骤逐步实现公约规定的权利。

长期以来，一些政治家和学者经常以"第二代人权"为由认为，与公民权利和政治权利相比，经济、社会和文化权利实际上是不可执行的权利。然而，这一假定受到了权利相互依赖性和不可分割性的主张的反驳。关于此

---

① 《经济、社会和文化权利国际公约》第2条第1款规定，每一缔约国家承担尽最大能力个别采取步骤或经由国际援助和合作，特别是经济和技术方面的援助和合作，采取步骤，以便用一切适当方法，尤其包括用立法方法，逐渐达到本公约中所承认的权利的充分实现。

问题，经济、社会和文化权利委员会在它的意见中也阐明，“逐步的实行”也对国家产生直接和立即有效的义务：奉行禁止歧视，保持已实现的标准，采取实质、有效、有的放矢的步骤迅速实现这些权利的义务。另外，公约第2条第3款排除了将这些权利限于本国公民的可能。这暗示着发达国家在实现经济、社会和文化权利时，不能在本国公民和其他国家公民间做区分。第2条第1款还明确提到国际援助和经济、技术合作，这也暗示着发达国家在发展合作方面应采取必要步骤，确保实现最低限度的经济、社会和文化权利的义务。

2.《经济、社会和文化权利国际公约》的监督机制

目前，《经济、社会和文化权利国际公约》所建立的唯一一项监督措施就是公约第16条所规定的国家报告程序。起初，《经济、社会和文化权利国际公约》并没有像《公民权利和政治权利国际公约》那样设立自己专门的监督机构，而是将审议缔约国报告的委托交给了经社理事会。1978年，经社理事会又将这一任务委托给了“公约执行情况政府专家会期工作组”，这些都注定了起初的报告程序不可能是成功的。直至1985年经社理事会通过第1985/17号决议建立一个类似其他条约监督机构的专家机构——经济、社会和文化权利委员会以后，报告程序才逐渐成为一项有效的监督程序。

与其他人权公约所建立的专门监督机构不同，经济、社会和文化权利委员会不是由公约，而是由经社理事会选举成立的。委员会由18位成员组成，他们都是在人权领域被公认为是称职的专家，从缔约国提名的候选人中选出，由经社理事会选举，任期四年，可连选连任。委员以个人身份工作，不是政府的代表。委员会是经社理事会的一个附属机构，其正式权力来源于经社理事会，它的主要任务是审议国家报告，完成经济及社会理事会根据《经济、社会、文化权利国际公约》所承担的监督任务。实践中，委员会将非政府组织结合到国家报告的程序中，并通过发表一般性意见，特别是关于食物权，住房权，教育权，健康权，水权的一般性意见，对解释公约中的权利以及相应的条约义务做出了巨大的贡献。

与《公民权利和政治权利国际公约》相比，《经济、社会和文化权利国际公约》只建立了国家报告程序这一项监督措施，并且，与个人申诉程序相比，国家报告程序的监督效果毕竟要弱一些。因此，在经过多年的深思熟虑之后，2003年，第59届联合国人权委员会通过决议，决定设立工作组，讨论制定《经济、社会和文化权利国际公约》的任择议定书草案，试图为公约建立更为有效的个人申诉程序。然而，由于受到来自发达国家的反对，

这一任择议定书至今尚未通过。

（三）《消除一切形式种族歧视公约》及其监督机制

1.《消除一切形式种族歧视公约》概述

消除歧视，特别是反对种族歧视一直是联合国人权活动的核心，这些可以从联合国人权委员会成立防止歧视和保护少数小组委员会以及其与南非种族隔离的斗争中得到印证。为进一步推动全世界反种族歧视运动，在联合国两公约通过的前一年，1965 年 12 月 21 日，联合国大会通过了《消除一切形式种族歧视公约》，公约于 1969 年 1 月 4 日生效。

《消除一切形式种族歧视公约》"被认为是以条约的形式对种族平等思想所做的最为全面和最为明确的编撰"。[①] 它不仅在狭义上禁止任何种族歧视，而且禁止任何具有侵害人权的目的和效果的基于种族、肤色，血统、民族、种族出身的区分。根据公约，任何形式的种族隔离，诸如美国的"平等但隔离"政策和南非的种族隔离政策，都是受到谴责的。唯一的例外是在一定情况下对公民和外国人之间所做的区分，另外，考虑到一些民族和种族曾经是历史上种族歧视的受害者，公约允许为一定的人种和种族的利益而采取的暂时的、特殊的积极行动和措施（如保护少数人）。

除了广泛地禁止种族歧视外，公约还包含了许多为缔约国设定的实现和保护的义务。如公约第 4 条规定了国家承担惩罚对种族煽动和宣传负责的个人和组织的义务；第 5 条包含了一个公民权利和政治权利以及经济、社会和文化权利的目录，缔约国必须承担消除和禁止种族歧视的义务来维护这些权利；第 6 条规定了确保全面防止种族歧视和对受害者进行救济的义务；第 7 条规定在教育、教学、文化和信息领域，应该采取立即和有效的措施防止歧视，同时提倡民族和种族间的相互容忍。

2.《消除一切形式种族歧视公约》的监督机制

（1）监督机构

消除种族歧视委员会于 1970 年建立，是第一个根据联合国人权条约设立的监督机构。委员会由 18 名成员组成，由缔约国选出，以个人资格任职，委员会委员任期四年。委员的选举应顾及公平的地域分配，并具有不同文明和各主要法系的代表性。委员会的主要职责是接受并审议缔约国报告，受理和审议国家间指控，接受和处理个人申诉。另外，基于他们在国家报告程序

① Tomas Buergenthal, Danan Shelton, David Stewart, *International Human Rights*, West Group, 2004. p. 74.

上的经验，委员会也发布关于公约特定条款的一般性的评论或一般性的意见，这些评论和意见在很多情况下需要花费几年的时间起草并获得一致通过。这些评论和意见构成了对包含于各自条约中的权利和条款的解释的主要来源。

（2）监督措施

①国家报告程序

《消除一切形式种族歧视公约》第 9 条规定了缔约国提交国家报告的程序。根据该条，缔约国在公约对其本国开始生效后一年内，及其后每两年，并凡遇委员会请求时，就其所采用的实施本公约各项规定的立法、司法、行政或其他措施，向联合国秘书长提出报告，供委员会审议。实践中，与人权事务委员会一样，在审议国际报告时，种族歧视委员会一般要求有关国家政府授权负责相关事务的高级政府代表参加，并仅在他们在场的情况下才审查报告。委员会应按年将工作报告送请秘书长转送联合国大会，并得根据审查缔约国所送报告及情报的结果，拟具意见与一般建议。此项意见与一般建议应连同缔约国核具的意见，一并提送大会。

由于公约设立的报告周期较短，对于缔约国来说，这不久就被证明是不可行的，实际上导致了国家对报告义务的经常违反，同时也为委员会增加了额外的工作量，并不可避免地降低了审查质量。因此，在委员会的程序规则中，委员会限制了定期报告义务，并给予特定情况下的国家所提交的紧急报告给予优先审查的地位。然而，尽管如此，国家报告程序的效率与其他条约机构的报告程序相比仍然是相当低的。

②国家间指控程序

《消除一切形式种族歧视公约》第 11 条是所有联合国人权公约中唯一包含强制性的国家间控告程序的条款，根据该条规定，公约一缔约国如认为另一缔约国未实施本公约的规定，得将此事通知委员会注意。委员会将专设和解委员会，为当事国进行斡旋，并根据公约友好解决有关争议。

由于报告程序本身的缺陷，尽管种族歧视在许多缔约国仍十分盛行，如 1994 年的卢旺达，1992 年间的波斯尼亚和黑塞哥维那，但所有的缔约国中至今没有一个使用国家间指控程序反对这种大规模和系统性的人权侵犯。

③个人申诉程序

根据《消除一切形式种族歧视公约》第 14 条的规定，缔约国得随时声明承认委员会有权接受并审查在其管辖下自称为该缔约国侵犯本公约所载任何权利行为受害者的个人或个人联名提出的来文。

实践中，《消除一切形式种族歧视公约》的个人申诉程序也没有获得广泛的使用。尽管公约早在1969年就已经生效，但是，在1982年以前，还没有国家承认委员会对个人申诉的审查权。后来，尽管一些国家承认了委员会的该项权限，然而，在至2003年的前20年中，提交到委员会的个人申诉的总数仅仅为28件，而且这些申诉大部分来自欧洲国家，即全世界每年几乎一件。显然，这些数字决不是至今仍在世界各地持续的、最严重的侵犯人权的种族歧视和现实的真实反映。

（四）《消除对妇女一切形式歧视公约》

1.《消除对妇女一切形式歧视公约》概述

由于对妇女的歧视问题长期以来像种族歧视问题一样常见而普遍，联合国一直给予妇女权利和反对性别歧视以高度重视，并努力从事着解决这一问题的实践。① 至今在这一领域最重要、也是最为有效的实践是通过了1979年《消除对妇女一切形式歧视公约》。

《消除对妇女一切形式歧视公约》于1979年12月18日被联合国大会通过，并于1981年9月3日正式生效。公约从男女平等的角度详细地阐述了禁止性别歧视的含义，并对这一特殊问题的各个方面作了规定。公约一开始就给基于性别的歧视下了定义。根据公约第1条的规定，“对妇女的歧视”一词指基于性别而作的任何区别、排斥或限制，其影响或其目的均足以妨碍或否认妇女不论已婚未婚在男女平等的基础上认识、享有或行使在政治、经济、社会、文化、公民或任何其他方面的人权和基本自由。公约的一些条款还涉及取消贩卖妇女，剥削妇女和促进农村妇女的权利。另外，公约还为缔约国设立了一系列需要积极履行的义务，目的是敦促缔约国在政治和公共生活中，在经济、社会和文化生活中消除对妇女的歧视以及法律上的平等，包括在婚姻和家庭方面。根据公约规定的义务，缔约国有义务在自己的行为中避免基于性别的歧视，并要采取行动加速男女间的事实平等，包括打破社会上的歧视态度、习俗和惯例，并有义务采取适当的措施在男女的社会和文化行为模式方面带来变化，消除基于性别而分尊卑观念或基于男女任务定型所产生的偏见、习俗和其他一切做法，确保男女在孩子教育和成长方面的共同

① 这些努力可以通过以下事实看到：1946年建立妇女地位委员会，1952年通过《妇女政治权利公约》，1957年通过《已婚妇女的国籍公约》，1962年通过《同意结婚公约》以及举办各种各样的世界妇女大会。1993年通过《消除对妇女暴力的宣言》，并由人权委员会任命了专门负责这一问题的特别报告员。

责任得到认可。

与《消除一切形式种族歧视公约》不同,《消除对妇女一切形式歧视公约》没有明确提及基于性别的隔离，也没有为国家施加在刑法上禁止男性至上主义者宣传和男性至上主义者组织的义务。然而，根据第16条的规定，国家有义务消除在有关婚姻和家庭关系的一切事项上对妇女的歧视。此外，公约没有明确禁止家庭暴力。

2.《消除对妇女一切形式歧视公约》的监督机制

（1）监督机构

《消除对妇女一切形式歧视公约》第17条设立了消除对妇女歧视委员会，委员会由23位专家组成，实践中主要是女性，任期四年。委员由在公约所适用的领域方面德高望重和有能力的专家组成。这些专家应由缔约各国自其国民中选出，以个人资格任职。委员的选举还须顾及公平地域分配原则并具有不同文化形式与各主要法系的代表性。消除对妇女歧视委员会的主要职责是审查缔约国报告，接受和处理个人申诉，并对缔约国内严重或系统侵犯公约所载权利的情况进行调查。另外，和其他公约监督机构一样，基于他们在国家报告程序上的经验，委员会也发布关于公约特定条款的一般性的评论或一般性的意见，这些评论和意见在很多情况下需要花费几年的时间起草并获得一致通过。这些评论和意见构成了对包含于各自条约中的权利和条款的解释的主要来源。委员会每年通过经济及社会理事会向联合国大会报告其活动，经社理事会则将这些报告转交给联合国妇女地位委员会供其参考。

（2）监督措施

①国家报告程序

《消除对妇女一切形式歧视公约》第18条设立了国家报告程序。根据该条规定，缔约各国应在公约对本国生效后一年内，并且自此以后，至少每四年并随时在委员会的请求下，就本国为使公约各项规定生效所通过的立法、司法、行政或其他措施以及所取得的进展，向联合国秘书长提出报告，供委员会审议。实践中，委员会成员和国家代表在国家报告程序上的开放和建设性的态度，对建立一套改善妇女地位的法律标准和可行的步骤发挥了非常大的作用。

②个人申诉程序

1999年12月10日，联合国大会通过了《消除对妇女一切形式歧视公约任择议定书》，并于2000年12月22日生效。在《消除对妇女一切形式歧视公约》原有国家报告程序的基础上，议定书又模仿了《反酷刑公约》的实施机制，增设了个人申诉程序和调查程序。议定书规定，在用尽全部国内救济后，个人有权就其公约所载权利受到侵犯向消除对妇女歧视委员会提交申诉。委员会在就申诉问题做出决定之前，有权要求缔约国为了避免对声称其权利遭受侵害的受害人造成可能的不可弥补的损害而采取临时措施。议定书关于“临时措施”的规定是国际人权公约领域的一项创新，它为避免申诉者受到虐待和威胁提供了实质性的保证。

③调查程序

《消除对妇女一切形式歧视公约任择议定书》授权消除对妇女歧视委员会对缔约国境内严重或系统地侵犯公约所载权利的情况进行调查。与申诉程序相反，调查程序是由消除对妇女歧视委员会发起的，只要他们收到了确凿的证据显示有严重的、系统的酷刑和对妇女的歧视发生。这些信息的来源不确定，尽管在大多数情况下这些信息来源于非政府组织或媒体报告。根据该程序，委员会要求有关国家对被指控事项发表评论。如果国家不能给指控以足够的反驳，委员会将在事前经过有关国家同意的前提下到现场进行秘密调查。然后基于调查的结果，委员会发出一份带有意见的秘密报告。委员会也有权在其年度报告中出版对调查结果的总结性叙述。消除对妇女歧视委员会至今只启动了一次调查程序，该程序仍然处于保密状态。

（五）《禁止酷刑和其他残忍、不人道和有辱人格的待遇和惩罚公约》

1.《禁止酷刑和其他残忍、不人道和有辱人格的待遇和惩罚公约》概述

酷刑、非人道的行为和有辱人格的待遇是对每一个人的身体、精神和道德完整性的破坏。免受酷刑的目的是保护人身和人格尊严的完整性，[①] 在根据国际法的人权保护中居有一种特殊的地位。[②] 但尽管任何人免受酷刑或残忍、不人道或有辱人格的待遇或惩罚已经是普遍承认的最重要的基本权利之一，但是在20世纪它经历了真正的“复活”。实际上没有任何一个政府承认采用酷刑，但是根据致力于废除酷刑的非政府组织的报告，全世界近50%的国家系统性采取酷刑。这就是为什么国际社会要将反酷刑问题法典化以及对反酷刑的监督要比传统的国际监督程序严格的原因。

《禁止酷刑和其他残忍、不人道和有辱人格的待遇和惩罚公约》（简称

---

① UN Doc A/2929，p. 31.

② ［奥］曼弗雷德·诺瓦克编著，毕小青、孙世彦译：《民权公约评注》，生活·读书·新知三联书店2003年版，第128页。

《禁止酷刑公约》）于1984年12月10日获联合国大会通过，于1987年6月26日生效。公约第1条给出了一个比较狭义的、一定程度上具有争议的酷刑的定义，即“酷刑”是指为了向某人或第三者取得情报或供状，为了他或第三者所做或涉嫌的行为对他加以处罚，或为了恐吓或威胁他或第三者，或为了基于任何一种歧视的任何理由，蓄意使某人在肉体或精神上遭受剧烈疼痛或痛苦的任何行为，这种疼痛或痛苦是由公职人员或以官方身份行使职权的其他人所造成或在其唆使、同意或默许下造成的。纯因法律制裁而引起或法律制裁所固有或附带的疼痛或痛苦不包括在内。这一定义暗示着，酷刑不能因为过失而产生；不能由个人采取；在故意招致痛苦上需要一定程度的强度。由于可能导致使“酷刑”以“合法化”的方式绕过国际社会对酷刑的禁止，第1条的最后一句“合法惩罚条款”一直广受争议。另外，公约为国家施加了很多反酷刑的义务，这些义务不仅是防止酷刑行为，也防止那些不是很严重的其他残忍、不人道和有辱人格的待遇和惩罚。如所有的国家有义务在刑法上承认酷刑是一种犯罪，必须考虑罪行的严重程度给予适当的惩罚；通过适当训练执法人员和系统审查审讯方法，确保广泛的救济和补偿等。此外，公约具有革命性的做法是，它是第一个体现普遍管辖原则的国际人权公约。根据公约的规定，无论何时，只要被怀疑犯有酷刑罪的人在一个缔约国的领土上出现（不管犯罪人和受害者的国籍以及犯罪的场合），国家当局，即使在没有其他国家要求的情况下，也有义务采取临时的调查并将嫌疑犯拘留，或确保刑事和引渡程序开始前嫌疑犯到案。如果通过审查确信实施了酷刑，国家或者将罪犯引渡到另一国（酷刑实施地国或犯罪人或受害人国），或者根据本国的刑事程序控告酷刑嫌疑人。

2.《禁止酷刑和其他残忍、不人道和有辱人格的待遇和惩罚公约》的监督机制

（1）监督机构

根据《禁止酷刑公约》第17条的规定，禁止酷刑委员会负责监督缔约国对公约义务的履行。委员会由10位独立的专家组成。委员是缔约国的国民，须具有崇高的道德品质并且被公认为在人权领域具有专长，任期四年，可连选连任。委员会于每年四五月份和11月份在日内瓦举行两届例会。但经多数成员或某个缔约国的要求，并经委员会本身决定，可召开特别会议。委员会须向各缔约国和联合国大会提交一份关于其活动的年度报告。委员会的任务包括四项主要活动：审议缔约国定期交送的报告；在有确凿迹象显示在某一缔约国境内经常施行酷刑时进行秘密调查；审议声称因违反本公约条

款而受害的个人所送交的来文以及审议国家的申诉。委员会将关于其活动的年度报告送交各缔约国以及联合国大会。另外，基于他们在国家报告程序上的经验，委员会也发布关于公约特定条款的一般性的评论或一般性的意见，它们构成了对包含于各自条约中的权利和条款的解释的主要来源。

（2）监督措施

①国家报告程序

根据《反酷刑公约》第19条的规定，缔约国承诺在公约对其生效后一年内向禁止酷刑委员会提交关于其为履行公约义务所采取措施的报告，并在随后每四年提交关于其所采取新措施的补充报告以及委员会可能要求的其他报告。委员会在审议报告之后，通过相关的“结论与建议”。

②国家间指控程序

根据公约第21条，缔约国可以送交来文声称另一缔约国没有履行根据公约承担的义务。但由于程序本身的缺陷，目前为止禁止酷刑委员会尚没有收到此类指控。

③个人申诉程序

根据公约第22条，禁止酷刑委员会可以接受并审议缔约国管辖下因该缔约国违反公约条款而受害的任何个人提交的来文。但该程序是选择性的，须事先得到委员会的明确承认。

④调查程序

作为公约的一项创新，公约第20条还规定了一个调查程序。根据该程序，只要委员会收到了确凿的证据显示有严重的、系统的酷刑发生，委员会将要求有关国家对被指控事项发表评论。如果国家不能给指控以足够的反驳，委员会将在事前经过有关国家同意的前提下到现场进行秘密调查。然后基于调查的结果，委员会发出一份带有意见的秘密报告。委员会的调查结果与适当的评论和建议要交给缔约国，并要求其随后采取改进措施。委员会也有权在其年度报告中出版对调查结果的总结性叙述。这一程序是强制性的，但是缔约国可以通过公约第28条规定的特殊保留在批准和加入公约时选择不适用这一条款。

⑤预防性调查程序

1980年，哥斯达黎加向人权委员会提交了一项建议，提出了建立一项预防性的调查拘禁地的制度，以作为预防酷刑的手段。由于根据这一制度所进行的调查无须经过有关国家同意，建议受到了许多国家的反对，理由是它侵犯了国家主权。欧洲理事会1989年通过了《欧洲防止酷刑公约》，走出了施行这一制度的第一步。联合国人权委员会建立如同《欧洲防止酷刑公约》的预防性调查制度的努力也持续了多年。最终，2002 年 12 月，联合国大会通过《反酷刑公约任择议定书》，议定书的宗旨是建立一种“旨在对缔约国的拘留场所进行经常性调查访问的预防性机制”，并建立了反酷刑委员会的小组委员会，由 10 位专家组成。小组委员会将组织一个预防性调查拘禁场所的普遍的项目。

至今，禁止酷刑委员会已经对七个缔约国的酷刑行为进行了调查，并已经针对土耳其，埃及，秘鲁，斯里兰卡和墨西哥出版了五个调查报告。在这五份报告中，除了对斯里兰卡的调查报告外，委员会的其余四份国家调查报告都支持了存在系统性的酷刑的指控。

（六）《儿童权利公约》

1.《儿童权利公约》概述

儿童作为人，当然有权获得尊重和保护，因此，大多数一般性的人权，诸如禁止酷刑和健康权，对于孩子和成年人都是有效的。然而，由于儿童具有未成年人的生理体征以及其作为人类社会的希望的重要意义，除此之外，他们还应该受到特别的保护，如防止工厂为经济目的对儿童的剥削，禁止贩卖儿童，禁止强迫女孩当妓女，禁止一律将年轻人排除在决策过程之外，等等，而这些都没有被一般性的人权公约所涵盖。基于上述原因，联合国早在 1959 年就通过了一个包含十项原则的《儿童权利宣言》。然而，宣言不具有法律拘束力的性质使它难以为儿童提供足够的保护。因此，经过人权委员会 10 年广泛深入的工作，1989 年 11 月 20 日，联合国大会通过了《儿童权利公约》，该条约在不到一年的时间内便生效。今天，《儿童权利公约》是唯一一个世界上所有国家都签署了的人权条约。

《儿童权利公约》是第一个平等地将公民权利和政治权利与经济、社会和文化权利涵盖于一身的文件，也是全面处理一个特定人口群体的权利的第一个人权公约。尽管《公民权利和政治权利国际公约》第 24 条和《经济、社会和文化权利国际公约》第 10 条都规定儿童有权享受其作为儿童所要求的一切特别保护措施，而《儿童权利公约》则对这些措施做了更为详细的规定。公约涵盖了一些儿童特有的权利。在这些权利中具有特殊重要性的是：不被任意与父母分开的权利（第 9 条），保护免受非法转移和免受不让回国的权利（第 11 条），家庭团聚（第 10 条），防止收养权的滥用（第 21 条）等。公约还为儿童建立了特别保证手段，如保护儿童不在家庭和学校受到暴力、虐待、剥削、忽视和不能接受的贫穷状况，另一方面，公约通过在儿童的个性、自治力发展和积极参与社会生活（如隐私权，表达自由，信息权，宗教自由，机会和结社自由，司法程序中的听证权）方面的保护，试图满足儿童和青少年的各种不同需要。另外，公约第 2 条所规定的“全面禁止歧视”，第 6 条规定的“生命权和最可能的发展”，第 12 条规定的“参与权”，第 3 条第 1 款规定的“广泛倾向于儿童的最大利益原则”被儿童权利委员会确立为《儿童权利公约》的四个总原则。此外，公约也努力在儿童、父母、国家三者的关系中寻求平衡。公约提出了这样一个原则：父母双方负有抚育和使儿童成长的共同责任，并要求国家提供适当的援助和足够的儿童保护设施和服务。尽管如此，公约明确规定，父母的责任不是给予儿童绝对的权利，而仅仅是对儿童有益的权利。公约还包括了一些专门针对残疾儿童（第 23 条），难民儿童（第 22 条）和属于少数民族和土著民族儿童（地 30 条）的权利。第 40 条设立了青少年刑事法律标准，这一标准考虑到了社会改造和促进儿童成长。最后，公约还为国家设立了确保足够的生活标准，获得教育，健康制度，社会保障等的积极义务。如公约第 4 条规定：“缔约国应采取一切适当的立法、行政和其他措施以实现公约所确认的权利。关于经济、社会和文化权利，缔约国应根据其现有资源所允许的最大限度并视需要在国际合作范围内采取类似措施。”

2. 《儿童权利公约》的监督机制

根据《儿童权利公约》第 43 条的规定，儿童权利委员会负责监督缔约国对公约义务的履行。委员会由 10 位独立的专家组成，委员不仅应品德高尚，而且在公约所涉领域被公认为具有能力。委员从缔约国提名的候选人名单中选举产生，以个人身份工作，任期四年，可连选连任。委员会每年举行三届会议，每届会议为期四周。委员会的权限仅限于审查缔约国的报告。根据公约第 44 条第 1 款的规定，缔约国承担向委员会提交关于它们为实现公约确认的权利所采取的措施以及关于这些权利的享有方面的进展情况的报告。委员会设立的一个工作组在委员会届会之前对各国提交的报告进行初步审查，并为委员会与报告国的代表的讨论做准备。另外，基于他们在国家报告程序上的经验，委员会也发布关于公约特定条款的一般性的评论或一般性的意见，这些评论和意见构成了对包含于各自条约中的权利和条款的解释的主要来源。除了国家报告之外，工作组还审议其他人权条约机构所提供的资料。

实践中，委员会强调与政府代表进行建设性对话的重要性，从而使这一程序运行得非常有效。另外，由于公约第 45 条赋予了委员会进行国际合作的特殊权力，委员会在审查国家报告时也积极并系统地进行与联合国儿童基金会以及国内和国际的非政府组织的合作。

（七）《保护所有移徙工人及其家庭成员权利国际公约》

1.《保护所有移徙工人及其家庭成员权利国际公约》概述

《保护所有移徙工人及其家庭成员权利国际公约》（简称《移徙工人公约》）由联合国大会于1990年12月8日以第45/158号决议通过，2003年7月1日生效。公约旨在保护所有移徙工人及其家庭成员的权利。公约第2条给出了“移徙工人”的定义，即“移徙工人”是指在非为其国民的国家将要、正在或已经从事有报酬活动的人。包括“边境工人”、“季节性工人”、“海员”、“近海装置上的工人”、“行旅工人”、“项目工人”、“特定聘用工人”、“自营职业工人”。公约不适用于国际组织和机构派遣或雇佣或一国外派或在其境外雇用的从事公务的人员；一国外派或在其境外雇佣或代表一国参与发展方案和其他合作方案的人员；作为投资者在非国籍国居住的人；难民和无国籍的人，但有关缔约国的法律或对其生效的国际文书规定适用的情况除外；学生和受训人员；未获就业国接纳入境居住和从事有报酬活动的海员和近海装置的工人。

《移徙工人公约》包含了一个移徙工人及其家庭成员的广泛的公民、政治、经济、社会和文化权利的权利清单，并根据移徙工人的不同情况，将移徙工人及其家庭成员的权利分为三个部分，即所有移徙工人及其家庭成员的权利（公约第8—35条），有证件或身份正常的移徙工人及其家庭成员的其他权利（公约第37—56条），持有证件或身份正常的特殊类别的移徙工人及其家庭成员的权利（公约第58—63条），另外，公约将“不受歧视”和“权利不得放弃”作为公约权利实施的基本原则。除此之外，公约还为缔约国设定了一定的义务，如缔约国应该采取立法及其他必要措施以执行公约各项规定；制定和执行移徙政策；为移徙工人及其家庭成员提供必要的帮助；确保任何公约所载权利被侵犯的人得到有效的补救。

《移徙工人公约》是半个世纪以来有关移徙工人保护的理论和实践的结晶，它的诞生无疑会使移徙工人及其家庭成员这一巨大的群体可能享受到更好的保护。然而，大多数移徙工人实际生活的发达国家拒绝根据该公约应承担的义务。截至2003年4月29日，只有29个国家批准了该公约，在这些国家中，只有阿塞拜疆和黑山是欧洲理事会的成员国。

2.《保护所有移徙工人及其家庭成员权利国际公约》的监督机制

（1）监督机构

《移徙工人公约》建立了一个由10位专家组成的独立的保护所有移徙

工人及其家庭成员权利委员会（简称移徙工人委员会），在公约对第41个缔约国生效后改由14位专家组成。委员会委员不仅应品德高尚，而且在公约所涉领域被公认为具有能力。委员从缔约国提名的候选人名单中选举产生，并应适当考虑到公平地域分配，包括原籍国和就业国以及各主要法系的代表性。委员以个人身份工作。委员会向联合国大会就公约的执行情况递交年度报告，报告内容中包括委员会审查缔约国报告所提出的意见。

（2）监督措施

①国家报告程序

《移徙工人公约》第73条规定了缔约国定期报告程序，根据该程序，缔约国应该在公约对其生效后一年内，此后每隔5年及当委员会要求时，就其为实施公约各项规定所采取的立法、司法、行政和其他措施的情况向联合国秘书长提交报告，供移徙工人委员会审议。

实践中，委员会将为各份初次报告指定两名国别报告员，并将通过一个问题清单，该问题清单将提前一届会议送交相关缔约国。委员会将请缔约国以书面方式对问题清单做出答复。除此之外，缔约国还可在审议报告（此种审议在缔约国代表团在场情况下进行）过程中以口头方式介绍情况。委员会将要求缔约国适当安排其代表团的构成，以便能够同委员会进行富有成效的对话。委员会将请联合国机构、政府间组织、非政府组织、国家人权机构及其他相关机构提供投入，以便为报告的审议做准备。为此，委员会还将确保缔约国的报告、问题清单及缔约国对问题清单的答复能够得到公布。

②国家指控程序

《移徙工人公约》第76条规定了国家间指控程序，根据该条规定，公约的一个缔约国可以就另一个缔约国没有履行其在公约项下的义务向移徙工人委员会提出来文指控。但该程序是任意性的，即委员会只能受理和审议已做出声明承认委员会有此权限的缔约国提出的来文。缔约国可在任何时候承认委员会有此项权限。

③个人申诉程序

《移徙工人公约》第77条规定了个人申诉程序，根据该条规定，移徙工人委员会有权受理和审议在缔约国管辖下声称其依公约的个人权利受到该国侵犯的个人或其代表送交的来文。该程序和国家申诉程序一样，都是任意性的，委员会不得受理涉及尚未做出这种声明的缔约国的来文。

除了上述这些“核心”公约外，联合国和它的专门机构还通过了大量的关于人权的公约、不具有拘束力的宣言、原则、行为准则和各种规则以及国际人道主义法和难民法。随着越来越多的国际人权文件的诞生，联合国已经建立起了强大的普遍性人权标准的规范框架。目前，对于联合国人权保护制度的最大挑战更多的不是建立新标准，而是如何将这些标准付诸实施以及使这些标准的实施在国际上得到有效的监督和执行，如政治家和学者们经常批评联合国条约机构的激增数量以及它们重叠的功能。[①] 另外，他们也一直在建议模仿欧洲和美洲的人权法院模式，在联合国层面建立一个专门负责人权事务的司法机构。如诺瓦克认为，或许可以考虑一下将现有的专家机构缩减为在中等期限的两个全职的机构。常设的人权事务委员会每四年或五年可以负责审查每个国家涵盖所有该国批准的人权公约的统一的国家报告。另外，应该建立一个常设的国际人权法院以对于各种人权公约有关的国家间指控和个人申诉做出具有法律拘束力的判决，并在发生大规模、系统的侵犯人权的事件时进行现场调查。[②]

（八）《残疾人权利公约》

联合国历史上第一个旨在全面保护残疾人权利的公约《残疾人权利公约》2008 年 5 月 3 日正式生效。《残疾人权利公约》在历经 5 年谈判进程之后，于 2006 年 12 月 13 日在第 61 届联合国大会获得通过，成为国际社会在 21 世纪通过的第一个人权公约。

《残疾人权利公约》自 2007 年 3 月 30 日开始开放，供联合国会员国签署，当缔约国达到 20 个时即正式生效。牙买加是第一个正式批准该公约的国家。2008 年 4 月 3 日，厄瓜多尔正式批准公约，成为第 20 个缔约国，公约开始进入 30 天的自动生效程序。截至目前，已有 127 个国家签署了公约，其中 26 个国家正式予以批准。

《残疾人权利公约》的宗旨是促进、保护和确保所有残疾人充分和平等地享有一切人权和基本自由，并促进对残疾人固有尊严的尊重，其核心内容是确保残疾人享有与健全人相同的权利，并能以正式公民的身份生活，从而能在获得同等机会的情况下，为社会作出宝贵贡献。

《残疾人权利公约》第 3 条详细地规定了残疾人权利保护的一般法律原则。包括：

---

① 例如，对于种族歧视问题、妇女歧视问题以及儿童权利问题，缔约国按照各公约的要求编写不同的国家的报告分别由种族歧视委员会、反对对妇女歧视委员会、儿童权利委员会、人权事务委员会和经济、社会和文化权利委员会的审查。

② Manfred Nowak, Introduction to the International Human Rights Regime, Martinus Nijhoff Publishers 2002. p. 96.

1. 尊重固有尊严和个人自主，包括自由作出自己的选择，以及个人的自立；

2. 不歧视；

3. 充分和切实地参与和融入社会；

4. 尊重差异，接受残疾人是人的多样性的一部分和人类的一分子；

5. 机会均等；

6. 无障碍；

7. 男女平等；

8. 尊重残疾儿童逐渐发展的能力并尊重残疾儿童保持其身份特性的权利。

根据《残疾人权利公约》第34条规定，成立残疾人权利委员会作为该公约的条约实施机构。该公约第34条对残疾人权利委员会的具体构成以及组织活动原则作了非常详细的规定，成为该公约正式实施之后的条约实施保障机制。该公约第34条关于残疾人权利委员会的规定具体包括以下几个方面：

1. 应当设立一个残疾人权利委员会（以下称“委员会”），履行下文规定的职能。

2. 在本公约生效时，委员会应当由12名专家组成。在公约获得另外60份批准书或加入书后，委员会应当增加6名成员，以足18名成员之数。

3. 委员会成员应当以个人身份任职，品德高尚，在本公约所涉领域具有公认的能力和经验。缔约国在提名候选人时，务请适当考虑本公约第4条第3款的规定。

4. 委员会成员由缔约国选举，选举须顾及公平地域分配原则，各大文化和各主要法系的代表性，男女成员人数的均衡性以及残疾人专家的参加。

5. 应当在缔约国会议上，根据缔约国提名的本国国民名单，以无记名投票选举委员会成员。这些会议以三分之二的缔约国构成法定人数，得票最多和获得出席并参加表决的缔约国代表的绝对多数票者，当选为委员会成员。

6. 首次选举至迟应当在本公约生效之日后6个月内举行。每次选举，联合国秘书长至迟应当在选举之日前4个月函请缔约国在两个月内递交提名人选。秘书长随后应当按英文字母次序编制全体被提名人名单，注明提名缔约国，分送本公约缔约国。

7. 当选的委员会成员任期4年，可以连选连任一次。但是，在第一次选举当选的成员中，6 名成员的任期应当在两年后届满；本条第五款所述会议的主席应当在第一次选举后，立即抽签决定这六名成员。

8. 委员会另外 6 名成员的选举应当依照本条的相关规定，在正常选举时举行。

9. 如果委员会成员死亡或辞职或因任何其他理由而宣称无法继续履行其职责，提名该成员的缔约国应当指定一名具备本条相关规定所列资格并符合有关要求的专家，完成所余任期。

10. 委员会应当自行制定议事规则。

11. 联合国秘书长应当为委员会有效履行本公约规定的职能提供必要的工作人员和便利，并应当召开委员会的首次会议。

12. 考虑到委员会责任重大，经联合国大会核准，本公约设立的委员会的成员，应当按大会所定条件，从联合国资源领取薪酬。

13. 委员会成员应当有权享有联合国特派专家根据《联合国特权和豁免公约》相关章节规定享有的便利、特权和豁免。

《残疾人权利公约》规定，该公约的缔约国需向公约委员会提交首次报告和年度报告，作为该公约的重要实施机制。此外，该公约第 40 条还创设了“缔约国会议”制度，规定由该公约的缔约国组成缔约国会议来讨论与公约有关的一切事宜。这是联合国人权公约实施机制的新形式。

联合国人权公约的监督机构和监督措施

公约	通过/生效日期	公约监督机构	专家数量	专家确立方法	国家报告	国家间指控	个人申诉	调查程序
《消除一切形式种族歧视公约》	1965.12.21/1969.1.4	消除种族歧视委员会	18	缔约国选举	第 9 条强制性	第 11、12、13 条强制性	第 14 条选择性	
《公民权利和政治权利国际公约》	1966.12.16/1976.3.23	人权事务委员会	18	缔约国选举	第 40 条强制性	第 41、42 条选择性	第一任择议定书选择性	
《经济、社会和文化权利国际公约》	1966.12.16/1976.3.3	经济、社会和文化权利委员会	18	1985 由经济、社会及文化权利委员会成立	第 16、17 条强制性		任择议定书草案选择性	

续表

公约	通过/生效日期	公约监督机构	专家数量	专家确立方法	国家报告	国家间指控	个人申诉	调查程序
《消除对妇女一切形式歧视公约》	1979. 12. 18/1981. 9. 3	消除对妇女歧视委员会	23	缔约国选举	第 18 条强制性		任择议定书	任择议定书第 8、10 条（有退出的可能性）
《反酷刑公约》	1984. 12. 10/1987. 6. 26	反酷刑委员会	10	缔约国选举	第 19 条强制性	第 21 条选择性	第 22 条选择性	第 20、28 条强制性（有退出的可能性）
《儿童权利公约》	1989. 11. 20/1990. 9. 2	儿童权利委员会	10（18）	缔约国选举	第 44 条强制性			
《移徙工人及其家庭成员权利国际公约》	1990. 12. 18/2003. 7. 1	保护所有移徙工人及其家庭成员委员会	10（14）	缔约国选举	第 73 条强制性	第 76 条选择性	第 77 条选择性	
《残疾人权利公约》	2006. 12/13 2008. 5. 3	残疾人权利委员会	12（18）	缔约国选举	第 35 条强制性			

五　联合国司法制度

（一）国际法院

1921 年，国际联盟设立了国际常设法院，并制定了该法院的规约。联合国成立时，设立了国际法院，它是联合国的主要司法机关。国际法院依据《国际法院规约》[①] 进行工作，《国际法院规约》是《联合国宪章》的一个组成部分。

根据《联合国宪章》第 14 章的规定，国际法院具有诉讼管辖和咨询管辖两大职能。但是，只有国家才能将有关争议提交国际法院解决。《国际法院规约》第 36 条也规定，缔约国可将有关条约解释和适用的争端提交国际法院。许多普遍性的国际人权公约都规定，缔约国间关于公约的解释、适用或执行的争端，如不能以其他方式解决，应当提交国际法院处理或裁决的条款。如：《消除一切形式种族歧视公约》第 22 条，《禁止酷刑或其他残忍、不人道或有辱人格的待遇或惩罚公约》第 30 条，《消除对妇女一切形式歧视公约》第 29

① 《国际法院规约》是以国际联盟体系下的《国际常设法院规约》为依据，并未对后者做重大修改而成。

条等。此外，联合国机构或专门机构还有权请求国际法院发表咨询意见。然而，作为联合国体系下的一个国际司法机构，国际法院所处理的案件数量甚至比区域性的司法机构还要少很多。它更是处理了非常少的有关人权的案件和咨询意见。①

国际法院对人权纠纷的判决对当事国具有法律拘束力，而其发表的咨询意见则不具有法律拘束力，仅供联合国机构或专门机构参考。

（二）前南国际刑事法庭

作为对20世纪90年代早期发生在前南斯拉夫的种族灭绝行为的一种反应，1991年，联合国安理会通过了第808号决议，设立“起诉应对1991年以来前南斯拉夫境内所犯的严重违反国际人道主义法行为负责的人的国际法庭”，从而在国际法上开创了对犯有严重违反国际人道法的个人予以制裁和惩罚的实践。前南国际刑事法庭院址在荷兰的海牙，法庭设有独立的审判庭，与卢旺达国际刑事法庭共有一个上诉法庭，位于海牙，并设有一个首席检察官。法庭不设陪审团。

前南国际刑事法庭是一个特殊法庭，它的存在是为了确保前南斯拉夫境内的和平与安全得以恢复。法庭的管辖权仅限于前南斯拉夫，管辖的对象包括严重违反《日内瓦公约》的行为，违反战争法和战争习惯的行为，种族灭绝罪以及反人类罪。但法庭对反和平罪没有管辖权。法庭已经对很多个人实施了指控、逮捕和定罪。

（三）卢旺达国际刑事法庭

1994年，联合国安理会通过了第995号决议，决定设立卢旺达国际刑事法庭，负责起诉1991年1月1日至1994年12月31日在卢旺达境内实施种族灭绝和其他严重违反国际人道法行为的责任者以及在邻国境内实施灭绝种族和其他违法行为的卢旺达公民。卢旺达国际刑事法庭院址在坦桑尼亚的阿鲁沙（Arusha），法庭设有独立的审判庭，与前南国际刑事法庭共有一个上诉法庭，位于海牙，并设有一个首席检察官。法庭不设陪审团。

与前南国际刑事法庭不同的是，卢旺达国际刑事法庭管辖的地域范围不仅包括卢旺达境内，而且也包括它的邻国。法庭的管辖对象包括严重违反《日内瓦公约》的行为，违反战争法和战争习惯的行为，种族灭绝罪以及反人类罪。此外，与《前南国际刑事法庭规约》不同的是，《卢旺达国际刑事法庭

---

① 国际法院就人权问题发表的咨询意见先后有“对防止及惩治灭绝种族罪提出保留问题的咨询意见”、“南非继续留驻纳米比亚（西南非洲）对各国的法律后果的咨询意见”等。

规约》并不要求反人类罪必须是在武装冲突中发生的。与前南国际刑事法庭一样，法庭已经对很多个人实施了指控、逮捕和定罪。

（四）国际刑事法院

1998年7月，《罗马条约》（《国际刑事法院规约》）获得通过，2002年7月1日条约生效，国际刑事法院成立，院址位于荷兰的海牙。国际刑事法院是人类有史以来第一个对犯有国际罪行的个人行使管辖权的常设性国际机构。法院的管辖权包括灭种罪、反人类罪、战争罪和侵略罪，并且，《国际刑事法院规约》规定，灭绝种族罪、危害人类罪、战争罪不适用任何时效。但是，建立国际刑事法院的联合国会议拒绝给予法院在恐怖主义犯罪或非法贩卖毒品的管辖权。

联合国安理会或《罗马条约》的缔约国可以将案件交于国际刑事法院的检察官调查。检察官可以启动调查程序。基于检察官搜集的信息，国际刑事法院审前法庭对是否接受案件做出决定。另外，法院还设有申诉法庭。2004年，国际刑事法院的检察官开始对在刚果民主共和国、中非共和国和乌干达境内所犯的国际罪行进行调查。

第三节　欧洲人权保护制度的基本内容及特征

如果要描述欧洲人权制度的特征，人们几乎会立即想到“破碎”一词。破碎和缺乏一致性是可归属于欧洲人权制度的核心特征，但是对于它所规定的法律义务和欧洲国家总体上所表现出的大量积极的人权记录，它同时也可以被描述最具强制力的成功的区域人权制度。① 欧洲人权法不是单一机制的产物。相反，几项制度为人权保护都建立了机制。这些制度有时是平行作用，有时是彼此重叠。至少三个组织的作用应该受到考虑：欧洲理事会（COE），欧洲联盟（EU）和欧洲安全与合作组织（OCSE）。欧洲理事会是这些组织中最早的一个，它是第一个建立人权法院的组织，开启了司法性的个人申诉程序，在欧洲区域层面在促进人权方面发挥了最重要的作用。欧洲联盟在政治上仍然是最具活力和影响的机构，但在保护人权方面只发挥间接的作用。然而，人权问题日益被吸收到迅速扩张的欧盟的计划中。尽管主要作为一个旨在欧洲范围内促进安全和和平的组织，但是欧洲安全与合作组织采取了很多有价值的人权行动。

---

① Malte Brosig（ed.），Human Rights in Europe，A Fragmented Regime? Peter Lang 2006. p. 9.

一　欧洲理事会的人权实施保障机制

（一）欧洲理事会和《欧洲人权公约》的产生和发展

1948年联合国大会通过了《世界人权宣言》，《世界人权宣言》所引发的自然的发展过程就是制定具有执行措施的有约束力的条约。尽管1966年之前没有通过综合性的国际人权公约，相对而言，在西方自由主义国家中起草一份区域性人权公约的合议还是相对容易达成的。《联合国宪章》第52条第1款规定："本宪章不得认为排除区域安排或区域机关、用以处理关于维持国际和平和安全而宜于区域行动之事件者；但以此类安排或机关及其工作与联合国之宗旨及原则符合者为限。"而欧洲理事会以《欧洲人权公约》为核心建立的欧洲人权法律制度就是对《联合国宪章》该条款的最为成功的一项实践。

在整个第二次世界大战期间（1939—1945），欧洲是人权受到最严重侵犯的场所。至少在西欧，"奥斯威辛"成了最严重的践踏人权的代名词。战争结束后，同盟国的主要目标是惩罚那些在战争中犯有反人类罪的人，并在区域内建立保护人权的机制。1948年5月，欧洲统一运动国际委员会在荷兰海牙召开欧洲大会，首次提出制定欧洲"人权宪章"。1949年5月5日，欧洲大会通过《欧洲理事会规约》，欧洲理事会正式成立，1950年有10个国家加入。欧洲理事会是政府间组织，其目标是加强民主、人权和法治。① 只有承认和实践这三项基本价值的国家才可能成为理事会的成员国。根据理事会规约第8条，如果一个国家被发现从事严重地违反这些价值的行为，该国将被驱除出理事会。②

1950年欧洲理事会通过《欧洲人权公约》（全称是《欧洲保护人权与基本自由公约》），公约于1953年正式生效。《欧洲人权公约》是欧洲理事会制定的众多区域性人权公约中最为重要的人权文件。同时，它也是人类历史上第一部规定有效实施机制的区域性国际人权文件。公约以1948年《世界人权宣言》作为起点，通过维护和促进人权和基本自由的实现来寻求对欧洲理事会目标的追求。公约代表了在区域层面贯彻《世界人权宣言》的第一步。它目前为8亿多人提供保护。以《欧洲人权公约》为基础，在具有共同的历史

---

① 根据1949年5月5日通过的《欧洲理事会规约》第3条，每一个成员国"必须接受法治原则，使其管辖范围内的所有人享有人权和基本自由"。

② 如在希腊的军事统治时期，在欧洲人权委员会发现其从事了特别大规模和系统性的侵犯人权的行为后，它在1970年至1974年间被停止了理事会的成员资格。

和文化根源的共同体中，并在有限的时间内，一个高效的人权保护制度建立起来了。该制度后来成为其他区域制度和甚至是联合国有关制度建立的典范。

（二）《欧洲人权公约》建立的人权保护机制

1.《欧洲人权公约》保护的人权和基本自由

《欧洲人权条约》首先反映了《世界人权宣言》所包含的原则的影响，其在前言中就提到了《世界人权宣言》。公约中的基本人权，如禁止酷刑，自由和安全权，公正审判权都是从《世界人权宣言》的类似条款中获得了启发。

另外，公约列出了一个公民权利和政治权利的目录，共包含13项人权和基本自由，它们是：生命权（第2条），禁止酷刑（第3条），禁止奴隶制和强迫劳动（第4条），人身自由和安全权（第5条），公正审判权（第6条），法无明文规定不惩罚（第7条），尊重私人和家庭生活权（第8条），思想、良心和宗教自由（第9条），表达自由（第10条），集会和结社自由（第11条），婚姻权（第12条），有效救济权（第13条），禁止歧视（第14条）。另外，公约第13条规定了紧急状态下的克减，第16条规定了对外国人从事政治活动的限制，第17条规定了对滥用权利的禁止，第18条规定了对权利限制使用的限制问题。

另外，为了弥补公约保护权利的不足，欧洲理事会从1952年起就以议定书的方式对公约的内容进行补充。公约提供的实质性保证受到了许多附加议定书的扩张。自公约生效以来共通过了14项议定书。第1，4，6，7，12[①]和13号议定书对公约所保护的权利和自由的内容作了补充，第2号议定书授予法院作出咨询意见的权利，第9号议定书规定在被告国同意的情况下，个人申诉才可以将案件提交到法院。第11议定书重新构建了执行机制，第14号议定书规定了对死刑的全面禁止。其余的议定书是关于公约机构的组织和程序的。各议定书又相继补充了共13项权利，它们分别是：

《欧洲人权公约第1议定书》1952年3月20日在巴黎签订，1954年5月18日生效。该议定书规定了自然人和法人享有其财产权（第1条）、受教育权（第2条）、自由选举权（第3条）。

《欧洲人权公约第4议定书》1963年9月16日签订于斯特拉斯堡，1968年5月2日生效。该议定书包含四项权利：禁止因债务而受拘禁（第1条）、迁徙自由（第2条）、禁止驱逐本国国民和剥夺其返回本国的权利（第3条）以及禁止集体驱逐外国人（第4条）。

① 该议定书当有10个国家批准时生效。

《欧洲人权公约第6议定书》1983年4月28日在斯特拉斯堡签订，1985年3月1日生效，该议定书规定了废除死刑（第1条）。

《欧洲人权公约第7议定书》1984年11月22日签订于斯特拉斯堡，1988年11月1日生效。该议定书包含的权利包括：未经法律程序不得驱逐合法居住在一国领土内的外国人（第1条）、刑事案件中的上诉权（第2条）、对审判不公的赔偿（第3条）、一事不再审（第4条）、配偶间的平等权利（第5条）。①

2000年6月26日通过并于同年11月4日开放签署的第12号议定书规定了对歧视的一般性禁止。

与其他普遍性人权文件相比，《欧洲人权公约》所规定的实质性权利也具有自身的一些特点。如《世界人权宣言》既考虑到公民权利、政治权利，也考虑到经济、社会和文化权利，而《欧洲人权公约》主要强调促进公民权利和政治权利。另外，《欧洲人权公约》和它的议定书也没有包括几项重要的权利，公约不像《公民权利和政治权利国际公约》规定了自决权，而自决权被认为是国际人权文书中的一项非常重要的权利。《欧洲人权公约》及其议定书也没有包括保护少数人权利的特定条款。② 尽管公约涵盖的权利与普遍性的人权文件相比还欠缺全面性，但在过去五十多年的时间里，公约已经被作为一个活的文件对待，公约的规定被有效地利用来保护个人的权利。《欧洲人权公约》尽管是一个区域性的文件，但已经对一般国际法规则的发展产生了巨大的一个影响。③

2. 《欧洲人权公约第11号议定书》生效前的监督机构

在《欧洲人权公约》第11号议定书生效以前，公约规定的监督机构主要有欧洲人权委员会、欧洲人权法院以及已经存在于欧洲理事会框架内的部长委员会。上述三个机构权限相互平衡，各司其职，在公约下形成了协调的监督机构体制，为监督和维护《欧洲人权公约》所保护的人权发挥了积极的作用。

---

① 在《欧洲人权公约》的前十项议定书中，除了上述仍然生效的第1、4、6、7号议定书之外，第3、5、8、10号议定书旨在改善公约的监督机制。第2号和第9号议定书增加了一些程序权利，包括寻求欧洲人权法院咨询意见的优先权利和个人向欧洲人权法院提出诉讼的权利。随着《欧洲人权公约第11号议定书》的生效，第2、3、5、8号议定书被第11号议定书所取代，第9号议定书已被废止，第10号议定书在第11号议定书生效时仍未生效，故自动失去了存在的目的。

② 作为一个救济性的行动，欧洲理事会通过了《保护少数民族的框架公约》，1995年2月1日开放签字，1998年2月1日生效。

③ Javaid Rehman, *International Human Rights Law —A Practical Approach*, Pearson Education 2003. p. 137.

（1）欧洲人权委员会

为了确保各缔约国遵守公约规定的义务，《欧洲人权公约》设立了欧洲人权委员会。欧洲人权委员会于1955年成立，是一个准司法机构。

①欧洲人权委员会的组成

按照第11号议定书修订前的《欧洲人权公约》的规定，[①] 欧洲人权委员会应当以与缔约国数目相等的委员组成。委员会中不得有两名成员为同一缔约国的公民。但是并不禁止非公约缔约国的国民或非欧洲理事会成员国的国民成为委员会的委员。[②] 在《欧洲人权公约第11号议定书》生效前，公约的每一个缔约国总有一名国民担任委员会的委员。由于委员会的委员是以个人而非国家代表的身份参与委员会的工作，所以委员会委员的数量与公约缔约国的数量之间的关系并不会改变委员会的性质。

②欧洲人权委员会的选举

按照《欧洲人权公约》的规定，欧洲人权委员会委员的选举首先由欧洲理事会所属议会大会的每一缔约国的代表团提名三位候选人，其中至少应当有两名为本国的公民。然后，欧洲理事会所属议会大会秘书处将各国的提名制成候选人名单。最后欧洲理事会部长委员会从秘书处提出的名单中以绝对多数票选出委员。如果此后有新的国家成为公约的缔约国，或者有补充临时缺额的需要，在可以实施的范围内应当遵循上述规定的同样的程序，补足委员会的缺额。

委员会委员的任期应当为6年。可以连选连任。但是第一次选举选出的委员中7人的任期应当为3年。任期仅为3年的委员，应当于第一次选举完毕后立即由欧洲理事会秘书长以抽签方式决定。另外，任期未满的委员的接替者应当任职至他的前任委员任职期满时为止。委员会委员在后任接替之前应当继续任职。他们虽经后任委员接替，但是仍然应当继续处理他们已经接手的正在审议中的案件。

③欧洲人权委员会的任职资格

按照《欧洲人权公约》第23条的规定，欧洲人权委员会的委员应当以

---

① 从此处起至“4.《欧洲人权公约第11号议定书》生效后的《欧洲人权公约》法律保护机制”之前所指的《欧洲人权公约》如无特指，均指第11号议定书修订前的《欧洲人权公约》。

② 欧洲人权委员会的组成与人权事务委员会、美洲人权委员会以及非洲人权和民族权委员会的组成不同。人权事务委员会是依据《公民权利和政治权利国际公约》建立的监督机构，由公约缔约国国民组成，人数为18人。美洲人权委员会的人数为7人，非洲人权和民族权委员会的组成人数为11人。

个人资格参与委员会。这一条明确说明了委员会委员并非政府代表，确保了委员会的独立地位。另外，《欧洲人权公约第 8 号议定书》第 2 条规定，候选人应该具有高尚的道德品质，并必须具备担任高级司法职务所要求的资格，或是在国内法或国际法领域具有公认才干的人。该议定书第 3 条还规定，委员任职期间，不得担任任何与作为委员会委员或此项职务所要求的独立和公正不相符合的职务。这两条显然对委员会委员的素质和操守提出了严格的要求，为以后委员会高质量地处理案件提供了保障。

④欧洲人权委员会的职能

欧洲人权委员会的首要职能是发挥准司法的作用。主要表现在委员会有权受理两类违反公约的指控：第一类是缔约国国家间指控，根据《欧洲人权公约》第 24 条的规定，任何缔约国可以通过欧洲理事会秘书处，将对另一缔约国破坏本公约规定的任何指控提交委员会。委员会对这类指控享有强制性的管辖权。第二类是个人申诉，根据《欧洲人权公约》第 25 条的规定，委员会可以受理由于缔约国一方破坏本公约所规定的权利而致受害的任何个人、非政府组织或者是个人团体向欧洲理事会秘书长提出的申诉，但委员会对这类申诉行使的是任意性的管辖权，即必须以被指控的缔约国已经作出承认委员会具有受理上述案件权限的声明为前提。

其次，欧洲人权委员会具有对上述两类指控的审查职能。审查的最终目的是查明事实。根据《欧洲人权公约》第 28 条第 1 款的规定，为了查明事实，委员会应当与当事人各方的代表一起审查申诉，并在必要时进行调查。为了有效地进行审查和调查，有关国家在与委员会交换意见后，应当提供调查所需要的一切便利。通常情况下，委员会先要对申诉进行形式上的审查，以决定是否受理，在确定可以受理之后，委员会会与当事人各方的代表一起审查申诉，并在必要时进行调查。

欧洲人权委员会的另一项职能是调解职能。根据《欧洲人权公约》第 28 条第 2 款的规定，委员会应当对当事人各方尽责，以便使当事人各方在尊重本公约所列举的权利的基础上友好地解决所存在的问题。如果委员会能够以友好的方式解决问题，它应当拟就一份报告送交有关各国及部长委员会，并送交欧洲理事会秘书长公布。此项报告应当仅仅涉及对事实的阐明以及获得解决问题的办法。如果问题未获得解决，那么，委员会应当就事实拟就一份报告，并对发现的事实是否表明有关国家破坏了本公约所规定的义务发表看法。委员会全体委员对此问题的看法得在报告中予以陈述。此项报告应当送交部长委员会。并送交有关各国，这些国家不得任意予以公布。

尽管从职能和实际运行上看，欧洲人权委员会扮演了一个准法院的角色，但它毕竟不是法院，根据《欧洲人权公约》的规定，个人、非政府组织和私人团体是不能够直接在欧洲人权法院进行起诉的，而只能将申诉提交欧洲人权委员会，由委员会对这些申诉进行审查。只有那些可以接受并且为获得友好解决的申诉，才能由委员会移交部长委员会，再提交欧洲人权法院予以司法解决。因此，欧洲人权委员会在欧洲人权保护制度中只是扮演的是一种“过滤器”的角色。此外，委员会对于不提交到人权法院的案件，要取决于部长委员会做出终局的决定。这些障碍很大程度上影响了委员会作用得到进一步的发挥。

（2）欧洲人权法院

欧洲人权法院是基于《欧洲人权公约》的规定，为了保障各缔约国认真地履行公约所规定的义务而于 1959 年设立的司法机构，其院址位于法国的斯特拉斯堡。它的任务是对欧洲人权委员会或缔约国提交的声称违反公约的案件进行司法审理。

①欧洲人权法院的组成

《欧洲人权公约》第 38 条规定，欧洲人权法院由与欧洲理事会成员国数目相等的法官组成，不得有两名法官为同一国家的国民，并且不排除非欧洲理事会成员国的国民当选为欧洲人权法院的法官。

②欧洲人权法院法官的选举

《欧洲人权公约》第 39、40、41 条对法官的选举分别进行了规定。欧洲人权法院的法官应该由欧洲理事会咨询会议从欧洲理事会成员国所提名的人员中以多数票选出。每一成员国应该提名三名候选人，其中至少有两人为其本国国民。在接受欧洲理事会新的成员国以及补充临时缺额时，在可施行的范围内应该遵循上述同样的选举程序。法官任期 9 年，可以连选连任。在第一次选举产生的法官中，有 4 人的任期为 3 年，另外 4 人的任期为 6 年，以保证每 3 年有部分法官被更新。在第一次选举完成后，由欧洲理事会以抽签的方式决定任期 3 年和任期 6 年的法官。为了保持法院工作的连续性，任期未满法官的接替者应任期至前任法官任期届满为止。法官在被接替前，应继续任职；法官在被接替以后，仍应继续处理他们正在审议的案件。

欧洲人权法院选举院长一名、副院长一至两名。法院成员可以获得每天工作的津贴和年度补助。所有支出由欧洲理事会承担。法院设立在它领导下的书记处来辅助法院开展工作。法院在征求欧洲理事会秘书处的意见后任命书记处的书记员和首席书记员。书记处的其他成员由秘书处征得法院院长或者是书记员的同意后任命。

③欧洲人权法院法官的任职资格

《欧洲人权公约》第 39 条第 3 款规定，欧洲人权法院的法官应当具有高尚的道德品质，并应具有所要求的担任高级司法职位的资格，或为公认的法学家。另外，1985 年的《欧洲人权公约第 8 号议定书》对法官的独立和公正资格给予了补充。议定书第 9 条规定，法院成员将代表本人参加法院的审理。在他们的任职期间，不得担任任何与作为法院成员或本机构要求所具备的独立和公正不相符合的职务。这条规定对法官的素质和操守提出了严格的要求，显然是为了确保法院能够较好地完成监督公约实施的任务。此外，1994 年 2 月 1 日生效的《法院程序规则》进一步规定，法官在其作为政府成员，或拥有与其独立性和公正性相悖的职位或从事此类职业时，不得行使其职能。

④欧洲人权法院的职能

欧洲人权法院的第一项职能是司法审判职能。根据《欧洲人权公约》的规定，只有缔约国及欧洲人权委员会才有权将案件提交法院。而且，欧洲人权法院所处理的案件是欧洲人权委员会承认友好解决的努力失败后并在公约规定的三个月期限内的案件。欧洲人权法院的司法管辖是一种选择性的强制管辖权，即任何缔约国于任何时候声明，它在事实上并在没有特别协定的情况下承认法院对有关本公约的解释和适用的一切问题有强制性管辖权。欧洲人权法院的管辖权可以涉及所有与《欧洲人权公约》的解释和适用有关的案件。但是，它的管辖权仅仅涉及批准公约的成员国和愿意接受它的审判的国家所提出的特殊案件。

欧洲人权法院的另一项职能是司法解释职能。即依据公约授予它的解释权，欧洲人权法院在其所受理的案件的判决中对所涉及的有争议的《欧洲人权公约》的规定进行解释，从而形成了较为完善的判例法规范，并对公约缔约国具有普遍拘束力，使《欧洲人权公约》成为“活文件”。①

欧洲人权法院的第三项重要职能是咨询职能。1963 年 5 月 6 日生效的《欧洲人权公约第 2 议定书》赋予了欧洲人权法院咨询管辖权，即在欧洲理事会部长委员会的要求下，欧洲人权法院可以在一定范围内提供在解释公约和议定书方面的法律问题的咨询意见。

① 朱晓青：《欧洲人权法律保护机制研究》，法律出版社 2003 年版，第 94 页。

（3）欧洲理事会部长委员会

欧洲理事会部长委员会是监督判决执行的机构，它是根据《欧洲理事会规约》建立的理事会所属机构，委员会的委员是欧洲理事会成员国的政府代表。委员会与《欧洲人权公约》有关的主要职能是依据《欧洲理事会规约》第8条规定的，即部长委员会应该监督成员国遵守规约第3条规定的义务，即欧洲理事会的每一个成员国“必须接受法治和在它们管辖范围内的所有人享有人权及基本自由的基本原则”。具体而言，部长委员会的职能包括自主决策权。根据《欧洲人权公约》第31条的规定，当一项申诉所涉及的国家没有接受欧洲人权法院的管辖权，或者欧洲人权委员会第48条规定的可提出申诉的合格的缔约国均未将案件提交欧洲人权法院，部长委员会即有权对有关案件是否违反《欧洲人权公约》做出自己的决定。部长委员会的这项职能填补了因有关缔约国未接受法院管辖而造成的缺口。部长委员会的另一项重要职能是监督权。根据《欧洲人权公约》第54条规定，欧洲人权法院的判决应送交部长委员会，该委员会应监督判决的执行。

但随着欧洲社会的发展，这样一种机构设置的弊端逐渐显现，如随着案件的增多、人权委员会的负荷过大、人权法院管辖的不确定性以及部长委员会的政治性的影响等，使该机构发挥的作用与当初公约设立这样一种机构所期望实现的目标越来越远。因此，欧洲理事会不断地确认和创立新的人权与实施监督机制，通过制定一系列议定书的形式对《欧洲人权公约》进行修改与补充。

3.《欧洲人权公约第11号议定书》生效前的执行措施

（1）国家间指控程序

国家间指控程序，在欧洲人权体系内一开始就被作为一个强制性的程序，并被认为是《欧洲人权公约》中的主要监督程序。修订前的《欧洲人权公约》规定，欧洲人权委员会有权受理第24条规定的缔约国之间的指控，委员会对于这类指控拥有强制性的管辖权。欧洲人权法院可以管辖公约缔约国或欧洲人权委员会依照公约第48条提交法院的国家间指控案件。公约设立此项程序的本意是通过引起更多的国家对一国人权状况的关注，以达到监督公约实施的目的。根据统计，在《欧洲人权公约》存在的过去50年当中，仅有12项国家指控。这些案件大部分涉及双边冲突，如塞浦路斯的独立斗争（希腊对英国提出了两项指控），南蒂罗尔冲突（奥地利诉意大利），北爱尔兰的冲突（爱尔兰诉英国），土耳其侵略塞浦路斯（四项指控），土耳其对丹麦公民人权的侵犯（一项指控）。然而，在这12项国家指控中，仅有三项指控是遵循程序的原意，即由没有任何双边利益的无关联国家以共同的欧洲公共秩序为名义，对其他国家的人权问题提出指控，干涉大规模系统侵犯人权的事件。这些案例包括20世纪60年代末期的两项对希腊独裁军事统治的指控，[①] 和20世纪80年代初期对土耳其军事统治的一项指控。所有三个案件的申诉国主要是斯堪的纳维亚国家，即丹麦，挪威，瑞典和荷兰，这些国家都是以国内较高的人权保护水平和在外交和发展事务方面积极的外交政策而著称。但由于上述案件涉及的大多数被诉国家当时没有承认欧洲人权法院的管辖权，它们的案件最终结果，一些是由部长委员会做出决定，一些则通过友好的方式得到解决。只有两个案件提交到人权法院。

（2）个人申诉程序

在欧洲人权保护机制里，个人申诉制度已经取代了国家间指控制度并得到了广泛的运用。根据《欧洲人权公约》最初的版本，欧洲人权委员会有权受理并审查第25条规定的个人申诉案件，即委员会可以受理由于缔约国一方破坏公约规定的权利因而受害的任何个人、非政府组织或私人团体向欧洲理事会秘书长提出的申诉。委员会对于这种个人申诉行使的是一种任意强制管辖权。欧洲人权法院可以管辖公约缔约国或欧洲人权委员会依照公约第48条提交法院的个人申诉案件。根据《欧洲人权公约》第27条的规定，如果申请具备下列情况将不予受理：①申请是匿名的；②在实质上与委员会已经审查的问题一样或者问题已经提交其他的国际调查或者解决程序的，并且该项申诉并不包含任何有关的新材料。委员会对于提出的任何申诉，如果认为不符合本公约的规定，明显证据不足或者是滥用申诉权，应当不予受理。委员会对于向它提出的任何申诉如果认为不应予以受理的，应当予以拒绝。接受这一程序的国家（第11号议定书使对这一程序的承认成为强制性的）。申诉首先由委员会进行初步审查，委员会应当由委员会中的7名委员组成的

---

① 至今为止最重要的国家指控是20世纪60年代对希腊军事集团的指控（希腊案）。该案的情况是：1967年4月，希腊发生军事政变。随后，希腊援引《欧洲人权公约》第15条的规定宣布，鉴于希腊国内出现了威胁国家安全和公共秩序的危险局势，希腊政府决定暂停实施希腊宪法的部分条款。同年9月，丹麦、瑞典、挪威和荷兰向欧洲人权委员会提出针对希腊的指控，称希腊中止宪法及采取的立法和行政措施违反了公约的有关规定，不符合公约规定的允许缔约国采取克减公约义务的条件。1967年10月，欧洲人权委员会接受了对希腊审查的申请。欧洲人权委员会经过长达18个月的实地调查后认为，委员会虽然承认成员国在决断是否实施紧急状态上保留自由裁量权，但是在希腊存在的紧急状态的目的是否正当、是否是基于必要做出的等问题上，它仍有审查的权利。欧洲人权委员会的最终结论认为，希腊政府对反对派所采取的措施违反了《欧洲人权公约》，构成了酷刑。

小组委员会，履行规定的职责。有关当事人各方可以委派其选择的人作为上述小组委员会的成员。小组委员会的其余成员应当依照委员会程序规则中所规定的程序以抽签方式选出。委员会在向部长委员会送交报告时，应当提出它认为合适的建议。

如果委员会认为申诉可以接受，它将根据当事双方的意见促成友好解决。如果不能友好解决，委员会将起草一个报告记录有关事实并对案件的实质内容发表意见，并将报告递交给部长委员会。

如果被告国已经接受了法院的强制管辖，委员会或任何缔约国在将报告递交到部长委员会后三个月的期限内将案件提交到法院解决，法院将做出终局的判决。个人无权将案件提交到法院。

如果在将报告提交部长委员会三个月内有关案件没有依照本公约第48条的规定提交到欧洲人权法院，则部长委员会应当以出席部长委员会成员三分之二的多数做出有关问题是否违反本公约的决定。部长委员会如果做出肯定的决定，那么，应当确定一个期限，在规定的期限内，有关的缔约国必须采取部长委员会决定所要求的措施。如果有关的缔约国在规定的期限内没有采取满意的措施，部长委员会应当以本条第1款所规定的多数形式，对委员会原来所做出的决定具有何种效力做出决定，并应当将此公布。缔约国各国承诺部长委员会适用上述各款所做出的各项决定对缔约国各国具有拘束力。委员会应当举行秘密会议。委员会的决定应当由出席并享有投票权的委员的多数做出，小组委员会的决定应当由委员的多数做出。委员会应当视情况的需要举行会议。会议由欧洲理事会秘书长召集。如果适当的话，赋予受害者“公正的赔偿”。部长委员会还有责任监督法院判决的执行。

个人申诉程序在其建立的最初十年作用并不十分明显，该程序真正发挥作用是在20世纪80年代，在20世纪90年代其作用则进一步得到发挥。而1998年11月第11号附加议定书的生效和常设全职的人权法院的建立是使该程序更加专业化、更有效和较少具有政治因素的转折点。

4.《欧洲人权公约第11号议定书》生效后的监督机构

1980年以来，稳步增长的案件数量使案件越来越难以在可接受的期限内解决。1990年以来的新的缔约国的加入又使这一问题更加突出。欧洲人权委员会注册的每年的案件数量从1981年的404件增加到1997年的4750件。1997年未注册的案件或临时申请的数量已经增加到12000件。欧洲人权法院的统计数据反映了同样的情况，每年涉及的案件数量由1981年的7

件增加到1997年的119件。[1]

不断增加的案件负担引发了对改革公约监督机制必要性的长期的讨论，最终导致了公约第11号议定书的通过。改革的目的是简化结构以缩短程序的长度，通过使制度具有完全强制性和废除部长委员会的审判作用来加强制度的司法性。

《欧洲人权公约第11号议定书》于1998年11月1日生效，通过建立一个全职的法院取代了当时存在的半职的法院。1999年10月31日前为一年的过渡期，欧洲人权委员会继续处理它以前已宣布接受的案件。

目前《欧洲人权公约》所运行的执行机制是1998年11月1日生效的《欧洲人权公约第11号议定书》对以前的公约进行了修订而建立的。

（1）单一欧洲人权法院

第11号议定书规定了一个新的、完全司法性质的申诉裁决体系。以前公约所创立的两个机构即欧洲人权委员会和欧洲人权法院已经被新的单一欧洲人权法院所代替。新的单一欧洲人权法院的功能也不再受限于欧洲人权委员会，它除了继续履行人权法院的职能外，还履行以前存在的欧洲人权委员会的职能。单一欧洲人权法院仍然由与缔约国或欧洲理事会成员国数目相等的法官组成。但是，修订后的公约对同一国籍法官的数量以及非欧洲理事会成员国国民当选法官并没有规定任何限制。单一欧洲人权法院的法官由欧洲理事会议会大会从每个缔约国所提名的3名候选人中以多数票选出。法官的选举应该顾及每一个缔约国，任职期限为6年，可以连选连任。第一次选举产生的法官中的半数任职期限为3年。法官的任职年龄最高为70岁。法官必须不代表任何国家，仅以个人资格在法院任职。并且，在任职期间法官不应该从事与其独立性、公正性或全职任职要求相违背的任何行为。

单一欧洲人权法院有权管辖个人以及国家间提请审议的案件。法院由法官委员会、法庭和大法庭组成。法官委员会由3名法官组成，法庭由7名法官组成，大法庭由17名法官组成。法院全体会议选举法院的正副院长和法庭庭长。他们的任期均为3年，可以连选连任。法院由法庭进行诉讼活动，法庭可以在意见一致的情况下宣布拒绝受理某个案件。另外，法庭在某些情况下，在征得大法庭的同意后可以放弃对案件的管辖权。法庭的判决将具有

---

① http：//www.echr.coe.int/ECHR/EN/Header/The + Court/The + Court/History + of + the + Court/，2008年3月28日访问。

最终的法律效力，除非基于一方当事人的请求，在做出判决后3个月的时间内，可以将有关案件提交到大法庭。法庭可以决定是否将某个案件提交大法庭进行审理。法院的最终判决对有关的缔约国具有拘束力。

（2）欧洲理事会部长委员会

欧洲理事会部长委员会依据公约原第32条享有的对申诉的判决力被取消，仅保留其依据《欧洲人权公约》原第54条而拥有的监督法院判决执行的权能。根据该规定，监督单一欧洲人权法院具有国际拘束力的判决在国内层面的执行是作为理事会最高政治机构部长委员会的职责。由于人权法院的权限仅限于命令有关缔约国给予有效的赔偿措施，由部长委员会的监督一般也局限于决定受害者是否获得了适当的损害赔偿。

5.《欧洲人权公约第11号议定书》生效后的执行措施

（1）国家间指控程序

根据修订的《欧洲人权公约》第33条的规定，任何缔约国可以将任何宣称其他缔约国违反公约及其议定书的案件提交法院。现行国家间指控制度与以前的国家间指控制度不同之处在于，单一欧洲人权法院对缔约国间提交的控告行使强制的管辖权。但与其他国际人权条约规定的缔约国间控告制度相似，在实践中，《欧洲人权公约》规定的国家间指控制度适用的机会非常少。其主要原因在于此类案件的政治性较强，容易导致缔约国之间的紧张关系。此外，公约规定的国家间指控程序的效率不高也是缔约国很少利用这种程序的原因。这些原因都导致所期待的国家间指控制度应该发挥的作用最终被个人申诉程序所取代，正如P. 万·迪耶克（P. van Dijk）和G. J. H. 万·胡夫（G. J. H. van Hoof）所述："很明显，国家指控的权利被证明并非非常有效。"①

（2）个人申诉程序

欧洲理事会在人权保护方面真正具有力量和无可争议的成功是单一欧洲人权法院通过具有终局效力的法院判决对个人申诉的处理。根据现行的《欧洲人权公约》第34条和第35条的规定，在申请人用尽一切国内补救方法后，单一欧洲人权法院可以依据普遍公认的国际法规则，并从国内有关机构做出最后决定之日起6个月内，受理因缔约国侵犯公约及其议定书所规定的权利而受到损害的任何个人、非政府组织或私人团体提出的申诉。并且，

① P. van Dijk and G. J. H. van Hoof, Theory and Practice of the European Convention on Human Rights 2nd ed. p. 36.

缔约国承诺不得以任何方式妨害这项权利的有效行使。[①] 单一欧洲人权法院对个人申诉的管辖权由以前的任意管辖变为强制管辖，使单一欧洲人权法院明显具有了超国家法院的性质，也使欧洲人权法律保护机制更加有效。[②]

由于在国际层面建立了个人的法律救济机制和一个独立的人权法院，《欧洲人权公约》所建立的人权保护机制一直以来以运行的有效性在人权国际保护领域著称，特别是经过1998年具有深远意义的改革后，第11号议定书修订后的《欧洲人权公约》所建立的人权保护制度被认为是第一次对将人权保护的国内制度转移到国际层面的努力。[③] 其在国际层面具有示范作用，致使美洲国家组织和非洲统一组织相继跟随《欧洲人权公约》的模式建立了自己的人权法院，并对《欧洲人权公约》的规定进行了有效的解释和运用。很显然，通过实践中对公约的运用，单一欧洲人权法院已经建立了一套有关公民权利和政治权利的共同的欧洲最低标准。

然而，这项机制至今也并非十全十美，它依旧存在一些问题，如在第11号议定书生效后的3年期间，法院的案件数量空前增加。注册的申请量由1998年的5979件增加到2001年的13858件，增加了近130%。[④] 对单一欧洲人权法院处理案件的数量不断增加的能力的担忧导致了需要进一步改革的思索。另外，在单一欧洲人权法院的权限方面，如果法院根据《欧洲人权公约》发现有侵犯人权的行为，它的权限仅限于让有关国家通过经济赔偿的方式对损失和程序成本进行赔偿。除此之外，它没有任何其他的对人权受到侵犯的受害者赋予法律救济的权限，如要求缔约国采取措施释放犯人，归还财产，恢复原状，撤销有关法律、判决以及对有关的刑事指控等等。这显然是甚至连第11号议定书也没有解决的公约法律救济制度的一个缺陷。此外，随着冷战的结束，由于扩张政策，许多在法制建设方面不令人满意的国家也批准了《欧洲人权公约》。结果，欧洲人权法院被大量来自国内不具有有效救济的国家的申诉所充斥，这有时也影响了法院对人权标准的适用。欧洲理事会甚至已经被指责因为快速扩张而削弱了它以往的高标准。由此可

---

① 此外，修订后的《欧洲人权公约》第35条还就单一欧洲人权法院受理个人申诉的条件作了规定，与前欧洲人权委员会受理个人申诉的条件基本相同。

② 朱晓青：《欧洲人权法律保护机制研究》，法律出版社2003年版，第122页。

③ Manfred Nowak, Introduction to the International Human Rights Regime, Martinus Nijhoff Publishers 2002. p. 160.

④ http：//www. echr. coe. int/ECHR/EN/Header/The + Court/The + Court/History + of + the + Court/，2008年3月28日访问。

见，对现有公约保护机制的进一步修改仍然是欧洲理事会未来将必须面对的一项工作。①

（三）《欧洲社会宪章》建立的人权保护机制

和《公民权利和政治权利国际公约》相同的是，《欧洲人权公约》只是为缔约国设定了在保护公民权利和政治权利方面的义务。为了加强经济、社会和文化权利的保护，欧洲理事会部长委员会1954年5月20日通过特别咨文，宣布欧洲理事会部长委员会所属的政府委员会负责《欧洲社会宪章》的起草工作。尽管说所有人权具有不可分割和相互依赖的属性，但作为第二代人权的经济、社会和文化权利在大多数欧洲国家都没有给予太多的重视，它们对于改变这种明显的不平等做得很少。另外，由于经济、社会和文化权利较之公民权利和政治权利相对复杂，加之欧洲各国在经济发展阶段、意识形态等方面的差异，使得《欧洲社会宪章》的起草工作经历了漫长的过程。然而，经过欧洲理事会咨询会议于欧洲理事会部长委员会的共同努力，《欧洲社会宪章》终于于1961年在意大利都灵通过，1965年2月26日正式生效。《欧洲社会宪章》是欧洲理事会继《欧洲人权公约》之后所通过的另一项重要的人权文件。但与《欧洲人权公约》所不同的是，宪章弥补了《欧洲人权公约》只保护公民权利和政治权利的不足，在欧洲建立了保护经济和社会权利的人权保护机制。因此，《欧洲社会宪章》通常被称为是享有盛名的《欧洲人权公约》的“姊妹”篇。从而使两件重要的人权文件成为欧洲理事会创建的人权保障制度的基石。

1.《欧洲社会宪章》所保护的权利

关于《欧洲社会宪章》的内容问题，在宪章起草阶段曾有过激烈的争论。争论的结果是采取了这样一项方案，即在宪章的实质部分可以包括两部分，第一部分只具有政治许诺和政治宣言的性质，而不具有法律拘束力，主要是宣布各缔约国在经济与社会权利方面应努力实现的目标；第二部分的内

① 实际上，欧洲理事会对公约保护机制改革的研究已经开始。如2000年11月3日和4日，为纪念公约开放签署50周年，在罗马举行的关于人权的部长会议启动了一个对制度改革有影响的程序。该会议通过了一个决议，要求欧洲理事会部长委员会尽可能地启动一项彻底的研究，旨在确保在新的形势下法院的工作效率。作为对这一决议的回应，2001年2月，部长委员会建立了一个评估组，该评估组在2001年9月作了报告。就公约的修正而言，评估组建议应该指示合适的机构准备公约议定书草案，该草案应该特别“授予法院拒绝详细审查根据公约没有提出实质性问题的申请”。评估组进一步建议应该指示由合适的机构对“在法院内部建立一个新的分离的负责申请初步审查的部门”进行可行性的研究。2001年11月8日，部长委员会在第109届会议上对评估组的报告给予了肯定，并指示部长代表们继续紧迫地考虑所有建议，包括对公约的修改措施。

容是各缔约国在经济和社会权利方面应该履行的义务，并对第一部分中规定的“权利原则”做出解释，该部分具有法律拘束力。宪章第二部分对第一部分规定的政策目的重新拟定并做出解释的目的是给予缔约国对宪章的遵守有不同的选择。

1961年《欧洲社会宪章》第一部分宣布了19项“权利和原则”，即（1）自由谋生权；（2）享有公正的工作条件权；（3）享有安全、有益健康的工作条件权；（4）获得合理报酬以及家人获得体面的生活权；（5）劳动者和雇主的结社自由权；（6）劳动者和雇主进行集体谈判的权利；（7）儿童和年轻人享有受特别保护权；（8）孕妇受特别保护权；（9）享有获得就业指导的权利；（10）获得职业培训的权利；（11）健康权；（12）社会安全权；（13）社会及医疗援助权；（14）社会福利权；（15）残疾人的独立和参与社会生活权；（16）家庭享受保护和发展权；（17）儿童和年轻人受保护的权利；（18）外国人从事职业的平等权；（19）移民及其家庭享有保护和受援助权。

《欧洲社会宪章》生效后，欧洲理事会分别于1988年、1991年和1995年通过了三个议定书，对宪章规定的权利、建立的监督机构和执行措施进行了修改和补充。1988年的附加议定书为宪章增加了几项额外的经济、社会和文化权利，但只有很少的国家批准。1991年的修订议定书是通过建立一个由议会大会选举独立专家委员会来改善和加强报告程序，并限制议会大会在报告程序中的作用。然而，由于这项修订议定书必须得到所有成员国的批准，它至今尚未生效。1996年5月3日，欧洲理事会部长委员会对《欧洲社会宪章》进行了全面的修改，新修改的宪章（1996年《欧洲社会宪章》）于1999年7月1日生效，实际上取代了1991年的议定书。此外，根据1996年宪章第三部分第B节的规定，只有接受了1961年《欧洲社会宪章》和《1988年附加议定书》相应规定约束的缔约国，才得批准、接受或赞同1996年宪章；在接受1996年宪章规定的任何义务性条款时，有关缔约国如果受1961年宪章有关部分的约束，或者同时受1961年宪章和《1988年附加议定书》有关部分的约束，从这些条款对有关缔约国生效之日起，1961年《欧洲社会宪章》及《1988年附加议定书》的相应条款将不再适用于该缔约国。

1996年《欧洲社会宪章》不仅修订了1961年《欧洲社会宪章》的实施机制，而且将1961年《欧洲社会宪章》的19项宣言性权利增加到31项，新增加的劳动者的权利包括：（1）平等权；（2）企业内的知情权和协商权；

(3) 参与决定权; (4) 老年人享有社会保障权; (5) 雇佣终止时的受保护权; (6) 雇主破产时的赔偿权; (7) 工作中的尊严权; (8) 不因家庭而受歧视的权利; (9) 劳动者代表履行职务的权利; (10) 在集体冗余事项程序中的知情权和协商权; (11) 反贫穷和社会排斥的权利; (12) 住房权。

1961 年《欧洲社会宪章》第二部分一方面对宪章第一部分规定的"权利和原则"做出了解释和阐明，另一方面与宪章第一部分有关的权利相对应，也规定了缔约国负有法律义务加以保护的权利。这些权利主要包括:

公正的工作条件权; 安全与卫生的工作条件权; 合理报酬权; 组织权; 集体谈判权; 儿童和年轻人受保护的权利; 就业妇女受保护的权利; 职业指导权; 职业培训权; 健康保护权; 社会保障权; 社会和医疗援助权; 享受社会福利权; 残疾人职业培训、康复和社会再安置权; 家庭受保护权; 母亲和儿童的受保护权; 外国人从事职业的权利; 移民及其家庭获得保护和受援助权。

1996 年《欧洲社会宪章》与第一部分对 1961 年《欧洲社会宪章》增加的权利相对应，也增加了一些权利，如雇佣终止时的受保护权; 雇主破产时的赔偿权; 体面工作权; 劳动者代表履行职务的权利; 在集体冗余事项程序中的知情权和协商权; 反贫穷和社会排斥的权利; 住房权等。

根据 1996 年《欧洲社会宪章》第三部分第 1 条的规定，缔约国应该自行考虑，至少应该接受第二部分中第 1、5、6、7、12、13、16、19 条和第 20 条中的 6 条。另外，缔约国应该考虑接受宪章第二部分中其他一些条款的约束，其接受的条款总数不得少于 16 条或 63 款。

2. 《欧洲社会宪章》的监督机构

(1) 欧洲社会权利委员会

欧洲社会权利委员会的前身是 1961 年《欧洲社会宪章》第 25 条设立的独立专家委员会 (The Committee of Independent Experts, CIE)。它的主要职能是审议国家报告和集体申诉，承担着从法律层面分析缔约国国内法律和实践与《欧洲社会宪章》所规定的义务是否一致的主要责任。委员会至少由 9 名成员组成，目前是 12 位成员组成。由欧洲理事会议会大会从缔约国提名的候选专家名单中以多数票的方式选举产生，任期 6 年，并可以被重新任命一次。缔约国提交的候选专家必须具有最高的正直感，并被认为在解决国内和国际社会问题上具有能力。委员会的成员应该以个人身份进行工作，不得从事有损其独立、公正的任何其他工作。欧洲社会权利委员会每年举行 8 周会议。为了使提交委员会的报告的审议合理化，委员会设立了两个工作小组，它们分别由 5 名和 4 名专家组成。

（2）政府委员会

政府委员会由每一缔约国的一名代表组成。政府的代表一般是政府的公务员，负责《欧洲社会宪章》在本国的实施。委员会还邀请两个国际雇主组织和两个国际工会组织作为观察员，参加有关会议。缔约国在向欧洲理事会秘书长提交报告的同时，需要向这些被邀请的组织提交报告副本。这些组织可以对缔约国提交的报告进行评论，并将有关评论提交给欧洲理事会秘书长。政府委员会也可以进一步与有关组织就这些组织有权处理的问题进行协商。

政府委员会的职能是审议国家报告。在完成对国家报告及欧洲社会权利委员会有关结论的审议后，应就应该给予建议的事项向部长委员会提交一份报告，该报告的内容还应包括缔约国在实施宪章方面的进展以及缔约国国内有关形势的积极和消极变化。

（3）欧洲理事会部长委员会

欧洲理事会部长委员会作为《欧洲社会宪章》的监督机构的职能是通过总体监督周期决议，向有关缔约国发布要求修改其国内立法和惯例的建议，以便使缔约国遵守宪章的规定。在国家报告程序中，部长委员会通过审议政府委员会关于欧洲社会权利委员会结论的报告，做出一项决议，并在必要时提出建议。自 1993 年起，部长委员会出台了 30 项意见，特别是对于意大利，希腊，奥地利，土耳其和法国，建议所关注的重点问题是：工作安全，男女间的实际平等，工人代表的权利，罢工的权利，关于重新构建社会安全制度的事务，确保社会安全作为一项可执行的权利，基于年龄或国籍的歧视，获得社会住房，达到 21 岁的儿童的家庭团聚，在反对民族主义和仇外方面的措施的不足。

3.《欧洲社会宪章》的执行措施

（1）缔约国报告程序

《欧洲社会宪章》规定的监督宪章实施的主要程序是缔约国报告程序。根据宪章的规定，每个缔约国有义务向欧洲理事会秘书长提交报告。报告分为定期报告和不定期报告两种。定期报告每两年提交一次，内容包括缔约国关于其已承认的宪章第二部分的条款。如果宪章要求缔约国就所接受的条款每半年提交一次报告，那么，欧洲理事会和欧洲理事会部长委员会就会要求缔约国就那些非核心的条款每四年提交一次报告。另外，为了进一步阐述缔约国尚未接受的条款的含义，从而促使缔约国将来接受这些条款，宪章规定欧洲社会权利委员会可以要求缔约国就那些没有接受的宪章第二部分的条款提交不定期报告。

按照1991年议定书修改后的报告程序，缔约国应向欧洲社会权利委员会提交实施宪章的报告，同时向在政府委员会会议有观察员地位、并加入国家雇主组织和工会组织的国家组织以及在欧洲理事会有咨商地位的国际非政府组织提交报告副本。欧洲社会权利委员会在审议完国家报告后，拟订一份含有其结论的报告，提交政府委员会审议。政府委员会在审议欧洲社会权利委员会和缔约国提交的报告的基础上，同时基于社会、经济和其他政策的考虑，向欧洲理事会部长委员会提交含有建议事项和理由的报告，该报告同时附上欧洲社会权利委员会的报告。欧洲理事会部长委员会将对政府委员会和缔约国提交的报告进行最后审议。审议结束后，将经宪章缔约国三分之二多数同意通过一项决议。必要时，部长委员会将提出要求有关缔约国的国内法与宪章相符的建议。

（2）集体申诉程序

《欧洲社会宪章》并没有采取《欧洲人权公约》中所规定的申诉程序，而是采取了一种集体申诉程序。为了改善《欧洲社会宪章》监督机制的有效性，1995年《规定集体申诉制度的欧洲社会宪章附加议定书》创立了集体申诉程序，目的是在国家报告程序之外，使宣称违反宪章的集体申诉得到有效的处理。根据1995年议定书的规定，1961年《欧洲社会宪章》第27条所指的国际雇主组织和工会组织，在欧洲理事会享有咨商地位的国际非政府组织以及为此目的而被政府委员会列入名单的组织，申诉所针对的缔约国管辖范围内的雇主和工会的有代表性的国内组织有权提交集体申诉。另外，每一缔约国可在向欧洲理事会秘书长提出的声明中宣布授权国内非政府组织提交针对它的申诉。这种集体申诉程序的特点是，有关机构的申诉对象并非局限于某一个特定案件，而是可以就缔约国违反《欧洲社会宪章》的一般情况提出申诉。

根据集体申诉程序，上述组织有权向欧洲社会权利委员会提出宣称宪章遭到违反的申诉。欧洲社会权利委员会在决定申诉可接受后，对申诉进行审议，拟订一份报告提交欧洲理事会部长委员会，该报告的内容主要包括审议申诉所采取的步骤和有关结论。欧洲理事会部长委员会审议欧洲社会权利委员会提交的报告，在特殊情况下可以和政府委员会协商，最后通过一项决议，并在适当时，对欧洲社会权利委员会认为事实上违反宪章的缔约国提出建议。

尽管从形式上看，《欧洲社会宪章》已经建立起了自身的监督机制，但是从实际效果上来看，宪章的监督机制相对于《欧洲人权公约》的监督机制而言，效率是非常低的。这主要是因为：首先，《欧洲社会宪章》在欧洲理事会成员国中的普遍性相对于《欧洲人权公约》要弱。批准《欧洲人权公约》是加入欧洲理事会的必备条件，而所有欧洲理事会的成员国中，至今仅有 45 个欧洲理事会成员国中的 15 个国家批准了 1996 年《欧洲社会宪章》，其他的缔约国仍然坚持最初的 1961 年宪章。已批准宪章的国家至今却不超过三分之二。其次，此外，由监督机制可以看到，对《欧洲人权公约》的实施监督是由一个全职并独立的法院来进行，而对《欧洲社会宪章》进行国际监督的机构并非是一个独立的法院，而是作为最高政治机构的部长委员会。[①] 最后，从具体的监督措施上来看，《欧洲人权公约》采用了至今被证明是人权监督领域最为有效的个人申诉程序。而由于长期以来经济、社会和文化不具有可诉性的观点在国际社会占有优势，《欧洲社会宪章》并没有采用个人申诉这一程序作为监督宪章实施的手段，这也影响了监督缔约国有效实施宪章的力度。尽管 1995 年《规定集体申诉制度的欧洲社会宪章附加议定书》对宪章进行了最重要的改革，创立了集体申诉程序，该程序在建立有关经济、社会和文化权利方面的欧洲案例法方面也发挥了一定的作用，[②] 但是该程序最后决策机构依然是具有政治性而非司法性的欧洲理事会部长委员会。另外，到 2003 年 5 月，也只有 10 个国家认可了这项程序。

尽管《欧洲社会宪章》的人权保护机制要发展到《欧洲人权公约》的水平可能还有很漫长的路要走，但是无论如何，欧洲理事会多次改善经济、社会和文化权利保护的努力无疑增加了《欧洲社会宪章》的价值。或许对宪章保护机制的期待正如曼弗瑞德·诺瓦克（Manfred Nowak）所言："这些三心二意的循序渐进的改革成功地建立了一个相当让人不理解的破碎的制度，而该制度的有效性在集体申诉制度中不得不获得证明。"[③]

二 欧洲联盟与人权

第二次世界大战过后，为了避免使欧洲再次成为战争的策源地，同时也

---

① 1993 年前部长委员会没有做出一项意见，See Manfred Nowak，*Introduction to the International Human Rights Regime*，Martinus Nijhoff Publishers 2002. p. 175，足以证明宪章监督机制还缺乏有效性。

② 至今根据集体申诉程序已经处理的了 12 件案件，积累了积极的经验。See Manfred Nowak，ibid. p. 176.

③ 同上。

为仍处于敌对状态的国家间创造持久和平的条件，在政治联合不能先行达成的情况下，欧洲人开始了以经济为先导的欧洲一体化进程。作为这一进程的开始，欧洲人在1951年和1957年最先建立了三个欧洲共同体，即欧洲煤钢共同体（ECSC），经济共同体（EEC），欧洲原子能共同体（Euratom），①其原本的目标主要是建立一个共同的欧洲经济区，因此人权的性质并不显著，人权问题并没有包括在建立共同体的条约之中。② 经过多年，欧盟已经逐渐发展成为一个政治联盟，到1992年建立欧盟《马斯特里赫特条约》时，欧洲政治一体化被宣布为一项至关重要的目标，相应的，人权问题对于欧盟的对内和对外关系变得日益重要。

（一）人权保护问题在欧盟制度中的发展概述

欧洲共同体对人权问题的关注是随着欧洲一体化的进程而逐渐增强的。早在1953年，欧洲煤钢共同体的6个成员国起草了关于建立“欧洲政治共同体”的建议，并通过“载有欧洲共同体规约的条约草案”的文件提出。尽管该草案的主要目标是在欧洲建立军事联盟，但草案也表明，保护人权和基本自由是共同体的首要目标之一，并建议将《欧洲人权公约》的权利条款纳入旨在加强欧洲防务的《欧洲防务共同体条约》中。但由于法国的强烈反对使这一计划流产。

在随后的几十年里，欧洲经济一体化取得了重大发展，而政治一体化却步履蹒跚。直至20世纪80年代伊始，伴随着建立欧洲联盟的进程，欧洲政治一体化才开始出现转机。相应的，人权问题也逐渐获得关注。其中，欧洲议会、欧洲联盟理事会和欧洲委员会于1977年4月5日通过的《保护基本自由联合宣言》是欧共体在人权领域迈出的重要一步。在该宣言中，欧共体的三个政治机构强调，它们将把保护基本权利放在头等重要的地位，因为这些权利尤其源于成员国宪法及《欧洲人权公约》。③ 因此，尽管宣言是实际影响力很小的、不具有法律拘束力的文件，但它对于欧洲一体化进程中人

① 三个共同体对应的基本法律文件分别是：《欧洲煤钢共同体条约》，《欧洲经济共同体条约》和《欧洲原子能共同体条约》。三个条约成为欧洲共同体及欧盟的基础条约，同时也成为欧洲一体化的基础条约。

② 关于为什么欧洲共同体的基础条约中遗漏或放弃了人权问题，参见朱晓青《欧洲人权法律保护机制研究》，法律出版社2003年版，第181—182页。

③ Peter R. Baehr, *The Role of Human Rights in Foreign Policy* (second edition), Macmillan Press Ltd, 1996, p. 109; Paul Craig & Cráinne de Búrea, EU Law, p. 305. 引自朱晓青《欧洲人权法律保护机制研究》，法律出版社2003年版，第185页。

权地位的发展却具有一定的意义。

在此之后，1986年2月，旨在对三个欧共体条约进行重要修改的《单一欧洲法令》获得欧共体12国的签署，该法令设想将欧共体转变为欧洲联盟，标志着欧洲政治一体化的正式启动。《单一欧洲法令》在其序言部分指出："决心以成员国宪法和法律、《欧洲人权公约》及《欧洲社会宪章》承认的基本权利，尤其是自由、平等和社会公正为基础，共同促进民主……"《单一欧洲法令》围绕着建立欧洲联盟的目标对共同体的许多方面进行了实质性的改革，同时，将促进民主和人权列入其目标之内。作为有法律拘束力的文件，它无疑提升了人权问题在欧洲一体化中的地位。

继《单一欧洲法令》之后的《马斯特里赫特条约》是对欧共体诸条约具有历史意义的又一次修改。签署于1992年2月7日并于1993年11月1日生效的《马斯特里赫特条约》在序言部分具有象征意义地规定了欧洲联盟成员国所承担的保护人权的义务，将保护人权确立为目标，并将这一目标清楚地体现在其条文当中。由于欧洲联盟条约的起草者们"很好地理解了人权在作为民主保障及公权力限制方面，以及按照法治原则思考权力的合法性方面，是一个关键概念"，[①] 因此，相对而言，《马斯特里赫特条约》使人权在欧洲一体化中的地位发生了明显的变化。特别从具体的实践上来看，欧洲联盟将承担保护人权的义务更多地体现在其外交与发展政策以及促进欧洲联盟的公民意识方面。[②]

人权地位的变化在欧洲一体化中表现得更为明显的是《阿姆斯特丹条约》。《阿姆斯特丹条约》于1997年10月2日签署，并于1999年5月生效。该条约对《马斯特里赫特条约》进行了修改，进一步将基本人权和自由确立为欧洲联盟建立的基础，将就业以及公民权利置于欧洲联盟的中心，确定为欧洲联盟的四个主要目标之一。除了在序言中象征性地规定了人权保护的问题外，条约第6条第2款还规定，《欧洲人权公约》保障的人权与基本自由以及成员国的宪法传统是建立欧盟的基础之一。这是欧洲联盟在其基本文件中首次做出这样的确认。此外，条约第7条还就进一步强化成员国根据

① Nanete A. Neuwahl, *The Treaty on European Union: A Step Forward in the Protection of Human Rights?* in *The European Union and Human Rights*, ed., Nanette A. Nauwahl and Allan Ross, p. 1. 引自朱晓青《欧洲人权法律保护机制研究》，法律出版社2003年版，第197页。

② 截止到1995年，在欧盟与其他国家之间的所有的双边贸易协定和其他条约中都被要求包括独立的人权条款。实际上，这些条款是这些协定或条约中的至关重要的因素，如果发生系统的人权侵犯事件，它可以导致欧盟单方解约或中止履行。

《欧洲人权公约》所承担的保护人权的义务做了规定，即对于那些长期违反人权标准的成员国，可以通过终止其成员国资格的手段予以惩罚。显然，条约的起草者们是想将基本权利上升到欧洲联盟的显著地位，以图在联盟的法律体系中正式确立人权的地位。

欧洲共同体/欧洲联盟一直以来为弥补其最初的基本条约中未包含人权问题的缺陷的上述努力，使人权在欧洲一体化的进程中逐渐获得了认可，尊重基本权利和自由已被确认为欧洲联盟建立的一项基本原则。但是，无论是《马斯特里赫特条约》还是《阿姆斯特丹条约》，最终都没有完成将《欧洲人权公约》确立为欧洲联盟基本文件的法律地位的任务。而另一方面，欧共体/欧洲联盟缺少一部具有法律拘束力的、专门的人权法的事实无疑也是阻碍了人权问题在欧盟区域内得到快速、实质性发展的重要原因。面对这种情况，欧盟成功地发起了通过由高水平的政治家和议事法规专家参与的以"公约"为形式的共同的欧洲权利法案的起草过程。1999年6月3日至4日在德国科隆举行的欧洲理事会上，欧盟成员国国家和政府首脑达成了一项"关于起草欧洲联盟基本权利宪章的欧洲理事会决定"，决定强调保护基本权利是联盟的基本原则及其合法性必不可少的前提条件，并指出，未来制定的基本权利宪章应包含《欧洲人权公约》所保护的、并源于成员国共同的宪法传统的、作为共同体一般法律原则的基本权利和自由，它应具有压倒一切的重要性。此后，经过制宪机构大量的起草工作，宪章草案如期提交2000年12月7日至9日在法国尼斯召开的欧洲理事会。欧洲理事会、欧洲议会和委员会共同宣布了《欧洲联盟基本权利宪章》。从宪章的内容上看，除了具有自身的特点外，[①] 宪章所载的权利受到了《世界人权宣言》、联合国人权公约、《欧洲人权公约》、《欧洲社会宪章》和共同体社会宪章、欧洲法院和欧洲人权法院判例法以及成员国共同的宪法传统等因素的影响。尽管《欧洲联盟基本权利宪章》的效力问题迄今仍处于讨论之中，另外，由于欧盟成员国的主权问题以及宪法传统的多样性问题，对它未来所能发挥的作用的怀疑之声也从来没有停止过，[②] 但它作为多年来欧共体/欧盟在提升人权

① 《欧洲联盟基本权利宪章》共7章54条。宪章包括的权利十分广泛，不仅同时包括了公民权利、政治权利和经济、社会和文化权利，还规定了生物伦理标准和与欧盟公民资格相对应的欧盟公民权利，完全超出了传统意义上的自由民主的人权观念。

② 如Javid Rehman认为，宪章可能被证明是沿着漫长的道路、朝着欧洲真正有效的人权保护的方向上迈出的第一步，它或者可能仍然是一份有意义的但最终是"无牙"的文件。See Javaid Rehman, *International Human Rights Law —A Practical Approach*, Pearson Education 2003. p. 196.

地位的努力的成果，无疑是欧洲联盟人权法律保护机制具有里程碑意义的文件。“它预示着自成一体的欧洲联盟人权法律保护机制开始建立”。[①] 它对进一步提高欧盟保护人权的职能的作用值得人们期待。

（二）现行的欧盟人权策略

欧洲在经济方面的一体化很久以来已经成为欧盟人权策略变化的发动机。然而，无论是从欧洲理事会的成员资格实际上是加入欧盟必不可少的前提条件这个角度，还是《欧洲基本权利宪章》和《欧盟宪法草案》的出台，都足以表明欧洲不仅在为经济一体化而努力，所有欧盟国家正在为构建共同的价值而努力，它们的最终目标是将经济和政治纳入全面的一体化进程。

从 1993 年起，连同传统的经济准入标准，欧盟开始使用它自己的严格的政治和人权标准。另外，欧盟逐渐摆脱对欧洲理事会作为一个在人权和法治方面的屏蔽制度的依赖，已经着手制定和实施一系列的人权策略，尽管在建立一种常设的制度以监督成员国的人权状况方面至今还没有实质性的进步，这些政策总体上为欧洲的一体化乃至欧盟未来人权制度的建立做出了巨大的贡献。

1997 年，欧盟建立了独立的关于种族主义和仇外欧洲监督中心，总部设于维也纳，处理欧洲地区的最严重和广泛的人权问题。

1999 年，欧盟理事会开始出版其年度人权报告，对欧盟外交政策和在人权领域采取的广泛的行动进行了全面的评述。

2000 年，欧盟出台两项指示，使成员国承担采取合适的措施反对在所有领域（如工作和住房市场）的种族歧视以及促进在雇工和受到歧视的群体（如残疾人和同性恋者）职业中的平等待遇。

另外，欧盟正在出版有关欧盟基本权利的形势的报告，并且在 2002 年，欧洲议会开始建立关于基本权利的独立专家的欧盟网络来为监督任务提供帮助。2003 年 5 月，关于欧盟基本权利形势网络的第一份报告被出版。

在保护避难者权利和移徙者权利方面，目前欧盟在这方面的努力的目标是协调现存的国内标准以建立一个共同的欧洲难民和移徙政策。欧盟每年的人权报告在使欧盟的人权政策和采取的措施更透明方面都起到了作用。

另外，欧盟也在具体发展合作项目的框架中贯彻人权的积极政策。在双边和多边的框架中，欧盟从事了各种以促进人权保护为目标的活动，诸如强

---

① 朱晓青：《欧洲人权法律保护机制研究》，法律出版社 2003 年版，第 214 页。

化宪政、民主和人权结构，贯彻政治权力和自由，建立和参加政党的权利，选举权，媒体自由，结社和集会自由，促进独立的司法，有效的警察管理和监狱管理，促进在健康和教育领域的基本服务。

欧盟也正在逐步实现其“保证反贫困，巩固民主和法治，在人权的旗帜下从事发展合作”的承诺。每年有1亿多欧元用于人权项目，是联合国在此方面支出的两倍。这些项目的目的涉及反恐和反仇视，保护儿童权，少数人的权利和土著民族的权利，废除死刑，加强政治权利，监督选举，传播人权教育，支持国际刑事法庭。

此外，发展和巩固民主、法治和人权也是欧盟共同的外交和安全策略的一个主要目标。共同的策略、立场和共同行动是欧盟采取人权策略的主要法律手段。欧洲理事会是共同策略的制定者，其目的是改善欧盟国际活动的一贯性。欧盟在共同的行动方面也取得了一定的进展，如任命欧盟监督使团。①

除此之外，欧盟的共同外交和安全策略还发展了几个其他实现其目标的方法。这些方法包括政治对话机制，如欧盟与中国的人权对话建立于1997年，与伊朗和美国有关争议问题的对话等；在国际机构层面的协商行动，诸如与联合国人权委员会和联合国大会，欧洲理事会部长委员会等机构的协商与合作等。

无疑，就人权来说，欧盟现在很好地确立了“国际付款人”的地位，尽管这些努力能否使欧盟成为在人权领域的“国际行动者”尚不能确定。另外，在处理基本人权问题的方式上，与联合国通过人道主义干涉的方式不同，欧盟主要关心的是经济资助和政治重建。欧盟和联合国在对诸如死刑和国际刑事法院等问题的态度上也并不完全相同。很显然，欧盟正试图在这方面建立自己的形象，并使之成为其外交关系中的令人信服的一部分。

（三）《欧洲联盟基本权利宪章》

一直以来，欧盟在被看作是经济成功的灯塔的同时，尽管它具有很高的声誉，但它也被批评未能对人权问题采取一贯的措施。正如奥斯通（Alston）和威尔（Weiler）所评述的，“欧盟的人权政策被自相矛盾所困扰。一方面，联盟不仅在内政还是外交事务上都是人权的坚定捍卫者。另一方面，联盟在任何一个层面上都缺乏广泛或连贯的政策。对于联盟的机构是否拥有与产生于共同体政策框架内的广泛的人权事务有关的足够的法律权

① 如2003年1月在波斯尼亚和黑塞哥维那建立了第一个欧盟警察团。

限，是存在基本的怀疑的”。[①] 或许正是因为这样的怀疑之声对《欧洲联盟基本权利宪章》的出台起到了一定程度的催化作用。

对于为什么欧盟需要《欧洲联盟基本权利宪章》的问题有几种反映：第一，有一种担心认为权力从欧盟成员国转移到欧盟机构可能对国内范围内的人权保护的程度造成负面影响。第二，因为欧盟在司法和国内事务方面的立法触及人权问题，阐明已经扩大了的欧盟立法所基于的规范基础看起来是必要的。第三，欧盟的作用越来越像一个国际行动者，尽管它离一个民族国家还很远，但它所具有的国家属性的程度证明了发展一项宪章秩序的合法性。第四，宪章的目标是通过表达诸如人权的共同的欧洲价值来使成员国成为一个整体。[②]

《欧洲联盟基本权利宪章》是欧盟第一个全面的权利目录，它的出台被誉为将对“欧洲联盟的人权发展产生了具有前途的转折”。[③] 尽管宪章尚不具有法律拘束力，但是在内容上却具有很高的创新性，它比《欧洲人权公约》所包含的公民权利和政治权利的目录更加全面。宪章共 7 章 54 条，内容分别为前言、尊严、自由、平等、团结、公民权利、司法和通则。

前言宣示“欧洲联盟乃建立在不可分离及普世价值之人性尊严、自由、平等与团结之上。其系奠基于民主与法治原则之上。藉由创立欧洲联盟公民并创造一自由、安全与正义之领域，欧洲联盟认为个人是其各项活动之重心”。第一章规定了与人的尊严有关的权利，包括生命权、禁止酷刑以及禁止奴隶制和强迫劳动。第二章规定了一系列的个人自由，包括人身自由与安全的权利、隐私权、婚姻权以及思想、表达和集会自由。第三章规定了平等原则。第四章规定了连带权利，包括集体谈判权、健康权、安全权等权利。第五章规定了欧洲联盟公民所享有的权利。第六章规定了公平审判权。

从各章所包括的具体权利来看，宪章没有彻底改造人权，而是对所有欧盟国家所批准的一套核心价值的反映，因此，宪章保护的大部分权利都包含在国家宪法中或建立在《欧洲人权公约》基础之上。但宪章不仅包

---

① Rachel Murray, *Human Rights in Africa – From the OAU to the African Union*, Cambridge University Press 2004, p. 32.

② Malte Brosig, Human Rights in Europe ——A fragmented Regime? p. 22.

③ Manfred Nowak, Introduction to the International Human Rights Regime, Martinus Nijhoff Publishers 2002. p. 248.

括《欧洲人权公约》中所包括的公民权利和政治权利，还包括经济、社会和文化权利。此外，宪章也有一些创新，包括第 3 条第 2 款的禁止生殖性的克隆人，第 8 条的保护人权资料，第 38 条关于消费者的保护，第 41 条关于善政的权利。此外，第 37 条提及了环境保护和可持续发展。

在与《欧洲人权公约》的关系上，宪章第52 条第3 款规定："就宪章包含的与《欧洲人权公约》所保证的权利一致的权利而言，这些权利的含义和范围应该与上述所述的公约所规定的权利相同。本款不应该妨碍联盟法律提供更广泛的保护。"这一规定为确保宪章保护人权的尺度指明了方向。同时，它也为避免在欧洲理事会之外试图建立第二项自治的人权体制从而导致欧洲法院和人权法院之间引发竞争奠定了基础。此外，最为重要的是，本项规定也为欧盟未来加入《欧洲人权公约》铺平了道路。根据欧盟的法律，所有的欧盟成员国都必须批准《欧洲人权公约》，并适用个人申诉等制度的监督。但是欧盟本身却没有加入公约，不像它的成员国那样接受《欧洲人权公约》的监督机制的约束。这种情况成为了阻碍欧盟人权保护制度获得实质性发展的瓶颈。而由于宪章第 52 条第 3 款声称按照《欧洲人权公约》的标准，使得欧盟加入《欧洲人权公约》在逻辑上将成为下一步的行动。如果欧盟加入《欧洲人权公约》，我们可以预测它将来对其他欧洲理事会条约的加入。这不仅将树立欧盟作为"国际行动者"的形象，更为重要的是，它对于整个欧盟人权制度的建立和完善都具有重要的意义。

三 欧洲安全与合作组织中的人权保护

（一）欧洲安全与合作组织的产生和发展概述

欧洲安全与合作组织（OSCE）的前身是欧洲安全与合作会议（CSCE）。后者是基于在 1975 年 8 月 1 日被 33 个欧洲国家（不包括阿尔巴尼亚）以及美国和加拿大所签署的《赫尔辛基最后法案》建立的。作为一项在 20 世纪 70 年代缓和东西方在意识形态领域分歧的工具，《赫尔辛基最后法案》引入了一个协商程序，在人权和安全之间建立了联系。法案为"赫尔辛基进程"——克服东西冲突，建立新的全面的欧洲安全途径，提供了建议，一般被称为"赫尔辛基进程"的四个"篮子"。这四个"篮子"所指的问题分别是：1. 政治和军事问题；2. 经济问题（经济，科学，科技，环境）；3. 人道主义问题，即在人道主义和其他领域合作，尤其是人权方面，如家庭团聚，婚姻，履行自由，信息，文化和教育；4. 赫尔辛基会议的后续程序问题。人权不仅是第四个“篮子”（人道主义）的核心，同时也是欧洲安全与合作会议10项基本原则中的内容之一。[①] 由于《赫尔辛基最后法案》只具有政治拘束力而没有法律拘束力，使得绝大多数欧洲国家都愿意接受欧洲安全与合作会议所宣示的基本原则，这某种程度上也成为欧洲安全与合作会议/组织在维护欧洲和平与安全以及促进人权保护方面的成功原因之一。

一开始，欧洲安全与合作会议只是一个松散的会议，但它在冷战期间获得了不断的发展。经过多次会议与协商，欧洲安全与合作会议已经逐渐发展成为在维护欧洲安全、促进人权保护方面一支十分重要的力量。冷战结束后，欧洲安全与合作会议的合法性和继续存在受到挑战。它被认为是典型的冷战制度的产物，其完成的任务已经超过了它的建立者所希望的。面对欧洲的新情况，欧洲安全与合作会议重新从根本上定位自己来迎接挑战，将普遍安全的概念作为实质性的基础。在形式方面，它加速了制度化的进程，在操作层面，它开始制定并贯彻大量的长期使命。

制度化进程开始于1990年，伴随着《巴黎宪章》的通过和在布拉格建立的第一个常设的秘书处，[②] 欧洲安全与合作会议建立了政治机构为未来的发展创造条件。1992年欧洲安全与合作会议将自身定义为“在《联合国宪章》第八章意义上的区域安排”，建立了秘书长办公室。最后，在1994年布达佩斯会议上，国家和政府首脑决定将欧洲安全与合作会议转变成欧洲安全与合作组织，并决定为欧洲的21世纪发展建立一个共同的全面的安全模式，以作为欧洲安全与合作组织的基础。在内部结构上，除了国家和政府首脑峰会之外，欧洲安全与合作组织的主要机构是部长理事会、高级理事会以及由目前的55个参加国组成的在维也纳每周例会一次的常设理事会。从而使欧洲安全与合作会议改组为真正意义上的政府间合作组织。

（二）欧洲安全与合作组织的人权机制

欧洲安全与合作组织尽管是一个最重要的安全组织，但人权在它的安全

---

① 这10项指导参与国关系的原则是：1. 主权平等，尊重主权中所固有的权利；2. 抑制威胁和使用武力；3. 边界不可侵犯；4. 国家领土完整；5. 和平解决争议；6. 不干涉内政；7. 尊重人权和基本自由，包括思想自由、良心、宗教和信仰；8. 平等权和民族自决权；9. 国家间的合作；10. 善意履行国家法义务。

② 1990年11月，欧洲安全与合作会议在巴黎通过了《建立新的欧洲的巴黎宪章》（简称《巴黎宪章》），对欧洲安全与合作会议的组织机构做出了重大调整，设立了欧洲安全与合作会议秘书处，秘书处由秘书长领导工作，秘书处的主要部门的工作与人权有关。

概念中一直发挥着重要的作用，无论是在冷战期间还是冷战之后。在促进人权的问题上，欧洲安全与合作组织也与欧洲理事会保持密切的合作。它的主要任务是确保所有欧洲安全与合作组织区域的和平、稳定、法治和对人权的尊重。在所有的问题中，欧洲安全与合作组织非常关注人权问题和民主问题。人权和民主被欧洲安全与合作组织看作是一前一后的、相互构成稳定和和平的两个重要元素。由于与欧洲理事会相比，欧洲安全与合作组织建立的仅仅是具有政治拘束力而不是法律拘束力的标准。在这种情况下，欧洲安全与合作组织为民主和人权建立的机制并不是基于有拘束力的法律，而往往是与政治制度和社会参与者自觉性深深地联系在一起，[①] 这种人权制度包括人权目录和监督机制。

1. 人权目录

《赫尔辛基最后法案》中的第 4 个“篮子”中的后续进程，也被称为“欧洲安全与合作组织进程”。在这一进程中，由参加国定期召集政府间会议，旨在就贯彻法案条款、加深理解以及合作发展等问题进行彻底地交流。这些后续会议既可以提供一个论坛来审查相关国家对人权义务的遵守，同时也提供了一个扩大人权目录的机制。而人权目录主要是通过所谓的“最后文件”来完成的，这些最后文件是在这些会议中合意通过的。它们被用来宣布欧洲安全与合作组织的新的义务，修改和解释现有人权义务的范围和含义。1983 年马德里和 1989 年维也纳会议最后文件稍微扩大了欧洲安全与合作组织的权利目录，而哥本哈根会议最后文件则对权利目录做了根本性的扩大。除了人权和基本自由外，这一文件还包含处理法治、自由选举和民主价值，使欧洲安全与合作组织的权利目录增加了新的内容。另外，1990 年《巴黎宪章》、1991 年《莫斯科最后文件》、1992 年的《赫尔辛基文件》，1994 年的《布达佩斯文件》都精练、强化和扩大了这些义务。今天，这些义务的内容包括对国际人道法、难民权利、移徙工人、土著人口的义务。

欧洲安全与合作组织的人权目录与联合国和欧洲的人权公约的不同之处在于，由于《赫尔辛基最后法案》不是一个条约，它只是一个宣称政治义务的不具有法律拘束力的文件，不履行这些义务的国家只承担政治后果。

---

① 由于欧洲安全与合作组织的工作人员主要依靠由各国政府的支持，这使得大国处于能够比直接由联合国，联合国人权高级专员，或其他类似机构所征募的工作人权所从事的实际行动施加更大的双边影响的地位。实际上，这是太多的政治化所导致的，一定程度上也使协调和合作变得非常困难。

2. 人的因素机制

1989 年的维也纳最后文件将《赫尔辛基最后法案》第 1 和第 3 个“篮子”中的人权项目包含在一个题为“人的因素（human dimension）”的机制中，该机制也被称为“维也纳机制”。欧洲安全与合作组织也利用这个机制处理有关国家不遵守义务的问题。1990 年哥本哈根会议、1991 年莫斯科会议和 1992 年赫尔辛基会议的最后文件都扩大了该机制的范围以使其更加有效。该机制现由多阶段的单边和多边谈判、调解、事实调查以及由欧洲安全与合作组织民主制度和人权办公室[①]资助的专家和特别报告员使团组成。通常情况下，一个或更多的国家声称另一个国家没有履行欧洲安全与合作组织的“人的因素”义务便可以启动该程序。随后，在特定时间内有关国家进行外交会晤。如果问题没有解决，有关国家可以使该问题引起所有欧洲安全与合作组织国家的注意，并将该问题列到欧洲安全与合作组织的后续或“人的因素”会议的议程中。如果这一过程还不能产生结果，在获得有关国家同意的前提下，欧洲安全与合作组织将任命专家和特别报告员使团调查该指控。在此过程中，使团充当的是第三者事实调查者和调解者的角色。而在严重的局势中，使团的建立可以不需要有关国家的同意。

人的因素机制为国家间的指控提供了主要的程序基础。在实践中，该机制还提供了一个一致性原则的例外，在一定数量的参加国的主动要求下，允许强制性地任命一个特别报告员使团。然而，尽管这些事实调查的使团与联合国人权委员会的特别报告员都是一种调查人权状况手段，但它们被认为是一种冷战时期留下的残余物。因此，很多国家都不愿意启动这一机制，至今还没有发生西方国家利用该机制主动指控其他西方国家的案件。虽然该机制曾被用来调查前南斯拉夫的人权局势，但是由于在武装战争期间有限的权限和大规模系统的人权侵犯，它被证明与其他相关的传统人权保护机制同样是无效的。[②]

---

① 华沙建立的民主制度和人权办公室为欧洲安全与合作组织的工作人员、政府官员、公民社会的代表提供人权培训。它的人权战略主要集中于促进对基本权利的尊重。它对相关的人权问题提供研究并汇编成档案，为国家提高人权保护提供援助。民主制度和人权办公室的计划包括 9 个方面的工作：人权和反恐，禁止死刑，集会和结社自由，宗教自由，拘禁地的监督，审判监督，人权与紧急状态的宣布，容忍与非歧视，欧洲安全与合作组织的人的因素机制。

② 对前南斯拉夫的局势进行调查是欧洲安全与合作组织至今为止最大的使命。欧洲安全与合作组织主要负责促进和监督人权、民主和法治。然而，实践中，由于欧洲安全与合作组织仍旧作为参加国的一个松散的组织的性质，大大妨碍了它的行动。

3. 国内少数人高级专员

《赫尔辛基最后法案》提及了属于少数人的个人权利，在此基础上，1990《哥本哈根最后文件》又进一步宣示了一系列国家在维护少数人个人权利方面应承担的重要义务。这些义务的范围后来被1991年的《关于国内少数人的日内瓦专家会议报告》再次扩大，而该会议报告后来又被纳入到1991年的《莫斯科最后文件》中。欧洲安全与合作组织因此也成为第一个在其文件中规定了广泛的少数人权利的欧洲组织。在此基础上，作为防止少数人冲突的手段，1992年，欧洲安全与合作组织在海牙建立了国内少数人高级专员办公室。该职位有效地将人权纳入到欧洲安全与合作组织的安全概念中。国内少数人高级专员办公室的主要任务是在涉及国内少数人问题的紧张局势的最早期阶段提供“早期警报”，并在适当时通过运用无声的外交调解手段提供“早期行动”。以保证在少数人问题恶化成严重冲突前获得解决。实践中，国内少数人高级专员办公室的很多工作都是保密的，它在少数人权利保护方面发展了较高的权限，并适时使用灵活的工作方法。少数人高级专员经常就保护少数人问题发表建议和意见，有时为了避免媒体的负面影响，故意选择不显眼的外交方法。

4. 媒体自由代表

为了解决因为媒体活动受阻以及对记者不利的工作环境引发的严重问题，以少数人高级专员办公室为模式，1997年，欧洲安全与合作组织设立了媒体自由代表的职位，该职位也是欧洲安全与合作组织在人权保护和防止冲突方面的另一个有效手段。与少数人高级专员不同的是，媒体自由代表不是调解人，而是一个辩护者，他负责关注欧洲安全与合作组织的参加国国内相关媒体的发展，并促进国家对欧洲安全与合作组织关于表达自由和媒体自由的原则和义务的遵守。与少数人高级专员办公室相同的是，媒体自由代表也提供违反表达自由的早期警报。但在出现严重问题时，代表将与有关国家和当事方接触，评估事实，寻求问题的解决方法。

第四节　美洲人权保护制度的基本内容及特征

美洲国家组织的人权制度与欧洲理事会的制度具有很多相似性，因为美洲国家组织和欧洲理事会都是区域性的国际组织，都代表在政治和文化上具有同源的同一地区的所有国家，人权问题在两个组织中都发挥着相当重要的作用，并且两者的人权保护制度都建立在区域性人权公约的基础上。然而，与欧洲理事会相比，组成美洲国家组织的国家更加广泛且具有自身的特点。

这些国家既有世界上最富的工业化国家，如美国和加拿大，也有世界上最贫穷的国家如海地；既有民主制度发达的国家，也有在20世纪70年代在整个半球占主导地位的军事独裁统治的国家。因此，无论是历史还是现在，美洲国家组织人权机构都受到广泛的贫穷、系统的酷刑和对政见不同者的谋杀、强迫失踪和更多问题的挑战，这些都导致了无论是在权利设计还是在制度构建上，美洲人权保护制度都具有自身的特点。

一 美洲人权保护制度的形成和发展概述

美洲人权保护制度的形成和发展与美洲国家体系的发展历程是分不开的。在某种程度上，真正意义上的美洲人权保护制度还是直接源于美洲国家组织。[①] 美洲国家组织是根据《联合国宪章》第52条建立的区域性国际组织。它同时也是历史最为悠久的区域性国际组织。它的起源可以追溯到1823年美国倡导的“门罗主义”和拉美独立运动。在19世纪争取民族独立的运动中，拉美各国领导人通力合作，1826年在第一次泛美会议孕育了美洲国家结盟的主张。1889年10月至1890年4月，美洲国家在美国的华盛顿特区召开了第一次美洲国家会议，被认为是美洲国家联盟的雏形，设立了美洲国家商务局作为会议的常设机构，位于华盛顿。1910年，美洲国家联盟第四次大会在阿根廷首都布宜诺斯艾利斯召开。大会赋予了美洲国家联盟及美洲国家商务局更加广泛的职能，并将联盟正式更名为泛美联盟。第二次世界大战结束以后，作为对第二次世界大战的反思和对建立和平、法治与民主以及维护主权和独立的企盼，泛美联盟更加关注美洲国家的人权问题。1948年3月20日至5月2日，第9次美洲国家会议在哥伦比亚首都波哥大召开。会议通过了《美洲国家组织宪章》，宣布建立一个美洲的区域性政府组织——美洲国家组织。《美洲国家组织宪章》是一个多边条约，是美洲国家组织的宪法性的基本法律文件。宪章中包含了保护人权的规定，但内容非常少，宪章也没有对“个人的基本权利”下定义。为了能够对宪章中的人权条款做更加全面的解释，在此次会议上还通过了《美洲人的权利和义务宣言》。在此后相当长的时期内，《美洲人的权利和义务宣言》一直被作为美洲国家组织处理人权事务的指导性文件。但是，宣言当时毕竟是作为不具有拘束力的会议决议通过的，这就促使美洲国家组织不得不在将来制定一份有法律拘束力的人权条约。但由于考虑到时机尚不成熟，在1945年至1959年的14年的时间里，制定条约的工作

① 古盛开：《国际人权法：美洲区域的理论与实践》，山东人民出版社2007年版，第11页。

一直未予展开。1959 年，美洲国家组织外交部长协商会议第 5 次会议在智利首都圣地亚哥举行，会议认为，鉴于联合国组织和欧洲理事会在确立人权标准方面的发展，在美洲缔结一项人权条约的时机已经成熟。会议通过了一项决议，决定由美洲国家组织常设理事会选举成立一个由 7 人组成的美洲人权委员会，并要求美洲司法委员会负责起草《美洲人权公约》。1965 年 11 月，第二届美洲国家组织会议在里约热内卢召开，会议决定由美洲人权委员会负责审查美洲司法委员会起草的人权公约草案，同时还审议了由智利和乌拉圭提出的修改意见。但由于美洲国家组织理事会认为公约草案在内容上过于陈旧，要求美洲人权委员会重新起草公约草案。美洲人权委员会在参考了 1966 年联合国通过的《公民权利和政治权利国际公约》、《经济、社会和文化权利国际公约》以及欧洲理事会通过的《欧洲人权公约》的基础上，结合智利和乌拉圭等国提出的修改意见，重新拟订了《美洲人权公约草案》。1967 年，第三届美洲国家特别会议通过了《修订〈美洲国家组织宪章〉的议定书》，即《布宜诺斯艾利斯议定书》，对 1948 年《美洲国家组织宪章》做了重大的修改和补充，该议定书 1970 年生效。议定书详细规定了经济、社会和文化权利，并将 1959 年成立的美洲人权委员会正式确立为美洲国家组织的一个主要工作机构，同时规定由未来的《美洲人权公约》具体规定美洲人权委员会以及负责人权事务的其他机关的结构、职权和程序。1969 年 11 月 2 日在哥斯达黎加圣约瑟城召开的美洲国家组织特别人权会议，根据美洲人权委员会所拟订的公约草案和 1967 年《布宜诺斯艾利斯议定书》的有关规定，正式通过了《美洲人权公约》(又称《圣约瑟公约》)。1978 年 7 月 18 日在 11 个国家交存批准书后，该公约正式生效。

二 美洲人权保护制度所保护的人权

从美洲人权保护制度的发展来看，美洲人权保护制度实际上是由出自于两个不同的法律渊源的制度组成的：一个源于《美洲国家组织宪章》，另一个源于《美洲人权公约》。以《美洲国家组织宪章》为基础的制度对美洲国家组织所有成员国都适用，其基本法律文件除了宪章之外，还包括《美洲人的权利和义务宣言》。而源于《美洲人权公约》的制度只对公约的缔约国有约束力。但在实践中，这两种制度经常是作为一个整体发挥功能的。[1]

---

① Tomas Buergenthal, Danan Shelton, David Stewart, *International Human Rights*, West Group, 2004. p. 223.

(一)《美洲人的权利和义务宣言》所保护的人权

美洲国家组织根据《美洲国家组织宪章》和《美洲人的权利和义务宣言》建立的人权保护制度类似于联合国根据《联合国宪章》和《世界人权宣言》建立的人权保护制度。与《联合国宪章》一样,《美洲国家组织宪章》并没有详细地解释宪章中提及的“个人基本权利”的定义和具体内容。对个人基本权利的解释和规定是通过宣布《美洲人的权利和义务宣言》来完成的。

《美洲人的权利和义务宣言》是1948年5月2日在通过《美洲国家组织宪章》的同一次外交会议上公布的。尽管比《世界人权宣言》早大约7个月,但它无疑是受到了《世界人权宣言》的启发。[①] 宣言含有对《美洲国家组织宪章》中所规定的“个人基本权利”的权威解释。尽管它是作为不具有拘束力的会议决议通过的。然而,在美洲人权保护的实践中,美洲人权委员会和美洲人权法院都将宣言视为《美洲国家组织宪章》的权威解释,是具有法律拘束力的文件。同时,修订的《美洲人权委员会规约》也将宣言置于与《美洲人权公约》同等的地位,[②] 它现今已被许多美洲国家认为是区域性的习惯国际法。与联合国《世界人权宣言》不同的是,《美洲人的权利和义务宣言》除了一方面规定了一系列人权和基本自由,另一方面还规定了个人对社会应该承担的义务。这些权利和义务包括:

生命权、人身自由与安全(第1条),在法律面前平等的权利(第2条),宗教信仰与活动自由(第3条),调查、思想、表达和传播自由(第4条),保护荣誉、个人名誉、私人和家庭生活的权利(第5条),组织和保护家庭的权利(第6条),保护母亲儿童的权利(第7条),居住和迁徙的权利(第8条),住宅不可侵犯的权利(第9条),保有健康和福利的权利(第10条),教育权(第11条),享受文化的权利(第12条),工作权和公平报酬权(第13条),休息权(第14条),社会保障权(第15条),被承认司法人格和公民权利(第16条),公正审判权(第17条),国籍权(第18条),选举和参与政府的权利(第19条),集会权(第20条),结社权

① 1948年秋在联合国大会的第三委员会上,以古巴为首的一些国家企图用《美洲人的权利和义务宣言》的大部分条款取代人权委员会的《世界人权宣言》案文,但最终没有成功。参见[加]约翰·汉弗莱著:《国际人权法》,第132、148页。

② 《美洲人权委员会规约》第一部分第1条第2款规定:“对于现规约的目的来说,人权应该被理解为:a. 对《美洲人权公约》的缔约国来说,是公约所规定的权利;b. 对于其他成员国来说,是《美洲人的权利和义务宣言》中规定的权利。” See Article 1 of *Statute of the Inter-American Commission on Human Rights*.

（第21条），财产权（第22条），申诉权（第23条），防止任意逮捕的权利（第24条），法律正当程序的权利（第25条），庇护权（第26条），向社会承担的义务（第27条），向儿童和父母承担的义务（第28条），接受指导的义务（第29条），选举的义务（第30条），遵守法律的义务（第31条），服务社会和国家的义务（第32条），尊重社会保障和福利的义务（第33条），纳税的义务（第34条），工作的义务（第35条），不得在外国从事政治活动的义务（第36条）。

（二）《美洲人权公约》所保护的权利

《美洲人权公约》及其附加议定书既规定了传统意义上的公民权利和政治权利，也规定了经济、社会和文化权利。此外，《美洲人权公约》还规定了一些较为特别的权利。根据公约的规定，公约缔约国除了要尊重公约所承认的各项权利和自由，并保证在它们管辖下的所有人都能自由地全部行使这些权利和自由，不因种族、肤色、性别、语言、宗教、政治见解和其他主张、民族或社会出身、经济地位、出生或其他任何社会条件而受到歧视外，还应该在公约所保护的权利和自由尚未得到立法或其他规定的保证时，依照各自的宪法程序或公约的规定采取为使这些权利或自由生效所必需的立法或其他措施。

在《美洲人权公约》所规定的权利中，有一些权利同时也是《公民权利和政治权利国际公约》所规定的，这些权利包括：法律的人格权，生命权，人道待遇权，不受奴役的自由，人身自由与安全权，公平审判权，不受有溯及力的法律约束的自由，受赔偿的权利，享有私生活的权利，良心和宗教的自由，思想和表达自由，集会自由，结社自由，婚姻和组成家庭的自由，姓名权，儿童权利，国籍权，迁徙和居住自由，参加政府的权利，平等保护的权利，司法保护的权利。受《美洲人权公约》保护但未被联合国《公民权利和政治权利国际公约》规定的权利有：财产权，免予驱逐的自由，侨民免受集体驱赶，答辩权，寻求避难权。未被《欧洲人权公约》涵盖的权利有：答辩权，儿童权，国籍权以及寻求避难权。除此之外，《美洲人权公约》还体现出了尽可能给予个人权利以充分保护的精神。如和《公民权利和政治权利国际公约》与《欧洲人权公约》相比，在“克减条款”中，[1]《美洲人权公约》所列举的在紧急状态下的不可克减的权利的清单包

[1] 《公民权利和政治权利国际公约》第4条、《欧洲人权公约》第15条和《美洲人权公约》第27条是调整国家在紧急状态中采取克减措施的条款，被称为“克减条款”。

括12项权利，是三个公约中最长的。清单中所包含的“对保护不可克减的权利至关重要的司法保证的权利”，更加体现了《美洲人权公约》在人权保护规范设计上的严密性，美洲人权委员会就此也曾指出，《美洲人权公约》以“作为第一个在不可克减的权利中包含了对不可克减的权利给以重要的司法保证的国际人权法律文件”而自豪。①

另一方面，《公民权利和政治权利国际公约》规定的民族自决权和少数人权利以及《欧洲人权公约第1议定书》规定的教育权在《美洲人权公约》中未做规定。

20世纪80年代中期，随着一定数量的《美洲人权公约》附加议定书的诞生，《美洲人权公约》所保护的权利逐渐得到扩张。与《欧洲人权公约》目前仅包括公民权利和政治权利不同，1988年11月7日美洲国家组织在圣萨尔瓦多制定的议定书已经包括了1948年《美洲人的权利和义务宣言》中规定的最重要的经济、社会和文化权利。该议定书规定的经济、社会和文化权利有：工作权、工会权、罢工权、社会保障权、健康权、有益于健康的环境权、食物权、受教育权、教育自由的权利、文化利益的权利、组成和保护家庭的权利、儿童权利、老年人的权利、残疾人的权利。

此外，《美洲人权公约》不同于《公民权利和政治权利国际公约》和《欧洲人权公约》的另外一个重要的特点是，它不仅规定了个人应受保护的权利，同时还对个人的权利与义务的关系做了专门的规定。根据《美洲人权公约》第32条的规定，每个人对他的家庭、社会和人类都负有责任，并且在民主社会中，每个人的权利都受其他人的权利、公共安全和大众福利的正当要求的限制。

（三）其他美洲人权文件

随着《欧洲人权公约》第6附加议定书和《公民权利和政治权利国际公约》第2任择议定书的出台，美洲国家组织也通过了独立的《美洲人权公约》的议定书废除了死刑。尽管至今仅有8个国家批准了该议定书，与美国和大多数加勒比海国家不同的是，拉丁美洲国家与欧洲国家一样，是普遍禁止死刑的主要支持者。

早在1985年，考虑到许多拉丁美洲国家在军事独裁统治时期实施过系统的酷刑，美洲国家组织就模仿联合国《反酷刑公约》通过了区域性的

---

① IA Court HR, advisory opinion, *Habeas Corpus in Emergency Situations* (*articles* 27 (2), 25 (1) *and* 7 (6) *of the ACHR*), (30 June 1987), para. 36.

《防止和惩罚酷刑公约》。该公约无疑对于在美洲国家内消除酷刑具有重要意义。

另外，强迫失踪也是军事独裁统治（特别是在阿根廷、巴西、智利、哥伦比亚、萨尔瓦多、危地马拉和秘鲁的军事统治时期）的产物，并且它被用来系统地针对政见不同者来实施。为了消除这种严重侵犯人权的方式，美洲国家组织 1994 年通过了一个独立的《人的强迫失踪公约》。这是这一领域唯一的一项公约，其类似于《反酷刑公约》，包括普遍管辖原则。

此外，在 1994 年，美洲国家组织采纳了 1993 年联合国《消除对妇女暴力的宣言》的倡议，建立了一项区域性具有约束力的《防止、惩罚和根除对妇女暴力的公约》，该公约已经被很多美洲国家组织的成员国批准。

三　美洲人权保护监督机制

（一）美洲人权保护的监督机构

1. 美洲人权委员会

美洲人权保护制度可以说是由美洲人权委员会驱动的。美洲人权委员会的总部设在美国华盛顿特区，作为一个自治的机构建立于 1962 年。1967 年，美洲国家组织通过《布宜诺斯艾利斯议定书》，将美洲人权委员会确定为美洲国家组织的主要机构之一，被《美洲国家组织宪章》赋予管辖所有 35 个成员国的权限，内容上依据 1948 年 5 月 2 日《美洲人的权利和义务宣言》规定的公民、政治、经济、社会和文化权利，从而明确了它的法律地位。随着 1978 年《美洲人权公约》的生效，为了确立公约的监督机构，1979 年新的《美洲人权委员会规约》将美洲人权委员会确定为既服务于美洲国家间组织，又服务于《美洲人权公约》的单一机构，目前对拉丁美洲和加勒比海的 24 个国家享有执行公约的监督权力。

（1）美洲人权委员会的组成

根据《美洲人权公约》第 34 条的规定，美洲人权委员会由 7 位美洲国家组织成员国的国民组成。委员会委员应该具备崇高的道德品质并且是公认的在人权方面有资格的人士。委员会委员以独立的个人身份工作，并不是任何国家的代表。委员会委员代表美洲国家组织所有成员国，并不局限于《美洲人权公约》缔约国。委员会委员由美洲国家组织大会从成员国政府提名的候选人名单中以个人资格选出。根据《美洲人权委员会规约》第 4 条的规定，委员会委员的选举程序应该始于委员的任期结束前六个月。美洲国家组织秘书长应该要求成员国 90 天内以书面形式提交候选人名单。每一个成员国政府最多可以提三名候选人，他们可以是提名国家的国民或美洲国家组织任何其他国家的国民。当提出一张三人名单时，三名候选人中至少有一人应该是提出该名单国以外的国家的国民。委员会委员通过秘密投票的方式进行选举，获得最多票数者当选。委员会委员由于正常任期期满以外的其他理由而发生空缺时，应由美洲国家组织常设理事会按照委员会规约的规定增补。同一国家不得有两个国民为委员会委员。委员会委员的任期为四年，只能连任一次。但第一次选出的委员中有三人的任期应于两年结束时届满。在第一次选举以后，应立即由美洲国家组织大会抽签决定这三位委员的姓名。

（2）美洲人权委员会的职能

美洲人权委员会的主要职能是促进尊重和保护人权。根据《美洲人权公约》第44条至第51条的规定，美洲人权委员会作为公约的监督机构，对公约的缔约国履行公约义务的情况进行监督，主要措施包括受理缔约国间的控告和个人申诉。与欧洲人权委员会不同的是，《美洲人权公约》规定的缔约国之间的指控是一种选择性的监督机制。另外，《美洲人权公约》规定的个人申诉是一种强制性的监督机制，即任何国家一旦成为《美洲人权公约》的缔约国，就自动确认美洲人权委员会享有接受和审查个人提交申诉的权力。在受理有关申诉后，美洲人权委员会应该完成对案件的审查程序。委员会或有关的缔约国应该在委员会对有关争议的审查做出初步报告并转交争议各方以后的三个月内将争议案件提交美洲人权法院。除此之外，根据《美洲人权公约》第41条第1款至第5款及第7款的规定，美洲人权委员会继续保留《美洲国家组织宪章》赋予它对于该组织成员国具有拘束力的权力和权限。根据宪章的规定，美洲人权委员会可以进行有关特定国家的研究和实地调查，并可以接受指控有关国家侵犯《美洲人的权利和义务宣言》所保护的权利的个人申诉。

从实践上看，由于美洲人权委员会既具有实地调查的灵活技术，又具有进行这一调查的意愿，这使之成为最积极的和潜在有效的国际机构之一。另外，根据《美洲人权公约》第41条的规定："在执行其所受职权时，委员会具有下列职责和权力：在美洲各国人民中发展人权的意识；当委员会认为提出建议可取时，向各成员国政府提出建议，以便在各国的国内法律和宪法条款规定的范围内采取有利于人权的进步措施和其他促进遵守这些权利的适当措施；准备进行它认为在履行其职责时可取的研究或报告；要求美洲国家组织成员国政府向委员会提供在人权问题上采取措施的报告；通过美洲国家组织秘书处，回答各成员国有关人权事务的询问，并且在委员会力所能及的范围内向这些国家提供他们所需要的咨询服务；根据公约第 44 条至第 51 条各条规定的委员会的权力，对申诉书和其他来文采取行动，并且，向美洲国家组织大会提交一份年度报告”。

2. 美洲人权法院

美洲人权法院是根据《美洲人权公约》第 52—73 条的规定建立的司法监督机构。1979 年，在玻利维亚拉巴斯举行的美洲国家组织大会例行会议决议通过了《美洲人权法院规约》。美洲人权法院宣告成立，院址设在哥斯达黎加的圣约瑟。《美洲人权法院规约》第 1 条将美洲人权法院定位为一个自治的司法机构，其宗旨是适用和解释《美洲人权公约》。法院应根据公约和法院规约行使其职权。

（1）美洲人权法院的组成

根据《美洲人权公约》第 52 条的规定，美洲人权法院由 7 名法官组成，法官任期 6 年，可以连任，但只可连任一次。当选法官接替任期未满的法官时，其任期为被接替法官未满的任期。各法官在其任期届满前应继续任职。对于他们已经开始审判但仍悬而未决的案件，他们应继续工作，不受被新选出法官代替其职位的影响，直至结案。只有美洲国家组织的成员才有资格提名候选人。成员国可以提名其他成员国国民为法官候选人。不得有两名法官为同一国家的国民。美洲人权法院的法官是以个人身份选举产生的。他们应该是具有最高道德权威和在人权方面公认的有资格法学家。他们还应该具备按他们各自国家的法律或按推荐他们为法官候选人的国家的法律，为行使最高司法职能所需要的条件。根据《美洲人权公约》第 55 条的规定，在以下情况下，公约缔约国可以任命特别法官：①如果应邀审理某一案件的法官中的一名法官是该案件当事国之一的国民，则该案件的任何其他当事国可以任命一位由其挑选的人作为法院的特别法官；②如应邀审理一案件的法官中，无该案件任何当事国的国民，则每一当事国均可任命一位特别法官。特别法官应该具备公约第 52 条所规定的各项条件。

（2）美洲人权法院的管辖权

①争议管辖权

美洲人权法院具有争议管辖权和咨询管辖权。争议管辖权又分为对缔约国间控告的管辖权和对个人申诉的管辖权。根据《美洲人权公约》的规定，缔约国在交存其对公约的批准书或加入书时，或在以后的任何时候，都可以声明该国承认根据事实而不需要特别协议，对于公约的解释或实施的一切问题的管辖权具有约束力。也就是说，美洲人权法院对缔约国行使的是有选择性的管辖权。对于个人申诉，根据《美洲人权公约》的规定，个人在美洲国家人权法院前不享有诉讼主体地位，只有公约缔约国和美洲人权委员会有权向法院提交案件。但根据2001年5月1日生效的美洲人权委员会新的程序规则的规定，如果委员会发现有违反公约的情况，申请者有权要求委员会代表他们将案件提交到美洲人权法院。原则上，除非委员会的多数成员有适当的理由提出反对，委员会有义务满足申请人的要求。另外，法院无权审理未经美洲人权委员会受理并做出报告，而由委员会或缔约国直接提交的有关另一缔约国违反公约所规定的权利的案件。在对争议案件的审理过程中，法院可以实行临时措施，如果法院发现公约所保护的权利受到侵犯，应该裁决将保证受害一方享有其被侵犯的这种权利或自由。在必要时，法院还应该判决对有关后果给予补救，并给予受害者以公正的赔偿。与欧洲人权法院一样，尽管美洲国家间人权法院的判决是终局性的，但是就判决的性质来说，它是一种宣告性的判决，法院只是宣告国家违反了《美洲人权公约》的有关规定，并不是要求有关国家从根本上改变其国内法。但与欧洲人权法院不同的是，美洲人权法院可以通过确定对受害者的损害来做出判决，它在这方面的权限要比欧洲人权法院的赔偿权限大得多。美洲人权法院已经在一些案件中行使了这一权限，通过这一权限的行使，对于发展国际人权法的赔偿权做出了贡献。不过，不论是欧洲人权法院还是美洲人权法院，都无权对有关当事国做出具有惩罚性的判决。如对判决的意义或范围意见不一致，经当事人任何一方的要求，法院应予以解释，但此项要求应该在判决通知书发出之日起90内提出。在实践中，尽管截至2003年，24个《美洲人权公约》的缔约国中有22个已经承认了法院的争议管辖权，但是提交的案件数量很少。实际上，在存在的24年间，法院仅仅做出了34项实质性判决。在这34个案件中，大多数是有关中、南美洲国家发生的大规模、系统性的侵犯人权事件，包括强迫失踪、任意司法外行刑和酷刑案件。然而，从2001年5月起，请求者有权要求委员会将案件提交到美洲人权法院。如果委员会发现被指控的国家行为违反了《美洲人权公约》，原则上，它会满足请求者的要求。这一规则将使提交到美洲人权法院的案件大大增加。

②咨询管辖权

美洲国家间人权法院的另一项重要职能是咨询管辖权。根据《美洲人权公约》第64条的规定，美洲人权法院享有咨询管辖权。提出咨询请求的主体不限于《美洲人权公约》的缔约国，美洲国家组织的任何成员国都可以向法院要求提供咨询意见，唯一的要求是它们应该对向法院提出的问题具有“合理的制度上的利益”。咨询的对象不仅仅局限于《美洲人权公约》，还适用于与美洲国家组织成员国有关的其他美洲国家组织和联合国人权公约（这一点在1982年有关“其他条约”的咨询意见中得到了确认），而且包括美洲国家组织成员国的国内法与有关的人权文件是否一致的问题。实践中，大量的咨询意见是应美洲人权委员会的要求做出的。虽然法院提供的意见是咨询性的，但是从法院所具有的职能和权力来看，这种咨询意见还是具有相当重要的权威性。如果国家无视法院的咨询意见，无异于违反《美洲人权公约》所规定的义务。与争议管辖相比较，法院更多地运用咨询管辖，并通过咨询管辖对许多问题提供了咨询意见，一些咨询意见为公约条款的实施指明了方向，甚至被誉为具有“指路明灯”的意义。例如，美洲人权法院根据公约第27条克减条款对紧急状态问题的处理主要是采取咨询意见的方式进行的，法院的咨询意见使一些完全抽象的问题得到解决。在这些咨询意见中，《OC-8/87号咨询意见》和《OC-9/87号咨询意见》对于公约第27条的适用，特别是对于紧急状态下的人权保护来说堪称具有“指路明灯”的意义。在这两个咨询意见中，法院认为宪法权利保护令和人身保护令是“对保护《美洲人权公约》第27条第2款中的不可克减的权利至关重要的司法保证”中所包含的权利，这些司法保证也包括根据第29条第3款所规定的代议制民主形式的政府所固有的司法程序，它们必须在第8条规定的正当法律程序的框架内得到执行。由于咨询意见中明确提到了至关重要的司法保证的不可克减性，美洲人权公约的克减条款一直显得比《公民权利和政治权利国际公约》和《欧洲人权公约》的克减条款更加具有严密性。至此，公约第27条第2款的规定得到了明确。尽管这些咨询意见的某些方面在一定程度上仍然留有不确定性，但是宪法权利保护令和人身保护令无论如何也不能被克减的确立标志着在理解公约方面取得了一项真正的进步，如果该规定被各缔约国较好地遵守，这将意味着政府在紧急状态中尊重人权的行为将得到实质性的改变和改善。①

① See Inter-American Court of Human Rights, Advisory Opinion No. OC-8-87, January 30, 1987, *Habeas Corpus in Emergency Situations* (*arts.* 27 (2), 25 (1) *and* 7 (6) *American Convention on Human Rights*), Series A, No. 8, and Advisory Opinion No. OC-9/87, October 6, 1987, *Habeas corpus in emergency situations* (*Arts.* 27 (2), 25 *and* 8 *of the American Convention on Human Rights*), *Judicial guarantees in states of emergency.*

（二）美洲人权保护机制的执行措施

1. 缔约国报告程序

《美洲人权公约》第43条规定，缔约国承允向美洲人权委员会提供它可能要求的有关它们国内法律保证有效地实施公约任何规定而采用的方式的信息。该条规定的报告程序与国际人权公约所规定的一般报告程序不同，它没有规定提交报告的期限。很显然，缔约国根据本条规定并没有主动提交报告的义务，报告是否提交，何时提交完全依赖于美洲人权委员会的需要。而要求缔约国提供在人权问题上采取措施的报告，根据《美洲人权公约》第41条的规定，是美洲人权委员会的一项职责。另外，公约还专门规定了针对经济、社会和文化权利保护的报告程序。公约第42条规定，缔约国有义务将其向美洲经济及社会理事会执行委员会和美洲教育、科学和文化理事会执行委员会按它们各自主管的范围每年所提交的每一份报告和研究成果的抄件，送交美洲人权委员会，以使美洲人权委员会可以注意促进经《布宜诺斯艾利斯议定书》修订的《美洲国家组织宪章》中所载的在经济、社会、教育、科学和文化准则中所包含的权利。此外，对于《圣萨尔瓦多议定书》所规定的经济、社会和文化权利的保护，议定书也规定了类似于《美洲人权公约》第43条所规定的程序。议定书第19条规定，各缔约国承允在美洲人权委员会有此要求时，向其提供它们所采取的保护措施的情况以及在确保遵奉议定书承认的各种权利所取得的进展的报告。

2. 国家间指控程序

根据《美洲人权公约》第45条第1款的规定，任何缔约国在交存公约的批准书或加入书时，或在以后的任何时候，都可以声明它承认人权委员会有权接受和审查一缔约国提出的关于另一缔约国侵犯公约所载的人权的控告来文。公约规定的缔约国控告程序是一种选择性的监督机制。至2003年，仅有10个国家承认这一程序。出于国家间指控制度本身的原因，就美洲人权机制而言，迄今为止还没有任何国家启动这一程序来指控另一国家。美洲人权委员会从来没有受理过根据公约第45条发生的国家间的指控。另外，除了《美洲人权公约》对公约缔约国设立了国家间指控的程序外，《美洲国家组织宪章》也授权美洲人权委员会对非公约缔约国的美洲国家组织的成员国的国家间指控进行管辖。《美洲人权委员会程序规则》第51条规定，委员会应接受并审查任何包含谴责非《美洲人权公约》缔约国的美洲国家组织的成员国侵犯《美洲人的权利和义务宣言》所规定的权利的指控。显然，与《美洲人权公约》相比，《美洲国家组织宪章》规定的国家间指控程序是自动和强制性的。

3. 个人申诉程序

《美洲国家组织宪章》和《美洲人权公约》都规定了个人申诉程序。根据《美洲人权公约》接受和审查个人申诉来文的程序规定在《美洲人权公约》第44条至第51条中。根据《美洲人权公约》第44条规定，一个国家加入公约，即可视为它接受了美洲人权委员会对指控该国的个人申诉进行审查的权力。所以，公约规定的个人申诉程序是一种强制性的监督机制，即任何国家一旦成为《美洲人权公约》的缔约国，就自动确认美洲人权委员会有权接受和审查个人提交的申诉。另外，与《公民权利和政治权利国际公约》第1任择议定书和《欧洲人权公约》第34条规定的个人申诉程序不同的是，《美洲人权公约》规定的个人申诉程序的申诉主体要宽泛得多。前者只是规定真正意义上的受害者才能提出申诉申请，而后者规定，任何人或一群人，或经美洲国家组织一个或几个成员国联合体承认的任何非政府实体，均可以向美洲国家间人权委员会提交内容包括谴责或控告某一缔约国破坏公约的请愿书。此外，个人申诉的对象除了涉及公民权利和政治权利外，根据《圣萨尔瓦多议定书》第19条第6款的规定，在经济、社会和文化权利方面，美洲人权委员会所受理的个人申诉可以适用于工会权利和教育权。

根据《美洲人权公约》第46条的规定，个人申诉的受理条件包括：第一，申诉必须是按照国际法一般承认的原则，在用尽国内补救方法之后提出的；第二，申诉时在声称其权利受到侵害的一方接到最后判决的通知之日起6个月内提出的；第三，所申诉的事项并非另一件要求解决的国际诉讼中的悬案；第四，请愿书必须载有姓名、国籍、职业、住所和请愿人或一些请愿人或提出请愿书的实体的合法代表的签名。美洲人权委员会在决定受理某项申诉后，首先对案件的事实进行调查，如认为必要，可以对有关缔约国进行实地调查，以便在尊重公约所承认的人权基础上达成对问题的友好解决。对于已达成友好解决的案件，美洲人权委员会应起草一份报告，报告内容包括对案件事实的简要说明和已达成的解决办法，交给申诉人和有关缔约国，然后将此报告通知美洲国家组织秘书长予以公布。如果案件未达成友好解决，美洲人权委员会应该在其章程规定的180天内，起草一份报告阐明事实和陈述结论，递交给各有关国家，但各国不得随意公开。在递交报告时，委员会如认为适当，可提出建议和意见。最后，如果从委员会向有关国家递交报告之日起3个月内，各有关国家可以通过协商自行解决争议，或由委员会或各有关国家将争议提交美洲人权法院解决。否则，委员会可通过成员绝对多数票来阐明其对提交审议的问题的意见和结论。在适当时，委员会应提出适当的意见并规定期限，在此期限内，有责任采取措施的国家应及时采取措施来补救所审议的形势，当规定的期限届满时，委员会应通过其成员的绝对多数票来决定该国是否已采取足够的措施以及是否要公布委员会的报告。需要引起注意的是，根据2001年5月1日生效的美洲人权委员会新的程序规则的规定，如果委员会发现有违反公约的情况，申请者有权要求委员会代表他们将案件提交到美洲人权法院。原则上，除非委员会的多数成员有好的理由提出反对，委员会有义务满足申请人的要求。

根据《美洲国家组织宪章》，接受和审查个人申诉来文的程序主要规定在《美洲人权委员会规则》第51条至第54条中。委员会依据此程序对个人申诉的处理与依据公约对个人申诉的处理基本上相同。只是在处理的最后阶段与公约的程序有所不同。在此程序中，美洲人权委员会不能够将有关案件提交到美洲人权法院审理。委员会应在最后要提交一份称作“最终决定”的报告，报告中通常包含对事实的叙述以及委员会的建议。如果有关国家不听从此建议，委员会可以将报告公开。委员会送交美洲国家组织大会的年度报告通常转载这一报告。

然而，委员会对个人申诉案件的处理往往会受到其对自身司法性看法的影响。“委员会认为，如果它从事确认人权的情势、在成员国举行会议以及进行实地调查，那么，它的资源将会得到有效的运用，发挥的影响力会更大。”① 美洲人权委员会对将自己作为准司法机构的抵制甚至在一定程度导致它不愿意处理根据《美洲人权公约》第44条所接受的个人申诉。美洲人权委员会有时对于这些个人申诉并没有按时处理，并且在它的年度报告中经常包含相对较少的“解决方案”。② 这种缓慢的个人申诉处理程序仅仅是因为缺少工作人员的缘故还是委员会避免将自己看作是一种准司法机构从而将更多的精力用在具有灵活性的事实调查这一特殊的工作上的缘故，至今尚不

① 徐显明主编：《国际人权法》，法律出版社2004年版，第152页。

② 例如，在1983—1984以及1984—1985的年度报告中，仅仅涉及了17项解决方案。形成鲜明对比的是在1990—1991年度报告中包含了86起个人申诉案件。1990—1991 Annual Report，OEA/Ser. L/V/II. 79，doc. 12，rev. 1，pp. 251—422（1991）.

清楚。①

4. 国家研究程序

国家研究程序是指美洲人权委员会对某个特定的国家的人权状况展开调查与研究的活动，它类似于联合国人权保护机制中的“国别机制”。

美洲人权委员会进行国家研究的权限既来自于《美洲人权公约》，也来自于《美洲国家组织宪章》。因此，国家研究程序的适用范围应及于所有美洲国家组织的成员国。《美洲人权委员会规约》对国家研究程序做了具体的规定。美洲人权委员会享有国家研究程序的启动权。通常在以下情况下，委员会可以决定启动国家研究程序：①委员会收到的来文和报告揭示出有关国家存在广泛侵犯人权的情况；②美洲国家组织的政治机构得悉某一国家存在大规模、系统性侵犯人权的情势；③委员会已经做出了相应的国家报告后，需要对有关国家的人权状况进行进一步的监督；④有关国家的主动提议。在确定对某国进行国家研究后，委员会首先根据有关的材料准备一份报告草案。在国家研究过程中，委员会可以私下与有关当事人、证人见面，在必要时可组成一个特别小组委员会到该国进行访问，参观监狱、拘禁场所和进行其他现场调查，并通过政府书面材料等方式收集必要的资料，以审查该国的人权状况。审查时，小组委员会根据该国是否是《美洲人权公约》的缔约国来决定是参照《美洲人的权利和义务宣言》还是《美洲人权公约》。此后，特别小组委员会完成初步报告，并将报告的草案提交给当事国政府征求意见。然后，委员会在综合调查结论、政府反馈的基础上，完成报告，并提交给目标国政府。这些报告通常包含对一国人权状况的描述，并频繁地伴随积极的现场调查，同时对国家人权实践做出公正的判断并对改进提出特定的建议，这些建议有时是谴责性的。另外，报告内容的详尽程度也是变化着的。如 1983 年对苏里南的调查，当时形势因为野蛮行为的发生而急转直下，因此调查时间非常简短，所作的报告较为草率并充满了少有的悲观情绪。②

① 如谷盛开在《国际人权法：美洲区域的理论与实践》一书中分析认为：在美洲人权委员会看来，由于美洲经常面临的是专制政权制造的大规模、系统性侵犯人权的情势，所以，仅仅沿用欧洲处理个人申诉的方式，对于美洲促进人权的意义甚小。所以，美洲人权委员会一般将个人申诉视为某一国家总体人权状况的一个组成部分，因此委员会认为现场调查和国家报告是非常合适的选择。参见古盛开《国际人权法：美洲区域的理论与实践》，山东人民出版社 2007 年版，第 211—212 页。

② Report on the Situation of Human Rights in the Republic of Suriname, OEA/Ser. L/V/II. 66, Doc. 21 rev. , pp. 33—34 (1985) .

相比而言，1985年对智利的报告是经过了对所有重要的事实和法律发展的调查和分析后做出的，该报告尖锐地批评了政府的基本立场、紧急状态制度以及对1980年宪法中规定的人权的限制。[①] 对于报告的内容，委员会可以决定是否公开。如果当事国政府对调查的请求不做出反应，就应发表此报告。但如果政府做出答复，委员会便不需要发表报告。另外，委员会认为必要，可以将报告提交给美洲国家组织成员国大会，以提请大会对报告内容进行审议和讨论。大会可能会讨论产生一项决议对当事国政府施加政治上和道义上的压力。[②]

5. 现场调查程序

书面报告的抽象和刻板决定了仅仅依靠书面审查很难对一国人权状况做出客观清晰的评判。特别对于容易导致国家侵犯人权的情况，如紧急状态，对于宣布紧急状态的国家来说，在决定紧急状态的出现和为消除危机所采取的克减人权措施的范围和性质方面，国家当局比国际机构原则上处于更有利的位置。如果仅依靠书面审查，很难确保受害人的权利获得充分的保护。因此，对于人权保护来说，美洲人权委员会进行的现场调查程序是一项非常重要的程序。

现场调查程序不仅适用于《美洲人权公约》的缔约国，同时也适用于美洲国家组织的所有成员国。《美洲人权委员会规约》第18条（c）项规定，美洲人权委员会可以在履行义务之必要情况下，进行相关研究，准备报告。本条（g）项又规定，委员会可以在某一特定当事国政府同意或邀请的条件下，到该国进行现场调查。实践中，只要收到确切的证据表明某一国家正存在大规模侵犯人权的情况，美洲人权委员会认为适当和必要，除了可以启动国家研究程序外，在该国政府邀请或同意的前提下，还可以对该国启动现场调查程序。在准备现场调查前，美洲人权委员会要求有关政府接受一定的条件，这些条件旨在有利于调查和保护受害者免遭报复。[③] 此后，委员会专门任命一个特别委员会来自行安排调查活动。在整个调查期间，特别委员

---

① Report on the Situation of Human Rights in the Republic of Chile, OEA/Ser. L/V/II. 66, doc. 17, p. 17 (1985).

② 有关内容参见古盛开《国际人权法：美洲区域的理论与实践》，山东人民出版社2007年版，第217—218页。

③ Regulations of the Inter - American Commission on Human Rights, arts. 55—59. Handbook of Existing Rules Pertaining to Human Rights in the Inter - American System, OEA/Ser. L/V/II. 65, doc (1985).

会的主要任务是调查政府官员，听取申诉者和受害者的意见，并帮助他们完成申诉所需的一些手续，同时搜集大量的相关资料。尽管调查大多是调查政府官员和熟悉特定国家人权状况的各种人士，但有时美洲人权委员会也采取一些冒险行动，诸如在萨尔瓦多设立秘密住所，[①] 在危地马拉的秘密墓地里检查尸体。[②] 大量新的个人申诉案件也是通过这种方式搜集到的。在实地调查的基础上，特别小组委员会完成初步报告，并将报告的草案提交给当事国政府征求意见。然后，委员会在综合调查结论、政府反馈的基础上，完成报告，并提交给目标国政府。委员会可以决定是否公开报告的内容。如果当事国政府对调查的请求不做出反应，就应发表此报告。但如果政府做出答复，委员会便不需要发表报告。另外，委员会认为必要，可以将报告提交给美洲国家组织成员国大会，以提请大会对报告内容进行审议和讨论。大会可能会讨论产生一项决议对当事国政府施加政治和道义上的压力。[③]

迄今为止，美洲人权委员会是所有国际机构中具有现场调查经验最丰富的机构，正因为如此，美洲人权委员会更主要地被看作是一个具有灵活工作方法的事实调查机构，而不是一个准司法机构。它对现场调查程序的运用有些时候确实产生了即刻的、实质性的进展。诸如在尼加拉瓜被释放的女囚犯，[④] 或者是导致巴拿马废止了否定正当程序的法律条款。但是另一方面，在立即减少侵犯人权的行为方面，能够证明美洲人权委员会有效性的证据还是十分有限的。调查甚至可能导致被调查政府的镇压，如在阿根廷，在美洲人权委员会访问前夜，几个人权组织的办公室受到袭击，所有文件被没收。[⑤] 另外，这项程序某种程度上受到了资金的限制，同时也要受到获得有关国家事先同意的限制，因此，其仅在那些事实特别模糊不清的案件中才具

---

① Report on the Situation of Human Rights in El Salvador, OEA/Ser. L/V/II. 46, doc. 23, rev. 1, pp. 19—20 (1978).

② Report on the Situation of Human Rights in Guatemala, OEA/Ser. L/V/II. 53, doc. 21, rev. 2, p. 37 (1981).

③ 实际上，现场调查在报告阶段与国家研究程序的最后阶段是重合的，因此，现场调查往往被看作是国家研究程序的一个阶段性程序。但与国家研究程序不同的是，现场调查程序可以根据某一特定主题对某国进行专题实地调查，这类似于联合国人权保护机制的“专题机制”，另外，并不是每一项国家研究都必然运用现场调查，所以现场调查程序本身具有一定的独立性。

④ Report on the Situation of Human Rights in the Republic of Nicaragua, OEA/Ser. L/V/II. 53, doc. 25, p. 14 (1981).

⑤ Report on the Situation of Human Rights in Argentina, OEA/Ser. L/V/II. 49, doc. 19, corr. 1, p. 260 (1980).

有特定的价值。①

除了上述执行措施外，尽管美洲人权法院的作用与美洲人权委员会相比发挥得并不让人满意，但它对争议的管辖和提供相应的咨询意见也是美洲人权保护机制中必不可少的、重要的执行措施。

美洲人权保护制度从产生到今天，对促进美洲地区人权事业的发展发挥了重要的作用，已经逐渐发展成为代表美洲绝大多数国家利益的、不可缺少的一项国际制度。然而，尽管有这些重要的发展，美洲人权保护制度也有许多不足之处：首先，只有35个美洲国家组织的成员国中的24个批准了《美洲人权公约》，一些大国如美国和加拿大尚不是《美洲人权公约》的缔约国，不受公约监督制度的监督。此外，仅有22个《美洲人权公约》的缔约国承认法院的争议管辖权，秘鲁因为法院做出的对其不利的判决数量不断增加的缘故，甚至根据公约第62条暂时（1999—2001）撤销了它的选择性宣言。其次，只有受个人申诉影响的国家和美洲人权委员会才有权将案件提交到美洲人权法院，这对法院功能的发挥造成了巨大的阻碍。如在欧洲的实践中，每一个主张公民权利和政治权利受到侵犯的人只要用尽了国内救济手段都可以向欧洲人权法院申诉，实际上，欧洲人权法院每年处理的个人申诉案件近10000件。然而，在美洲，尽管现在距《美洲人权公约》的通过已经近40年了，距建立美洲人权法院也已经20多年了，但是这一国际人权监督的司法制度的作用几乎没有得到充分的发挥。再次，《欧洲人权公约》将监督执行欧洲人权法院判决执行的权利赋予欧洲理事会部长委员会，而与《欧洲人权公约》不同，《美洲人权公约》没有建立一个独立的政治执行机构，这对提高美洲人权保护制度的有效性在总体上几乎没有起到任何作用。

乔姆·帕斯夸卢奇（Jom. Pasqualucci）在谈到美洲人权制度时认为，“美洲人权制度的最终成功与失败与否取决于美洲国家组织成员国在财政、政治和精神方面的支持”。② 这句话在精辟地指出了美洲人权保护制度所存在的问题的同时，也原则上指出了它未来的改革方向。确实，目前的美洲人权保护制度正像《欧洲人权公约第11号议定书》修订前的欧洲理事会制度那样需要进行改革。如果这样的改革具有根本上的效果的话，最主要的是所

① Joan Fitzpatrick, Human Rights in Crisis, The International System for Protecting Rights During States of Emergency, University of Pennsylvania Press, 1994. p. 187.

② Jom. Pasqualucci, *The Practice and Procedure of the Inter-American Court of Human Rights*, Cambridge University Press 2003. p. 340.

有美洲国家组织的成员国都必须表明承认《美洲人权公约》具有拘束力的政治意愿，并接受美洲人权法院的管辖。毕竟，如果没有欧洲各国的普遍支持，欧洲也不可能建成目前这一在国际社会运行最为有效的人权保护制度。令人感到希望的是，美洲人权委员会通过的、于2001年5月1日生效的新的程序规则尽管也许是朝着上述改革的方向所迈出的一小步，但是它的出台与1990年通过的《欧洲人权公约第9号议定书》相类似。[①] 这一对《美洲人权公约》人权保护制度小小的改革将来能否产生与《欧洲人权公约第9号议定书》对后来改革所产生的相类似的影响，至少是值得人们期待的。

第五节 非洲人权保护制度的基本内容及特征

由于历史上长期受到西方殖民者的政治压迫和经济剥削，非洲一直以来是世界上经济落后、政治相对不稳定的大陆。然而，非洲人民始终没有停止过对人权的追求，在独特的历史环境和特有的文化传统的影响下，凭着自己对人权的理解，非洲人民用不懈的努力推动着非洲人权事业的发展。虽然在实际效果上与欧洲和美洲相比还有差距，但至少在形式上，非洲人民已经建立起来了符合自己特色的人权保护制度，并正推动着这一制度的完善和发展。

一 非洲人权保护制度的产生和发展概述

早在非洲殖民地时期，泛非洲主义的代表们就关注人权问题。1945年在英国曼彻斯特召开的泛非洲大会第五次会议呼吁将非洲的人权问题与反殖民统治的斗争结合起来。

在20世纪50年代末和60年代初，全非洲民族会议多次召开，其目标是鼓励尚未获得解放的国家实现解放，并在非洲组织非暴力的革命。在这一阶段，从对南非种族主义的谴责，对普遍选举要求和对宗教分离主义的担忧中可以看到非洲国家对人权问题的关注。然而，许多国家不赞同区域组织的性质，一些国家加入“蒙罗维亚集团”，支持“更为古典的邦联”方式。在这种方式下，非洲国家的一体化并非是其目标，国家主权在较为松散的安排的框架中被维护。相比而言，一些国家加入了“卡萨布兰卡集团”，签署了

① 第9号议定书虽然从未生效，但它却引发了对《欧洲人权公约》更大规模改革的第11号议定书的诞生。

更具有联邦性质的、旨在加强经济合作的《卡萨布兰卡宪章》，宪章强调自卫和消除种族主义。

1961 年，非洲法学家大会在拉各斯召开。大会通过了一项决议，旨在为未来非洲人权保护制度的建立奠定基础。大会提出，应该赋予联合国《世界人权宣言》在非洲的普遍效力，建立非洲人权法院，使全体非洲人民拥有获得司法救济的权利。为了实现保护人权的目标，应该制定一部非洲人权公约。通过人权保护，实现非洲的自由和统一。[①] 同年 5 月，在蒙罗维亚举行了泛非洲会议，当时独立的 27 个非洲国家中的 22 个参加了这次会议，但没有一个是来自于卡萨布兰卡集团的国家。一些解放运动也被许可作为观察员参加了会议。与会国家一致认为，"建立基于成员国间的经济、文化和科技合作基础上的独立非洲国家的松散的联合形式是它们的目标"。"经济和技术发展应该优先于政治联盟"。这次会议建议应该为非洲和马达加斯加国家组织起草一项宪章。因此，1962 年 1 月，在尼日利亚的首都拉各斯召开了新组成的国家和政府首脑大会会议，来处理起草宪章的事宜。会议建议成立一个部长委员会于 6 月在拉各斯就订立宪章的事宜会晤。宪章在 6 月的部长委员会会议上被通过，同年 12 月举行的进一步会议上，最初参加会议的 22 个国家中的 17 个国家签署了《非洲和马达加斯加国家组织宪章》（又称为《拉各斯宪章》）。随后，在埃塞俄比亚的亚的斯亚贝巴举行了第三次会议。部长理事会的任务是将《卡萨布兰卡宪章》、《拉各斯宪章》和一项类似于《拉各斯宪章》的《埃塞俄比亚草案》结合成为一个文件。会议的结果诞生了《非洲统一组织宪章》，成立了非洲统一组织这一在非洲大陆最为重要的区域性国际组织，致力于全面废除殖民主义。除了摩洛哥王国因为与西撒哈拉的冲突被排除在外，它的成员包括所有的非洲国家。然而，尽管非洲统一组织自其成立时起就强调反殖民主义、种族主义和种族隔离，但是《非洲统一组织宪章》中却很少提及人权。它的主要内容包括不干涉内政，国家主权平等，反对殖民主义等内容，反映了当时非洲国家祈求独立的愿望。宪章中的人权概念仅仅局限于消除殖民化和反对南非种族隔离的民族自决原则。显然，非洲的政治决策者们更加关心的是他们的人民享有脱离欧洲殖民统治的自决权，他们似乎坚持这样的观点：废除殖民主义和种族隔离也将自动地保证个人的权利。因此，他们并不倾向于将自决权进一步发展到政治独立的程度；相对于新的非洲国家，他们没有授予他们自己的人民自决的

---

① 徐显明主编：《国际人权法》，法律出版社 2004 年版，第 160 页。

权利；他们也没有赋予个人任何可以被区域监督机构执行的个人权利。因此，宪章当时的主要目的是保护国家而不是个人。但宪章的目的和宗旨仍然表达了非洲统一组织愿意在对《联合国宪章》和《世界人权宣言》给予尊重的情况下促进国际合作。

自20世纪70年代末期以来，非洲统一组织开始逐渐关注人权。联合国对建立区域人权机制的鼓励，非政府组织的游说以及一些非洲国家领导人对人权问题的重新认识，最终促使非洲统一组织于1981年在班珠尔通过《非洲人权和民族权宪章》（ACHPR，又称《班珠尔宪章》）。宪章1986年10月21日生效，不久便被所有53个非洲统一组织成员国批准，标志着人权在非洲统一组织获得了正式的承认。1998年7月，非洲统一组织大会通过了《非洲人权和民族权宪章关于建立非洲人权和民族权法院的议定书》，旨在建立一个由11位法官组成的、同时具有争议管辖权和咨询管辖权的非洲人权和民族权法院。议定书现在还没有达到生效所需的批准国的数量。五年后，非洲联盟大会通过了另一项由非洲人权和民族权委员会发起的议定书——《非洲妇女权利议定书》。该议定书规定了广泛的妇女权利，包括消除有害的实践，婚姻中的平等权，参与决策权，在武装冲突中受保护的权利，教育和培训权，经济和社会福利权以及健康权。该议定书还包括有关食品安全，足够住房，健康和可持续的环境以及可持续发展的条款。该议定书由非洲人权和民族权委员会根据《非洲人权和民族权宪章》规定的国家报告程序来贯彻实施。在非洲人权和民族权法院开始运行前，由委员会对议定书的条款进行解释。

冷战的结束以及世界银行和其他捐赠者附经济条件的援助对于非洲统一组织实施人权途径的形成起到了重要的作用。1990年7月11日，在第26届国家和政府首脑大会会议上通过了《关于非洲政治和社会经济形势以及世界所发生的基本变化的宣言》，宣言反映了较为全面的人权实施途径，分析了全球化对非洲大陆的影响，并为非洲未来的发展指明了主题。

1999年《阿尔及尔宣言》的通过反映出非洲统一组织不再仅仅考虑自决权问题。宣言声称："我们相信，自从非洲国家独立以来，人权已经经历了重要的积极变化……我们的民族解放运动，非洲统一组织的国家将这些权利法典化和贯彻实施的努力，以及目前在非洲建立新的民主空间的充满活力的过程，都对这些变化起到了非常大的作用。"

随后，非洲统一组织及其成员国继续致力于改革非洲人权保护制度的努力。1999年9月9日，非洲统一组织国家和政府首脑大会在利比亚的苏尔特（Sirte）举行第四次特别峰会，会议通过了《苏尔特宣言》，建议对非洲统一组织进行全面的改革并建立非洲联盟，[①] 以进一步实现非洲国家和人民的统一和团结。2000 年 4 月和 5 月末法律专家和议会议员分别在埃塞俄比亚和利比亚首都的黎波里会晤并制定了报告，他们的报告得到了关于贯彻《苏尔特宣言》第一次非洲统一组织部长会议的考虑。2000 年 7 月 11 日，非洲统一组织国家和政府首脑大会在多哥首都洛美召开的第 36 次一般性会议通过了《联盟基本法案》（*Constitutive Act of the Union*）。法案将《非洲统一组织宪章》和建立非洲经济共同体的条约规定的目的和宗旨结合起来，目的是将非洲统一组织改变成为一个新的非洲联盟。法案还包含了过渡性安排的规定，即为了使非洲统一组织/非洲经济共同体能够承担必要的措施，将它的资产和职责转移到联盟以及为了其他所有相关事务，《非洲统一组织宪章》一年内仍然有效。另外，法案也将保护人权作为其宗旨之一。法案规定，需要鼓励国际合作，适当考虑《联合国宪章》和《世界人权宣言》，根据《非洲人权和民族权宪章》和其他人权文件保护人权和民族权（第 3 条第 e 项和 h 项）。因此，国家应该尊重成员国和平共处的需要，尊重它们和平和安全地存在的权利（第 4 条第 i 项），促进性别平等，尊重民主原则、人权、法治和良政（第 4 条第 l、m、o 项）。

2002 年 7 月 8 日，非洲统一组织在南非德班举行最后一次首脑会议。9 日至 10 日，新成立的非洲联盟召开第一次首脑会议，宣布非洲联盟正式成立。《联盟基本法案》的产生和非洲联盟的成立无疑表明，与它的前任非洲统一组织相比，非洲联盟将进一步使人权发挥作用。

二　《非洲人权和民族权宪章》规定的权利和义务

《非洲人权和民族权宪章》中的规定反映了联合国人权文件和非洲传统的影响。因此，相对于其他两个区域性的人权文件，宪章与联合国人权公约更加相似。另外，宪章在许多方面与《欧洲人权公约》和《美洲人权公约》不同：首先，宪章不仅规定了个人权利，也规定了民族权利；第二，宪章除了保护公民权利和政治权利之外，也保护经济、社会和文化权利；第三，宪章不仅规定了权利，同时也规定了义务；第四，宪章允许缔约国对宪章规定的权利的行使施加广泛的限制。

---

① 利比亚是建立非洲联盟的发起国。

宪章在前言中强调了非洲传统，[①] 即“非洲历史传统的美德和非洲文明的价值应该鼓舞和表现在对人权和民族权概念的影响上”。

宪章第 2 条规定：“人人均有权享有本宪章所确认和保障的各项权利和自由，不因种族、种群、肤色、性别、语言、宗教、政见或任何其他见解、国籍或社会出身、财产、出生或其他身份等而受到歧视。”

宪章从第 3 条开始，规定了一系列应予保护的人权与民族权利。这些人权和民族权可以分成三类。它们分别是：

第一类权利是公民权利和政治权利，包括：生命权和身体的完整权利，反对一切形式的奴役、奴隶贸易、酷刑和残忍、不人道或有辱人格的待遇的权利，人身自由和人身安全的权利，公平审判权，良心、信教与宗教的自由，表达自由；集会与结社自由；迁徙自由与外国人的权利，免受大规模的驱逐权，平等参与政府的权利，平等占有公共财产和公共设施的权利，财产权。

从上述权利来看，宪章所保护的公民权利和政治权利的范围丝毫不亚于联合国《公民权利和政治权利国际公约》、《欧洲人权公约》和《美洲人权公约》。然而，和前述三项主要的国际和区域的人权公约相比，宪章的内容也存在一些缺陷。如宪章没有包含调整紧急状态下的人权保护的克减条款，[②] 根据非洲人权和民族权委员会的观点，这意味着宪章“不允许缔约国在紧急状态期间克减他们的条约义务”。[③] 一些骇人听闻的侵犯基本人权的事情在过去的 20 年中发生在非洲国内冲突中的事实足以说明宪章缺乏紧急状态下的国际人权保护机制对人权可能造成的影响。

第二类权利是经济、社会和文化的权利，包括：平等与满意的工作条件的权利，健康权，受教育权，自由参加文化生活的权利，保护家庭和其他权利。

与联合国《经济、社会和文化权利国际公约》相比，宪章没有对经济、社会和文化权利做出尽可能详尽的列举和规定，这主要是因为在制定宪章

---

① 对非洲传统的强调也可以通过宪章详细阐述了权利和义务这一形式反映出来。

② 《非洲人权和民族权宪章》不包括克减条款出于这样的考虑，即将阻止政府过于容易地采取侵犯人权的额外措施。从实际上看，这种希望显然是不可能实现的。然而，如果宪章允许国家在紧急状态时期对一些权利予以克减，这一地区的国家是否将愿意表明对非洲宪章的尊重也是一个尚在争论中的论点。

③ ACHPR，Commission Nationale des Droits de l'Homme et des Libertés v. Chad，Communication No. 74/92，decision adopted during the 18th Ordinary session，October 1995，para. 40 .

时，许多非洲国家都已成为联合国人权公约的缔约国，因而宪章仅对这方面的权利做了有限的规定，目的主要在于突出经济、社会和文化权利的重要性及其同公民权利和政治权利的密切关系。[①]

第三类权利是民族权，包括：自决权，对天然财富和资源享有的权利，经济社会和文化发展的权利，和平权，环境权。

《非洲人权和民族权宪章》包含的这些民族权实际上就是所谓“第三代”的“社会连带权利”。除了民族自决权包含了联合国两公约的第 1 条内涵外，宪章是唯一包含民族社会连带权利的国际公约。这表明了宪章赋予团体具有相对于个人的优势地位，进一步反映了谋求民族独立和发展在非洲人民心目中的重要地位。

一位曾经在起草《非洲人权和民族权宪章》时发挥了重要作用、并担任过前国际法院副院长的杰出的非洲法学家指出：“在非洲，法律和义务被看作是统一实体的两面：两个不可分割的实体。”[②] 他的话可以大概反映出非洲社会的特征，尤其是非洲人对人权的理解。或许正是在这样一种传统观念的影响下，除了规定了个人权利和民族权利之外，和《美洲人的权利和义务宣言》一样，《非洲人权和民族权宪章》还包括了一些个人对于社会应尽的一些义务。宪章在前言中就明确宣布，“每一个人对权利和自由的享有同时也意味着对义务的履行”，随后，宪章从第 27 条至第 29 条规定了义务目录，这些义务包括：对家庭、国家和其他认定的社区及国际社会的义务，行使权利要顾及他人的权利、集体的安全、道德和共同利益，尊重、体谅、不歧视同胞，相互尊重和宽容的义务，为本国社会服务的义务，不得危害国家安全的义务，维护和加强社会和国家团结的义务，维护和加强国家独立和领土完整的义务，工作及纳税的义务，维护和加强非洲文化的积极价值及促进社会道德健康的义务，促进和实现非洲统一的义务。

三　其他主要的非洲人权文件

除了《非洲人权和民族权宪章》，以下几个人权文件在非洲的人权保护中也发挥了重要的作用。

---

① 白桂梅、龚刃韧、李鸣等编著：《国际法上的人权》，北京大学出版社 1996 年版，第 252 页。

② Tomas Buergenthal, Dinah Shelton, David Stewart, *International Human Rights*, West Group 2004, p. 290.

1.《关于非洲特殊方面的难民问题的公约》

由于认为1951年联合国《难民公约》是为了迎合欧洲难民政治的需要，不适用非洲的情况，1969年，在联合国难民事务高级专员的帮助下，非洲统一组织通过《关于非洲特殊方面的难民问题的公约》（也称为非洲统一组织《难民公约》）。非洲人制定该公约的目的“并不是要扩大联合国《难民公约》的范围，而是要起草一个涵盖非洲所有方面问题的文件”。[①] 非洲统一组织《难民公约》扩大和改进了联合国《难民公约》关于“难民”的定义，将保护延伸至因国际战争、国内战争和其他武装冲突和骚乱不得不离开国家的人。从而使逃离公共骚乱的个人或多数人，当他们可能不受联合国《难民公约》的保护时，却享受非洲统一组织《难民公约》所赋予的保护。非洲统一组织《难民公约》于1974年生效。

2.《非洲儿童权利和福利宪章》

1990年，作为在非洲促进1989年联合国《儿童权利公约》的一种手段，《非洲儿童权利和福利宪章》获得通过。公约包括广泛的儿童权利，这些权利在很多方面也要比联合国《儿童权利公约》的权利要广泛。宪章还建立了由11位成员组成的、独立的委员会来促进、保护和解释宪章所涵盖的权利。宪章最终在9年后生效，它的委员会于2002年举行了第一次会晤。截至2003年已有29个国家批准了该公约。

除了上述两个文件外，在经过几年的商讨后，2003年7月，非洲联盟大会通过了《非洲妇女权利议定书草案》。该草案针对非洲妇女所面临的实际问题，提供了一系列反对对妇女的歧视和暴力，反对对妇女的伤害性实践的措施。草案规定的妇女权利十分广泛，包括有关妇女政治参与的平等权，财产权，继承权，受教育权，就业权，食品安全和住房权，结婚、离婚和计划生育以及生殖健康中的妇女权利等，在内容上比联合国《消除对妇女一切形式歧视公约》更进了一步。

四　《非洲人权和民族权宪章》所建立的人权保护机制

（一）人权监督机构

1. 非洲人权和民族权委员会

非洲人权和民族权委员会是根据《非洲人权和民族权宪章》而在非洲

---

① Rachel Murray, *Human Rights in Africa - From the OAU to the African Union*, Cambridge University Press 2004, p. 187.

统一组织/非洲联盟内部设立的监督机构，其目的是为了促进人权与民族权利，并确保这些权利在非洲受到保护。总部设在冈比亚的班珠尔。

（1）非洲人权和民族权委员会的组成

根据《非洲人权和民族权宪章》第31条规定，非洲人权和民族权委员会由11位委员组成。他们应该是从具有德高望重且在人权与民族权利问题上以道德高尚、诚实正直、公正无私和能力胜任的非洲人中选举产生，同时，应该特别考虑他们的法律经验。同时宪章还规定，委员会委员应该以个人资格当选和任职。委员会不得有两名委员以上为同一国家的国民。委员会委员应该从宪章缔约国提名的名单中由非洲统一组织的国家与政府首脑会议以无记名方式选举产生。非洲统一组织的秘书长应该在选举之前的4个月内，要求缔约国提出候选人名单，并在选举之前的1个月内将候选人名单提交非洲统一组织国家与政府首脑会议。非洲人权和民族权委员会的委员的任期一般为6年，且有资格连选连任。但是，在第一次选举产生的11名委员中，其中有4人的任期为两年，其他7人的任期为4年。委员会秘书由非洲统一组织任命。根据《非洲人权和民族权宪章》第42条规定，委员会可以选举主席和副主席，任期为两年。主席和副主席可以连选连任。

（2）非洲人权和民族权委员会的职权

非洲人权和民族权委员会被《非洲人权和民族权宪章》赋予了广泛的权限。根据宪章有关规定，非洲人权和民族权委员会的职权主要包括：第一，在非洲地区促进人权与民族权利的职权。在促进人权与民族权的职权方面，《非洲人权和民族权宪章》第45条第1款规定，委员会应该：①收集文件，从事有关非洲人权和民族权方面问题的研究和探索，组织讨论会、学术报告会和协商会，普及知识，促进国家和地方与人权和民族权有关的机构，若发生此类案件，便向政府提出自己的看法或向政府做出说明；②系统表述和拟订与旨在解决与人权和民族权及基本自由有关的法律问题的原则和章程，从而为非洲各国政府提供立法基础；③与非洲和国际有关促进和保护人权和民族权的机构合作。另外，《非洲人权与民族权宪章》第58条第2款规定，非洲统一组织大会可以要求非洲人权与民族权委员会就有关人权案例和现状提出深入研究，提交报告，并提出建议。第3款还授权非洲人权委员会在紧急情况下提请大会主席对紧急情势给予关注。其目的在于弥补大会每年只召开一次而给解决问题带来的不便和延迟。但是，根据《非洲人权和民族权利委员会程序规则》第111条规定，在提请非洲统一组织大会对严重和大规模侵犯人权情势关注的权力方面，只是建议，而不是要求缔约国采取临时措施以避免对所谓的受害者造成“不可弥补的偏见”。第59条规定，委员会所通过应采取的各项措施还需大会的认可。根据这些规定，在实践中，委员会仅仅有权对这些案件进行的深度研究，并在非洲联盟这一最高政治机构要求的情况下，准备含有意见的事实调查报告（第58条第2款）。最后，所有的程序都是保密的，甚至委员会报告的出版都得依赖于国家和政府首脑大会的决定。第二，保证人权与民族权利在宪章拟订的条件下受到保护的职权。委员会对保证人权与民族权利在宪章拟订的条件下受到保护的职权的履行，在实践中主要是通过实施监督程序，即审查国家报告、国家指控和个人申诉等方式来进行的。第三，解释宪章的职能。《非洲人权和民族权宪章》第45条规定，应缔约国、非洲统一组织的机构或者为非洲统一组织认定的非洲组织的请求，解释宪章所规定的一切条款的职权。第四，执行国家和政府首脑会议委托的任何其他任务。

2. 非洲人权和民族权法院

1998年6月，非洲统一组织大会在布基纳法索首都瓦加杜古通过了《非洲人权和民族权宪章关于建立非洲人权和民族权法院的议定书》。该议定书被誉为“可能是自《非洲人权和民族权宪章》以来在非洲区域人权制度中最具有深远意义的发展”。① 因为它试图通过模仿欧洲和美洲的人权司法制度模式，在非洲建立一个人权和民族权法院，从而加强非洲的人权保护制度，进一步促进非洲人权事业的发展。按照议定书的规定，议定书将在15个宪章缔约国批准后生效。

（1）非洲人权和民族权法院的组成

非洲人权和民族权法院由11位法官组成，他们应该以个人身份当选和任职，任期6年，只能连任一次。法官由非洲统一组织的国家与政府首脑会议从非洲统一组织的成员国的国民中选举产生。法院的法官应该是具有高尚的道德品质和在人权与民族权方面具有公认的实践、司法以及学术能力和经验的法学家。法官应该独立开展工作，并且享有特权和豁免。

法院可以应非洲统一组织成员国、非洲统一组织及其机构以及任何非洲统一组织认可的非洲组织的请求，提供咨询意见。

（2）非洲人权和民族权法院的权限

非洲人权和民族权法院在权限上模仿了欧洲和美洲人权法院的模式。根

① Tomas Buergenthal, Dinah Shelton, David Stewart, *International Human Rights*, West Group 2004, p. 309.

据议定书第 2 条，法院总的任务是根据《非洲人权和民族权宪章》补充非洲人权和民族权委员会的保护功能。为了完成这一任务，法院被赋予了两种权限：争议管辖权限和咨询权限。

①争议管辖权

《非洲人权和民族权宪章关于建立非洲人权和民族权法院的议定书》第 5 条规定，非洲人权和民族权委员会、《非洲人权和民族权宪章》的缔约国、非洲政府间组织有权就有关宪章、议定书和任何有关缔约国已经批准的其他人权文件的解释和适用的案件和争议向法院提出申诉。对于在委员会有观察员地位的相关非政府组织、个人和一群人的诉讼地位，一般取决于有关的缔约国在批准议定书时就宣布愿意接受法院对此类案件享有管辖权，同时，相关非政府组织、个人和一群人提出的申诉还必须满足《非洲人权和民族权宪章》第 56 条规定的 7 项条件。[①] 另外，法院在行使该权限时，应当适用宪章和任何其他被有关缔约国已经批准了的相关人权文件。法院将就相关事项制定自己的程序规则。

在处理侵犯人权的案件中，议定书授予了非洲人权和民族权法院广泛的权利，包括议定书第 27 条规定的，法院可以做出给受害者救济的适当命令，包括给予公平的赔偿或补偿。另外，在极端严重和危急的情况下，法院有采取临时措施的权利。此外，和欧洲和美洲的人权法院一样，非洲人权和民族权法院在争议案件中的判决具有拘束力，并是终局性的，不能上诉。议定书的缔约国在任何其作为当事人的案件中对遵守法院的判决承担条约义务。最后，非洲统一组织部长理事会将负责监督缔约国对法院判决的执行。

②咨询管辖权

根据《非洲人权和民族权宪章关于建立非洲人权和民族权法院的议定书》的规定，非洲统一组织、非洲统一组织的任何机构、任何其他的被非洲统一组织承认的非洲组织以及任何成员国都可以向法院提出咨询请求。他们可以请求法院就任何关于宪章和其他相关人权文件的任何法律事务给予意见，只要意见的主题与委员会正在审查的主题无关。非洲人权和民族权法院可以就成员国的国内法与宪章的协调性问题提供咨询，这一点与美洲人权法院的咨询权限相同。法院在行使任何一项权限时，都应当适用宪章和任何其他被有关缔约国已经批准了的相关人权文件。

---

① 详见“（二）执行措施”中的“3. 个人申诉程序”中的内容。

（二）执行措施

1. 缔约国报告程序

根据《非洲人权和民族权宪章》第 62 条的规定，缔约国应该自宪章生效之日起，每两年提交一份关于为实施宪章确认和保障的权利和自由而采取的立法或其他措施的报告。缔约国提交的报告由非洲统一组织的国家与政府首脑大会转交非洲人权和民族权委员会。缔约国提交报告后，委员会应该对报告进行公开的审查。同时，缔约国应该派出代表与委员会进行对话，共同审查缔约国提交的报告。另外，《委员会程序规则》第 81 条第 2 款规定，委员会可以通过秘书长通知有关国家它在国家报告中希望看到的内容。规则第 86 条规定，委员会应该将对报告做出的一般性意见通过秘书长转交到非洲统一组织大会及有关国家。委员会通常在它的《年度活动报告》中出版它的一些决定。

与普遍性国际人权条约规定的提交缔约国报告的期限相比，《非洲人权和民族权宪章》规定的提交缔约国报告的期限似乎太短。当然，缔约国每两年提交一次报告有利于更及时地监督缔约国国内的人权状况。然而，实践中，由于缔约国拖延提交报告或不提交报告的问题非常严重，报告程序的效果是远不能令人满意的。为了改变这种情况，非洲人权和民族权委员会已经采取了适当的行动，并收到了一定的效果。

2. 缔约国控告程序

《非洲人权和民族权宪章》规定了两种类型的缔约国报告程序。宪章第 47 条规定了第一种报告程序，即如果宪章某一缔约国有充分的理由确信另一缔约国违背了宪章的规定，该缔约国应该通过书面形式提请有关缔约国就此事引起注意。同时，有关缔约国还可以通过书面形式直接将有关缔约国违背宪章规定的情况通知非洲统一组织秘书长和非洲人权和民族权委员会主席。被提请注意的缔约国应该在收到有关书面来文以后的三个月内向提请注意的缔约国做出书面的解释或声明，以说明有关情况。在书面解释或声明中，有关缔约国应该尽可能地说明已经适用和可以适用的程序法规以及可以利用的救济办法等方面的资料。如果被提请注意的缔约国在收到有关书面来文的三个月内，问题仍然没有通过缔约国双方的谈判或通过其他和平的程序得到有关缔约国双方满意的解决，那么，有关缔约国双方均有权通过非洲人权和民族权委员会主席将争议问题提交委员会，并通知其他缔约国。宪章规定的这种报告程序的主要的目的是希望缔约国之间通过谈判等和平方式达成友好解决，它实际上是缔约国之间的一种提请注意程序，委员会在其中并没有发挥作用。

根据宪章第 49 条的规定，如果宪章某一缔约国认为另一缔约国已经违反了宪章的有关规定，那么，该缔约国可以通过书面形式，直接将有关情况提交非洲人权和民族权委员会、非洲统一组织秘书长以及其他缔约国。非洲人权和民族权委员会在收到有关缔约国的控告来文后，应该查明一切地方救济已经用尽，才可以处理有关控告。不过，如果地方救济存在不合理的拖延，那么，委员会处理有关控告就不受此限制。根据《宪章》第 51 条的规定，委员会有权要求有关缔约国提供一切有关的资料。在委员会审议有关的控告时，有关缔约国可以出席委员会的审议过程，还可以通过口头或书面形式陈述自己的意见。根据《宪章》第 52 条的规定，委员会可以从有关缔约国和其他来源获取它认为必要的一切材料，并且在为了达成以尊重人权与民族权利为基础的友好和解尝试了一切适当的办法以后，应该在《宪章》第 48 条所规定的合理期限内准备一份陈述事实以及审查结果的报告书，并将此报告书提交有关缔约国和非洲统一组织国家与政府首脑会议。在提交报告书的同时，委员会还得向非洲统一组织国家与政府首脑会议提出它认为适当的建议。最后，委员会应该向非洲统一组织国家与政府首脑会议的每一届例会提交一份关于其活动的报告书。由宪章的上述规定可以看到，尽管目的同样是在尊重人权与民族权利的基础上，促成争议双方达成友好和解，但与第一类报告程序不同，委员会在第二类报告程序中发挥的是一种积极的调解作用。

与联合国和美洲程序从未被使用过不同，刚果民主共和国已经提交了针对卢旺达、布隆迪和乌干达的国家指控，这些指控目前在委员会仍处于审查状态。①

3. 个人申诉程序

除了接受和处理缔约国之间的控告以外，非洲人权和民族权委员会还有权接受和处理其他个人申诉来文。根据《非洲人权和民族权宪章》第 55 条的规定，委员会秘书应该在委员会的每次例会之前就宪章缔约国控告来文以外的各种来文编出名单，并将此名单呈送给委员会委员，由他们指示哪些来信将由委员会审议。委员会在决定是否受理来文时，应当考虑来文是否满足宪章第 56 条规定的 7 项条件，即（1）来文必须标明作者的姓名，尽管他

① Manfred Nowak, Introduction to the International Human Rights Regime, Martinus Nijhoff Publishers 2002. p. 211.

们要求匿名；（2）来文不得与非洲统一组织或《非洲人权和民族权宪章》相矛盾；（3）来文不包含诽谤的用语，不得直接供给有关国家及其机构，或者直接指向非洲统一组织；（4）来文不得仅仅以大众媒介传媒的消息为依据；（5）提交来文之前应该用尽当地救济，但如果当地救济存在不合理的拖延则不在此限；（6）来文应该是在用尽当地救济之日起，或者从委员会了解此事之日起的一个合理的期限内提出的；（7）来文不属于有关缔约国根据《联合国宪章》的原则、《非洲统一组织宪章》或《非洲人权和民族权宪章》已经解决了的案件。委员会可以结合上述条件，以过半数的多数票方式来决定是否审议来文。

与一般的个人申诉程序相比，《非洲人权和民族权宪章》第 55 条设立的个人申诉程序的主体并不要求来文的作者一定是受害者或其家庭成员，受害者、非政府组织和其他人或一群人都有权提交申诉，使得这个程序具有一定的普及性。[①] 然而，这也仅仅是在形式上的。因为，这样的申诉只有当委员会的多数成员决定处理时才能得到处理，这意味着受害者并没有程序上的权利使他们的主张得到委员会的考虑。另外，即使一项申诉被认可并被宣布接受，这样的申诉必须是系统地大规模侵犯人权案件的一部分，才能够得到进一步的考虑。单独的个人案件，无论多么严重，也从不被审查。并且，委员会发现的“揭示存在系统的严重侵犯人权和民族权”（宪章第 58 条第 1 款）的申诉不得不提交到国家和政府首脑大会这一个纯粹的政治机构。从这一点上看，宪章的个人申诉程序与其说是一项条约的监督程序，倒不如说更像联合国人权委员会所使用的 1503 程序。

除了上述这些执行措施之外，非洲人权和民族权委员会还专注于一些一般性的活动，如组织研讨会和大会，促进与非政府组织和国家人权委员会的合作等，以此来提高非洲各国的人权意识，促进对《非洲人权和民族权宪章》中的人权的保护。

综观非洲人权保护制度的现状，尽管经历了艰难的认识过程，非洲统一组织/非洲联盟对人权现已给予了大量的关注，目前已在非洲大陆建立起了具有非洲特色的人权保护框架。在非洲人权保护制度的框架内，发挥领导作用并促进制度发展的核心机构是非洲人权和民族权委员会。由于非洲人权与民族权法院尚未运行，非洲人权和民族权委员会独担了非洲人权保护的大任。其在非洲人权保护制度中的地位比美洲人权委员会在美洲人权保护制度

① 实践中，非政府组织根据第 55 条提交了大量的申诉。

中的地位有过之而无不及。然而，委员会仍然也存在许多需要解决的问题。如作为非洲联盟的内部机构，它“只是在非洲联盟结构中的边缘地带发挥功能，目前，它作为有效的协调机构的能力还是值得怀疑的”。[①] 而作为非洲人权保护制度的监督机构，尽管委员会被赋予了广泛的权限，但是它所适用的监督程序，即报告、国家间指控和个人申诉的有效性与其他国际和区域层面上的相应公约的监督程序相比是相当弱的。[②] 因此，欲改变这种现状，对现有制度进行必要的改革仍旧是非洲大陆所面临的重要任务。令人值得期盼的是，1997年《非洲人权和民族权宪章关于建立非洲人权和民族权法院的议定书》已经将非洲人权和民族权法院的建立和运行提到议事日程，尽管增加一个具有做出有拘束力的决定的机构本身并不能减少或消除人权侵犯的发生，因而现在就对法院的功能和可能产生的影响下结论还为时过早。但是，非洲人权和民族权法院的建立将使非洲人权保护的案例法得到发展，从而使缔约国在宪章下的义务得到强化却是一个不可否认的事实。非洲人权的保护机制或许会因此而踏上实质性改变之路。而为了这一事目标能够真正实现，缔约国、非洲联盟和国际社会将不得不较以往给予非洲人权事业的发展以更多的支持。

① Rachel Murray, *Human Rights in Africa - From the OAU to the African Union*, Cambridge University Press 2004, p. 48.

② 例如，鉴于非洲存在的对话、商讨和调解的传统，实践中，无论是个人申诉还是国家间指控程序，委员会更愿意通过友好的方式确保案件获得解决。《非洲人权和民族权宪章》第46条甚至鼓励两个缔约国间不经过委员会来解决国家间的人权争议。在没有司法程序的情况下，一旦友好解决的途径失败，大量的争议就会处于无法解决的境地。

第二章　国内人权法的基本制度及其发展

第一节　世界各国宪法所建立的基本权利制度

国内法对人权的保护最早是从宪法文件开始的。作为人类社会最早产生宪法性文件的国家，或者在通过宪法来对人权加以保护的比较有特色的国家，都比较重视以宪法为法律基础来对人权进行全面和系统的法律保护。本节重点考察的是英国、美国、法国、德国和日本等国家宪法在自身不断发展的过程中，对人权的宪法保护状况。虽然这些国家宪法文本对基本权利的规定不可能完全涵盖世界各国宪法对人权加以保护的所有方面的特点，但至少可以反映出世界各国宪法对人权加以全面和系统的保护的基本特征，可以较好地体现国内人权法区别于国际人权法的重要特色。

一　英国宪法所确立的基本权利制度及特征

英国是实行不成文宪法制度的国家。除了 17 世纪革命初期克伦威尔实行军事独裁时期所制定的《政府约法》外，“英国从未有过成文宪法……随着时间的不断推移，政治和经济形势不时地要求改革。因此对权力不断进行创造、变革和改变分配的过程一直在延续……如果宪法是由机构而不是由描述这些机构的文件构成的话，那么英国宪法虽然从未被制定过，但却一直在生长着——只是没有书面文件而已”。①

正因为实行不成文宪法制度，因此，英国宪法内容主要体现在议会制定的法律中。通常称为“宪法性法律”（constitutional law）。一般地说，英国的宪法性法律是指 1679 年的《人身保护法》（Habeas Corpus Act），1689 年的《权利法案》（Bill of Rights），1701 年的《王位继承法》（Succession to the Crown Act），1911 年 和 1949 年的《议会法》（Paliament Act），1928 年的《国民参政法》，1931 年的《威斯敏斯特条例》，1949 年和 1969 年的《人民代表法》（Representation of the People Act），1972 年的《欧洲共同体

① ［英］詹宁斯著，龚祥瑞等译：《法与宪法》，三联书店 1998 年版，第 6 页。

法》(European Communities Act) 等。除议会制定的法律外，还有宪法性判例和惯例。1215 年的《大宪章》(Magna Carta) 也被认为是宪法性法律。[1]“在英国，哪些法律才具有宪法性的效能，要由法官斟酌决定”。[2]

根据宪法学家詹宁斯的意见，考察英国公民的基本权利时，应记住英国制度的三个特征：(1) 议会永远可以修改法律；(2) 对自由的大部分限制由法律本身直接规定；(3) 虽然法律本身授予警察和其他政府很少的直接裁量权，但是实际上存在相当大的自由裁量权。[3]

(一) 宪法性法律

1.《人身保护法》

议会于 1679 年通过的《人身保护法》(Habeas Corpus Act) 是英国一部重要的宪法性法律，其中规定被捕人及其代表有权请求法官发出人身保护令，要求有关部门将被捕人在一定期限内送交法院加以审查。这一法律迄今仍生效，但 1960 年的《司法法》对该法的程序及某些模糊之处作了重大修改。这一法律对西方国家的宪法有重大贡献。[4]《人身保护法》全文共 20 条，约 4000 多字。该法规定的主要内容是：除叛国犯、重罪犯，以及战时或遇紧急状态外，非经法院签发的写明缘由的逮捕证，不得对任何人实行逮捕和羁押；已依法逮捕者应根据里程远近，定期移送法院审理；法院接到在押人后，应于两日内作出释放、逮捕或取保开释的决定；经被捕人或其代理人申请，法院可签发人身保护状，责令逮捕机关或人员说明逮捕的理由；不得以同一罪名再度拘押已准予保释的人犯；英格兰的居民犯罪，不得押送到其他地区拘禁。

2.《权利法案》

1689 年的《权利法案》全文篇幅不大，约 800 字，共列 13 个条款。其内容核心是限制王权，确立议会至上的资产阶级宪法原则。这充分地体现在该法案的第 1 条至第 4 条、第 6 条的内容中。

但其中也规定了一些公民权利和自由。例如第 5 条规定：“向国王请愿，乃臣民之权利，一切对此项请愿之判罪或控告，皆为非法。”第 7 条规定：“凡臣民系新教徒者，为防卫起见，得酌量情形，并在法律许可范围

---

① 沈宗灵：《比较宪法——对八国宪法的比较研究》，北京大学出版社 2002 年版，第 69—70 页。

② R. David, *English Law and French Law*, 1980, p. 72.

③ [英] 詹宁斯著，龚祥瑞等译：《法与宪法》，三联书店 1998 年版，第 182—183 页。

④ 沈宗灵：《比较宪法——对八国宪法的比较研究》，北京大学出版社 2002 年版，第 71 页。

内，置备武器。”第 8 条规定：“国会议员之选举应是自由的。”第 9 条规定：“国会内之演说自由、辩论或议事之自由，不应在国会以外之任何法院或任何地方，受到弹劾或讯问。”第 10 条规定：“不应要求过多的保释金，亦不应强课过分之罚款，更不应滥施残酷非常之刑罚。”

3.《王位继承法》

1701 年的《王位继承法》开篇有较大篇幅的序言，序言的首句写道：“本法为更加限制皇位之继承并确保臣民权利与自由。”就是说，制定《王位继承法》的目的，在于通过规定王位继承问题，保证资产阶级的权利和自由。但其后的 4 条正文主要是规定王位继承的顺序和继承条件以及对于限制王权问题作进一步的规定，没有关于人权的规定。

4. 改革选举制度的选举法

（1）1918 年的《国民参政法》

作为英国首部选举法，1918 年的《国民参政法》篇幅很大，约 2.5 万字。第一章规定选举权，共有 10 条。规定四种情况具有选举资格：年满 21 岁的成年男子有一定住所（在住所定居 6 个月）或具有每年价值 10 镑以上的营业所；年满 30 岁以上的妇女、且本人或丈夫在各选区拥有价值 5 镑以上的土地或住所；各大学选区内的成年男女；正在陆海军服役的年满 19 岁男子。

（2）1928 年的《国民参政法》

主要内容是删除了 1918 年《国民参政法》第 4 条关于妇女选举权资格的规定，实行男女选举权平等的选举制度。

（3）1948 年的《人民代表法》

1948 年的《人民代表法》，集中了过去颁布的有关规定选举制度的法律，统一了参加全国选举和地方选举的选民资格。规定了选民资格有三个条件：一是取得投票之日为某一选区的居民；二是不列颠公民或爱尔兰共和国公民，但是年满 21 岁。

（4）1969 年的《人民代表法》

1969 年，对 1948 年的《人民代表法》作了修改，主要内容是进一步降低了参加全国选举和地方选举的选民年龄，将选民年龄由年满 21 岁降至年满 18 岁。

（二）其他有关公民基本权利的立法

1. 人身和财产的自由

在英国（主要指英格兰和威尔士），规定个人人身自由的法律主要是指两个方面：一是个人自由被剥夺的根据，二是被剥夺者对剥夺行为提出争议的补救办法。例如以有关逮捕法而论，大部分逮捕都是由警察执行的。一般逮捕都涉及刑事法院的程序，根据治安法院法（1952年第一节处理），大多数逮捕都应有逮捕令（warrant），但按照普通法或制定法，有些没有逮捕令的逮捕也是合法的，如根据1967年新《刑法法》所规定的应逮捕罪（arrestable offence）。任何人对正在或已经犯有这种罪行的嫌疑者，虽无逮捕证也可逮捕。

对人身或财产自由的侵犯有多种形式的补救办法。如被害人对侵犯人提起民事诉讼要求损害赔偿或归还财产；侵犯人身时，被害人可提起人身伤害的控告；侵犯人是警察时，公民可对警察部门提出正式控告，对该警察可能采取刑事诉讼或纪律处分。在干预人身或财产时，公民有权自卫，但这种情况可能导致复杂的民刑事责任问题。①

在英国法律中，财产权主要指地产权（right of estate），有关动产权的法律属于其他私法部门。按照英国传统普通法，财产权与人身权都是神圣不可侵犯的，但是后来有了很大的变化。“国会经常立法（有时使用激烈手段）修改土地财产权。国会如果愿意的话，可以经常对公民的人身自由和言论自由积极立法，但看来英国政治制度对这些自由的价值要比维护财产权放在更高的地位。”②

2. 表达自由

英国法律对这些自由既有保护又有限制。民事方面的限制主要是反诽谤法；刑事方面的限制包括《反煽动法》和《反猥亵法》。

3. 集会和结社自由

英国宪法学家强调，自由在社会生活中是相互冲突的利益之间的不断妥协和协调。③ 英国原则上并没有要求公民为商讨公共事务举行集会而需要政府或官员的批准。政府也无权预先禁止公民集会。组织集会的主要实际限制是必须找到集会场所。

根据1936年《公共秩序法》第三节，警察有权规定游行队伍的路线并禁止他们进入特定场所；警察或地方当局有权在相应情况下，在内务大臣同意下，禁止在三个月内举行任何游行。英国法律在原则上并不禁止公民为政

---

① E. C. S. Wade and G. G. . Phillips, *Constitutional and Administrative Law*, p. 454.

② Ibid. , p. 464.

③ Ibid. , p. 489.

治目的结社。例外是公务人员。总的来说，公民有参加政党活动集团、竞选委员会等组织而无须任何官方同意或登记，但为了维护公共秩序，禁止建立准军事组织。

4. 反歧视立法

许多国家都规定公民在法律上一律平等，美国宪法修正案第14条即称为"法律的平等保护"。但这些平等在法律上讲都是形式上的平等，不能保证社会或经济上的平等。英国议会也认识到这一问题，于是在20世纪60年代和70年代加强了反种族歧视的立法。1965年的《种族关系法》是这方面的第一个立法，1968年和1976年又通过了同样的立法，1975年通过了《反性别歧视法》。

二　美国宪法所确立的基本权利制度及特征

研究美国宪法文本中关于人权保障的条款，不仅应该包括1787年通过的《美利坚合众国宪法》及其以后二百年间包含《权利法案》在内的27条修正案，也包括在此之前的《独立宣言》[①] 和《邦联条例》[②] 两部具有宪法性质的文件。

（一）《独立宣言》和《邦联条例》

《独立宣言》是一个极其重要的历史性文献，马克思对其作了历史性的肯定，称赞《独立宣言》是世界上"第一个人权宣言"[③]。

1776年发表的《独立宣言》中规定："人人生而平等，他们都从他们的'造物主'那边被赋予了某些不可转让的权利，其中包括生命权、自由权和追求幸福的权利。为了保障这些权利，所以才在人们中间成立政府……"

这不仅揭示出人权的重要地位，而且也揭示出两个重要的原则性问题：即平等是人权的形式要素，人权平等从根本上排斥神权等特权；宪法和政府必须以保障人权为根本目的。然而《独立宣言》中关于人权的规定实际上并不包括奴隶、黑人和印第安人，带有明显的种族歧视倾向，这种局限性是美国人权实现过程中宪法的严重失败和巨大遗憾。

---

① 为了动员和吸引广大殖民地人民参加和支持北美独立战争，1776年7月4日，第二届大陆会议通过了由托马斯·杰斐逊执笔，本杰明·富兰克林、约翰·亚当斯、罗杰·谢尔曼、罗伯特·利文斯顿参与起草的《独立宣言》。

② 1777年11月15日，第二届大陆会议通过了由约翰·迪肯森等起草的《邦联和永久联合条例》（简称《邦联条例》）。

③ 《马克思恩格斯全集》第16卷，人民出版社1971年版，第20页。

1777年制定的规范美国独立初期13个州相互关系的《邦联条例》共13条，约5000多字。但其主要是规定独立后北美13个州如何彼此之间加强协调、联合进行独立战争，对人权方面的规定很少。

（二）1787年美国宪法

无疑，人类政府的最终目的是保障公民的自由和权利。事实上，美国宪法的缔造者认为理性的政府结构——尤其是政府权力的纵横分配，乃是人权的最佳保障。[①] 因此，1787年美国宪法正文中仅仅包含了极少对人权的保障条款。

其中主要有第1条第9款的规定："根据人身保护令享有的特权，除非在发生叛乱或入侵，公共治安需要终止此项特权时，不得终止。""不得通过剥夺公民权利法案或追溯既往的法律。"

第4条第2款规定："每州公民均应享受其他各州公民的一切特权和豁免权。""凡在任何一州被控犯有叛国罪、重罪或其他罪行的人在逃并于另一州被寻获时，该州应根据该人所逃出之州行政当局的要求将其交出，以便押送到对该罪行有审理权的州。""凡根据一州法律须在该州服兵役或劳役的人逃往另一州时，不得根据逃往州的法律或规章解除该项兵役或劳役，而应根据有权得到劳役或劳动的当事者的要求将其交出。"这种特权和豁免权体现了宪法要求各州给予他州公民的平等权利以有限的实体保障。

（三）《权利法案》

1787年在费城起草的宪法，在各州审议批准的过程中，也有不少美国公民感到不安，因为宪法中并没有明确保障个人的权利。宪法正文未能直接提供人权的全面保障的事实，促使各州要求进一步限制联邦权力的普遍呼吁。在1789年的第一届国会上，麦迪逊起草并提出了《权利法案》。在经过修改并通过后，成为宪法的前10条修正案。英文名称是Bill of Rights。由于补充了《权利法案》，该宪法在13个州均获批准，并于1789年通过，1791年生效。

《权利法案》在行文方式上，如同1787年宪法一样，条文比较简短明了，但在保障人权方面做了重要补充，成为美国宪法成熟的重要标志。10条修正案约800多字，各条之下都未分款。

就内容而言，10条"权利法案"包括的内容大致可分为三部分：第1

① 张千帆：《西方宪政体系（上册·美国宪法）》第二版，中国政法大学出版社2004年版，第243页。

条至第 5 条，是规定公民应享有的各项自由权利；第 5 条至第 8 条，主要规定公民在司法诉讼中应享有的各项权利（其中第 5 条包括公民有关自由权利及诉讼权利两方面内容）；第 9 条和第 10 条规定，未列举的公民权利，或未禁止行使的权利，为公民所保留，不得加以剥夺和取消。

"权利法案"第 1 条至第 5 条列举的公民应享有的自由权利主要是：

宗教信仰自由，言论自由，出版自由，和平集会和向政府请愿的自由权利（第 1 条）；公民有携带武器的权利（第 2 条）；民房平时不得驻军，战时除按法律规定的手续外也不得驻军（第 3 条）；公民有保护其人身、住所、文件和财物，不受无理搜查和扣押的权利（第 4 条）；非经正当法律程序，不得剥夺任何人的生命、自由或财产，凡私有财产非有恰当的补偿，不得收为公有（第 5 条）。

"权利法案"第 5 条至第 8 条规定的公民在诉讼过程中享有的权利主要有：审理案件实行陪审制度，除发生于军队中的案件外，非经陪审团提出起诉，公民不得被判刑；同一犯罪已依法判决后，不得再行审理（即一事不再理原则）；不得强迫被告自证其罪（第 5 条）。实行公开审判，被告有权进行辩护和接受辩护（第 6 条）。民事案件也要实行陪审制，经陪审团审理的案件，非依普通法之上的规定，联邦法院不再审理（第 7 条）。在一切案件中，不得课以过多的保释金、过重的罚金，禁止使用残酷刑罚（第 8 条）。

"权利法案"的第三部分即第 9 条和第 10 条规定，美国宪法未作列举，而被认为应由人民保留的权利。第 9 条规定："本宪法对某些权利的列举，不得被解释为否定或轻视由人民保留的其他权利。"第 10 条规定："宪法未授予合众国、也未禁止各州行使的权力，由各州各自保留，或由人民保留。"前者称为"剩余权利条款"，后者称为"剩余权力条款"，是美国宪法文本保障人权的最重要的条款。

《权利法案》中对人权的保障前进了一大步，但仍存在一些问题。比如，《权利法案》中没有明确规定"人民所继续保有"的权利的具体内容，使得未被写入宪法中的某些公民权利，如社会、经济权利的实现缺少宪法上的依据；没有规定禁止种族歧视方面的原则，使得黑人和印第安人缺少与白人同等的权利；没有规定法律上的平等保护，使得宪法在一定意义上容忍了奴隶制。

（四）其他宪法修正案

随着黑人、奴隶及妇女地位的提高，美国宪法后 17 条修正案在以后的时间里陆续地提出并获得通过，其反映了人权不断加强的趋势。

1. 保障黑人权利

（1）废除奴隶制

1865 年通过的第 13 条修正案规定："在合众国境内受管辖的任何地方，奴隶制和强制劳役都不得存在。"

（2）保障黑人公民的政治权利

1869 年制定的第 15 条修正案，是承接第 14 条修正案，明确规定给予具有公民资格的黑人选举权。该修正案规定："合众国或任何一州不得因种族、肤色或以前的奴隶身份而否认或剥夺合众国公民的选举权。"

2. 定义联邦公民权，并规定个人权利

1868 年通过的第 14 条修正案规定"所有在合众国出生或归化合众国并受其管辖的人"都是"合众国公民"，不得制定限制公民权利的法律，不能剥夺任何人的生命、自由、财产等。第 14 条修正案用含义广泛的语言，保障合众国公民的权利以及"正当程序"和"平等保护"。

3. 保障选举权

（1）保障妇女选举权

1920 年通过的第 19 条修正案规定："合众国或任何一州不得因性别而否认或剥夺合众国公民的选举权。"

（2）保障全体公民的选举权

1962 年 8 月通过的第 24 条宪法修正案规定："合众国或任何一州不得以未交人头税或其他税款为理由，否认或剥夺合众国公民在总统或副总统、总统或副总统选举人或参议员、众议员的任何初选或其他选举中的选举权。"

（3）保障青年选举权

1971 年 7 月 5 日批准的第 26 条宪法修正案规定："合众国或任何一州不得因年龄而否认或剥夺已满 18 岁或 18 岁以上的合众国公民的选举权。"这样，18 岁至 21 岁的美国青年就具有了选举权，这也是迄今为止美国宪法 27 条修正案中批准时间最短的一条宪法修正案，仅仅用了 3 个多月时间。

三　法国宪法所确立的基本权利制度及特征

（一）《人权宣言》

《人权宣言》的全称是《人权和公民权利宣言》，1789 年 8 月 26 日发表。全文不足 2000 字，由一个简短的序言和 17 个条文组成。众所周知，

《人权宣言》本身，并不是一部完整的宪法，而只是一个宪法性文件。法国大革命时期制定的1791年宪法，就将其全文载入宪法之中。1793年法国宪法，则对其作了进一步的修改充实之后，再次载入该宪法之中。

《人权宣言》关于人权的描述主要体现在序言部分和第1条、第2条、第11条和第17条上。

序言中写道："组成国民议会之法国人代表认为，无视、遗忘或蔑视人权是公众不幸和政府腐败的唯一原因，所以决定把自然的、不可剥夺的和神圣的人权阐明于庄严的宣言之中，以便本宣言可以经常呈现在社会各个成员之前，使他们不断地想到他们的权利和义务；以便立法权的决议和行政权的决定能随时和整个政治机构的目标两相比较，从而能更加受到他们的尊重；以便公民们今后以简单而无可争辩的原则为根据的那些要求能确保宪法与全体幸福之维护。"

《人权宣言》认为人权是自然的、天赋的、人人平等具有的、与生俱来的、不可剥夺的。在开篇第1条写道："在权利方面，人们生来是而且始终是自由平等的。除了依据公共利益而出现的社会差别外，其他社会差别，一概不能成立。"

第2条规定："任何政治结合的目的都在于保护人的自然的和不可动摇的权利。这些权利即自由、财产、安全及反抗压迫。"

第11条规定："自由传达思想和意见是人类最宝贵的权利之一；因此，各个公民都有言论、著述和出版的自由，但在法律所规定的情况下，应对滥用此项自由负担责任。"

第17条规定："私人财产神圣不可侵犯，除非当合法认定的公共需要所显然必需时，且在公平而预先赔偿的条件下，任何人的财产不得受到剥夺。"

《人权宣言》的主要内容还包括是：主权属于国民；自由是指有权从事一切无害与他人的行为；法律仅有权禁止有害于社会的行为；法律是公共意志的体现；在法律面前，所有公民都是平等的；公民都有言论、著述和出版自由；凡权利无保障和分权未确立的社会，就没有宪法。此外，《人权宣言》还提出了罪行法定、法不溯及既往、无罪推定和财产神圣不可侵犯的基本权利原则。

（二）1791年宪法

1791年宪法由序言和8篇正文组成，条文较多，篇幅较长，约3万字。其中，在第一篇"宪法所保障的基本条款"中规定了"宪法保障下列的自然权利和公民权利”：

1. 一切公民，除德行上和才能上的差别外，都得无差别地担任各种职业和职务。

2. 一切赋税都应在全体公民之间按其能力作平等的分摊。

3. 同样的犯法处以同样的刑罚，不因人而有所差别。

4. 宪法也同样保障下列的自然权利和公民权利：

（1）各人都有行、止和迁徙的自由，除非按照宪法所规定的程序，不得遭受逮捕或拘留；

（2）各人都有言论、著述、出版和发表其思想的自由，在出版之前著述不受检阅或审查，同时，各人有行使其所皈依的宗教的自由；

（3）在遵守治安法规的条件下，公民有安静而不带武器的集会自由；

（4）有向法定机关呈递其经个人签字的请愿书的自由。

此外，还规定了权利保障条款：立法权不得制定任何法律来损害或妨碍本篇所载并为宪法所保障的那些自然权利和公民权利的行使；但是，自由既然只是得为一切无害于他人权利和公共安全的行为，所以法律得规定若干刑罚来惩处破坏公共安全或他人权利的，从而也是有害于社会的行为。

（三）新《人权宣言》和1793年宪法

1793年法国宪法，在对《人权宣言》作了进一步的修改充实之后，将其作为序言载于宪法之中。为了与1791年宪法的《人权宣言》相区别，宪法学界通常都把1793年宪法中的《人权宣言》，称之为新《人权宣言》。由罗伯斯庇尔执笔起草的新《人权宣言》，是以1791年宪法中的《人权宣言》为基础，又增加了一些激进的资产阶级民主内容。

新《人权宣言》所增加的内容主要有：提出“社会的目的就是共同的幸福。政府是为保障人们享受其自然的和不可动摇的权利而设立的”（第1条）；“法律应当保护公共的和个人的自由来对抗执政者的压迫”（第9条）；“人人皆得将其服务及时间与人订约，但不得自卖或被卖。人的身体不是可以让与的财产。法律不承认仆人的身份”（第18条）；“人民经常具有重新审查、修改和更换其宪法的权利。这一代人不得使后代人服从他们的法律”（第28条）；“反抗压迫乃是另一些人权的当然结果”（第33条）；“当政府违犯人民的权利时，对于人民及一部分人民而论，起义就是最神圣的权利和最不可缺少的义务”（第35条）。

新《人权宣言》增加的公民权利还包括，公民有享受公共求助权及提供救助的义务（第21条）；公民有享受教育的权利（第22条）；公民有享有社会保障的权利（第 23 条）。

新《人权宣言》中还有两点新出现的内容，一是就所有权问题首次作了法律界定，第 16 条规定："所有权就是各个公民有随意施舍和处分其财产、收入、劳动成果和实业成果的权利。"二是第 18 条规定："人人皆得将其服务及时间与人订约，但不得自卖或被卖。人的身体不是可以让与的财产。法律不承认仆人的身份；在劳动者与雇用劳动者之间，只得存在有关怀和报答的约束。"

1793 年宪法正文中关于人权的内容主要体现在公民选举权和被选举权方面，第 4 条规定："凡出生于法国并在法国有住所的男子而年满二十一岁者。"第 28 条规定："在共和国幅员以内凡能行使公民权的法国人均得当选国民代表。"

（四）法国现行宪法

从结构形式上看，法兰西第五共和国宪法，即法国现行宪法，由序言及 15 章组成，共计 92 条。宪法的序言极为简单，重申确认 1789 年《人权宣言》规定的原则，未像以往几部宪法那样再具体规定关于人权的内容。

四　德国宪法所确立的基本权利制度及特征

（一）魏玛宪法

魏玛宪法于 1919 年 7 月 31 日通过，1919 年 8 月 11 日开始生效实施。魏玛宪法分为两编，即宪法正文及一个规定有关过渡问题的结尾。全文共计 181 条，约 1.4 万字，是当时最长的一部宪法。第二编德国人民之基本权利及基本义务，主要规定了国民的权利和义务，该编共 5 章 57 条。

该宪法所规定的公民权利概括起来主要有：公民在法律面前一律平等，男女平等，废除等级特权和贵族称号（第 109 条）；公民在联邦境内有迁徙自由，取得不动产自由，经营企业自由（第 111 条）；公民的人身自由、住宅自由、通讯自由不得侵犯（第 114 条至 117 条）；公民有不携带武器举行和平集会的权利，但露天集会应予以申报（第 123 条）；公民在不违反法律的前提下，有组织社团的权利（第 124 条）；公民的选举自由及选举秘密应受到法律保护（第 125 条）；公民有以书面或集会方式，进行请愿和抗告的权利（第 126 条）。

宪法还规定了公民在经济生活方面的有关权利，规定公民的经营工商业自由、契约自由、财产所有权、财产继承权等受到法律保护。宪法还规定了一些"保护劳工的政策"。

可以看出，魏玛宪法在宪法条文上，对公民的基本权利作了较全面的规定。然而，魏玛宪法所规定的公民权利，缺乏现实的保障，成了一纸空文。

（二）德国《基本法》的人权保障内容

英、美、法三国都有历史较长的民主法治和宪政传统，与之相比，德国却缺乏这种传统，到第二次世界大战结束后，德国才结束了法西斯统治而开始宪政建设。与第二次世界大战结束后同时自行开始宪政建设的法、意两国不同，德国以及日本都是在外国军事占领当局批准下制定各自的宪法的。第二次世界大战结束后，德国分裂为联邦德国（西德）和民主德国（东德），直到1990年德国统一，1949年5月23日开始生效的《德意志联邦共和国基本法》（实质上是宪法，以下简称《基本法》）才成为整个德国的基本法。

德国法律的主体由基本法、联邦法（即由德国联邦议院通过的立法）、州法（由州立法机构通过的立法）、根据法律授权由联邦政府、联邦部长或州政府发布的有法律效力的条例形式的附属立法、习惯法以及联邦宪法法院的判例等几部分组成。

《基本法》第一章的第1条至第19条规定了公民的基本权利。这些权利主要是个人针对国家权力机关的非法侵害所享有的传统权利，具体包括：

1. 人的尊严

《基本法》第1条规定："人的尊严不可侵犯。尊重和保护人的尊严是全部国家权力的义务。因此德国人民承认不可侵犯的和不可转让的人权是一切社会、世界和平和正义的基础。下列基本权利作为可直接实施的法律，使立法、行政和司法机构承担义务。"

2. 平等权

《基本法》第3条规定："法律面前人人平等。男女享有平等权利。任何人都不得因性别，门第，种族，语言籍贯和血统，信仰或宗教或政治观点而受歧视或优待。"

3. 自由权

（1）人格的自由发展权及生命和个人自由权

《基本法》第2条规定："人人都有自由发展其个性的权利，但不得侵犯他人的权利或触犯宪法秩序或道德准则。人人都有生存权和人身不可侵犯权。个人的自由不可侵犯。只有根据法律才能侵害这些权利。"

（2）信仰和信念自由

《基本法》第4条规定："信仰，良心的自由，宗教的或世界观的信念自由不受侵犯。保障宗教活动不受干扰。任何人不得被迫违背自己的良心使用武器为战争服役。细则由联邦法律规定。”

（3）言论自由

《基本法》第 5 条规定：“人人有以口头、书面和图画自由表达和散播自己的观点，以及自由地从一般可允许的来源获得消息的权利。出版自由和通过广播和电影进行报道的自由受到保障。不建立检查制度。这些权利受一般法律条款、保护青年的法律条款的限制，并受个人荣誉不可侵犯权的限制。艺术和科学，科研和教学是自由的。教学自由并不免除对宪法的忠诚。”

（4）集会自由

《基本法》第 5 条第 1 款规定：“所有德国人都有在不事先通知或取得许可的情况下和平地不携带武器地参加集会的权利。”

（5）结社权

《基本法》第 9 条第 1 款规定：“所有德国人都有结成会社、团体的权利。”第 3 款规定：“任何人，任何营业，职业和专业为保护和改进工作条件和经济条件而结社的权利，应得到保障。限制或企图损害这种权利的协定都是无效的；为此目的而采取的措施都是非法的。”

（6）迁徙自由

《基本法》第 11 条第 1 款规定：“所有德国人享有在全联邦境内的迁徙自由。”

（7）自由选择职业权

《基本法》第 12 条规定：“所有德国人都有自由选择他们的营业、职业或专业，工作地点和受培训地点的权利。进行营业、职业或专业活动由法律规定或依法予以规定。”“不得强迫任何人从事某一特定职业，属于普遍地平等地适用于一切人的、传统的强制公务范围内的除外。”“只能对法院判决剥夺自由的人实行强制劳动。”

4. 受教育权

《基本法》第 7 条对教育体制、宗教教育、私立学校的设立等事项做了规定。

5. 婚姻、家庭以及非婚生子的保护

《基本法》第 6 条规定：“婚姻和家庭受国家的特别保护。”“照顾和抚养儿童是父母的天然权利和主要应尽的义务。他们在这方面的努力受整个社会的监督。”“儿童不得在违背负抚养责任者意愿的情况下同他们的家庭分离，如因负抚养责任者不能尽责或否则儿童将处于无人照管状态时而根据法律行事的情况除外。”“所有的母亲都有受社会保护和照顾的权利。”“立法应为非婚生子提供婚生子所享有的同等的身心发展的机会和同等的社会地位。”

6. 隐私权

(1) 邮电通讯中的隐私权

《基本法》第10条第1款规定:“邮政和电信秘密不可侵犯。”

(2) 住宅不受侵犯

《基本法》第13条规定:“住宅不受侵犯。”“只有法官发布命令,或如延搁即将发生危险的情况下,根据法律规定由其他机关发布命令,才能进行搜查,并且只能按法律规定的方式进行。”“在一切其他情况下,这种不可侵犯性不得被侵害或受限制,但为避免共同的危险或个人的致命危险,或依法防止对公共安全和秩序的紧迫危险,特别是为缓和房屋短缺状况,同流行病的危险作斗争或保护遭受危险的少年的情况除外。”

7. 财产权

《基本法》第14条规定:“财产和继承权受到保障。它们的内容和范围由法律决定。”“财产应负义务。财产的使用也应为社会福利服务。”“只有为社会福利才能允许征用。只能由法律或依法实行征用,法律应规定赔偿的性质和程度。这种赔偿取决于建立公共利益和有关人的利益之间的公正平衡。在关于赔偿的数额发生争执的情况下,可向普通法院提出诉讼。”

8. 请愿权

《基本法》第17条规定:“任何人都有权单独地或与他人联名向相应的机构和议会机构提出书面申请或控告。”

9. 救济权

《基本法》第19条第4款规定:“任何人的权利如遭到公共机关的侵犯,可向法院提出诉讼。如管辖范围没有明确规定,可向普通法院提出诉讼。”

10. 德国人不得被剥夺国籍或被引渡的权利、避难权

《基本法》第16条规定:“任何人都不得被剥夺其德国国籍。丧失国籍只能依法进行,并在当事人不因此而成为无国籍的人时,才能违反其意愿进行。任何德国人都不能被引渡到外国。由于政治原因而受迫害的人享有避难权。”

11. 公民的政治权利

《基本法》的第二章和第三章还规定了公民的政治权利,如宪法的基本原则,包括对任何试图废除宪法秩序的人作出反对的权利(第20条),建

立政党的权利（第 21 条），所有德国人享有平等的政治地位（第 33 条），自由、平等和秘密地选举联邦议会议员以及任何年满 18 岁的公民投票的权利（第 38 条）。

12. 与司法公正有关的权利

《基本法》第九章包括与司法公正有关的权利：法官的独立性（第 97 条），不得设置特别法院（第 101 条），废止死刑（第 102 条），在法庭上享有的基本权利（第 103 条），在剥夺自由情况下所应作出的保证（第 104 条）。①

另外一个比较重要的问题是《基本法》中关于权利行使限制的内容。

《基本法》明确规定上述权利中的多项权利要受法律的调节和限制。

比如，第 2 条第 1 款规定："人人都有自由发展其个性的权利，但不得侵犯他人的权利或触犯宪法秩序或道德准则。"

第 2 条第 2 款规定："人人都有生存权和人身不可侵犯权。个人的自由不可侵犯。只有根据法律才能侵害这些权利。"

第 4 条第 3 款规定："任何人不得被迫违背自己的良心使用武器为战争服役。细则由联邦法律规定。"

第 5 条第 1 款规定："人人有以口头、书面和图画自由表达和散播自己的观点，以及自由地从一般可允许的来源获得消息的权利。出版自由和通过广播和电影进行报道的自由受到保障。不建立检查制度。"

第 5 条第 2 款规定："这些权利受一般法律条款、保护青年的法律条款的限制，并受个人荣誉不可侵犯权的限制。"

第 8 条第 2 款规定："露天集会之权利得以立法或根据法律限制之。"

又如，第 10 条第 1 款中规定了邮电通讯中的隐私权之后，在第 2 款中规定："这种权利只能依法予以限制。这种法律可以规定，为保护自由民主的基本秩序或联邦或某一州的存在或安全，任何这种限制不得告知有关人员，案件不得向法院提出诉讼而以议会指定的机构和附属机构进行复查来代替。"

第 11 条第 1 款中规定了所有德国人在联邦领土内均享有的迁徙自由之后，在第 2 款中又特别规定：

"这种权利只能受法律限制或依法予以限制，并只有在下列情况下才能予以限制：缺乏适当的生活基础，由此将造成当地社会的特殊负担，为避免对联邦或某一州的存在或自由民主的基本秩序的紧迫危险，为与流行病的危

---

① Basic Law for the Federal Republic of Germany (Grundgesetz, GG), http: //www. iuscomp. org/gla/statutes/GG. htm as retrieved on 25 Jan. 2005 02: 20: 24 GMT.

险作斗争，为应付自然灾害或特别重大事故，为保护少年幼儿不使处于无人照管状态，或为防止犯罪而必须作出这种限制。”

还有这样的规定：

第12条第1款规定：“所有德国人都有自由选择他们的营业、职业或专业，工作地点和受培训地点的权利。进行营业、职业或专业活动由法律规定或依法予以规定。”

第14条第1款规定：“财产和继承权受到保障。它们的内容和范围由法律决定。”第3款规定：“只有为社会福利才能允许征用。只能由法律或依法实行征用，法律应规定赔偿的性质和程度。这种赔偿取决于建立公共利益和有关人的利益之间的公正平衡。在关于赔偿的数额发生争执的情况下，可向普通法院提出诉讼。”

第104条第1款规定：“个人的自由只能受到正式法律的限制，并只能遵照正式法律中规定的方式受到限制。被拘留者不得受精神上和肉体上的虐待。”第2款规定：“只有法官才能对准许或继续剥夺自由作出裁决。如果不依据法官命令而剥夺自由时，应该立即获得司法裁决。警察不得擅自在扣押后第二天终了时继续扣押任何人。细则由立法规定。”

人们以为，即使那些在《基本法》中没有明确规定要有保留的权利，也可能需要得到立法的进一步解释和定义。然而，《基本法》第19条第1款明确规定：“根据本基本法，某一基本权利可以受法律限制或依法予以限制，就此而言，这种法律必须普遍适用而不仅适用于个别情况。此外，这种法律必须列出基本权利，指出有关的条款。”第2款规定：“基本权利的基本内容在任何情况下都不得受侵害。”

值得注意的是，除了《基本法》中规定的这些权利以外，德国法律中还有许多保护个人的规定。例如，《德国刑事诉讼法》第122条及以下各条列出了有关审前羁押的详细规定，《外国人法》第16条规定了为驱逐目的而羁押的条件，1977年的《资料保护法》对于保护个人资料，防止其在资料处理过程中被滥用进行了规定。①

德国许多州的法律也规定了一系列基本权利，这些规定在符合《基本法》的前提下与《基本法》同样有效。这一精神体现在《基本法》第142条中，该条规定：“虽然有第31条的规定，但州宪法中凡保证符合本基本

---

① Vincent Evans, The Practice of European Countries Where Direct Effect is Given to the European Convention on Human Rights in Internal Law, Strasbourg: Council of Europe, 1978, pp. 48—49.

法第 1 条至第 18 条基本权利的条款，也仍然有效。”

《基本法》第 1 条第 3 款规定《基本法》第一章所列的基本权利是拘束立法、行政及司法的直接有效的权利。因此，这些权利较现行的和其后的联邦法律、州法律、附属立法和行政法规具有优先性。虽然立法机关在一定限度内有权对基本权利及其克减决定是合法还是非法。

英国学者科恩在《德国法律指南》（第 2 版）第 1 卷第 15 段中阐述《联邦德国基本法》在法律解释和法院的法律实践方面的作用时指出：“《基本法》的规则表达了对社会和政治生活根本问题的明确态度，意味着立法机构明确承认一些价值具有至高的重要性。根据大陆法理论，法律适用和对法律的解释在很大程度上是一个权衡相互冲突的目标和利益，并对达到这些目标和确保这些利益的手段的适当性进行评估的问题。因此，《基本法》不仅具有对所有其他法律的合法性，而且对这些法律的解释都有着决定性的意义。它还是整个法律体系实践的灵感之源。”①

理解《基本法》在解释法律和法律适用方面的这种作用，应当看到在解释的方法上，德国法律体系与英国法院存在着很大的不同。科恩认为，构成普通法系解释理论基础的书面解释规则在德国是不被承认的，在德国重点是要发现隐藏在字面背后的真实意图。他说，在德国的法律体系下，解释是功能性的，目的是要实现立法的意图。法律原则和法庭的实践在给予解释者一定的自由度方面是一致的，这种自由度比普通法系之下所给予的自由度要大很多。“在这方面，需要记住的是，在成文法的体系中，灵活性和根据情况变化所进行的变通使得这种解释的自由要比在不成文法体系中的更为理想。”同样，法院的决定仅对当事方有约束力。德国的法律不承认先例具有约束力。受特定的条件所限，先例仅具有劝导性的权威。这条通行规则的最重要例外之一是，联邦宪法法院的裁决对所有的宪法机构、法院和公共当局都具有约束力。

在这一总体框架之中，有两条原则在实践中可被用以限制，或至少是在法院有义务确保的范围内修改《基本法》的至高权威：第一条原则是合宪性解释原则。根据这条原则，联邦宪法法院将设法以与《基本法》相一致的方式解释法律。只有在无法确定一项解释符合《基本法》的情况下，才可以宣布一项法律规定违宪。换言之，违宪性必须是显而易见的。第二条原则是联邦宪法法院的一些判例中提及的司法自制原则。这条原则的实质是法院的功能在于适用法律而非制定政策。

① E. J. Cohn, Manual Of German Law, Vol. 1, London, 1968, p. 15.

《基本法》可以被修正。但第79条规定《基本法》的修正应当是法律，该法律应明文表示修正或增补《基本法》的文句，该法律需要联邦议会议员三分之二及联邦参议院投票三分之二的同意，且不得修正第1条和第20条的基本原则。[①]

（三）德国《基本法》关于人权保障的特点

关于赋予和保障公民基本权利，禁止剥夺公民基本权利、实行法西斯统治的问题，德国《基本法》从两个方面作了规定。

一方面，《基本法》在其第1章的整章中以及其他章的第21条、第28条、第79条、第101条至第104条中，从形式上赋予公民若干基本权利。

另一方面，《基本法》还就保障公民基本权利不受剥夺和侵犯问题作了一些规定，如第20条第4款规定，在《基本法》赋予公民的基本权利受到侵犯时，公民有对此侵犯行为作出反抗的“抵抗权”。第93条规定，当公民基本权利受到国家机关侵害时，公民有权向联邦宪法法院提起申诉，由联邦宪法法院作出判决。

德国《基本法》在公民基本权利方面的特点有：

1. 德国《基本法》首先明确提出“人的尊严不可侵犯，尊重和保护它是国家的义务”（第1条第1款）；“因此德国人民承认不可侵犯的和不可转让的人权是一切社会、世界和平和正义的基础”（第1条第2款）。

但是，这些基本权利大体上是公民权利和政治权利方面的规定，缺乏经济、社会和文化权利方面的规定，即《世界人权宣言》中第22条至27条[②]以及《经济、社会和文化权利国际公约》中所列举的基本权利。[③]

---

① Vincent Evans, The Practice of European Countries Where Direct Effect is Given to the European Convention on Human Rights in Internal Law, Strasbourg: Council of Europe, pp. 52—53.

② 《世界人权宣言》第22条是关于社会、经济和文化权利的概括性规定，第23条规定了工作权，第24条规定了休息权，第25条规定了健康权、享有社会保障的权利以及母亲和儿童享有特殊照顾权，第26条规定了受教育权，第27条规定了享有文化生活权和知识产权保护。

③ 《经济、社会和文化权利国际公约》是规定“第二代人权”的最重要的国际公约，公约分序言和五个部分共31条。第一部分即第1条与《公民权利和政治权利国际公约》一样，规定民族自决权；第二部分是涉及整个公约的一般性规定（第2—5条）；第三部分规定了经济、社会和文化权利的具体内容（第6—15条）；第四部分规定了公约的国际监督机制（第16—25条）；第五部分是公约的最后条款，涉及公约的签字、批准、生效、修正等事项（第26—31条）。《经济、社会和文化权利国际公约》明确规定了经济权利（工作权，公平和良好的工作条件的权利，组织和参加工会的权利，罢工的权利），社会权利（家庭受保护的权利，母亲应受保护，保护儿童和少年，社会安全权，包括食物、穿衣、住房的足够的生活标准的权利，健康权），文化权利（教育权，参加文化生活权，知识产权保护）。

2. 德国《基本法》往往在列举权利的同时规定相应的义务。例如第2条规定：（1）人人都有自由发展其个性的权利，但不得侵犯他人的权利或触犯宪法秩序或道德准则；（2）人人都有生存权和人身不可侵犯权，个人的自由不可侵犯，只有根据法律才能侵害这些权利。

3. 德国《基本法》规定了权利的保障内容。例如第3条规定了法律面前的平等：包括法律面前人人平等；男女享有平等权利；任何人都不得因性别，门第，种族，语言、籍贯和血统，信仰、宗教或政治观点而受歧视或优待。第4条的良心自由禁止违背本人意愿而强迫征兵。第5条的言论自由则同时保障新闻与报道自由。

4. 德国《基本法》既调整私人关系即对婚姻、家庭、财产和继承等作了规定，又对国家和公民关系做了规定。

5. 设立联邦宪法法院，赋予其解释、保证和监督宪法实施的权力，即保障公民基本权利是联邦宪法法院的重要职权之一。根据《基本法》第93条a项规定：任何人如就公务机关损害第20条第4款，第33，38，101，103或104条中规定的基本权利之一或权利之一，提出关于违反宪法的申诉时，有权予以裁决。

6. 《基本法》并不包括任何绝对权利。所有权利的行使都必须尊重他人同样重要的宪法权利，且皆受制于宪法法院所发展的“自由民主基本秩序”。①

五　日本宪法所确立的基本权利及特征

（一）明治宪法

1868年，日本发生了以推翻德川幕府封建统治，部分废除封建制度，在保留天皇制的基础上实行资本主义为内容的资产阶级改良运动，史称明治维新。明知维新不仅在日本资本主义发展史上具有极为重要的地位，是日本由封建社会向资本主义过渡的里程碑，而且在日本宪法史上有着重要意义，因为它产生了日本历史上第一部宪法，史称“明治宪法”。

明治宪法是以1871年《德意志帝国宪法》为蓝本，根据天皇的意志、遵照天皇的敕令制定的。包括七章，共计76条。其中“第二章臣民权利义务”可以说是日本人权史上最早的宪法规范。在“天皇主权”的宪政制度下，天

① 张千帆：《西方宪政体系（下册·欧洲宪法）》第二版，中国政法大学出版社2005年版，第350页。

皇与国民是君与臣的关系，因而明治宪法未使用“国民”、“公民”等法律术语，而采用“臣民”的用语。臣民的权利也相应的被看做是天皇赐予臣民的。该章规定的臣民的权利主要有：在法律允许范围内的居住及迁徙自由、信教自由、言论和集会自由、结社自由。规定臣民非经法律许可，“不受逮捕、拘禁、审问、处罚”，“不得侵入或搜索其住所”，“不得侵其书信之秘密”。第27条规定，“日本臣民的所有权不得侵害”，即宣布私有财产神圣不可侵犯。该章第31条还规定，“本章所列各条规定，在战时或国家事变之际，并不妨碍天皇大权之施行”，就是说，对宪法从形式上规定的臣民的各项权利，天皇可依战争或国家事变之由，随时予以取消。这表明“明治宪法”关于臣民的权利规定，不仅极为狭隘有限，而且缺乏实施的法律保障。

（二）日本国现行宪法

第二次世界战后，日本被美国军队占领，日本在投降初期不再是主权完全独立的国家。美国对日本进行“民主改革”的过程中，以修改明治宪法的名义，制定出日本的第二部宪法，即日本的现行宪法，其全称是《日本国宪法》。

日本现行宪法是1945年10月开始制定，1946年11月3日完成，1947年5月3日开始生效实施的。这部宪法由一个简短的序言和11章正文构成，全文共计103条。其中第二章规定了国民的权利和义务。

“第二章国民的权利与义务”共31条，是全宪法11章中条文最多的一章，约占全宪条文的1/3；也是篇幅最大的一章，约占全宪法篇幅的1/4。该章比较全面地规定了国民的基本权利，归结起来有8类：

1. 享有基本人权的权利

宪法第11条规定：“不得妨碍国民享有一切基本人权。本宪法所保障的国民的基本人权，为不可侵犯的永久权利，现在及将来均赋予国民”。

2. 平等权

宪法第14条规定：“全体国民在法律之下平等。不因人种、信仰、性别、社会身份以及门第而在政治、经济以及社会的关系中有所差别”。“不承认华族及其他贵族制度。荣誉、勋章以及其他荣典的授予，不附任何特权。授予的荣典，只限于现有者和将接受者一代有效。”

第24条规定：“婚姻仅以两性的意愿为基础而成立，以夫妇平权为根本，应共同努力予以维持。”“关于选择配偶、财产权、继承、选择居所、离婚以及关于婚姻和家族的其他事项，须立足于个人尊严与两性真正平等制定法律。”

3. 参政权

主要包括“选举和罢免公务员是国民固有的权利”和“为要求制定、修订和废止有关法律而举行和平请愿的权利”。

宪法第 15 条规定：“选定和罢免公务员是国民固有的权利。”“一切公务员都是为全体服务，而不是为一部分服务。”“关于公务员的选举，保障由成年人进行的普选。”“一切选举中的投票秘密，不得侵犯。选举人对其选择，不论在公的或私的方面，不被追究责任。”

第 16 条规定：“任何人对损害的救济、公务员的罢免、法律、命令以及规章的制定、废止和修订以及其他事项，有和平请愿的权利，任何人不因进行此种请愿而受到任何差别待遇。”

4. 自由权

在宪法第 19 条至第 23 条中，从形式上规定了公民多方面的自由权，这些自由权主要有：

（1）思想及良心自由

第 19 条规定：“思想及良心的自由，不受侵犯。”

（2）宗教信仰自由

第 20 条规定：“保障任何人的信教自由。任何宗教团体都不得从国家接受特权或行使政治上的权力。”“任何人不被强制参加宗教上的行为、庆祝典礼、仪式或活动。”“国家及其机关不得进行宗教教育以及其他任何宗教活动。”

（3）集会、结社、言论、出版、通信自由

第 21 条规定：“保障集会、结社、言论、出版及其他一切表现的自由。不得进行检查。通信秘密不受侵犯。”

（4）居住、迁徙及选择职业、移居国外的自由

第 22 条：“在不违反公共福利的范围内，任何人都有居住、迁徙以及选择职业的自由。”“任何人移居国外或脱离国籍的自由不受侵犯。”

（5）学术研究自由

第 23 条规定：“保障学术自由。”

5. 财产权

宪法第 29 条规定：“财产权不得侵犯。”“财产权的内容，应符合公共福祉，以法律规定之。”“私有财产在正当补偿下得收为公用。”

6. 健康权与文化生活的权利

宪法第 25 条规定：“全体国民都享有最低限度的健康与文化生活的权利。”“国家应于生活的一切方面努力提高和增进社会福利、社会保障以及

公共卫生。”

7. 劳动权和受教育权

宪法第 26 条规定：“全体国民，按照法律规定，都有接受与其能力相应的教育的权利。”“全体国民，按照法律规定，负有使其保护的子女接受普通教育的义务。义务教育免费。”第 27 条规定：“全体国民都有劳动的权利与义务。”“有关工资、劳动时间、休息以及其他劳动条件的基本标准，由法律规定之。”“不得酷使儿童。”第 28 条又规定：“保障劳动者团结的权利，及集体交涉以及其他集体行动的权利。”

8. 国民在司法活动中享有的权利

关于国民在司法活动中享有的权利，宪法第 31 条至第 40 条中作出的规定有：

（1）非依法律规定程序，不得剥夺任何人的生命或自由，或科以其他刑罚（第 31 条）；

（2）不得剥夺任何人在法院接受审判的权利（第 32 条）；

（3）无司法机关签发的拘捕证，对任何人不得逮捕（第 33 条）；

（4）如不立即告知理由并立即给委托辩护人权利，对任何人不得拘留或拘禁（第 34 条）；

（5）无司法机关签发的搜查场所及没收物品的令状，对任何人的住所、文件及其持有物不得侵入、搜查或没收（第 35 条）；

（6）在刑事案件中，被告人享有接受法院公正迅速的公开审判和接受辩护的权利（第 37 条）；

（7）不得强制任何人作不利于本人的供述（第 38 条）；

（8）国民在刑事案件中享受一事不再审理权（第 39 条）；

（9）任何人在被拘留或拘禁后被宣告无罪时，有依法向国家要求赔偿的权利（第 40 条）。

此外，该章规定的国民的基本义务主要是三项：一是一切国民都应按法律规定，使其子女接受普通教育的义务（第 26 条）；二是一切国民都有承担劳动的义务（第 27 条）；三是国民有按照法律规定纳税的义务（第 30 条）。需要特别注意的是，日本现行宪法没有将服兵役列为国民的一项义务。这是因为，根据宪法第 2 章第 9 条规定，日本不保持陆海空军及其他战争力量，这样国民就相应的也没有服兵役的法定义务。而 20 世纪 50 年代日本成立的防卫厅自卫队，它实行的是雇佣征兵制，而不是义务征兵制。

第二节 基本人权国内法的实施机制及特征

由于世界各国政治体制和法律文化传统的差异，表现在基本人权的国内法保护方面，不仅对基本人权的性质、内容和范围有不同的理解，而且通过具体的法律制度渠道来保障基本人权的实现方式也有所不同。但是总的来说，目前在世界各国国内法中，对基本人权的法律保护是以对宪法所确立的基本权利的保护为核心的，并且通过立法、行政和司法等行使国家权力的活动，来保障基本人权在国内法中的有效实现。具体来说，基本人权国内法的实施机制及特征主要有以下几个方面。

一 通过立法手段来建立各项人权保障制度是各国实现人权保障的最重要的国内法措施

在现代法治社会中，任何人权要在现实中得到实现，仅仅依靠价值的引导和社会道德力量的约束是很难奏效的。即使是纯属个人自治范围内的事务，也必须依靠现实社会中的制度来加以肯定，否则，就无法获得可靠的生存环境。

人权实现首先是依靠各国立法手段实现的，也就是说，任何国家都是通过制定宪法和法律的手段，把需要加以保障的各种形式和各种层次的人权加以具体化和规范化，将人权要求上升到人权规范，通过法律制度来保障人权的实现。事实上，从近代宪法产生开始，保障人权就成为宪法的首要任务。1791 年的法国宪法，就将 1789 年的《人权和公民权宣言》作为该宪法的序言，对人权宣言中所确立的各项人权给予宪法性质的保护。美国建国以后，在 1791 年通过的《权利法案》也是通过宪法修正案的方式来保障人权。到 1919 年德国《魏玛宪法》时期，更是注重在宪法中确定具有第二代人权特征的经济、社会和文化权利。1917 年苏俄十月革命胜利后，在 1918 年通过的苏俄宪法也是将由列宁在 1917 年起草的《被剥削劳动人民权利宣言》作为该宪法的序言。总之，近代以来的各种形式的宪法都毫无例外地将人权保障作为宪法的首要任务。

除了在宪法中规定人权保障制度之外，绝大多数国家还通过制定一般法律的形式来具体保障人权的实现。这些保障人权的法律，有些是一般性的法律，有些是专门性质的法律。特别值得一提的是像英国这样的老牌资本主义国家，从 1215 年开始就通过了具有现代人权保障意义上的《大宪章》，在其后的漫长的历史中，英国的立法机关又相继制定了各种保障人权的单行法律，如1628年的《权利请愿书》，1679年的《人身保护法》，1689年的《权利法案》，等等。在面对欧洲一体化和人权保护国际化的新的历史背景下，英国议会又于1998年专门通过了实施《欧洲人权公约》的《人权法案》。根据该人权法案的规定，其制定的宗旨就是为进一步加强欧洲人权公约保护的权利和自由的效力，使担任一定的司法职务并成为欧洲人权法院法官的人员遵守及其他相关目的。

通过宪法和法律等国内法措施来保障人权的实现也是国际人权公约要求缔约国履行公约义务的基本方式。《经济、社会和文化权利国际公约》第2条第1款规定：每一缔约国应尽最大能力承担个别采取步骤，或经由国际援助和合作，特别是经济和技术方面的援助和合作，采取步骤，以便用一切适当方法，尤其是用立法方法，逐渐达到本公约中所承认的权利的充分实现。《公民权利和政治权利国际公约》第2条第2款也规定：凡未经现行立法或其他措施予以规定者，本公约每一缔约国承担其宪法程序和本公约的规定采取必要步骤，以采纳为实施本公约所承认的权利所需的立法或其他措施。因此，通过立法手段来保障人权的实现是人权实现的保障机制中的最重要的步骤。从目前世界各国人权保障的方式来看，绝大多数国家都比较重视通过宪法和法律等立法手段来保障人权。但是，正如人权事务委员会在第4号一般性意见中指出的那样：保证公约所规定的男女平等权利的实现，这不能单凭立法来完成。通常需要更多的行动，包括在法律措施之外还采取了或者正在采取什么样的措施。所以说，通过立法手段只是人权实现的保障措施之一，而不是全部。判断一个国家人权保障水平的高低和人权实现状况的好坏，仅仅看这个国家的宪法和法律对人权是怎么样规定的还远未达到人权保障的基本要求。

二　通过司法审判程序来实现人权的有效法律救济是大多数国家在人权保障中采取的最有效的手段

在人权实现的保障机制中，基于诉权产生的司法审判程序是保障人权实现的最有效的机制。因为法律制度中所保障的各项人权，除了在人权实现过程中没有出现阻碍因素可以顺利地实现之外，如果出现了各种干扰因素，特别是在人权受到侵犯时，尤其是人权受到国家机关的侵犯时，受害者就必须依靠司法审判程序才能对受到侵害的人权获得法律上的有效救济。经济、社会和文化权利委员会在第3号一般性意见第5项具体意见中也明确指出：除了立法之外，可被认为是适当的措施还包括，为根据国家法律制度属于司法范围的权利提供司法补救办法。例如，委员会注意到，不受歧视地享有公认的人权往往可以通过司法或其他有效补救办法得到适当的促进。

在许多国家中，都将司法审判程序作为本国国内法上保障人权的最终和最有效的环节，特别是一些国家还建立了专门以审判人权案件为任务的宪法法院和宪法审判程序。如1951年的《联邦德国宪法法院法》第90条规定：任何声称其基本权利或者是基本法第20条第4款、第33条、第38条、第101条、第103条、第104条所规定的权利受到公共权力机构侵犯的人可以向联邦宪法法院提出宪法诉愿；如果一个起诉侵权行为的法律诉讼可以被受理，直到所有的救济手段穷尽之前，不得提出宪法诉愿。然而，如果在所有的救济手段穷尽之前，将案件交给其他法院审理将会对诉愿申请人产生严重的和不可避免的不利局面的话，联邦宪法法院应当立即对提交的宪法诉愿作出决定。上述规定实际上是将基本权利的案件的最终救济途径赋予联邦宪法法院。

将司法审判程序作为人权实现的最重要的保障机制和最核心的环节，这一人权保障的精神在国际人权公约中也得到了充分地肯定。《公民权利和政治权利国际公约》第9条第3款规定：任何因刑事指控被逮捕或拘禁的人，应被迅速带见审判官或其他经法律授权行使司法权力的官员，并有权在合理时间内受审判或被释放。第14条第1款又规定：在判定对任何人提出的任何刑事指控或确定他在一件诉讼案中的权利和义务时，人人有资格由一个依法设立的合格的、独立的和无偏倚的法庭进行公正和公开的审讯。这些规定都强调了司法审判程序作为人权保障的必经和最终程序的重要性。人权事务委员会在第3号一般性意见中也强调指出，缔约国执行公约的义务并不完全依靠颁布宪法和法律，因为它们本身就有不足。人权事务委员会在第2号一般性意见中强调，缔约国报告的义务不仅包括缔约国所执行的国内立法，而且还包括缔约国法院的决定。因此，缔约国有没有建立通过司法审判程序来实现人权的最终救济的制度直接关系人权实现的保障机制的效率问题。从司法审判活动的特征来看，司法审判活动是最有利于保障人权受到侵犯的受害者实行自身的权利救济的。

三　建立保障人权实现的专门机构来推进基本人权在国内法上的有效实现是近年来各国人权保障实践的一个重要特征

除了立法和司法给予基本权利的实现以有效地保障之外，许多国家都设立了专门保障人权实现的人权保障委员会或者是类似的机构，具体负责处理一国范围内的各种人权政策的制定，人权事业的推进以及各种人权纠纷和争议的协调解决。国家人权保障机构是一个国家人权保障的基石，联合国对各国人权机构的建设也表示了极大的关注。1992 年联合国人权委员会通过的《巴黎原则》（《关于促进和保护人权的国家机构的地位的原则》）要求各国应尽量通过设立专门的人权保障机构的方式来推动本国或本地区的人权事业的发展。按照《巴黎原则》，国家人权机构大致有 5 个具体职责：（1）调查侵犯人权案件；（2）用人权标准检验既有的法规和立法草案；（3）规划并建议国家人权政策和国际人权合作计划；（4）促进学校内外的人权教育、训练及研究；（5）提出年度和专题的国家人权报告。根据《巴黎原则》，国家人权机构在组织方面的最低标准包括：（1）必须有宪法和法律赋予其独立的、不受政府干预的自主性；（2）成员组成必须多样化；（3）为实践国际人权标准，必须拥有充分之职责；（4）需有足够之资源，维持其运行。

在一些国家中，除了设立专门的人权保障机构之外，还设立“人权检察员”制度，通过“人权检察员”对政府保障人权实现活动的监督来有效地保证国内人权法的实施。例如，1985 年 5 月 31 日通过的《危地马拉共和国政治宪法》第七章专门规定了“宪法保障和维护宪法秩序”，共分 6 节，包括“人身保护权”、“庇护”、“法律违宪问题”、“宪法法院”、“人权委员会和人权检察员”、“庇护、人身保护和合法性”。其中第 275 条规定了“人权检察员”的职权，该职权包括：（1）推进政府对人权问题的管理良好运转、灵便；（2）调查并披露损害人的利益的行政行为；（3）调查任何人向他提出的对于各种破坏人权行为的揭发；（4）私下或公开地建议官员改正其受到非议的行政行为；（5）公开谴责侵犯宪法权利的行为；（6）对于应予上诉的案例推动进行司法或行政上诉；（7）法律授予的其他职权。人权检察员在秉公办事或应某方要求时，行为上应有必要的勤奋，以便在处于非常制度下，那些未被明确限制的基本权利得到充分保障。为了他履行职能，每一天、每一小时都是有效的。

四　通过接纳国际性人权机构对人权案件所建立的个人申诉程序来监督本国的人权保障活动成为许多国家在实现人权保障中最突出的行动

人权实现在现阶段首先和主要的还是要依靠各国采取国内法上的手段，这些手段包括立法措施、行政措施和司法措施，但是，由于人权保障具有直接对抗国家权力的性质，所以，在很多情况下，依靠国内法的救济手段仍然无法防止救济不力的现象的产生。所以，在人权实现的保障机制建立的过程中，逐渐地产生了通过个人申诉程序，即由国际性人权机构来保障缔约国人权实现的机制。

1950年11月4日在罗马通过的《欧洲人权公约》建立了个人申诉制度。该公约第25条第1款规定：欧洲人权委员会可以受理由于缔约国一方破坏本公约所规定的权利而致受害的任何个人、非政府组织或者是个人团体向欧洲理事会秘书长提起申诉，但是，必须以被指控的缔约国已经作出承认委员会具有受理上述案件权限的声明为前提。凡已作出此项声明的各缔约国承诺绝对不得妨碍此项权利的行使，由此建立起以欧洲人权委员会和欧洲人权法院为基础的个人申诉程序。1996年在斯特拉斯堡通过的《关于公民个人参与欧洲人权法院诉讼程序的欧洲协定》又具体规定了公民个人通过申诉程序向欧洲人权法院提起诉讼时应当享有的各项权利。1998年在撤销欧洲人权委员会之后，欧洲理事会成员国公民个人可以直接向欧洲人权法院提起有关公约所保护的人权申诉，其前提是在提起申诉之前，已经穷尽了所在国国内法上的所有救济程序。欧洲人权法院所确立的个人申诉程序目前仍然在发挥着保障人权实现的重要作用。

从联合国所设立的人权机构的情况来看，《公民权利和政治权利国际公约》第1任择议定书也建立了个人来文申诉程序。该议定书第1条规定：成为本议定书缔约国的公约缔约国承认委员会有权接受并审查该国管辖下的个人声称为该缔约国侵害公约所载任何权利的受害者的来文。来文所涉公约缔约国如非本议定书的缔约国，委员会不得予以接受。第2条又规定：以不违反第1条的规定为限，凡声称其在公约规定下的任何权利遭受侵害的个人，如对可以运用的国内补救办法，悉已援用无遗，得向委员会书面提出申请，由委员会审查。由此建立了关于《公民权利和政治权利国际公约》实施的缔约国国内法之外的外部监督程序。这种个人来文申诉程序的设立，有利于监督缔约国在实施公约所保障的各项人权时所采取的措施的合法性、合理性和有效性。

五　通过国际人权机构的技术援助来推动本国的人权保障事业的发展是提高本国人权保障能力和水准的重要途径

人权实现目前已经不完全是一个国家的内部事务。在许多国家中，由于历史原因和现实的因素，尽管政府在人权实现的保障机制方面已经采取了各种措施，但是仍然很难产生理想的效果。所以，就需要国际社会的技术援助。通过国际社会的技术援助来促进和提高本国的人权保障的水准，不仅为联合国两个国际人权公约所肯定，而且在人权保障的实践中，通过与缔约国有关机构的相互合作，在人权保障方面起到了非常积极的作用。

《经济、社会和文化权利国际公约》第22条明确规定：经济及社会理事会得提请从事技术援助的其他联合国机构和它们的辅助机构以及有关的专门机构对本公约这一部分所提取的各种报告所引起的任何事项予以注意，这些事项可能帮助这些机构在它们各自的权限内决定是否需要采取有助于促进本公约的逐步切实履行的国际措施。经济、社会和文化权利委员会在第2号一般性意见进一步明确了该公约第22条所规定的国际技术援助的内涵以及作用。在该一般性意见中，经济、社会和文化权利委员会指出：委员会认为这项规定应解释为实际上包括从事任何方面的国际发展合作的所有联合国机构。因此，根据第22条提出的建议应当递交秘书长；理事会的附属机构，如人权委员会、社会发展委员会和妇女地位委员会；其他机构，如联合国开发计划署、儿童基金会和发展规划委员会；各机构，如国际复兴和开发银行（世界银行）和国际货币基金；任何其他专门机构，如国际劳工组织、世界卫生组织、联合国教育、科学和文化组织和粮食及农业组织等。委员会指出，有关人权保障的国际技术援助要特别考虑到“人权的调整”或“人权的发展”方面，要注意把保护穷人和脆弱者的各种权利作为经济调整的一项基本目标，因此，必须考虑到处理债务危机的国际措施，应当通过国际合作的手段来促进缔约国对经济、社会和文化权利的保护。在经济、社会和文化权利委员会通过的第12号一般性意见中，委员会又进一步指出：各联合国机构在促进实现取得粮食权利方面的作用，包括通过联合国发展援助框架在国家一级发挥作用，都具有非常重要的作用。

六 依靠各种从事人权保障活动的非政府组织的帮助来提高政府在实现人权保障中的能力

人权实现除了依靠缔约国的立法、司法和政府的保障之外，各种以人权保障为宗旨的非政府组织的存在也可以在很大程度上对人权实现起到比较好的监督作用。

早在旧金山起草《联合国宪章》的时候，就有几个非政府组织发挥了重要作用，因此，作为对非政府组织在保障和促进人权中的作用的肯定，《联合国宪章》第71条规定：经济及社会理事会得采取适当办法，确保与各种非政府组织会商有关本理事会职权范围之内的事件。经济及社会理事会也在 1968 年 5 月 23 日以 1296 号决议的方式通过了关于非政府组织具有三种咨询地位的决议。目前，非政府组织广泛地活跃在区域性和联合国的人权机构中，帮助有关的国际人权机构来审查缔约国提交的履行公约的报告。有些非政府组织还代表受害人向国际人权机构提交人权受到侵犯的指控。如美洲人权委员会在一份决议中指控美国允许处死未成年人，因此侵犯了生存权，该决议起源于美国公民自由联盟和国际人权法组织所提交的一份指控书。目前活跃在国际人权领域的比较有名的非政府组织包括大赦国际、国际人权联盟、国际法学家委员会等全球性的人权非政府组织以及如安第斯法学家委员会、赫尔辛基观察、拉美华盛顿办事处等区域性的人权非政府组织。当然，这些人权非政府组织在协助国际人权机构监督缔约国履行公约义务的同时，有时也对缔约国实施公约的情况作过多的不实的评价，对其作用存在着褒贬不一的评论。

总之，在政府和政府组织之外，依靠民间自发形成的非政府组织来监督人权的实现，是人权实现中的一种重要的保障机制，从总体上来看，这些非政府组织并没有构成对缔约国实施人权公约的妨碍，而是支持和帮助了缔约国正确和有效地履行国际人权公约下的义务。

七 建立完善的人权教育体系来推动人权保障事业的可持续发展正成为人权国际保护的一种趋势

人权实现除了依靠国内法和国际社会的保障机制之外，在更加广泛的范围内使全球的公众都能够了解人权的内涵以及人权实现的意义也是非常重要的。因此，人权教育事业是人权实现的最重要的保障机制之一。联合国从 1948 年通过《世界人权宣言》开始，就非常重视在全球范围内来普及宣言所强调的人权保护精神。早在 1950 年 12 月 4 日，联合国大会邀请所有国家和相关组织在每年 12 月 10 日纪念“人权日”。其后，在《世界人权宣言》通过 20 周年之际，联合国大会宣布 1968 年为“国际人权年”。其目的是动员国际社会、各国政府和非政府组织采取行动，促进和保护人权。尤其是它建议各成员国应当着重在全国性立法和教育中开展旨在全面实现人权和基本自由的活动。在《世界人权宣言》发表 30 周年时，联合国大会再次强调在教育和信息方面需要作出更大努力。国际政府间组织和国际非政府组织被要求加倍努力，促进对人权的理解和尊重，并在正式的学校制度之内和之外设计一种“教育方法”。根据 1993 年维也纳世界人权大会的建议，联合国宣布自1995年1月1日起的10年为“联合国人权教育十年”[①]，并欢迎有关方面建议“十年行动计划”[②]。在此十年框架内，联合国人权高级专员办公室与联合国公众宣传部和非政府组织合作，开展了对《世界人权宣言》各种文本进行调查。在联合国第51届会议和联合国人权委员会第52届会议上，联合国及人权委员会呼吁各国政府、联合国各机构和项目、国际和地区组织、国家机构、学术机构、非政府组织、公民社会的其他行为者包括传媒在人权宣传和人权的普及教育方面进行充分有效地合作，以此促进人权在全球范围内的普及。目前，世界上有许多以人权教育为宗旨的人权研究机构，如北欧国家的人权研究所、爱尔兰人权研究中心、法国的人权教育学院，等等，这些人权研究和教育机构在全球范围内与各国研究和教育机构合作，积极从事国际人权的教育事业，产生了巨大影响。

总之，人权实现是离不开国内法的制度保障和国际社会的有效监督的。没有这些外在的压力的存在，仅仅依靠法律上的承诺或者是仅仅依靠公民个体的力量，是很难有效地实现自己享有的人权的。所以，人权实现的保障机制与人权实现一样，在人权保障事业中具有同等重要的地位和作用。人权的国内法保护的效果与人权的国际法保护效果密切相关，只有国际法与国内法相互协调，相互配合，才能有效地推进人权保障事业在全球范围内能够得到健康和有序的发展。

① 联合国大会第49/184号决议（1994年12月23日）。

② 联合国秘书长第A/49/261号报告。

第三章　中国人权法的基本制度及其发展

中国共产党早在成立之初，就已经担负起领导中国人民争取和实现人权的历史重任。1922 年，中国共产党在其发表的《第一次对时局的主张》中，鲜明地提出了取消列强在华特权，消灭军阀统治的反帝反封建主张和实行无限制选举制度，保障人民结社、集会、言论、出版自由权，废止肉刑，承认妇女平等权利等人权要求。1927 年，上海工人在中国共产党领导下举行武装起义，建立上海市民代表政府，公布了《上海各界之总要求》和《上海特别市临时市政府政纲草案》，第一次以政策法令的形式规定了人民的各项权利。1934 年，第二次工农兵代表大会通过的《中华苏维埃共和国宪法大纲》，第一次用根本大法的形式把人民反帝反封建的胜利成果固定下来，体现了中国人民保障自己的基本人权的根本愿望。该宪法大纲宣布，在苏维埃政权领域，一切劳苦大众，不分男女、种族、宗教在法律面前一律平等，享有选举权和被选举权；保障人民的言论、出版、集会、结社和信仰的自由和其他经济、社会和文化权利；保护妇女和少数民族的平等权利。这是中国共产党领导下制定的第一部由人民当家做主保障自己权利的宪法性文献。其后，在中国共产党领导下的革命根据地制定的一系列宪法性文献，如 1941 年的《陕甘宁边区施政纲领》和 1946 年的《陕甘宁边区宪法原则》等都对人民的权利作了充分规定。毛泽东在《论联合政府》一文中曾经指出："人民的言论、出版、集会、结社、思想、信仰和身体这几项自由，是最重要的自由。在中国境内，只有解放区是彻底地实现了。"①

新中国成立以后，新中国在中国共产党的领导下，从党的政策到国家的宪法和法律、法规等各个层面，都非常详细地规定了中国人民享有的各项人权。在人权保障领域取得了举世瞩目的成就。当然，也要看到，由于我们在人权理论上认识的偏差，加上新中国成立后在相当长的一段时间内在指导思想上犯了"左"倾的错误，致使在人权保护领域，特别是通过国家的宪法和法律来保护人权方面也走了一些弯路，还没有从根本上避免和杜绝侵犯人

① 参见《毛泽东选集》第 3 卷，人民出版社 1991 年第 2 版，第 1070 页。

权和忽视人权现象的发生。20世纪90年代以后，随着在人权保护领域的国际交流和合作的发展，人权保障事业在我国得到了突飞猛进的发展，不仅人权理论研究日臻成熟，而且有关人权保护的国内法制度也正在不断完善，通过积极参与人权国际保护的实践，我们积累了比较丰富的经验，这些都为我国进一步扩大人权保护领域的国际合作，积极地履行国际人权公约下的缔约国义务产生了积极的影响，有力地推动了我国人权保障事业的不断向前发展和人权保障水平的全面进步。

第一节　人权保护在我国宪法制度中的历史演变及特征

2004年3月14日第十届全国人民代表大会第二次会议通过的《中华人民共和国宪法修正案》第24条规定："国家尊重和保障人权"。从语言学的角度来看，"人权"一词作为专门的法律术语写进宪法，还是新中国立宪史上的第一次。由于"国家尊重和保障人权"作为一款写入了现行宪法的第二章"公民的基本权利和义务"一章，因此，从宪法解释学的角度来看，"人权"入宪很显然是宪法中的"公民的基本权利"在法理上和制度上不断发展的产物。从健全和完善现行宪法所确立的公民的基本权利的体系和结构的角度出发，"人权"入宪带有"权利进化"的痕迹，"人权"是宪法上的"公民的基本权利"历史地、合乎逻辑地不断发展和进化的产物，体现了权利进步的要求。

从宪法制度对人权问题的规定来看，"人权"入宪经过了一个较为曲折和漫长的过程。

一　《共同纲领》在人权保障中的主要特征及其作用

在《中国人民政治协商会议共同纲领》中，公民的基本权利没有独立的宪法地位，反映了作为临时宪法的《共同纲领》还没有完全摆脱"革命宪法"的痕迹。

在《共同纲领》中，还没有产生与现代国家相对称的"公民"的概念，只有作为社会革命运动的主力军，具有浓厚政治色彩的"人民"的概念。国家还没有从整体来承认每一个个体可以无条件地享有某些可以对抗国家的"基本权利"。这一点，从《共同纲领》第7条就可以充分反映出来。该条规定："中华人民共和国必须镇压一切反革命活动，严厉惩罚一切勾结帝国主义、背叛祖国、反对人民民主事业的国民党反革命战争罪犯和其他怙恶不悛的反革命首要分子。对于一般的反动分子、封建地主、官僚资本家，在解除其武装、削减其特殊势力后，仍须依法在必要时期内剥夺他们的政治权利，但同时给予生活出路，并强迫他们在劳动中改造自己，成为新人。假如他们继续进行反革命活动，必须予以严厉的制裁。”上述规定很显然带有革命和专政的色彩，并不存在由国家无条件予以保障的“公民的基本权利”。不过，《共同纲领》仍然在新民主主义革命的理论指导下，确立了一些最基本的“人民权利”。这些“人民权利”包括了几种类型：一是以人民为权利的主体，而赋予人民的权利；二是以人民团体为主体，赋予人民团体的权利；三是以少数民族为主体，赋予少数民族的权利；四是以特定的主体的特殊的利益为前提，明确予以保障的权利；五是不特定的主体的权利；六是平等权。具体来说，可以包括以下几个方面：

1. 人民的权利

《共同纲领》总共有4条涉及了“人民的权利”。包括：（1）中华人民共和国政权属于人民（第12条）；（2）人民享有选举权和被选举权（第4条）；（3）人民有思想、言论、出版、集会、结社、通信、人身、居住、迁徙、宗教信仰及示威的自由权（第5条）；（4）人民有向人民监察机关或人民司法机关控告任何国家机关和任何公务人员的违法失职行为（第19条第2款）。

2. 人民团体的权利

《共同纲领》第19条第2款规定：人民和人民团体有权向人民监察机关或人民司法机关控告任何国家机关和任何公务人员的违法失职行为。

3. 少数民族的权利

《共同纲领》中涉及的少数民族的权利有2条，主要规定：（1）中华人民共和国境内各少数民族，均有按照统一的国家军事制度，参加人民解放军及组织地方人民公安部队的权利（第52条）；（2）各少数民族均有发展其语言文字、保持或改革其风俗习惯及宗教信仰的自由（第53条）。

4. 保障特定的主体的特殊利益或权利

《共同纲领》对特定主体的特殊利益或权利的保护主要涉及：（1）保护工人、农民、小资产阶级和民族资产阶级的经济利益及其私有财产；（2）革命烈士和革命军人的家属，其生活困难者应受国家和社会的优待（第25条）；（3）凡已实行土地改革的地区，必须保护农民已得土地的所有权（第27条）；（4）保护青工女工的利益（第32条）；（5）母亲、婴儿和儿童的健康受到保护（第48条）；（6）外国侨民的正当权益受到保护（第58条）；

(7) 外国人因拥护人民利益参加和平民主斗争受其本国政府压迫而避难于中国境内者，应予以居留权（第60条）。

5. 不特定的主体的权利

《共同纲领》还保护不特定的主体的权利，如该纲领第49条规定：“保护报道真实新闻的自由。”

6. 平等权

《共同纲领》所保护的平等权主要包括两类性质的平等权，一是民族平等权，如《共同纲领》第9条规定：“中华人民共和国境内各民族，均有平等的权利和义务。”第50条规定：“中华人民共和国境内各民族一律平等”。第51条也规定：“凡各民族杂居的地方及民族自治区内，各民族在当地政权机关中均应有相当名额的代表。”二是男女平等权。《共同纲领》第6条规定：“妇女在政治的、经济的、文化教育的、社会的生活各方面，均有与男子平等的权利”。“实行男女婚姻自由。”

值得注意的是，《共同纲领》对个体主要是赋予了法律义务和道德义务。如《共同纲领》第8条规定：“中华人民共和国国民均有保卫祖国、遵守法律、遵守劳动纪律、爱护公共财产、应征公役兵役和缴纳赋税的义务。”第42条又规定：“提倡爱祖国、爱人民、爱劳动、爱科学、爱护公共财物为中华人民共和国全体国民的公德。”

从《共同纲领》对人权内涵的表达方式来看，既没有出现以自然人作为主体而享有的以个人自由为核心的“基本人权”，也没有出现以国籍为基础的“公民特权”，该纲领对权利的理解基本上是阶级特权性质的，或者是说只是强调了人权概念中的“特殊性”，而没有产生相对意义上的“普遍人权”。这种宪法权利观实际上是带有非常浓厚的价值选择色彩的阶级人权观，这种人权观既受到了历史发展的影响，也反映了“革命宪法”的基本特征。

二 1954年宪法在人权保障中的主要特征及其作用

1954年宪法通过规定公民的基本权利，建立起以“公民”身份为基础的人权制度，扩大了《共同纲领》所规定的宪法权利主体的范围，奠定了新中国历部宪法所确立的公民的基本权利的制度基础，发展了人权的基本内涵。

1954年宪法关于宪法权利的规定具有以下几个方面的特征：

1. 以公民的基本权利为基础，通过单独设立一章“公民的基本权利和义务”，建立我国公民的基本权利的完整法律结构。

1954 年宪法在第三章“公民的基本权利和义务”中详细地规定了“中华人民共和国公民”所享有的各项基本权利。这些权利包括以下几个方面：

（1）平等权

1954 年宪法第 85 条规定：“中华人民共和国公民在法律上一律平等。”

（2）选举权和被选举权

1954 年宪法第 86 条规定：“中华人民共和国年满十八岁的公民，不分民族、种族、性别、职业、社会出身、宗教信仰、教育程度、财产状况、居住期限，都有选举权和被选举权。但是有精神病的人和依照法律被剥夺选举权和被选举权的人除外”。“妇女有同男子平等的选举权和被选举权。”

（3）言论、出版、集会、结社、游行和示威的自由

1954 年宪法第 87 条规定：“中华人民共和国公民有言论、出版、集会、结社、游行、示威的自由。国家供给必需的物质上的便利，以保证公民享受这些自由。”

（4）宗教信仰的自由

1954 年宪法第 88 条规定：“中华人民共和国公民有宗教信仰的自由。”

（5）人身自由不受侵犯

根据 1954 年宪法第 89 条规定：“中华人民共和国公民的人身自由不受侵犯。任何公民，非经人民法院决定或者人民检察院批准，不受逮捕。”

（6）住宅不受侵犯、通信秘密受保护以及居住和迁徙的自由

1954 年宪法第 90 条对住宅不受侵犯、通信秘密受保护以及居住自由和迁徙自由作了规定。该条规定：“中华人民共和国公民的住宅不受侵犯，通信秘密受法律的保护。”“中华人民共和国公民有居住和迁徙的自由。”

（7）劳动的权利

1954 年宪法第 91 条规定：“中华人民共和国公民有劳动的权利。国家通过国民经济有计划的发展，逐步扩大劳动就业，改善扩充劳动条件和工资待遇，以保证公民享受这种权利。”

（8）受教育的权利

1954 年宪法第 94 条规定：“中华人民共和国公民有受教育的权利。国家设立并且逐步扩大各种学校和其他文化教育机关，以保证公民享受这种权利”。“国家特别关怀青年的体力和智力的发展。”

（9）文化活动权

关于文化活动权，1954 年宪法第 95 条规定：“中华人民共和国保障公

民进行科学研究、文学艺术创作和其他文化活动的自由。国家对于从事科学、教育、文学、艺术和其他文化事业的公民的创造性工作，给予鼓励和帮助。”

（10）控告权和获得赔偿权

1954 年宪法第 97 条规定：“中华人民共和国公民对于任何违法失职的国家机关工作人员，有向各级国家机关提出书面控告或者口头控告的权利。由于国家机关工作人员侵犯公民权利而受到损失的人，有获得赔偿的权利。”

除了在第三章中详细列举“公民的基本权利”之外，1954 年宪法还在总纲和第二章第六节“人民法院和人民检察院”中也涉及公民的权利，这些权利从性质上来看，也属于宪法权利的范围。这些权利包括：

（1）生活资料所有权

1954 年宪法第 11 条规定：“国家保护公民的合法收入、储蓄、房屋和各种生活资料的所有权。”

（2）私有财产的继承权

1954 年宪法第 12 条规定：“国家依照法律保护公民的私有财产的继承权。”

（3）语言文字权

1954 年宪法第 77 条规定：“各民族公民都有用本民族语言文字进行诉讼的权利。人民法院对于不通晓当地通用的语言的当事人，应当为他们翻译。

在少数民族聚居或者多民族杂居的地区，人民法院应当用当地通用的语言进行审讯，用当地通用的文字发布判决书、布告和其他文件”。

2. 1954 年宪法除了集中规定公民个人的宪法权利之外，还对一些特定主体的特定宪法权利作了规定，这些宪法权利也是以个人身份享受的，但是，与公民身份不完全一致，反映了 1954 年宪法所规定的宪法权利主体的广泛性。这些“公民的基本权利”之外的特定主体的“宪法权利”包括以下几个方面：

（1）劳动者的宪法权利

关于劳动者的宪法权利，1954 年宪法有两个条文涉及这些权利。一是劳动者的休息权，另一个是劳动者获得物质帮助的权利。1954 年宪法第 92 条规定：“中华人民共和国劳动者有休息的权利。国家规定工人和职员的工作时间和休假制度，逐步扩充劳动者休息和休养的物质条件，以保证劳动者享有这种权利。”第 93 条规定：“中华人民共和国劳动者在年老、疾病或者丧失劳动能力的时候，有获得物质帮助的权利。国家举办社会保险、社会救济和群众卫生事业，并且逐步扩大这些设施，以保证劳动者享受这种权利。”

（2）妇女的宪法权利

关于妇女的宪法权利，1954 年宪法第 96 条规定：“中华人民共和国妇女在政治的、经济的、文化的、社会的和家庭的生活各方面享有同男子平等的权利。”

（3）农民的宪法权利

1954 年宪法将农民作为一个特殊类型的享有宪法权利的权利主体，该宪法第 8 条第 1 款规定：“国家依照法律保护农民的土地所有权和其他生产资料所有权。”

（4）手工业者和其他非农业的个体劳动者

手工业者和其他非农业的个体劳动者的生产资料所有权在 1954 年宪法中也得到了肯定，该宪法第 9 条规定：“国家依照法律保护手工业者和其他非农业的个体劳动者的生产资料所有权。”

（5）资本家

资本家作为过渡时期特殊的宪法权利主体，其拥有的生产资料和资本的所有权也得到了 1954 年宪法的肯定。该宪法第 10 条规定：“国家依照法律保护资本家的生产资料所有权和其他资本所有权。”

（6）国外华侨

1954 年宪法对国外华侨的权利给予了关注，延伸了宪法所规定的公民的基本权利的外延。该宪法第 98 条规定：“中华人民共和国保护国外华侨的正当的权利和利益。”

（7）外国人

1954 年宪法对外国人的权利也给予了必要的规定。宪法第 99 条规定：“中华人民共和国对于任何由于拥护正义事业、参加和平运动、进行科学工作而受到迫害的外国人，给以居留的权利。”

（8）被告人

1954 年宪法在第二章第六节“人民法院和人民检察院”，对被告人的辩护权作了明确规定。该宪法第 76 条规定：“被告人有权获得辩护”。

（9）选民

1954 年宪法对选民监督和撤换代表的宪法权利作了明确规定。该宪法第 61 条规定：“不设区的市、市辖区、乡、民族乡、镇的人民代表大会代表受选举的监督。地方各级人民代表大会的选举单位和选民有权依照法律规定的程序随时撤换自己选出的代表。”

（10）婚姻、家庭、母亲和儿童受国家的保护

1954 年宪法第 96 条规定：“婚姻、家庭、母亲和儿童受国家的保护。”这一规定有助于保护因此而产生的相关的公民的基本权利。

3. 1954 年宪法除了以公民个人以及其他特殊的个人主体为宪法权利的主体，规定了一系列宪法权利之外，还以团体、民族、机关为权利主体，规定了集体性质的宪法权利。这些集体性质的宪法权利主要包括：

（1）选举单位的监督权和撤换权

1954 年宪法第 38 条规定：“全国人民代表大会代表受原选举单位的监督。原选举单位有权依照法律规定的程序随时撤换本单位选出的代表”。第 61 条规定：“地方各级人民代表大会代表的选举单位和选民有权依照法律规定的程序随时撤换自己选出的代表。”

（2）各民族的平等权以及使用和发展语言文字和保持风俗习惯的权利

1954 年宪法以民族为宪法权利的一种特殊类型的主体，规定了包括平等权，使用和发展语言文字和保持风俗习惯的权利在内的宪法权利。1954 年宪法第 3 条第 2 款规定：“各民族一律平等。禁止对任何民族的歧视和压迫，禁止破坏各民族团结的行为。”第 3 款又规定：“各民族都有使用和发展自己的语言文字的自由，都有保持或者改革自己的风俗习惯的自由。”

（3）少数民族的平等权

1954 年宪法第 58 条规定，地方各级人民代表大会在本行政区域内，“保障少数民族的平等权利”。

（4）自治机关的自治权

1954 年宪法第 70 条第 1 款规定：“自治区、自治州、自治县的自治机关依照宪法和法律规定的权限行使自治权。”

总结 1954 年宪法关于宪法权利的规定，与《共同纲领》所规定的权利相比，至少具有以下几个方面的特点：

第一，宪法权利围绕着公民的基本权利展开，体现了现代宪法所主张的限制国家权力与保护公民权利之间的人权保护理念，具有时代的先进性和历史进步性。

《共同纲领》作为具有临时宪法作用的宪法性文件，对宪法权利的设定还只是为了适应新民主主义革命的特点，特别是适应阶级斗争的需要，所以，在敌我界限非常明确、阶级斗争异常激烈的情况下，新中国政权只可能

将权利赋予人民，而不可能赋予敌人，更不可能建立起适用于不分敌我的“公民身份”的权利制度。这种权利规定方式是与新中国成立初期的政治、经济和文化的具体形势和特点分不开的。因此，对于人民的敌人，在法律上不是赋予他们权利，而是要建立必要和有效的控制手段，来防止敌人破坏和颠覆新生的共和国。《共同纲领》第 7 条非常明确地表达了对人民的敌人要实行专政和制裁的立法旨意。该条规定：“中华人民共和国必须镇压一切反革命活动，严厉惩罚一切勾结帝国主义、背叛祖国、反对人民民主事业的国民党反革命战争罪犯和其他怙恶不悛的反革命首要分子。对于一般的反动分子、封建地主、官僚资本家，在解除其武装、削减其特殊势力后，仍须依法在必要时期内剥夺他们的政治权利，但同时给予生活出路，并强迫他们在劳动中改造自己，成为新人。假如他们继续进行反革命活动，必须予以严厉的制裁。”而 1954 年宪法虽然对人民的敌人的权利也作了必要的限制，但又通过规定“公民的基本权利”的方式来给予那些老老实实地改造的“封建地主、官僚资本家”以“生活出路”，也就是说，除了政治权利受到必要的限制之外，其他性质的“公民的基本权利”还是有条件地可以行使的。尤其是 1954 年宪法第 85 条规定：“中华人民共和国公民在法律上一律平等。”这一规定实际上是肯定了那些老老实实地改造的“封建地主、官僚资本家”在一般的宪法权利方面是与普通公民平等的。这就体现了现代宪法所强调的“国家与公民”相互对应的政治国家的基本法律特征。

第二，1954 年宪法所规定的“公民的基本权利”比较完整，已经形成了比较完善的公民的基本权利体系结构，符合世界各国宪法所规定的公民的基本权利的一般制度要求。这一公民的基本权利体系结构一直到 1982 年现行宪法时仍然基本上被保留下来，体现了该宪法在设计公民的基本权利体系结构上的科学性。

从 1787 年美国宪法作为人类社会第一部成文宪法诞生以来，宪法关于公民的基本权利的体系结构的安排基本上形成了比较成熟的体系结构，包括了平等权、自由权、社会权、请求权和参政权五类基本权利。1954 年宪法在规定公民的基本权利时，上述五类基本权利都基本上得到了相应的规定。从平等权来看，1954 年宪法第 85 条规定“公民在法律上一律平等”，该条规定集中体现了平等权的宪法要求；关于自由权，1954 年宪法在规定公民的基本权利时涉及的自由权不仅种类多，而且内容也比较广泛，主要有言论、出版、集会、结社、游行、示威的自由，宗教信仰的自由，人身自由，居住和迁徙自由等，另外 1954 年宪法还从保障集体权利的角度，对自由权的内涵予以了丰富和发展，如该宪法第3条第3款规定：各民族都有使用和发展自己的语言文字的自由，都有保持或者改革自己的风俗习惯的自由；关于社会权，1954年宪法规定了公民的劳动权、受教育权以及文化生活权等；关于请求权，1954年宪法第97条规定：中华人民共和国公民对于任何违法失职的国家机关工作人员，有向各级国家机关一处书面控告或者口头控告的权利；由于国家机关工作人员侵犯公民权利而受到损失的人，有取得赔偿的权利；关于参政权，1954年宪法第86条规定了公民的选举权和被选举权，并且将选举权与平等权结合起来加以保护，规定妇女有同男子平等的选举权和被选举权。

总之，1954年宪法关于“公民的基本权利”的权利体系和结构的设计是合理的，符合现代宪法对公民的基本权利的规定的一般要求，具有比较严格的规范性。

第三，1954年宪法在规定“公民的基本权利”的过程中，不仅正面肯定公民享有宪法权利，而且还侧重于规定公民的基本权利如何得到制度上的相应的保障，这种规定方式充分体现了1954年宪法作为社会主义性质的宪法不同于以往资本主义宪法的特征。

1954年宪法在规定公民的基本权利的过程中，十分重视给予宪法所规定的公民的基本权利提供制度上相应的保障。例如，该宪法第91条规定：“中华人民共和国公民有劳动的权利。”为了保障公民的“休息权”，该条同时规定：“国家通过国民经济有计划的发展，逐步扩大劳动就业，改善劳动条件和工资待遇，以保证公民享受这种权利。”再如，1954年宪法第94条规定：“中华人民共和国公民有受教育的权利。”为了保障公民的“受教育权”，该条又规定：“国家设立并且逐步扩大各种学校和其他文化教育机关，以保证公民享受这种权利。”可以说，对公民的基本权利的实现条件的规定成为1954年宪法所规定的“公民的基本权利”的最重要的特色，也是正确处理公民依据宪法享有“基本权利”和国家依据宪法具有保障公民的“基本权利”实现的责任这一现代宪法所推崇的宪法权利保护和实现的基本原理的充分体现。

第四，1954年宪法在宪法条文中明确了国家机关具有保护公民权利的职责，这种规定实际上非常清楚地表达了宪法所规定的“公民的基本权利”的实现方式以及保障机制。

1954年宪法在第58条明确规定：“地方各级人民代表大会在本行政区域内，保证法律、法令的遵守和执行，规划地方的经济建设、文化建设和公共事业，审查和批准地方的预算和决算，保护公共财产，维护公共秩序，保障公民权利，保障少数民族的平等权利。”将“保障公民权利”作为地方国家权力机关的重要职责来加以规定，说明1954年宪法的立宪指导思想的科学性和先进性，也就是说，1954年宪法对公民的基本权利的保护内容和保护方式的规定完全符合近代宪法产生以来对公民的基本权利予以宪法保护的基本精神，具有与时俱进的品格。

当然，也要看到，由于历史条件的限制以及制度和体制等多方面的因素的影响，1954年宪法关于宪法权利的规定也存在着许多不完善的地方，突出的地方就是依据宪法享有宪法权利的特殊主体种类太多，包括了劳动者、妇女、手工业者和其他非农业的个体劳动者、农民、资本家、国外华侨、外国人、被告人，等等。享有宪法权利的特殊主体种类太多，一方面可以反映出宪法对保障人权的高度关注，另一方面也会产生宪法权利带有过多“特权”色彩的价值困惑，形成了国家与过多的宪法权利主体相对应的宪法权利实现保障责任制度，给宪法权利的实现，特别是给宪法所保障的“平等权”的实现造成了制度上的障碍。再有，虽然1954年宪法确立了“公民的基本权利”，并且还单设一章来规定“公民的基本权利和义务”，以此来突出宪法权利的权利主体的个体特征和公民身份的特性，但是，由于1954年宪法并没有对享有公民的基本权利的“公民”做出宪法上的界定，在制度上又在无形中模糊了享有“公民的基本权利”的权利主体范围，并没有从制度上根本解决宪法权利的权利主体自身的主体进步性和人权保障的历史发展的要求和特点。此外，1954年宪法在确立公民的基本权利制度时，没有确定相应的实现公民的基本权利的法治原则，所以，像第19条第2款规定的“封建地主、官僚资本家”转变为“自食其力的公民”的法律程序就显得过于笼统，“公民”的范围在1954年宪法之下仍然具有很大的不确定性。这些问题的存在都会影响1954年宪法在保障公民的基本权利实现方面的应有的作用的发挥。

总之，从总的方面来说，1954年宪法关于宪法权利的规定，尤其是关于“公民的基本权利”的规定是符合现代宪法所确立的保障公民权利的基本精神的，宪法制定者对宪法中确立公民的基本权利的意义认识比较到位，对公民的基本权利的实现方式和实现途径的规定也是非常准确和科学的，体现了我国1954年宪法在保障公民的基本权利方面的时代先进性和历史进步性。这些非常有价值的制度设计由于比较好地反映了现代宪法在保障人权方面的价值理念，因此，1954年宪法所确立的宪法权利模式和公民的基本权利体系和结构成为新中国历部宪法规定宪法权利和公民的基本权利的制度基础，为了新中国人权保障事业的发展提供了坚实的法律依据。

三 1975 年宪法在人权保障中的主要特征及其作用

1975 年宪法虽然是在“文化大革命”时期产生的，其中许多内容带有极“左”思想的痕迹，但是，从制度构建的层面来看，1975 年宪法对宪法权利的规定并没有背离 1954 年宪法的宗旨，除了保留了 1954 年宪法所规定的“公民的基本权利”的权利体系和结构，而且，还根据当时的历史条件，对“公民的基本权利”的内容做了适当地增减，有些权利规定还带有一定的历史进步性，所以，从整体上来看，1975 年宪法所确立的宪法权利制度在 1954 年宪法所确立的宪法权利制度上有所发展，而没有出现明显的倒退迹象。

1975 年宪法所规定的宪法权利的权利主体仍然分为三类，其中最重要的是集中规定在第三章“公民的基本权利和义务”中的“公民的基本权利”，此外，1975 年宪法对特殊主体的宪法权利以及集体性质的宪法权利也作了明确规定，与 1954 年宪法相比，享有宪法权利的权利主体的种类和范围变化不大，各类权利主体享有的宪法权利的种类和内容也没有太大变化。这些具体的宪法权利规定表现如下：

1. 1975 年宪法详细规定了公民的基本权利

1975 年宪法对公民的基本权利，主要规定了以下几个方面的内容：

（1）选举权和被选举权

1975 年宪法第 27 条第 1 款规定：“年满十八岁的公民，都有选举权和被选举权，依照法律被剥夺选举权和被选举权的人除外。”

（2）劳动的权利和受教育的权利

1975 年宪法第 27 条第 2 款规定：“公民有劳动的权利，有受教育的权利。”

（3）控告权

1975 年宪法第 27 条第 3 款规定：“公民对于任何违法失职的国家机关工作人员，有向各级国家机关提出书面控告或者口头控告的权利，任何人不得刁难、阻碍和打击报复。”

（4）言论、通信、出版、集会、结社、游行、示威、罢工的自由以及宗教信仰的自由

1975 年宪法第 28 条第 1 款规定：“公民有言论、通信、出版、集会、结社、游行、示威、罢工的自由，有信仰宗教的自由和不信仰宗教、宣传无

神论的自由。”

（5）人身自由和住宅不受侵犯

1975 年宪法第 28 条第 2 款规定：“公民的人身自由和住宅不受侵犯。任何公民，非经人民法院决定或者公安机关批准，不受逮捕。”

此外，1975 年宪法还在第一章总纲中规定了公民的“生活资料所有权”。该宪法第 9 条第 2 款规定：“国家保护公民的劳动收入、储蓄、房屋和各种生活资料的所有权。”

2. 1975 年宪法规定了特殊主体的宪法权利

1975 年宪法以特殊主体作为宪法权利的权利主体，规定了相应的宪法权利制度。这些特殊主体享有的宪法权利与 1954 年宪法的相关规定基本上是相似的。主要包括：

（1）劳动者的休息权和物质帮助权

1975 年宪法第 27 条第 2 款规定：“劳动者有休息的权利，在年老、疾病或者丧失劳动能力的时候，有获得物质帮助的权利。”

（2）妇女的权利

1975 年宪法第 27 条第 4 款规定：“妇女在各方面享有同男子平等的权利。”

（3）国外华侨的权利

1975 年宪法第 27 条第 6 款规定：“国家保护国外华侨的正当权利和利益。”

（4）外国人的权利

1975 年宪法第 29 条规定：“中华人民共和国对于任何由于拥护正义事业、参加革命活动、进行科学工作而受到迫害的外国人，给以居留的权利。”

（5）非农业的个体劳动者的权利

1975 年宪法第 5 条第 2 款规定：“国家允许非农业的个体劳动者在城镇街道组织、农村人民公社的生产队统一安排下，从事在法律许可范围内的，不剥削他人的个体劳动。同时，要引导他们逐步走上社会主义集体化的道路。”

（6）人民公社社员的权利

1975 年宪法第 7 条第 3 款规定：“在保证人民公社集体经济的发展和占绝对优势的条件下，人民公社社员可以经营少量的自留地和家庭副业。”

（7）牧区社员的权利

1975年宪法第7条第3款规定："在保证人民公社集体经济的发展和占绝对优势的条件下"，"牧区社员可以有少量的自留畜。"

（8）选民的宪法权利

1975年宪法第3条第3款规定："各级人民代表大会代表，由民主协商选举产生。原选举单位和选民，有权监督和依照法律的规定随时撤换自己选出的代表。"

（9）婚姻、家庭、母亲和儿童受国家保护

1975年宪法在第三章"公民的基本权利和义务"中，对婚姻、家庭、母亲和儿童受国家保护也作了明确规定，这一规定有利于保护妇女、儿童因此而产生的各项公民权利。

3. 1975年宪法也涉及集体性质的宪法权利

1975年宪法除了以个人为权利主体规定了一系列宪法权利之外，也规定一些以团体、民族和机关等作为宪法权利主体所享有的宪法权利，这些宪法权利包括：

（1）选举单位的监督权和撤换权

1975年宪法第3条第3款规定："各级人民代表大会代表，由民主协商选举产生。原选举单位和选民，有权监督和依照法律的规定随时撤换自己选出的代表。"

（2）各民族的平等权和使用自己语言文字的自由

1975年宪法第4条第2款规定："各民族一律平等。反对大民族主义和地方民族主义"。第3款规定："各民族都有使用自己的语言文字的自由。"

（3）自治机关的自治权

1975年宪法第24条第2款规定："民族自治地方的自治机关除行使宪法第二章第三节规定的地方国家机关的职权外，可以依照法律规定的权限行使自治权。"第3款规定："各上级国家机关应当充分保障各民族自治地方的自治机关行使自治权，积极支持各少数民族进行社会主义革命和社会主义建设。"

4. 与1954年宪法相比，1975年宪法在宪法权利制度规定上的主要变化

与1954年宪法确立的宪法权利制度相比，1975年宪法在宪法权利制度的设计上发生了以下几个方面的变化：

（1）增加了一部分公民的基本权利

1975年宪法关于公民的基本权利的规定虽然比较简洁，但是，仍然注意到了公民的基本权利的广泛性，适当地扩大了1954年宪法所规定的公民的基

本权利的范围，主要增加的权利内容是第28条规定的公民的“通信自由”和“罢工自由”。这两项宪法权利是现代法治社会普遍予以保障的基本人权，所以说，1975年宪法能够在1954年宪法的基础上，将这两项权利写进宪法，说明了1975年宪法在保护公民的基本权利方面的基本态度仍然是积极的，尽管受到了“文化大革命”极“左”思潮的影响，但是，在保障公民的基本自由权利方面并没有在制度层面上全面倒退。特别是罢工自由，是根据毛主席的建议写进宪法的。目的是相信“经过无产阶级文化大革命的锻炼，广大革命群众一定能够更好地运用这些规定”，“造成一个又有集中又有民主，又有纪律又有自由，又有统一意志又有个人心情舒畅、生动活泼的政治局面，以利于巩固中国共产党对国家的领导，巩固无产阶级专政”。[①]

（2）削减了若干公民的基本权利

相对于1954年宪法而言，1975年宪法也削减了1954年宪法对公民的基本权利的一些承诺和保证，取消了公民的若干宪法权利，这些权利包括法律上的一律平等，居住自由和迁徙自由，文化活动权，获得赔偿权，私有财产继承权和语言文字权。这些被取消的公民的基本权利都有一个共同的特点，就是在“文化大革命”这一特定历史时期，上述几项公民的基本权利的行使受到当时的社会政治、经济和文化形势的影响和左右，1975年宪法取消了上述公民的基本权利，实际上是与当时的社会现实要求相一致的，可以说，这种取消并不能简单地视为1975年宪法在公民的基本权利制度设计上的倒退，其中，通过取消公民的基本权利来实行社会的有效控制，是一个非常重要的因素。

（3）减少了享有宪法权利的权利主体的种类

1954年宪法在设定宪法权利制度的时候，除了规定公民作为宪法权利的最主要的权利主体之外，还规定了其他类型的权利主体，包括劳动者，妇女，农民，手工业者和其他非农业的个体劳动者，资本家，国外华侨，外国人，被告人，选民，婚姻、家庭、母亲和儿童等。1975年宪法取消了农民、手工业者、资本家和被告人的宪法权利主体资格，但是，取消的原因却有所不同。农民在1975年宪法中变成人民公社社员和牧区社员，这两者之间在概念的内涵和外延上基本上是吻合和重叠的，将农民改成人民公社社员和牧区社员并没有在宪法上取消农民的宪法权利主体资格，只是改变了法律上的

① 参见张春桥《关于修改宪法的报告》（1975年1月13日在中华人民共和国第四届全国人民代表大会第一次会议上的报告）。

称谓。手工业者实际上还是包括在非农业的个体劳动者的范围之内的，所以，在1975年宪法中，手工业者也没有被排除在宪法权利的权利主体之外。资本家由于社会主义改造已经完成，作为一个独立的权利主体已经不存在，所以，与资本家权利主体身份相对应的宪法权利也就没有必要存在。真正在权利保护上有倒退的是，1975年宪法取消了1954年宪法规定的“被告人有权辩护”，这是很明显地出现了权利设计上的价值偏差，反映了1975年宪法在该权利保护上的一种退步。

（4）在与民族权利有关的规定上作了简单化的处理

1975年宪法没有延续1954年宪法关于少数民族平等权的规定，同时也取消了1954年宪法所规定的“各民族都有保持或者改革自己的风俗习惯的自由”，这种简单化地处理方式是带有“文化大革命”时期极“左”思潮的痕迹的。

总之，与1954年宪法相比，1975年宪法关于宪法权利的规定并没有发生显著变化，或者是说明显不合理地取消或者是限制了1954年宪法所规定的公民的基本权利或者是其他性质的宪法权利。1975年宪法在宪法权利规定上一些变化基本上反映当时的历史条件的局限性，没有出现明显地权利保障退化的迹象。

5. 1975年宪法规定的宪法权利制度的历史地位

应当说，作为1954年宪法的继承和发展，尽管1975年宪法的条文非常少，内容十分简练，但是在肯定1954年宪法所确立的宪法权利和公民的基本权利体系结构方面，基本上做到了全面地继承和予以保留，这反映了1975年宪法作为社会主义性质的宪法的重要特色。虽然1975年宪法所规定的各项宪法权利在实践中并没有产生深刻影响，但是，其制度设计还是比较健全，基本上维护了1954年宪法所确立的保障公民权利的宪法精神。所以，对1975年宪法所规定的宪法权利以及公民的基本权利体系结构不能从政治角度简单地予以评论，而应当从新中国宪法发展的历史的整体角度来给予较好的宏观把握，从制度建设的角度来看，1975年宪法关于宪法权利和公民的基本权利体系和结构的规定，在基本面上还是应当加以肯定的，虽然其中也有若干不足，但是，这些瑕疵并不能否定1975年宪法在新中国人权保障制度建设中承上启下的作用。具体来说，1975年宪法在人权保障的制度建设中具有以下几个方面的积极意义。

（1）1975年宪法与1954年宪法一样，将保障公民权利的责任赋予了国家机关，突出了国家机关作为公民的基本权利实现的保障者的宪法责任。

1975 年宪法第 23 条规定："地方各级人民代表大会和它产生的地方各级革命委员会在本地区内，保证法律、法令的执行，领导地方的社会主义革命和社会主义建设，审查和批准地方的国民经济计划和预算、决算，维护革命秩序，保障公民权利。"很显然，1975 年宪法突出强调了地方各级人民代表大会和它产生的地方各级革命委员会有职责来保障公民权利。这种规定是与现代宪法所要求的保障人权实现的基本原则是一致的。

（2）1975 年宪法在享有选举权和被选举权的资格限制上要比 1954 年宪法的规定要小。1954 年宪法第 86 条规定，"精神病人和依照法律被剥夺选举权和被选举权的人"，不得享有选举权和被选举权；而 1975 年宪法第 27 条规定，仅仅是"依照法律被剥夺选举权和被选举权的人"，不得享有选举权和被选举权。精神病人的选举权和被选举权不在被剥夺之列，这一规定反映了 1975 年宪法在选举权制度设计上的进步性和先进性。

（3）1975 年宪法还在总结人民群众实践的基础上，在第 13 条规定了"大鸣、大放、大辩论、大字报，是人民群众创造的社会主义革命的新形式"。虽然该条规定带有非常浓厚的"文化大革命"时期的极"左"色彩，但是，从宪法本身的权利制度的来源考察，1975 年宪法还是比较重视从实践中来创造和保护公民的宪法权利，具有一定的求实精神。

当然，也应当看到，1975 年宪法由于是在"文化大革命"时期出台的，其中关于宪法权利的规定不免会带上时代的色彩，存在着许多不科学和不合理的地方。如该宪法在第 26 条规定，"服从中华人民共和国宪法和法律"是"公民的基本权利和义务"，这样的规定是将基本权利和义务的内涵混淆在一起，不利于建立有效的公民的基本权利体系结构和理顺公民的基本权利与基本义务之间的关系。再有，1975 年宪法在规定公民的基本权利的立宪技术上也有许多不严谨的地方。如 1954 年宪法在规定公民的各项基本权利时，都是表述为"中华人民共和国公民"，而 1975 年宪法只是简单地使用了"公民"二字，从严格的宪法解释学出发，这种规定方式是不严谨的。此外，1975 年宪法也没有从根本上摆脱宪法权利作为阶级特权的特征，基本上重复了 1954 年宪法的相关规定。该宪法在第 14 条第 2 款规定："国家依照法律在一定时期内剥夺地主、富农、反动资本家和其他坏分子的政治权利，同时给以生活出路，使他们在劳动中改造成为守法的自食其力的公民。"

总的来说，相对于 1954 年宪法所确立的宪法权利和公民的基本权利体系和结构来说，1975 年宪法基本上继承了 1954 年宪法的原则规定和基本精神，并结合当时的历史条件作了一定的变动，有些地方还有一定的发展。从制度建设层面上来看，1975 年宪法关于宪法权利的各项规定不应当在宪法学理论上予以简单的否定，特别是不应当将 1975 年宪法从我国人权保障事业的历史传统中排斥出去，应当以历史唯物主义的态度和科学的精神来认识 1975 年宪法所确立的宪法权利制度的历史地位。

四　1978 年宪法在人权保障中的主要特征及其作用

1978 年宪法是在粉碎“四人帮”、拨乱反正的历史条件下制定的。由于“文化大革命”已经结束，因此，在 1975 年宪法中取消 1954 年宪法的一些宪法权利规定又得到了恢复，而且还根据当时具体的历史条件，又创设若干新的类型的宪法权利。该宪法关于宪法权利，特别是公民的基本权利的规定具有承上启下的作用。从总的方面来看，基本上还是保持了 1975 年宪法关于宪法权利和公民的基本权利规定的精神。

1. 关于公民的基本权利

1978 年宪法仍然以公民的基本权利作为宪法权利的核心内容，在该宪法中，以公民为权利主体的宪法权利涉及：

（1）选举权和被选举权

1978 年宪法第 44 条规定：“年满十八岁的公民，都有选举权和被选举权。依照法律被剥夺选举权和被选举权的人除外。”

（2）言论、通信、出版、集会、结社、游行、示威、罢工的自由

1978 年宪法第 45 条规定：“公民有言论、通信、出版、集会、结社、游行、示威和罢工的自由。”

（3）有运用“大鸣、大放、大辩论、大字报”的权利

1978 年宪法第 45 条规定：公民“有运用‘大鸣、大放、大辩论、大字报’的权利。”

（4）宗教信仰自由

1978 年宪法第 46 条规定：“公民有信仰宗教和不信仰宗教、宣传无神论的自由。”

（5）人身自由和住宅不受侵犯

1978 年宪法第 47 条规定：“公民的人身自由和住宅不受侵犯。”“任何公民，非经人民法院决定或者人民检察院批准并由公安机关执行，不受逮捕。”

（6）劳动的权利

1978 年宪法第 48 条规定：“公民有劳动的权利。国家根据统筹兼顾的

原则安排劳动就业，在发展生产的基础上逐步提高劳动报酬，改善劳动条件，加强劳动保护，扩大集体福利，以保证公民享受这种权利。”

（7）受教育权

1978 年宪法第 51 条规定：“公民有受教育的权利。国家逐步增加各种类型的学校和其他文化教育设施，普及教育，以保证公民享受这种权利”。“国家特别关怀青少年的健康成长。”

（8）文化活动的自由

1978 年宪法第 52 条规定：“公民有进行科学研究、文学艺术创作和其他文化活动的自由。国家对于从事科学、教育、文学、艺术、新闻、出版、卫生、体育等文化事业的公民的创造性工作，给以鼓励和帮助。”

（9）控告权和申诉权

1978 年宪法第 55 条规定：“公民对于任何违法失职的国家机关和企业、事业单位的工作人员，有权向各级国家机关提出控告。公民在权利受到侵害的时候，有权向各级国家机关提出申诉。对这种控告和申诉，任何人不得压制和打击报复。”

（10）生活资料所有权

1978 年宪法第 9 条规定：“国家保护公民的合法收入、储蓄、房屋和其他生活资料的所有权。”

2. 1978 年宪法规定了特殊主体的宪法权利

1978 年宪法规定的特殊主体的宪法权利主要包括以下几个方面：

（1）劳动者的权利

1978 年宪法规定了劳动者的宪法权利包括休息权和物质帮助权。该宪法第 49 条规定：“劳动者有休息的权利。国家规定劳动时间和休假制度，逐步扩充劳动者休息和休养的物质条件，以保证劳动者享受这种权利。”第 50 条第 1 款规定：“劳动者在年老、生病或者丧失劳动能力的时候，有获得物质帮助的权利。国家逐步发展社会保险、社会救济、公费医疗和合作医疗等事业，以保证劳动者享受这种权利。”

（2）妇女的权利

1978 年宪法第 53 条规定：“妇女在政治的、经济的、文化的、社会的和家庭的生活各方面享有同男子平等的权利，男女同工同酬。”

（3）华侨和侨眷的权利

1978 年宪法第 54 条规定：“国家保护华侨和侨眷的正当的权利和利益。”

（4）非农业的个体劳动者的权利

1978年宪法第5条第2款规定：“国家允许非农业的个体劳动者在城镇和农村的基层组织统一安排和管理下，从事法律许可范围内的，不剥削他人的个体劳动。同时，引导他们逐步走上社会主义集体化的道路。”

（5）人民公社社员的权利

1978年宪法第7条第2款规定：“在保证人民公社集体经济占绝对优势的条件下，人民公社社员可以经营少量的自留地和家庭副业，在牧区还可以有少量的自留畜。”

（6）外国人的权利

1978年宪法第59条规定：“中华人民共和国对于任何由于拥护正义事业、参加革命运动、进行科学研究而受到迫害的外国人，给以居留的权利。”

（7）选民的权利

1978年宪法第35条第4款规定：“地方各级人民代表大会代表的选举单位和选民，有权监督和依照法律的规定随时撤换自己选出的代表。”

（8）革命残废军人、革命烈士家属的权利

1978年宪法第50条第2款规定：“国家关怀和保障革命残废军人、革命烈士家属的生活。”

（9）婚姻、家庭、母亲和儿童受国家的保护

1978年宪法第53条第2款规定：“男女婚姻自主。婚姻、家庭、母亲和儿童受国家的保护。”该条规定涉及公民在婚姻家庭方面所拥有的一系列权利。

3. 1978年宪法也肯定了集体性质的宪法权利

1978年宪法规定的集体性质的宪法权利包括以下几个方面：

（1）选举单位的权利

1978年宪法第29条规定：“全国人民代表大会代表受原选举单位的监督。原选举单位有权依照法律的规定随时撤换自己选出的代表。”第35条第4款规定：“地方各级人民代表大会代表的选举单位和选民，有权监督和依照法律的规定随时撤换自己选出的代表。”

（2）各民族的权利

1978年宪法第4条第2款规定：“各民族一律平等。”第3款规定：“各民族都有使用和发展自己的语言文字的自由，都有保持或者改革自己的风俗习惯的自由。”

（3）少数民族的权利

1978 年宪法第 36 条第 1 款规定："地方各级人民代表大会在本行政区域内，保证宪法、法律、法令的遵守和执行，保证国家计划的执行，规划地方的经济建设、文化建设和公共事业，审查和批准地方的经济计划和预算、决算，保护公共财产，维护社会秩序，保障公民权利，保障少数民族的平等权利，促进社会主义革命和社会主义建设的发展。"

（4）自治机关的权利

1978 年宪法第 39 条第 1 款规定："民族自治地方的自治机关除行使宪法规定的地方国家机关的职权外，依照法律规定的权限行使自治权。"

总结 1978 年宪法关于宪法权利和公民的基本权利的各项规定，与 1954 年宪法和 1975 年宪法的规定相比，具有一定的特色，既保留了 1975 年宪法关于宪法权利和公民的基本权利的规定的全貌，又恢复了 1954 年宪法相关规定的精神，同时，也为 1982 年现行宪法关于宪法权利和公民的基本权利的规定奠定了必要的制度基础。

①1978 年宪法恢复了被 1975 年宪法取消了的一部分由 1954 年宪法所规定的宪法权利，反映了 1978 年宪法能够认真地总结"文化大革命"给人权保障事业造成的破坏的教训，进一步扩大了宪法权利的保障领域。如 1975 年宪法取消了 1954 年宪法规定的公民的文化活动的自由，而 1978 年宪法就恢复了这一公民的基本权利。再如，1975 年宪法废除了 1954 年宪法规定的"被告人有权辩护"的内容，1978 年宪法就明确地给予了肯定。此外，1978 年宪法还恢复了 1954 年宪法所规定的宪法权利实现的"保障条件"的规定，在公民的劳动权利，劳动者的休息权和物质帮助权、公民的受教育权等方面都恢复了 1954 年宪法的相关规定，规定了这些宪法权利的实现的保障，尤其是国家在保障这些宪法权利方面的宪法责任。在集体性质的宪法权利方面，1978 年宪法还恢复了 1954 年宪法所规定的"各民族都有保持或者改革自己的风俗习惯的自由"的规定以及"保障少数民族的平等权利"的规定等。这些宪法权利的恢复体现了拨乱反正的要求，具有一定的历史进步性。

②1978 年宪法仍然肯定了一些 1975 年宪法所肯定的宪法权利，而这些宪法权利在 1954 年宪法中并没有得到明文规定。如公民的通信自由、罢工自由等，这些公民的基本权利是 1975 年宪法的创造，1978 年仍然予以保留。从这些权利的性质来看，目前也是为世界各国宪法所肯定的。所以说，1978 年宪法也没有停留在简单地恢复 1954 年宪法的规定上，也有一些符合

时代要求的规定。

③1978 年宪法除了恢复了 1954 年宪法在宪法权利方面的一些规定以及基本上保留了 1975 年宪法关于宪法权利和公民的基本权利规定的基本框架之外，也有自身独立的创造。主要表现在三个方面：一是在宪法第 54 条将公民“有运用‘大鸣、大放、大辩论、大字报’的权利”作为一项独立的公民的基本权利写进了宪法，发展了 1975 年宪法有关规定的精神。如果撇开当时的客观历史条件，单纯从权利制度的构造来看，从 1975 年宪法肯定“大鸣、大放、大辩论、大字报”是人民群众创造的社会主义革命的新形式，到在 1978 年宪法中将“大鸣、大放、大辩论、大字报”确立为公民的一项基本权利，这一权利入宪的过程本身还是符合宪法权利创造的一般规律的，也就是说，宪法中所规定的公民的基本权利一般是由实践的需要来推动的，并且根据实践的要求，将那些为实践所肯定了的成熟的做法肯定为公民的基本权利。当然，这一权利入宪由于导致了社会秩序的混乱在一定程度上的增加，因此，该宪法权利在 1980 年全国人大修改宪法的决议中被正式取消。从“大鸣、大放、大辩论、大字报”入宪，到正式成为一项公民的基本权利，再到从宪法中被取消，这一过程反映了我国宪法权利，尤其是公民的基本权利的入宪是与社会实践紧密相连的，许多重要的宪法权利都是从实践中产生的，社会实际生活的需要和社会实践的推动是宪法权利的真正的来源。二是 1978 年宪法将 1954 年宪法和 1975 年宪法规定的“保障国外华侨”的正当的权利和利益扩展为保障“华侨和侨眷”的正当的权利和利益，体现了 1978 年宪法在对待华侨权利保护上认识的进步和权利保障措施的进一步深化。三是 1954 年宪法和 1975 年宪法都没有确立公民的申诉权，而 1978 年宪法肯定了公民的“申诉权”。“申诉权”入宪意义非同小可。因为“申诉权”实际上是现代法治社会中最基础的人权内容，也是公民的基本权利能否得到法律上有效救济的制度保障。在“无救济就无权利”的现代宪法价值观看来，“申诉权”的入宪无疑使得我国宪法所规定的各项宪法权利，特别是公民的基本权利真正地具有了实践的意义。1978 年宪法在第 55 条特别强调了“申诉权”对于保障公民的权利的作用。该条规定：“公民在权利受到侵害的时候，有权向各级国家机关提出申诉，对这种控告和申诉，任何人不得压制和打击报复。”如果说 1978 年宪法在保护公民的基本权利，或者是说在我国的人权保障制度建设的历史进程中有什么特殊的贡献的话，“申诉权”入宪具有最突出的保障人权实现的意义。

1978 年宪法由于受到当时的历史条件的局限，还没有能够从根本上来纠正“文化大革命”时期“左”倾的错误，因此，表现在宪法权利的规定上，特别是公民的基本权利上，被1975年宪法取消的由1954年宪法规定的一些重要的公民的基本权利并没有得到恢复，这些权利包括在法律上的平等，居住自由和迁徙自由，获得赔偿权，私有财产继承权和语言文字权等。而在权利主体的平等性上，仍然保留了自1954年宪法就已经确立下来的限制少数剥削分子政治权利的制度。1978年宪法第18条第2款规定：“国家依照法律剥夺没有改造好的地主、富农、反动资本家的政治权利，同时给以生活出路，使他们在劳动中改造成为守法的自食其力的公民。”这一规定说明，1978年宪法仍然没有摆脱历史条件的限制，特别是受到了传统的社会主义宪法观和人权保障思想的影响，对人民的敌人或者是不属于人民的人在宪法上并没有给予同等的法律地位。

总之，从1954年宪法到1975年宪法再到1978年宪法，在保障人权方面，尽管受到了不同时期具体的历史条件的影响，在权利主体和具体的权利内容方面存在着某些差异，但是，由于受到传统的社会主义宪法理论和社会主义人权观念的影响，这三部宪法在设定宪法权利、保障公民的基本权利总的指导思想和立法原则以及设计具体的宪法权利的内涵时，基本的立场和精神都是一致的或者是相似的。不论是1975年宪法也好，还是1978年宪法也好，在规定宪法权利和公民的基本权利方面，都没有从根本上背离1954年宪法所确立的保障人权的宗旨。三部宪法文件保障人权的思想是一脉相承的。这一点尤其可以从三部宪法在规定地方各级人民代表大会职责的时候，都将“保障公民权利”作为一项重要内容来看待。这说明，1954年宪法、1975年宪法和1978年宪法在规定公民的基本权利时，都牢牢地树立了“保障公民权利”是国家机关行使国家权力的基本职责的人权保障理念。相对于1954年宪法来说，1975年宪法和1978年宪法虽然在某些方面有停止或倒退的迹象，但是在另外一些方面，也有不断发展和权利进化的趋势，而从总体上来看，1975年宪法和1978年宪法在规定宪法权利和公民的基本权利方面，在我国的人权保障事业的发展进程中，都起到了承上启下的作用，其历史性地位不容忽视，其制度意义也不容否定。

五　1982年宪法在人权保障中的主要特征及其作用

1982年宪法在党的十一届三中全会以后，我国全面采取改革开放的政策和社会主义法制建设的历史条件下产生的。这部宪法，也就是现行宪法，虽然经过了4次修改，但是，由于其很好地反映了我国社会主义法制建设的实际要求，并且采取科学和实事求是的态度来正确地处理历史问题，同时又有效地借鉴了国外宪政建设的有益经验，特别是适应了国际社会人权保障事业发展的大趋势，因此，在许多方面都做出了较之以往宪法规定更加科学和完善的规定。

1982 年宪法关于宪法权利和公民的基本权利的一系列规定构成了我国现行的完整的宪法权利和公民的基本权利体系和结构，是新中国成立以来最好的一部宪法。一方面，在保护公民的基本权利和保障宪法权利方面，1982 年宪法比较全面地恢复了 1954 年宪法的良好传统，肯定了 1954 年宪法中许多有益的、符合人权保障事业进步发展要求的规定；另一方面，1982 年宪法又根据我国的具体国情，丰富和完善了宪法权利和公民的基本权利，增设了许多新的权利，体现了该宪法在保障宪法权利和保护公民的基本权利方面所具有的先进理念。具体来说，有以下几个方面的特征：

1. 比较全面地规定了公民的基本权利，建立起完善的公民的基本权利体系和结构，特别是在宪法中突出了公民的基本权利在整个宪法中的地位，一改 1954 年宪法、1975 年宪法和 1978 年宪法的传统，将“公民的基本权利和义务”作为第二章，放在第三章“国家机构”的前面，表明了公民的基本权利与国家机关之间的权力之间的目的和手段的关系，理顺了国家权力与公民权利的关系，符合现代宪法的基本精神。1982 年宪法确立的公民的基本权利包括以下几个方面的内容：

（1）确立了获得公民身份的法律条件，为公民的基本权利体系和结构的建立提供了科学和现实的依据

公民的基本权利是以公民作为权利主体而设计的宪法权利，是通过宪法保障人权的一种重要形式。公民的基本权利的设计是否科学和能够具有实效，关键取决于享有权利的主体公民的范围界定是否清晰。如果在规定公民的基本权利的时候不对公民的范围作一个明确的界定，那么，至少在法理上，这样的公民的基本权利的设计在制度上是存在着许多问题的。宪法所规定的公民的基本权利即便再全面和系统，也会因为公民的范围界定不清而影响公民的基本权利在保障人权中作用的发挥。1982 年宪法很显然吸收了前三部宪法在这方面立法上的不足的教训，在第 33 条第 1 款明确规定：“凡具有中华人民共和国国籍的人都是中华人民共和国公民。”这一条规定就比较清晰地界定了享受公民的基本权利的权利主体公民的范围，解决了公民的基本权利制度设计自身的科学性问题。在确立了公民身份的法律条件之后，宪法又明确地宣称，只要是具有公民的身份，就可以无条件地享有宪法和法律

所规定的权利，其前提只有以同时履行宪法和法律上规定的相应义务为限。这样的规定实际上就明确了公民的基本权利对于具有公民身份的人来说所具有的“普遍性”。符合公民的基本权利设计的一般价值要求。

（2）明确了公民在法律面前一律平等

1954 年宪法肯定了公民在法律上的平等原则，而 1975 年宪法和 1978 年宪法没有肯定这一原则。1982 年宪法则在第 33 条第 2 款明确规定：“中华人民共和国公民在法律面前一律平等。”从宪法解释学的角度来看，虽然“在法律上”和“在法律面前”在语义上有一定的差异，但是，在保障公民的平等权方面的基本精神和基本要求是一致的，都是公民的平等权的体现。

（3）规定了公民的选举权和被选举权

1982 年宪法第 34 条规定：“中华人民共和国年满十八周岁的公民，不分民族、种族、性别、职业、家庭出身、宗教信仰、教育程度、财产状况、居住期限，都有选举权和被选举权；但是依照法律被剥夺政治权利的人除外。”

（4）规定了公民的言论、出版、集会、结社、游行和示威的自由

1982 年宪法第 35 条规定：“中华人民共和国公民有言论、出版、集会、结社、游行和示威的自由。”

（5）规定了公民有宗教信仰的自由

1982 年宪法第 36 条详细规定了公民的宗教信仰自由的各种情形，包括“中华人民共和国公民有宗教信仰自由”。“任何国家机关、社会团体和个人不得强制公民信仰宗教或者不信仰宗教，不得歧视信仰宗教的公民和不信仰宗教的公民。”“国家保护正常的宗教活动。任何人不得利用宗教进行破坏社会秩序、损害公民身体健康、妨碍国家教育制度的活动。”“宗教团体和宗教事务不受外国势力的支配。”

（6）规定了公民的人身自由不受侵犯

1982 年宪法第 37 条规定：“中华人民共和国公民的人身自由不受侵犯。”“任何公民，非经人民检察院批准或者决定或者人民法院决定，并由公安机关执行，不受逮捕。”“禁止非法拘禁和以其他方法剥夺或者限制公民的人身自由，禁止非法搜查公民的身体。”

（7）规定了公民的人格尊严不受侵犯

1982 年宪法第 38 条规定：“中华人民共和国公民的人格尊严不受侵犯。禁止用任何方法对公民进行侮辱、诽谤和诬告陷害。”

（8）规定了公民的住宅不受侵犯

1982 年宪法第 39 条规定：“中华人民共和国公民的住宅不受侵犯。禁

止非法搜查或者非法侵入公民的住宅。”

（9）规定了公民的通信自由和通信秘密受法律的保护

1982年宪法第40条规定：“中华人民共和国公民的通信自由和通信秘密受法律的保护。除因国家的安全或者追查刑事犯罪的需要，由公安机关或者检察机关依照法律规定的程序对通信进行检查外，任何组织或者个人不得以任何理由侵犯公民的通信自由和通信秘密。”

（10）规定了公民的批评和建议的权利

1982年宪法第41条第1款规定：“中华人民共和国公民对于任何国家机关和国家工作人员，有提出批评和建议的权利。”

（11）规定了公民的申诉、控告或者检举的权利

1982年宪法第41条规定：“对于任何国家机关和国家工作人员的违法失职行为，有向有关国家机关提出申诉、控告或者检举的权利，但是不得捏造或者歪曲事实进行诬告陷害。”“对于公民的申诉、控告或者检举，有关国家机关必须查清事实，负责处理。任何人不得压制和打击报复。”

（12）规定了公民取得赔偿的权利

1982年宪法第41条第3款规定：“由于国家机关和国家工作人员侵犯公民权利而受到损失的人，有依照法律规定取得赔偿的权利。”

（13）规定了公民的劳动权利

1982年宪法第42条规定：“中华人民共和国公民有劳动的权利”。“国家通过各种途径，创造劳动就业条件，加强劳动保护，改善劳动条件，并在发展生产的基础上，提高劳动报酬和福利待遇。”“劳动是一切有劳动能力的公民的光荣职责。国有企业和城乡集体经济组织的劳动者都应当以国家主人翁的态度对待自己的劳动。国家提倡社会主义劳动竞赛，奖励劳动模范和先进工作者。国家提倡公民从事义务劳动。”“国家对就业前的公民进行必要的劳动就业训练。”

（14）规定了公民的物质帮助权

1982年宪法第45条规定：“中华人民共和国公民在年老、疾病或者丧失劳动能力的情况下，有从国家和社会获得物质帮助的权利。国家发展为公民享受这些权利所需要的社会保险、社会救济和医疗卫生事业。”

（15）规定了公民的受教育权

1982年宪法第46条规定：“中华人民共和国公民有受教育的权利和义务。”“国家培养青年、少年、儿童在品德、智力、体质等方面全面发展。”

（16）规定了公民的文化活动的自由

1982 年宪法第 47 条规定："中华人民共和国公民有进行科学研究、文学艺术创作和其他文化活动的自由。国家对于从事教育、科学、技术、文学、艺术和其他文化事业的公民的有益于人民的创造性工作，给以鼓励和帮助。"

（17）规定了公民的私有财产权和继承权

1982 年宪法第 13 条规定："公民的合法的私有财产不受侵犯"。"国家依照法律规定保护公民的私有财产权和继承权。"

（18）规定了公民的补偿权

1982 年宪法第 13 条第 3 款规定："国家为了公共利益的需要，可以依照法律规定对公民的私有财产实行征收或者征用并给予补偿。"

（19）规定了公民的语言文字权

1982 年宪法第 134 条第 1 款规定："各民族公民都有用本民族语言文字进行诉讼的权利。人民法院和人民检察院对于不通晓当地通用的语言文字的诉讼参与人，应当为他们翻译。"

2. 1982 年宪法除了规定了公民的基本权利之外，对于宪法权利的保障还涉及了其他权利主体，这些权利主体依据宪法享有以下宪法权利：

（1）劳动者的权利

1982 年宪法第 43 条规定："中华人民共和国劳动者有休息的权利。""国家发展劳动者休息和修养的设施，规定职工的工作时间和休假制度。"第 8 条也规定："参加农村集体经济组织的劳动者，有权在法律规定的范围内经营自留地、自留山、家庭副业和饲养自留畜。"

（2）企业事业组织的职工和国家机关工作人员的权利

1982 年宪法第 44 条规定："国家依照法律规定实行企业事业组织的职工和国家机关工作人员的退休制度。退休人员的生活受到国家和社会的保障。"

（3）妇女的权利

1982 年宪法第 48 条规定："中华人民共和国妇女在政治的、经济的、文化的、社会的和家庭的生活等各方面享有同男子平等的权利。""国家保护妇女的权利和利益，实行男女同工同酬，培养和选拔妇女干部。"

（4）婚姻、家庭、母亲和儿童受国家的保护

1982 年宪法第 49 条第 1 款规定："婚姻、家庭、母亲和儿童受国家的保护。"

（5）华侨的权利

1982 年宪法第 50 条规定：“中华人民共和国保护华侨的正当的权利和利益。”

（6）归侨和侨眷的权利

1982 年宪法第 50 条规定：“保护归侨和侨眷的合法的权利和利益。”

（7）残废军人、烈士军属和军人家属的权利

1982 年宪法第 45 条第 2 款规定：“国家和社会保障残废军人的生活，抚恤烈士家属，优待军人家属。”

（8）盲、聋、哑和其他有残疾的公民的权利

1982 年宪法第 45 条第 3 款规定：“国家和社会帮助安排盲、聋、哑和其他有残疾的公民的劳动、生活和教育。”

（9）外国人的权利

1982 年宪法涉及外国人的权利有几处规定，主要有第 32 条的规定，即：“中华人民共和国保护在中国境内的外国人的合法权利和利益，在中国境内的外国人必须遵守中华人民共和国的法律。”“中华人民共和国对于因为政治原因要求避难的外国人，可以给予受庇护的权利。”第 18 条也规定：“中华人民共和国允许外国个人依照中华人民共和国法律的规定在中国投资，同中国的企业或者其他经济组织进行各种形式的经济合作。”

（10）选民的权利

1982 年宪法第 102 条第 1 款规定：“县、不设区的市、市辖区、乡、民族乡、镇的人民代表大会受选民的监督。”“地方各级人民代表大会代表的选举单位和选民有权依照法律规定的程序罢免由他们选出的代表。”

（11）被告人的权利

1982 年宪法第 125 条规定：“被告人有权获得辩护。”

3. 1982 年宪法除了规定了以个人为权利主体的宪法权利，还以组织和团体为权利主体，规定了一系列集体性质的宪法权利。这些集体性质的宪法权利涉及的领域比较广泛，主要包括：

（1）选举单位的权利

1982 年宪法涉及选举单位的宪法权利主要是监督权和罢免权。第 77 条规定：“全国人民代表大会代表受原选举单位的监督。原选举单位有权依照法律规定的程序罢免本单位选出的代表。”第 102 条规定：“省、直辖市、设区的市的人民代表大会代表受原选举单位的监督。”“地方各级人民代表大会代表的选举单位和选民有权依照法律规定的程序罢免由他们选出的代表。”

（2）国有企业的权利

1982 年宪法第 16 条第 1 款规定："国有企业在法律规定的范围内有权自主经营。"

（3）集体经济组织的权利

1982 年宪法第 17 条第 1 款规定："集体经济组织在遵守有关法律的前提下，有独立进行经济活动的自主权。"

（4）外国的企业和其他经济组织的权利

1982 年宪法第 18 条规定："中华人民共和国允许外国的企业和其他经济组织或者个人依照中华人民共和国法律的规定在中国投资，同中国的企业或者其他经济组织进行各种形式的经济合作。""在中国境内的外国企业和其他外国经济组织以及中外合资的企业，都必须遵守中华人民共和国的法律。它们的合法的权利和利益受中华人民共和国法律的保护。"

（5）各民族的权利

1982 年宪法以各民族为权利主体所设定的宪法权利主要包括：第 4 条第 1 款规定："中华人民共和国各民族一律平等"。第 4 款规定："各民族都有使用和发展自己的语言文字的自由，都有保持或者改革自己的风俗习惯的自由。"

（6）少数民族的权利

1982 年宪法第 4 条第 1 款规定："国家保障各少数民族的合法的权利和利益，维护和发展各民族的平等、团结、互助关系。"

（7）自治机关的权利

1982 年宪法规定了自治机关的自治权。主要规定有：第 4 条第 3 款规定："各少数民族聚居的地方实行民族区域自治，设立自治机关，行使自治权。"第 115 条规定："自治区、自治州、自治县的自治机关行使宪法第三章第五节规定的地方国家机关的职权，同时依照宪法、民族区域自治法和其他法律规定的权限行使自治权，根据本地方实际情况贯彻执行国家的法律、政策。"

总结 1982 年宪法关于宪法权利和公民的基本权利的各项规定，很显然，与 1954 年宪法、1975 年宪法和 1978 年宪法相比，不论是宪法权利的理论依据，还是在宪法权利的制度设计上都有了长足的进步，在诸多方面都深刻地体现了我国人权保障事业不断发展和进步的特征。1982 年宪法关于宪法权利和公民的基本权利体系和结构的规定的最重要的特点有以下几个方面：

1. 明确了公民的法律内涵，使得公民的基本权利的设计具有比较可靠的制度基础

在现代法治社会中，以公民作为宪法权利的主体是人权保障事业发展的必然产物，也是人权进步的一个重要标志。在宪法中确立公民的基本权利，提高了人权的普遍性价值，尤其是摆脱了阶级特权的束缚，使得平等权在保护人权中的作用显得更加突出。新中国成立初期，由于新民主主义革命斗争的任务尚未结束，以人民代表机关为主体的人民政权还没有完全建立起来，所以，在这种情况下，新中国政权必须要完成民主革命的任务，表现在《共同纲领》中，并没有以公民个人作为权利保护的主体，而是以人民作为权利保护的主要对象。虽然人民的概念在《共同纲领》中也表现为人民中的每一个个体，但是，人民在整个人口数量中只是占大多数，而没有包括全部，这就意味着人民的敌人是不享有权利，新中国政权也不承认人民的敌人与人民一样享有权利。1954 年宪法开始，将公民的概念引进了宪法，并以公民为宪法权利主体，确立了一系列公民的基本权利。这种权利制度上的变化反映了新中国政权已经得到了巩固，国家与个体之间的关系也通过正常的宪法和法律秩序得以建立，所以，保障权利的使命也从建立国家与个体之间的关系到确立国家与公民个人之间的固定的法律关系。在这种情况下，公民个人的权利成为与国家机关的国家权力相对应的国家政权合法性的基础。公民概念的入宪体现了新中国政权的正当性基础，符合现代国家的政权建设的基本价值要求。其后，在 1975 年宪法和 1978 年宪法中都继承了 1954 年宪法的传统，将公民作为宪法权利的主要权利主体，规定了一系列公民的基本权利，作为我国人权保障事业得以不断发展的制度基石。但也应当看到，不论是 1954 年宪法，还是 1975 年宪法、1978 年宪法，在规定公民作为宪法权利的权利主体的同时，都没有完成对公民性质和范围的界定，在宪法制度上还保留了一定模糊界限，对于那些没有改造好的地主、官僚资本家和坏分子还没有作为合格的公民来看待，所以，从严格意义上讲，1954 年宪法、1975 年宪法和 1978 年宪法中所指的公民还不具有严格意义上的普遍性，社会上有一小部分人的宪法权利，尤其是政治权利，还会因为其个人的身份受到宪法和法律的当然限制。1982 年宪法在总结新中国成立三十几年我国人权事业保障的经验和教训的基础上，根据当时的具体国情，在宪法上取消了对公民个体所享有的宪法上的权利的法定限制，而强调了公民身份的平等和公民在法律上的平等。1982 年宪法只是对公民提出了国籍的要求，也没有提出其他性质的法律要求。这就说明，经过三十几年政权建设，我们已经对

现代国家与公民个人之间的关系产生了比较科学和正确的认识，已经从国家与个体之间紧张对立发展到国家与公民个人之间的相互协调。这反映了我们在治国理念上所取得的历史性进步。

2. 规范了宪法权利的权利内涵，使得宪法权利在实践中更加具有操作性

1982 年宪法在规定宪法权利和公民的基本权利时，相对于前三部宪法的规定来说，更加注意了宪法权利内涵的规范性，使得通过宪法所确立的宪法权利具有比较确定性的权利内涵。如前三部宪法在规定具有选举权和被选举权的公民的年龄条件时都规定“年满十八岁”，但是，由于我国长期以来计算公民的年龄的方式有不同的形式，所以，“年满十八岁”的年龄条件在法律上仍然具有很大的不确定性，存在着所谓“虚岁”和“周岁”的差别。1982 年宪法非常明确地规定“年满十八周岁”的公民具有选举权和被选举权。这一规定就从制度上更加清晰地界定了选举权和被选举权的权利主体的内涵，使得公民的选举权和被选举权的实现具有更加可靠的法律制度上的保障，在实践中具有更强的操作性。

3. 进一步拓展了公民的基本权利的内容，使公民的基本权利的内容更加丰富

1982 年宪法吸取了“文化大革命”期间各种各样侵犯人权事件所留下的深刻教训，除了增加了许多新公民的基本权利之外，对基本权利的内容的规定也有进一步扩展，丰富了前三部宪法所规定的基本权利的内涵。如前三部宪法都规定“公民的信仰宗教的自由”。1982 年宪法第 36 条仍然肯定了公民的这一基本权利。但是，1982 年宪法并没有简单地肯定公民的信仰宗教的自由，还对公民的信仰宗教自由的法律内涵作了进一步补充性的详细说明。在第 36 条第 2 款至第 4 款，又继续深化了公民的信仰宗教的自由的含义。包括“任何国家机关、社会团体和个人不得强制公民信仰宗教或者不信仰宗教，不得歧视信仰宗教的公民和不信仰宗教的公民”。“国家保护正常的宗教活动。任何人不得利用宗教进行破坏社会秩序、损害公民身体健康、妨碍国家教育制度的活动”。“宗教团体和宗教事务不受外国势力的支配”。再如“人身自由不受侵犯”在前三部宪法中都得到了规定，1954 年宪法对该公民的基本权利的进一步补充规定是“任何公民，非经人民法院决定或者人民检察院批准，不受逮捕”（第 89 条）；1975 年宪法的补充规定是“任何公民，非经人民法院决定或者公安机关批准，不受逮捕”（第 28 条第 2 款）；1978 年宪法的保障性规定是

“任何公民，非经人民法院决定或者人民检察院批准并由公安机关执行，不受逮捕”（第47条第2款）。1982年宪法除了保留了对任何公民不得随意予以逮捕的规定，还在第37条第3款规定：“禁止非法拘禁和以其他方法剥夺或者限制公民的人身自由，禁止非法搜查公民的身体”。很显然，这一规定对公民的人身自由又作了更深度和范围更广的保护性规定，体现了1982年宪法在对公民的人身自由的保护上的进步。

4. 强调了宪法权利与宪法义务之间的密切联系，凸显了宪法权利的正当性基础

1982年宪法在确立公民的基本权利的时候，特别指出了公民在享受宪法和法律权利方面的普遍性，也就是说，只要是公民，就可以平等地享有宪法和法律规定的权利。但是，相对于前三部宪法来说，1982年宪法从权利理论上又作了进一步完善，在第33条第4款规定：“任何公民享有宪法和法律规定的权利，同时必须履行宪法和法律规定的义务。”该条款的规定通过宪法条文的方式明确了公民的宪法和法律权利的合法性来源，强调了在现代法治社会中，公民对现代国家所具有的责任是公民享有宪法和法律权利的正当性前提。这种权利形式原则要比仅仅只规定国家对公民的权利的承诺更加具有科学性和合理性，更加注重公民的基本权利的理论上的完整性。

5. 明确了行使宪法权利的法律条件，使得宪法权利的实现建立在更加可靠的法律保障基础之上

在1954年宪法、1975年宪法和1978年宪法中，公民的基本权利和其他性质的宪法权利往往是依靠国家机关，尤其是通过规定地方各级人民代表有职责保护公民权利的方式来保证公民权利的实现。1982年宪法则在此基础上，通过明确所有的宪法权利主体在维护宪法方面的职责来为宪法权利的实现进一步创造了可靠的法律保障。1982年宪法序言最后一个自然段明确规定：“全国各族人民、一切国家机关和武装力量、各政党和各社会团体、各企业事业组织，都必须以宪法为根本的活动准则，并且负有维护宪法尊严、保证宪法实施的职责。”宪法第5条也规定：“一切国家机关和武装力量、各政党和各社会团体、各企业事业组织都必须遵守宪法和法律。”“任何组织或者个人都不得有超越宪法和法律的特权。”从保障宪法权利，尤其是公民的基本权利的普遍性到反对特权的存在，这些规定都反映了1982年宪法所规定的公民的基本权利和其他性质的宪法权利的公平、公正的权利保障原则，使宪法权利的实现建立在更加可靠的法律保障基础之上。

尤其值得一提的是，1982年宪法在规定宪法权利的行使条件时，还在

各种不同的宪法权利之间确立了一个基本的法律界限，这就是宪法第 50 条规定的“中华人民共和国公民在行使自由和权利的时候，不得损害国家的、社会的、集体的利益和其他公民的合法的自由和权利”。这一条规定实际上摆脱了前三部宪法在规定公民的基本权利和其他性质的宪法权利时的单项授权的简单模式，而是通过宪法在向宪法权利主体授予不同性质的宪法权利的时候，既赋予了宪法权利的范围和内涵，同时为了便于在实际中每一个宪法权利主体能够更好地行使宪法权利，又确立了各种宪法权利主体之间的相互关系以及各种宪法权利之间的总的法律界限，这种宪法权利的实现方式是比较符合实际的，增强了宪法权利在实际生活中的可操作性。

6. 进一步拓展了宪法权利的权利主体范围，扩大了宪法在人权保障事业中的重要作用

1982 年宪法相对于 1954 年宪法、1975 年宪法和 1978 年宪法来说，进一步拓展了宪法权利的权利主体的范围，除了规定公民作为最主要的宪法权利主体之外，还将企业事业组织的职工、国家机关工作人员、归侨和侨眷、国有企业、集体经济组织、外国的企业和其他经济组织等作为宪法权利的权利主体，在宪法条文中规定了上述宪法权利主体所享有的相应的宪法权利。这些宪法权利主体在以往的宪法条文中都没有涉及，1982 年宪法增加了对这些宪法权利主体的宪法权利的保护，反映了我国宪法在保护各种权利主体的法律权利中的重要性越来越大，许多原来被视为一般法律权利的内容也通过宪法的规定上升为宪法权利，这反映了宪法权利在国家政治生活的影响作用的不断深入和宪法在保障权利方面的作用的不断加强。

7. 强调了权利与义务的一致性，设计了一些权利与义务合而为一的宪法权利

将宪法权利与义务规定在一起作为同一个宪法规范，只是在 1975 年宪法中有所体现。1975 年宪法第 26 条规定：“公民的基本权利和义务是，拥护中国共产党的领导，拥护社会主义制度，服从中华人民共和国宪法和法律。”权利与义务合而为一反映了我国宪法在保障公民的基本权利方面的重要特点，也体现了马克思主义人权理论所强调的权利与义务相统一的观念。1982 年宪法在许多条文中体现了权利与义务一致性的观点，设立了若干既属于宪法权利又属于宪法义务的宪法规范。如宪法第 42 条规定：“中华人民共和国公民有劳动的权利和义务。”第 46 条规定：“中华人民共和国公民有受教育的权利和义务。”把“劳动”和“受教育”既看成是“宪法权利”，又看成是“宪法义务”。很显然是 1982 年宪法相对于前三部宪法的独

创，体现了制宪者在对于劳动权和受教育权给予宪法上的保护的认识上的深化。这一规定也构成了1982年宪法在规定公民的基本权利体系和结构方面的一个重要特色。

8. 将一些原来属于特殊主体享有的宪法权利上升到公民的基本权利的层次，扩大了宪法权利享有主体的范围

物质帮助权在1954年宪法、1975年宪法和1978年宪法中是作为宪法上的特殊权利主体——劳动者所享有的宪法权利，而在1982年宪法中，享有物质帮助权的宪法权利主体就已经扩展为“公民”。很明显，1982年宪法扩展了“物质帮助权”的权利主体的范围，使得更多的人可以依据宪法的上述规定，在符合宪法规定的条件下能够从国家和社会获得物质帮助的权利。导致这一变化的原因在于1982年宪法关于分配制度的指导思想发生了一定的变化。在1975年宪法和1978年宪法中，“不劳动者不得食”作为一项分配原则被肯定在宪法中。因此，对于没有向国家和社会提供过劳动的人来说，即便是在年老、生病和体弱的时候，也没有权利和资格向国家和社会伸手。因此，只有劳动者才理所当然地在年老、生病和体弱的时候有权利请求国家和社会提供物质帮助。1982年宪法没有继续肯定“不劳动者不得食”的分配原则，而是强调了“各尽所能、按劳分配”的原则。因此，为了体现社会主义的人道主义原则，对于那些年老、生病或者是丧失劳动能力的公民，国家和社会也应当无条件地给予物质帮助。1982年宪法在物质帮助权的权利主体范围上的扩大，体现了社会主义人道主义原则和社会公平原则，对一切需要帮助的公民都给予了制度的保障，反映了社会主义人权保护事业的优越性。也正是基于上述规定，适用于所有公民的城市和农村最低生活保障制度以及一系列社会救济、社会保险等制度才得以有效地建立。为了保证公民的物质帮助权能够得到充分地实现，2004年十届全国人大一次会议通过现行宪法的第四次修正案的时候，将“国家建立健全同经济发展水平相适应的社会保障制度”写进了宪法。社会保障制度入宪反映了我们在人权保障理念上的进步和在人权保障水准上的不断提高。

9. 将普遍人权的概念引进了宪法，使得我国宪法在保障人权方面的地位更加突出和重要，为承担国际人权公约下的缔约国义务奠定了必要的宪法基础

1982年宪法产生以后，我国的人权保障事业得到了突飞猛进的发展。特别是在20世纪90年代初以后，随着我国在国际人权领域所开展的人权斗争的不断胜利，在反驳少数敌视我国人权政策的国家的挑衅言论的同时，我

们也对国际社会的人权保障的最新趋势和动向有了全新的了解，在人权的基本观念上也纠正了原先一些不太准确和不太科学的看法和认识。特别是在1997年和1998年我国政府先后签署了《经济、社会和文化权利国际公约》和《公民权利和政治权利国际公约》，肯定了国际人权公约中的普遍人权的基本观念。2001年2月18日，全国人大常委会批准了《经济、社会和文化权利国际公约》，根据该公约的要求，我国政府将于2005年3月联合国人权会议期间向人权委员会提交中国实施《经济、社会和文化权利国际公约》的具体情况。针对我国人权保障事业不断与国际社会接轨的情况，2004年3月14日由第十届全国人民代表大会第二次会议通过的《中华人民共和国宪法修正案》将“国家尊重和保障人权”写进了宪法。这里的“人权”应当理解成国际人权公约所规定的普遍人权意义上的人权，也就是说适用于缔约国境内所有自然人的权利。因此，如果不将此次宪法修改所加入的“国家尊重和保障人权”中的“人权”理解成国际人权公约意义上的普遍人权，这样的规定实际上是没有任何意义的。因为从1954年宪法到1982年现行宪法，保障人权一直是我国宪法在设计宪法权利制度时的首要指导原则，只不过我国宪法中所规定的宪法权利，包括公民的基本权利在内，享有宪法权利的权利主体的普遍性还没有扩展到所有的自然人。公民的基本权利也只适用于具有中华人民共和国国籍的公民，而外国人的权利在宪法上是通过特殊的宪法权利制度来加以保护的。根据我国历部宪法关于宪法权利的规定，还不存在适用于在中华人民共和国境内的所有自然人的一类宪法权利。如果此次修宪写进宪法的“人权”的含义不是国际人权公约中的普遍人权意义上的人权，那么，这样的人权概念写进宪法是没有多少意义的，相反还会对我国新中国成立以来国家在保障人权事业方面所取得的重大成就产生负面的影响。其实，即便在“文化大革命”时期出台的1975年宪法，不仅规定了比较详细的公民的基本权利和其他性质的宪法权利，而且也强调了保护公民权利是各级人民代表大会的基本职责。所以，“国家尊重和保障人权”如果是传统人权意义上的，那么这种规定是多此一举的。所以，2004年修宪引进的“人权”概念应当是普遍人权意义上。人权概念入宪，改变了我国传统宪法中所规定的人权保障模式和宪法权利的结构，将政府在保障人权方面的责任扩展到包括对在中华人民共和国境内生活和工作的所有自然人都享有的某些基本人权，这些基本人权比起公民的基本权利来说，更具有基础性的保障作用。不过，这样的普遍人权与传统的宪法所规定的公民的基本权利的内涵并不矛盾，而是相互补充的关系。将普遍人权的概念引入宪法，一方面肯定了传统宪法对各项公民的基本权利的保护，另一方面，传统宪法所规定的公民的基本权利在人权保障事业中仍然具有独立的价值，具有不同于普遍人权的独立的人权保护领域。对于不具有中华人民共和国国籍的外国人、无国籍人以及其他性质的自然人来说，除了可以享受国际人权公约所规定的人权保护标准之外，并不能在法律上当然与具有中华人民共和国国籍的公民享有同等数量和范围的宪法权利。作为公民权利，其权利内涵和范围要比普遍人权意义上的人权要更加广泛和深入。

因此，2004 年修宪将人权的概念写进宪法，丰富了我国现行宪法关于宪法权利和公民的基本权利制度的内容，扩大了宪法权利主体的范围和宪法权利的权利深度和广泛，使得人权保障事业获得了更加可靠的宪法保障。

10. 在宪法权利的主体、宪法权利的数量、宪法权利的实施保障等制度设计方面，总体的规模都远远地超过了前三部宪法，为我国改革开放以来的社会主义民主法制建设和人权保障事业的发展提供了坚实的法律依据

从总体上来说，1982 年宪法在人权保障领域所采取的措施要比 1954 年宪法、1975 年宪法和 1978 年要更加具体、深入和有效，表现在宪法权利的主体、宪法权利的数量、宪法权利的实施保障等制度设计方面，总体的规模都远远地超过了前三部宪法。以对公民的基本权利保护为例，1954 年宪法规定了 23 项公民的基本权利，1975 年宪法规定了 17 项公民的基本权利，1978 年宪法规定了 20 项公民的基本权利，而 1982 年宪法则规定了 29 项公民的基本权利。至于享有宪法权利的权利主体，1954 年规定了 15 种类型的宪法权利主体，1975 年宪法规定了 12 种类型的宪法权利主体，1978 年宪法规定了 15 种类型的宪法权利主体，1982 年宪法则规定 23 种类型的宪法权利主体。由此可见，随着我国人权保障事业的发展，大量的法律权利都获得了宪法上的依据。宪法权利成为人权保护的最重要的手段。特别是在 2004 年修宪，将人权的概念正式写入宪法，从整体上改变了我国传统宪法所赖以建立的人权保障理念，政府对人权保障的责任从国内法上的责任发展到国际法上的责任。因此，可以毫不夸张地说，1982 年现行宪法对人权的保护是新中国人权保障事业不断发展和不断进步的一个重要的里程碑，它使我国的人权保障事业迈上一个台阶，改变了传统宪法所因循的仅仅在民族国家主权范围内才有效的人权保障观念，以积极主动的态度参加到人权保护的国际合作领域，扩展了我国人权保障的范围，使得我国宪法在保护人权方面具有时代性和历史进步性。

当然，1982 年宪法在宪法权利和公民的基本权利制度设计上也还存在

着一些理论和实践问题需要进一步加以解决，这些问题的存在既有历史的原因，也有体制的因素，尤其是我国长期以来没有正式启动宪法解释制度，因此，宪法中所规定的各项权利制度如何保持理论上的完整性和制度上的统一性，不仅是众说纷纭，而且还存在着许多价值上的矛盾。在进一步深化我国人权保障制度的法制建设的过程中，如何以现行宪法为核心，来建立起保障人权的科学和有效的国内法体系，这是今后一段时间内，我国宪法学理论界和人权理论界面临的最艰巨的任务。

目前，我国宪法学界和人权理论界面临的最主要的任务是就是如何建立一套实施国际人权公约的国内法上的解释理论，其中，最重要的就是采用什么样的解释原则和解释方法，来使我国宪法所规定的人权保障体系与国际人权公约所规定的普遍人权体系保持价值形态上的一致性，同时又能够使国际人权公约中的各项规定能够在我国的国内法体系中得到很好的实施。在这一方面，我们还有许多工作要做，既有理论的论证，也有制度的建设，特别是要建立一套比较科学的正确的处理人权保护方面的国际法与国内法的关系的理论以及在国内法上正确地区分和界定宪法权利和法律权利在保障人权方面所具有的不同功能和宪法权利对于保障人权所具有的特殊作用。

第二节 人权保护在我国法律制度中的历史演变及其特征

新中国建立以后，我国在人权保护领域内，以宪法所确立的公民权利和各项宪法权利为基础，通过制定一系列法律、法规和规章，建立起比较系统和全面的具体保障和实现人权的法律制度。这些法律制度构成了我国人权保障的国内法秩序的重要特色。

一 以打击各种犯罪行为为核心，建立和完善了自成体系的人权保障的刑事法律制度

人权保障对于政府最低层次的要求，就是应当通过建立必要的刑事法律制度，来防范各种侵犯人权事件的发生。

早在新中国成立初期，中央人民政府政务院、最高人民法院呈请中央人民政府主席批准，于1950年7月21日联合发布了《关于镇压反革命活动的指示》。1951年2月20日中央人民政府委员会第11次会议批准了政务院提交的《中华人民共和国惩治反革命条例》，并于同年2月21日公布施行。

该条例的出台对于打击反革命分子的嚣张气焰，保护人民的生命财产安全起到了非常重要的保障作用，是新中国成立初期保障人权，维护社会稳定的最重要的法律。

在1954年《中华人民共和国宪法》诞生之后，根据第一部宪法所规定的人权保障的基本精神，我国在刑事立法方面又有了很大的进步。不仅制定了保护人民生命财产安全的打击刑事犯罪的法律规定，而且还开始注重对刑事犯罪分子的人权加以适当保护。如在这一时期，全国人大常委会通过的一系列刑事立法就很好地反映了上述人权保障的特点。1954年12月20日，全国人大常委会通过了《中华人民共和国逮捕拘留条例》，1956年4月25日通过了《关于处理在押日本侵略中国战争中战争犯罪分子的决定》，1956年11月16日《关于宽大处理和安置城市残余反革命分子的决定》和《关于对反革命分子的管制一律由人民法院判决的决定》，1957年7月15日第一届全国人民代表大会第四次会议通过《关于死刑案件由最高人民法院判决或核准的决议》，1957年9月26日全国人大常委会通过《关于死刑案件由最高人民法院判决或核准的决议如何执行问题给最高人民法院的批复》，等等。从上述第一届全国人大及其常委会的刑事立法来看，已经开始关注对刑事犯罪分子实行改造原则以及谨慎判决死刑等问题，体现了刑事立法中的人道主义精神。

新中国成立初期在刑事立法领域值得一提的是对《中华人民共和国刑法》的起草和制定。早在1950年开始，中央人民政府法制委员会就开始着手起草刑法草案。1954年一届人大成立后，该项工作由全国人大常委会办公厅法律室继任。1955年，法律室拿出刑法草案，并征求了有关方面的意见。但是，随后发生的反右扩大化，又使该工作搁置下来。1962年1月，中央召开七千人大会为错划的右派分子摘帽。毛泽东在1962年3月22日明确指出："不仅刑法要，民法也要，现在无法无天，没有法律不行，刑法、民法一定要搞。不仅要制定法律，还要编案例。"① 根据中央指示精神，全国人大常委会办公厅法律室自1962年5月开始又恢复了刑法草案的修改工作。到1963年10月9日形成了第33稿。该草案原本考虑在一届人大四次会议上公布施行，但由于随之而来的"四清"运动又再度搁浅。

"文化大革命"结束后，1978年12月13日，邓小平指出："应该集中

① 转引自《人民日报》，1978年10月29日。

力量制定刑法、民法、诉讼法和其他各种必要的法律。"① 1978 年 10 月，中央政法小组召开法制建设座谈会。随后，从 10 月下旬开始重建刑法草案修订小组，对刑法草案第 33 稿进行修订。到 1979 年 5 月 29 日，刑法草案获得中央原则通过。1979 年 7 月 1 日，该刑法草案获得第五届全国人大第二次会议通过，并自 1980 年 1 月 1 日起正式实施。《中华人民共和国刑法》的通过，在我国人权保障历史上意义非常重大。首先，该法律将打击犯罪、保障人民生命财产权利作为刑法的主要任务。该法第 2 条规定：中华人民共和国刑法的任务，是用刑罚同一切反革命和其他刑事犯罪行为作斗争，以保卫无产阶级专政制度，保护社会主义的全民所有的财产和劳动群众集体所有的财产，保护公民私人所有的合法财产，保护公民的人身权利、民主权利和其他权利，维护社会秩序、生产秩序、工作秩序、教学科研秩序和人民群众生活秩序，保障社会主义革命和社会主义建设事业的顺利进行。其次，确立了打击犯罪的一些最基本的法治理念的要求，为保护人权提供了必要的法律依据。如该法第 9 条规定：中华人民共和国成立以后本法施行以前的行为，如果当时的法律、法令、政策不认为是犯罪的，适用当时的法律、法令、政策。如果当时的法律、法令、政策认为是犯罪的，依照本法总则第 4 章第 8 节的规定应当追诉的，按照当时的法律、法令、政策追究刑事责任。但是，如果本法不认为是犯罪或处刑较轻的，适用本法。

《中华人民共和国刑法》通过以后，从 1981 年 6 月至 1995 年 10 月，全国人大常委会先后颁布了 23 个单行刑法，如《惩治军人违反职责罪暂行条例》、《关于惩治走私罪的补充规定》、《关于禁毒的规定》等。这些单行刑法对 1979 年刑法进行了必要的补充，完善了各项刑法制度。1997 年第八届全国人民代表大会第五次会议又对 1979 年刑法进行了修订。修订后的新刑法在人权保障方面取得了重大的突破。集中表现在新修订的刑法确立了刑法的几项法治原则。这些原则主要包括：

①罪刑法定原则。新修订的刑法第 3 条规定：法律明文规定为犯罪行为的，依照法律定罪量刑；法律没有明文为犯罪行为的，不得定罪处刑。

②适用刑法人人平等原则。新修订的刑法第 4 条规定：对任何人犯罪，在适用法律上一律平等。不允许任何人有超越法律的特权。

③罪责刑相适应原则。新修订的刑法第 5 条规定：刑罚的轻重，应当与

① 邓小平：《解放思想，实事求是，团结一致向前看》，参见《三中全会以来重要文献选编》上，人民出版社 1982 年版，第 26 页。

犯罪分子所犯罪行和承担的刑事责任相适应。第 61 条也规定：对于犯罪分子决定刑罚的时候，应当根据犯罪的事实、犯罪的性质、情节和对于社会的危害程度，依照本法的有关规定判处。

总之，纵观新中国的刑事立法，在人权保障方面基本遵循了一个从严厉打击犯罪行为，维护社会秩序，到逐渐向通过打击犯罪行为来保障人权的刑法理念的转变，特别是在 1997 年新修订的刑法，更是根据国际社会普遍遵循的人权保障标准，突出了尊重人权和保障人权的刑事立法的原则，体现了我国刑事法律制度在人权保障方面的不断进步。

二 以保护人身权和财产权为重点，制定一系列保障民事权利实现的民事法律规范

人身权和财产权是人权保障的重要内容，特别是人身权利，是与普遍人权的内容密切相关的。财产权对于普遍人权的实现也具有非常重要的保障作用。所以，一个国家能否制定有关人身权和财产权的科学而完善的法律，直接关系到这个国家人权保障的力度和水准。

新中国成立以来，我国在以保护人身权和财产权为重点的民事权利方面的立法方面取得了令人瞩目的成就，先后出台了一批以保护人身权和财产权为主要立法目的的民事法律规范，为我国的人权保障事业的确立和发展提供了比较好的法律制度的基础。

新中国成立不久，1950 年 4 月 13 日，毛泽东主持的中央人民政府委员会第七次会议就通过了《中华人民共和国婚姻法》。中央人民政府于 1950 年 5 月 1 日颁布了这部法律，这是我国制定的以人权保障为宗旨的第一部民事法律。婚姻法的制定，是我国进行婚姻家庭制度改革的重大立法步骤，它标志着我国废除了包办强迫、男尊女卑、漠视子女利益的封建婚姻制度，确立了婚姻自主、一夫一妻、男女平等、保护妇女和儿童权益的社会主义婚姻家庭制度。

随着 1954 年宪法的制定，从 1954 年底开始，全国人大常委会办公厅研究室组织人员开始起草中华人民共和国民法草案。到 1957 年，民法草稿拟出总则、所有权、债权、继承四篇。但是，由于反右斗争的干扰，民法起草工作在“大跃进”声中告一段落。从 1962 年 9 月到 1965 年 1 月，受中央七千人大会的鼓舞，民法起草工作又得到了恢复。1964 年 7 月 1 日形成了《中华人民共和国民法草案（试拟稿）》。但是，1965 年 1 月，民法第二次起草工作又告一段落。

“文化大革命”结束以后，我国又开始了第三次民法起草工作。这次起草自1979年10月24日起至1982年6月3日止。1979年2月，全国人大常委会法制工作委员会成立，同年10月，法制工作委员会成立民法起草小组，再度起草民法。民法起草小组共起草了4个草案。但是，由于民法自身的复杂性，起草小组决定先起草民事单行法律，在条件成熟的基础上再起草统一的民法典。从1983年6月3日开始，到1986年4月12日第六届全国人大第四次会议通过《中华人民共和国民法通则》为止，又进行了第四次民法起草工作。

在着手起草民法的过程中，全国人大先后制定了一系列保障民事权利的民事单行法律，包括1980年的《中华人民共和国婚姻法》，1981年的《中华人民共和国经济合同法》，1982年8月制定的《中华人民共和国商标法》，1984年制定的《中华人民共和国专利法》，1985年制定的《中华人民共和国涉外经济合同法》和《中华人民共和国继承法》。这些单行民事法律的通过有效地保障了平等法律主体之间的民事权利，为社会主义市场经济的建立奠定了必要的法律基础。

1986年4月12日通过的《中华人民共和国民法通则》，在调整平等的人身关系和财产关系，保护公民的人身权和财产权方面起到了非常重要的作用。民法通则共九章156条，其中，第五章涉及了民事权利，整部法律涉及民法的基本原则，公民，法人，民事法律行为，代理，所有权，知识产权，债权，人格，婚姻，亲属，继承，违约责任；期间，诉讼时效，冲突规范和适用范围，基本上涵盖了民事法律的各个领域，是保障民事权利的基本法律。

在民法通则通过之后，为了加强对民事权利的法律保护，全国人大及其常委会又先后通过一系列保障民事权利的单行法律，如1990年的《中华人民共和国著作权法》，1991年的《中华人民共和国收养法》，1994年的《中华人民共和国劳动法》，1999年10月1日，《中华人民共和国合同法》正式生效，等等。这些民事单行法律的出台，不仅从法律制度上弥补了我国民事权利制度的法律空白，而且还为我国的人权保障事业建立了比较坚实的制度平台。

总的来说，民事法律规范在人权保障中发挥了基础性的保障作用。民事权利法律制度的建立和完善，强化了宪法上所规定的平等权的法律价值，为在全社会实现人的权利的普遍平等创造了制度上的有利条件。可以预见，随着我国民法典的出台，我国的民事权利保障制度将会更加科学和完善。民事权利法律制度在保障人权实现中的作用将更加突出。

三 以规范政府行政行为为目标，先后出台一大批以保护公民行政法上的权利为内容的行政法律、法规

行政法是以规范政府的行政行为为目的的，对政府行政行为的规范，实际上是给公民的宪法和法律权利的保护提供了法律制度上的保障。因此，新中国成立以来，随着我国法制建设的不断发展，人权保障的法治化也逐渐从宪法、刑法、民法发展到行政法领域。国家行政机关不仅需要依据宪法和法律，来有效地为人权保障提供各种条件，即便是行政机关自身的行为，甚至是维护公民权利的行为，由于自身也存在着侵犯人权的可能性，也被逐渐纳入进法制建设的轨道。

行政法在新中国成立以后相当长的一段时间内是被冷落和被忽视的法律部门。有关政府的行政行为，基本上是依靠政策来进行，行政机关在人权保障中的责任也被行政机关简单地履行“为人民服务”的职责所代替。从20世纪80年代开始，行政法在我国才开始受到重视，一些重要的行政法原则和行政法制度才逐渐地被建立起来。

早在1982年《中华人民共和国民事诉讼法（试行）》第3条第2款就规定：“法律规定由人民法院审理的行政案件，适用本法规定。”这一规定意义非同小可。它第一次通过法律的形式将行政行为纳入了司法审判的程序，实际上是肯定了行政行为也需要受到法律的控制。

我国行政法真正走向成熟是以《中华人民共和国行政诉讼法》的出台为标志的。1989年4月4日，第七届全国人民代表大会第二次会议通过的《中华人民共和国行政诉讼法》第1条明确规定：为保证人民法院正确、及时审理行政案件，保护公民、法人和其他组织的合法权益，维护和监督行政机关行使行政职权，根据宪法制定本法。行政诉讼法的制定是以保证公民、法人和其他组织的合法权益不受行政机关的具体行政行为侵犯为核心的，这种立法理念是基于现代人权保障意识而产生的，所以，从某种意义上可以说，行政诉讼法是我国出台的第一部以人权保障为根本宗旨的法律。根据行政诉讼法第2条的规定：公民、法人或者其他组织认为行政机关和行政机关工作人员的具体行政行为侵犯其合法权益，有权依照本法向人民法院提起诉讼。行政诉讼法第11条又规定：人民法院受理的公民、法人或者其他组织认为行政机关和行政机关工作人员侵犯其下列合法权益的行政案件，包括对拘留、罚款、吊销许可证和执照、责令停产停业、没收财物等行政处罚不服

的；对限制人身自由或者对财产的查封、扣押、冻结等行政强制措施不服的；认为行政机关侵犯法律规定的经营自主权的；认为符合法定条件申请行政机关颁发许可证和执照，行政机关拒绝颁发或者不予答复的；认为行政机关没有依法发给抚恤金的；认为行政机关违法要求履行义务的；认为行政机关侵犯其他人身权、财产权的，等等。

在行政诉讼法出台后，全国人大及其常委会又先后出台了一系列以人权保障为基本立法宗旨的行政基本法律和重要的行政法律。如1994年5月12日第八届全国人民代表大会常务委员会第七次会议通过的《中华人民共和国国家赔偿法》，该法第2条规定：国家机关和国家机关工作人员违法行使职权侵犯公民、法人和其他组织的合法权益造成损害的，受害人有依照本法取得国家赔偿的权利。该法第3条规定了公民人身权受到行政机关和行政机关工作人员侵犯应当获得行政赔偿的情形；第4条规定了公民、法人或其他组织的财产权受到行政机关和行政机关工作人员侵犯应当获得行政赔偿的情形。通过建立行政行为的国家赔偿制度，国家赔偿法为人权保障提供了必要的权利救济制度。

1996年3月17日第八届全国人民代表大会第四次会议通过的《中华人民共和国行政处罚法》又通过规范行政处罚的设定和实施，来保护公民、法人或其他组织的合法权益免受行政机关和行政机关工作人员违法行为的侵犯。行政处罚法第3条第2款规定：没有法定依据或者不遵守法定程序的，行政处罚无效。第4条又规定：行政处罚遵循公正、公开的原则。第6条规定：公民、法人或其他组织对行政机关所给予的行政处罚，享有陈述权、申辩权；对行政处罚不服的，有权依法申请行政复议或提起行政诉讼。公民、法人或其他组织因行政机关违法给予行政处罚受到损害的，有权依法提出赔偿要求。行政处罚法的上述各项规定，为限制行政机关的行政处罚行为，防止行政机关在设定和实施行政处罚中侵犯公民的合法权益起到了重要的保障作用。

为了进一步规范行政行为，防止行政机关和行政机关工作人员在履行职权的过程中侵犯公民的合法权益，在行政诉讼法的基础上，1999年4月29日，第九届全国人民代表大会常务委员会第九次会议通过了《中华人民共和国行政复议法》。该法第1条规定：为了防止和纠正违法的或者不当的具体行政行为，保护公民、法人和其他组织的合法权益，保障和监督行政机关依法行使职权，根据宪法，制定本法。相对于行政诉讼法规定的提起行政诉讼案件的范围，行政复议法在第6条又进一步扩大了受理行政复议案件的范围，根据第6条的规定：有下列情形之一的，公民、法人或者其他组织可以依照本法申请行政复议：

（一）对行政机关作出的警告、罚款、没收违法所得、没收非法财物、责令停产停业、暂扣或者吊销许可证、暂扣或者吊销执照、行政拘留等行政处罚决定不服的；

（二）对行政机关作出的限制人身自由或者查封、扣押、冻结财产等行政强制措施决定不服的；

（三）对行政机关作出的有关许可证、执照、资质证、资格证等证书变更、中止、撤销的决定不服的；

（四）对行政机关作出的关于确认土地、矿藏、水流、森林、山岭、草原、荒地、滩涂、海域等自然资源的所有权或者使用权的决定不服的；

（五）认为行政机关侵犯合法的经营自主权的；

（六）认为行政机关变更或者废止农业承包合同，侵犯其合法权益的；

（七）认为行政机关违法集资、征收财物、摊派费用或者违法要求履行其他义务的；

（八）认为符合法定条件，申请行政机关颁发许可证、执照、资质证、资格证等证书，或者申请行政机关审批、登记有关事项，行政机关没有依法办理的；

（九）申请行政机关履行保护人身权利、财产权利、受教育权利的法定职责，行政机关没有依法履行的；

（十）申请行政机关依法发放抚恤金、社会保险金或者最低生活保障费，行政机关没有依法发放的；

（十一）认为行政机关的其他具体行政行为侵犯其合法权益的。

除了扩大了对行政机关的具体行政行为通过行政复议程序进行监督的范围，行政复议法还加强了对行政机关的抽象行政行为可能存在的侵犯公民合法权益的现象的监督。该法第7条规定：公民、法人或者其他组织认为行政机关的具体行政行为所依据的下列规定不合法，在对具体行政行为申请行政复议时，可以一并向行政复议机关提出对该规定的审查申请：（一）国务院部门的规定；（二）县级以上地方各级人民政府及其工作部门的规定；（三）乡、镇人民政府的规定。前款所列规定不含国务院部、委员会规章和地方人民政府规章。规章的审查依照法律、行政法规办理。

为了进一步保障公民的人身权利，保护作为人权的最重要的权利内容的人身权利不受行政机关的侵犯，2000年3月15日第九届全国人民代表大会第三次会议通过的《中华人民共和国立法法》第 8 条明文规定：对公民政治权利的剥夺、限制人身自由的强制措施和处罚只能由法律加以规定。这一规定的重大意义是从法律上排除了行政机关利用制定行政法规和行政规章的权力来侵犯人身自由等重要的人身权利的可能性，将我国法律保障人权的立法水准又提升到了一个新的更高的层次。

随着我国行政法制建设的发展，通过立法，规范行政行为，保障公民的合法权益得到了立法机关的高度重视，体现在行政立法方面，就是 2003 年 8 月 27 日第十届全国人民代表大会常务委员会第四次会议通过的《中华人民共和国行政许可法》。该法第 1 条明确规定：为了规范行政许可的设定和实施，保护公民、法人和其他组织的合法权益，维护公共利益和社会秩序，保障和监督行政机关有效实施行政管理，根据宪法，制定本法。行政许可法第 5 条规定：设定和实施行政许可，应当遵循公开、公平、公正的原则。由于行政机关实施行政许可直接影响到公民的法律上合法权益，第 7 条规定：公民、法人或者其他组织对行政机关实施行政许可，享有陈述权、申辩权；有权依法申请行政复议或者提起行政诉讼；其合法权益因行政机关违法实施行政许可受到损害的，有权依法要求赔偿。这些规定都通过行政基本法律的形式规范了行政机关实施行政许可的行为，有效地维护了公民的行政法上的各项权利，为人权保障提供了最基本的法律制度的保证。

总之，我国行政法在过去的二十几年中从无到有，从不完善到逐渐完善，其间，行政立法的宗旨始终围绕着如何实现人权保障的最大目标。通过将一系列符合当今世界行政法治理念要求的行政法治原则规定在法律中，为维护和监督行政机关在人权保障中发挥应有的作用起到了非常重要的制度保障作用，形成我国人权保障最重要的国内法的法律基础。

四　以保障诉权作为人权保障的重要内容，建立和健全了比较成熟的诉讼法制度

诉讼法是以保障当事人的诉讼权利为核心的部门法，是一个国家国内法中实行人权保障的重要法律形式。诉讼法就其实质来说是一种人权救济法，也就是说，当其他法律形式所规定的人权得不到保护的时候，人权受到侵害的当事人就需要通过诉讼法来寻求权利救济。如果一个国家没有健全的诉讼法制度，那么，就意味着这个国家的人权保障的国内法制度是不完整的，也是不科学的，不可能真正地起到保障人权的应有作用。

新中国成立以后，我国立法机关一直重视诉讼法的立法工作，并先后制

定出台了三大诉讼法，即《中华人民共和国刑事诉讼法》、《中华人民共和国民事诉讼法》和《中华人民共和国行政诉讼法》，另外，还出台了一些保障诉讼权利的准诉讼法性质的法律，如《中华人民共和国仲裁法》、《中华人民共和国行政复议法》等。

（一）我国刑事诉讼法律制度的建立和完善

新中国成立初期，根据土地改革、镇压反革命、“三反”、“五反”等社会改革运动的需要，中央人民政府先后制定了一些有关司法制度和诉讼程序的单行法规。如1951年9月3日中央人民政府委员会第12次会议通过了《中华人民共和国人民法院暂行组织条例》、《中央人民政府最高人民检察署暂行组织条例》和《各级地方人民检察署组织通则》等。根据上述单行法规的规定，我国建立起来审判刑事和民事案件的人民法院三级两审制度，并且在刑事诉讼过程中，实行人民陪审制，公开审判，各民族人民均有权使用其民族语言进行诉讼的权利。人民检察署实行“双重领导”制，在刑事诉讼中，代表国家对犯罪嫌疑人提起公诉等。

1954年第一部宪法诞生之后，根据第一部宪法所确立的审判和检察体制，在1954年9月举行的第一届全国人民代表大会第一次会议上通过了《中华人民共和国人民法院组织法》和《中华人民共和国人民检察院组织法》。同年12月，全国人大常委会又通过了《中华人民共和国逮捕拘留条例》，这两个组织法和1个条例的出台极大地完善了我国的刑事诉讼制度，很好地保护了当事人在刑事诉讼中所享有的各项诉讼权利。这两个组织法和1个条例规定：国家的审判权、检察权、侦查权分别由人民法院、检察院和公安机关行使，其他任何机关、团体和个人都无权行使；人民法院独立进行审判，只服从法律；地方各级人民检察院独立行使职权，不受地方国家机关的干涉；人民法院、人民检察院和公安机关进行刑事诉讼，必须遵循分工负责，互相配合，互相制约的原则；审判公开原则；被告人有权获得辩护原则；公民有权用本民族语言文字进行诉讼的原则；实行人民陪审员陪审制、审判合议制；两审终审制、回避制度、死刑复核制度以及规定了逮捕拘留人犯的对象、条件和程序、期限等。

从20世纪50年代初开始，中央人民政府法制委员会就着手起草刑事诉讼法，曾在1954年草拟出《中华人民共和国刑事诉讼条例（草案）》。1957年5月18日，有关部门又结合我国的司法实际，参照外国的经验，拟出了《中华人民共和国刑事诉讼法草案（草稿）》，共七篇十六章325条，后因反右工作的开始而停顿下来。1962年6月，在中央政法小组的主持下，刑事诉讼法草案（草稿）的修订工作又得到了恢复。经过进一步调查和研究，反复推敲，到1963年4月形成了《中华人民共和国刑事诉讼法（初稿）》，共七编十八章200条。但是，随着在全国开展的“四清”运动和紧跟其后的“文化大革命”，刑事诉讼法草案的修改工作不得不停顿下来。

“文化大革命”结束后，在党的十一届三中全会精神的鼓舞下，国家的各项立法工作走上了正轨，在这种背景下，1979年7月1日第五届全国人民代表大会第二次会议通过了《中华人民共和国刑事诉讼法》，并于1980年1月1日起施行。刑事诉讼法除了肯定了新中国成立以后在我国刑事司法领域一些好的做法，纠正了“文化大革命”中被破坏了的好的传统，还侧重将立法工作的宗旨放在对公民的诉讼权利的保障上。该法第4条规定：人民法院、人民检察院和公安机关进行刑事诉讼，必须依靠群众，必须以事实为根据，以法律为准绳。对于一切公民，在适用法律上一律平等，在法律面前，不允许有任何特权。第6条规定：各民族公民都有用本民族语言文字进行诉讼的权利。人民法院、人民检察院和公安机关对于不通晓当地通用的语言文字的诉讼参与人，应当为他们翻译。第8条规定：人民法院审判案件，除本法另有规定的以外，一律公开进行。被告有权获得辩护，人民法院有义务保证被告人获得辩护。第10条规定：人民法院、人民检察院和公安机关应当保障诉讼参与人依法享有的诉讼权利。对于不满十八岁的未成年人犯罪的案件，在讯问和审判时，可以通知被告人的法定代理人到场。诉讼参与人对于审判人员、检察人员和侦查人员侵犯公民诉讼权利和人身侮辱的行为，有权提出控告。另外，刑事诉讼法还从保障实体意义上的诉权的角度，规定了相关的撤销案件、不起诉和宣告无罪的诉讼权利。该法第11条规定：有下列情形之一的，不追究刑事责任，已经追究的，应当撤销案件，或者不起诉，或者宣告无罪：1. 情节显著轻微、危害不大，不认为是犯罪的；2. 犯罪已过追诉时效期限的；3. 经特赦令免除刑罚的；4. 依照刑法告诉才处理的犯罪，没有告诉或者撤回告诉的；5. 被告人死亡的；6. 其他法律、法令规定免予追究刑事责任的。总的来说，1979年《中华人民共和国刑事诉讼法》的制定，为我国人权保障事业提供了最重要的制度保障，它使得作为现代法治社会中最重要的人权之一的诉权真正地得到了成文法的保障，具有时代的进步性。刑事诉讼法的出台推动了我国人权保障事业的巨大进步。

《中华人民共和国刑事诉讼法》出台后，在避免“文化大革命”中的侵犯人权现象的大规模的发生，保护公民的诉讼权利方面发挥了重要的作用。该法所确立的保障人权的诉讼制度在其后的司法实践中，不断得到完善和发展。1996 年 3 月 17 日第八届全国人民代表大会第四次会议又根据我国刑事诉讼实践的特点，结合国际社会对刑事诉讼程序提出的人权保障要求，又将许多符合人权国际保护趋势的一些刑事诉讼原则和制度确立在新修订的刑事诉讼法中。新修订的《中华人民共和国刑事诉讼法》第 2 条规定该法的任务之一是："保证无罪的人不受刑事追究"；"保护公民的人身权利、财产权利、民主权利和其他权利"。在该法中，特别重视对刑事诉讼参与人各项诉讼权利的保护。如第 43 条规定：严禁刑讯逼供和以威胁、引诱、欺骗以及其他非法的方法搜集证据。第 49 条规定：人民法院、人民检察院和公安机关应当保障证人及其近亲属的安全。第 60 条规定：对应当逮捕的犯罪嫌疑人、被告人，如果患有严重疾病，或者是正在怀孕、哺乳自己婴儿的妇女，可以采取取保候审或者监视居住的办法。第 92 条规定：不得以连续传唤、拘传的形式变相拘禁犯罪嫌疑人等，这一系列规定都比较好地将国际人权公约中关于刑事审判程序保障人权的要求体现到具体的制度中，使我国的刑事诉讼法成为名副其实的人权保障法律。

（二）我国民事诉讼法律制度的建立和完善

民事诉讼法也是我国人权保障法律制度的重要组成部分，与刑事诉讼法一样，通过法律的形式具体地规定了民事诉讼参与人享有的各项诉讼权利。

从新中国成立初期到 1979 年之前，我国没有颁布过民事诉讼方面的法律。1950 年，中央人民政府法制委员会草拟了《中华人民共和国诉讼程序通则（草案）》，但是，该通则并没有完成立法程序。1956 年，最高人民法院印发了《关于各级人民法院民事案件审判程序总结》，通知各级人民法院按照该总结的规定办理民事案件。1957 年，最高人民法院把该总结条文化，制定成《民事案件审判程序》，共 84 条。"文化大革命"之后，最高人民法院于 1979 年 2 月召开第二次民事审判工作会议。为了进一步搞好民事审判工作，提高办案质量，制定了《人民法院审判民事案件程序制度的规定》，该规定对当事人在民事诉讼中的相关权利作了原则性规定。

从 1979 年 8 月开始，全国人大常委会法制委员会决定着手起草民法诉讼法。从 1979 年 9 月 17 日开始，经过两年的调查研究和反复讨论，征求社会各界意见，最后于 1981 年 11 月，将《中华人民共和国民事诉讼法（草案）》提交第五届全国人大常委会第二十一次会议审议。同年 12 月，第五届全国人民代表大会第四次会议审议了民事诉讼法草案，并作出决议，原则上通过《中华人民共和国民事诉讼法草案》，但要求在进一步修改的基础上公布试行。1982 年 3 月，第五届全国人民代表大会常务委员会第二十二次会议审议通过了《中华人民共和国民事诉讼法（试行）》。该法共五编 23 章 205 条，详细规定了民事诉讼的各项诉讼程序，对民事诉讼当事人的诉讼权利给予充分的保护。该法第 10 条规定：民事诉讼有权对争议的问题进行辩论。第 11 条规定：民事诉讼当事人有权在法律规定的范围内处分自己的民事权利和诉讼权利。第 5 条规定：人民法院审理民事案件，必须以事实为根据，以法律为准绳；对于诉讼当事人在适用法律上一律平等；保障诉讼当事人平等地行使诉讼权利。第 13 条还规定：机关、团体、企业事业单位对损害国家、集体或者个人民事权益的行为，可以支持受损害的单位或者个人向人民法院起诉。此外，该法还规定了各民族公民都有用本民族语言、文字进行民事诉讼的权利。可以说，《中华人民共和国民事诉讼法试行》在保障公民民事诉讼中的各项诉讼权利方面起到了非常重要的作用，也为通过民事诉讼获得实体民事权利的保护提供了制度的有力保障。

从 1986 年开始，全国人大常委会法制工作委员会开始着手对民事诉讼法试行进行修改工作。并在 1987 年 5 月起草出《关于修改民事诉讼法（试行）几个主要问题的初步考虑》。1990 年 12 月。第七届全国人大常委会第十七次会议对《中华人民共和国民事诉讼法（试行）》（修改草案）进行了初步审议。1991 年 3 月 2 日，第七届全国人大常委会第十八次会议通过了关于将民事诉讼法试行修改草案提请第七届全国人民代表大会第四次会议审议的决定。1991 年 4 月 9 日，第七届全国人大四次会议通过了《中华人民共和国民事诉讼法》。该法共四编 29 章 270 条。在该法所规定的民事诉讼的各个环节都规定了民事诉讼当事人相关的诉讼权利，是我国人权保障领域又一部非常重要的法律。

《中华人民共和国民事诉讼法》全面地规定了民事诉讼当事人的各项诉讼权利。该法第 8 条规定：民事诉讼当事人有平等的诉讼权利。人民法院审理民事案件，应当保障当事人行使诉讼权利，对当事人在适用法律上一律平等。第 12 条规定：人民法院审理民事案件时，当事人有权进行辩论。第 13 条规定：当事人有权在法律规定的范围内处分自己的民事权利和诉讼权利。第 61 条对律师和诉讼代理人的相关权利也作了规定，该条规定：代理诉讼的律师和其他诉讼代理人有权调查搜集证据，可以查阅本案有关材料。另外，该法还对外国人、无国籍人、外国企业和组织在人民法院起诉的权利作了保护性规定。该法第 5 条规定：外国人、无国籍人、外国企业和组织在人民法院起诉、应诉，同中华人民共和国公民、法人和其他组织有同等的诉讼权利义务。外国法院对中华人民共和国公民、法人和其他组织的民事诉讼权利加以限制的，中华人民共和国人民法院对该国公民、企业和组织的民事诉讼权利，实行对等原则。

总的来说，《中华人民共和国民事诉讼法》作为规定民事诉讼程序的基本法律，在保障民事诉讼当事人的诉讼权利方面起到了非常重要的制度保障作用，该诉讼法与刑事诉讼法、行政诉讼法一起共同构成了我国人权保障的最重要的三大诉讼法制度。

（三）我国行政诉讼法律制度的建立和完善

我国的行政诉讼制度是在20世纪80年代末90年代初建立起来的。早在1982年《中华人民共和国民事诉讼法（试行）》中就规定人民法院适用民事程序审理法律由人民法院审理的行政案件。从1982年到1986年，法律法规规定由人民法院审理的行政案件主要有：食品卫生管理、土地管理、林业管理、工商行政管理、专利管理、税务管理、药品管理、海洋环境管理八大类。这八大类案件都属于经济管理领域的案件，在法院设立行政审判庭之前，这些案件大多由经济审判庭审理。1986年9月，第六届全国人民代表大会常务委员会第十七次会议通过的《中华人民共和国治安管理处罚条例》将行政案件引入治安管理领域，催发了一些地方开始设立专门的行政审判庭来审理行政案件。

1986年10月，在全国人大常委会顾问陶希晋的倡导下，成立了由行政法学者、专家和有关实际部门同志组成的行政立法研究组。该研究组于1987年2月开始草拟《中华人民共和国行政诉讼法》（草案），并于1988年8月提交立法机构审议。1989年4月4日第七届全国人民代表大会第二次会议正式通过了《中华人民共和国行政诉讼法》，它标志着我国行政诉讼制度走上正轨，同时也意味着在我国人权保障事业的法制建设中第一部以监督政府行为来保障公民权利的法律的出台。行政诉讼法的出台意义非同小可，它在我国首次建立了“民告官”的制度，明确要求政府作为管理机关，不仅要采取必要的法律措施来防止对公民权利侵害事件的发生以及对人权侵犯现象的出现，更重要的是行政机关的行为也被视为可能侵犯人权的因素受到了法律的约束。所以说，行政诉讼法的出台是我国新中国成立以来人权保障事业方面取得的最重要的成就。是继宪法之后，保障人权的最有力的法律。

五　以保障政治权利的实现为前提，通过了大量的实现公民政治权利的法律

包括选举权和被选举权、参与公共事务的权利和担任公职和公务的权利

等是为《公民权利和政治权利国际公约》所承认的区别于一般普遍人权的以公民作为权利主体的政治权利。公民的政治权利一直是我国立法保护的重点，从1954年宪法开始，我国宪法就比较明确地规定了具有中华人民共和国国籍的公民享有包括选举权和被选举权、参与公共事务的权利等等一系列政治权利。公民的这些政治权利，除了在历次宪法中得到了明确肯定之外，还通过立法机关先后制定的一系列法律予以制度化。

早在1953年2月11日，中央人民政府委员会第22次会议就审议通过了《中华人民共和国选举法》，并于1953年3月1日起正式实施。1953年选举法确立了普遍选举原则，规定主要实行间接选举和不完全无记名投票，规定了选民或代表的提名权以及少数民族的权利等。该选举法颁布后，有效地推动了全国第一次普选，依据这次普选，全国各地都比较顺利地建立了以人民代表大会为主体的各级人民政权。“文化大革命”中，我国的选举制度基本上遭到了破坏，原有的选举法律秩序也荡然无存。

1979年7月1日，第五届全国人民代表大会第二次会议制定了《中华人民共和国选举法》和《中华人民共和国地方各级人民代表大会和地方各级人民政府组织法》，对我国选举制度在1953年选举法的基础上进行了选举制度的改革，进一步扩大了公民的选举权和被选举权。1982年现行宪法通过之后，根据形势发展的要求，全国人大及其常委会又对“两法”先后在1982年、1986年和1995年又进行了三次修改。通过这三次修改，进一步完善我国的选举制度，充分保障了公民的选举权和被选举权以及各种参与公共事务活动、担任公职的各项政治权利。

在通过选举法和组织法加强对公民的政治权利保护的同时，立法机关还注意进一步扩大公民行使的政治权利的范围以及行使政治权利的方式，1992年4月3日第七届全国人民代表大会第五次会议通过了《中华人民共和国全国人民代表大会和地方各级人民代表大会代表法》，该法对于保障代表权利和选民或原选区对代表的监督权方面起到了非常重要的保障作用。为了进一步落实现行宪法第2条第3款规定的人民通过各种形式，参与国家和社会生活的管理，1989年12月26日第七届全国人民代表大会常务委员会第十一次会议通过了《中华人民共和国城市居民委员会组织法》，1998年11月4日第九届全国人民代表大会常务委员会第五次会议又通过了《中华人民共和国村民委员会组织法》，这两个法律的出台，通过明确居民委员会和村民委员会的法律性质和地位，完善了居民委员会和村民委员会作为城市居民和农村村民自我管理、自我教育、自我服务的基层群众性自治组织，在我国城市和农村基层社区实行民主选举、民主决策和民主管理、民主监督等。极大地提高了人民群众自治和自我管理的水平，扩大了人民群众参政议政的民主渠道，推动了基层政权建设。2000 年 3 月 15 日第九届全国人民代表大会第三次会议通过的《中华人民共和国立法法》第 90 条第 2 款规定：公民、社会团体和企业事业单位认为行政法规、地方性法规、自治条例和单行条例同宪法或者法律相抵触的，可以向全国人民代表大会常务委员会书面提出审查的建议，由常务委员会工作机构进行研究，必要时，送有关的专门委员会进行审查、提出意见等。

总之，有关公民的政治权利的立法在我国目前的国内法制度中已经形成了以宪法规定的公民的政治权利为基础，以选举法、组织法等其他各项法律规定为主体的公民的政治权利法律保障体系。这些法律制度的建立，为我国公民的政治权利的实现提供了可靠的制度保证。

六　积极参与人权保障的国际合作，先后参加和缔结了一系列有重要影响的国际人权公约和有关人权保护的国际条约和协定

我国一贯赞赏和支持《联合国宪章》促进人权和基本自由的宗旨与原则，尊重《世界人权宣言》、《德黑兰宣言》和《维也纳宣言和行动纲领》所确认的人权准则，积极参与国际人权领域的活动，努力推动国际人权事业的健康发展。

我国自 1971 年恢复在联合国的合法席位之后，积极参与联合国人权领域的活动。我国一直派团出席联合国大会历届会议和经济及社会理事会会议，积极参加有关人权一体的审议，阐述我国对人权问题的态度和支持民族自决、反对种族歧视和种族隔离，保护和尊重人权的基本立场。自 1981 年我国当选为联合国人权委员会成员国以来，一直连选连任，并每年派出代表团出席该委员会的例会。从 1984 年开始，我国推荐的专家连续当选为防止歧视和保护少数小组委员会委员，并派代表团以观察员身份列席该小组委员会。我国还是消除对妇女歧视委员会的委员、联合国难民事务高级教导员方案执委会成员、联合国社会发展委员会的正式成员，并派团参加上述组织的会议。我国还积极参加国际劳工组织、联合国教科文组织和世界卫生组织的工作。

我国以积极合作的态度参加了 1993 年在维也纳召开的世界人权大会及其筹备工作，为《曼谷宣言》和《维也纳宣言和行动纲领》的顺利通过作出了积极的贡献。并于 1995 年 9 月成功地举办了联合国第四次世界妇女大

会和非政府组织论坛，为世界妇女事业的进步和妇女人权的实现作出了自己的贡献。

从 1981 年开始，我国多次派代表参与联合国系统内人权法律文书的起草和制定工作。先后参加了《发展权宣言》的起草工作，多次派代表团参与《儿童权利国际公约》、《保护所有移徙工人及其家属权利国际公约》、《禁止酷刑和其他残忍、不人道或有辱人格的待遇或处罚决定》、《个人团体和社会机构在促进和保护世所公认的人权和基本自由方面的权利和义务宣言》和《保护民族、种族、语言、宗教上属于少数人的权利宣言》等国际文书的起草工作，为这些文件的起草作出了自己的努力。

我国积极参加联合国有关人权公约，迄今为止已经批准或加入的有关人权的国际公约包括《防止及惩治灭绝种族罪行公约》、《禁止并惩治种族隔离罪行国际公约》、《消除对妇女一切形式歧视公约》、《消除一切形式种族歧视公约》、《残疾人权利公约》《关于难民地位的公约》、《关于难民地位的议定书》、《禁止酷刑和其他残忍、不人道或有辱人格的待遇或处罚公约》、《儿童权利公约》、《男女同工同酬公约》、《1949 年 8 月 12 日日内瓦四国公约》及其两个《附加议定书》等。对于已经加入的国际公约，我国政府通过立法、司法和行政等各种措施，严肃和认真地履行公约所规定的义务，并按时提交有关公约执行情况的报告。我国政府于 1997 年 10 月和 1998 年 10 月签署了《经济、社会和文化权利国际公约》和《公民权利和政治权利国际公约》，全国人大常委会于 2001 年 2 月 28 日批准了《经济、社会和文化权利国际公约》，目前正在组织力量研究和批准《公民权利和政治权利国际公约》。

我国还非常重视在国际人权领域与联合国加强合作。1994 年邀请联合国宗教不容忍问题的特别报告员访华，1996 年和 1997 年两次邀请联合国任意拘留问题工作组主席访华，增进了相互了解。1997 年 11 月，我国政府决定为香港特别行政区转交《经济、社会和文化权利国际公约》和《公民权利和政治权利国际公约》的执行情况的报告，并按时向联合国有关机构提交了报告。目前，正在积极准备向经济、社会和文化权利委员会提交我国批准《经济、社会和文化权利国际公约》后应当向该委员会提交的首次报告。

总的来说，我国在国际人权保护领域一直是以积极和合作的态度参与国际人权保护方面的各项活动，同时结合我国已经批准和加入的国际人权公约的要求，积极地调整国内法上的相关保障人权的举措，通过人权保障领域的国际交流与合作，推动我国人权保障事业的不断发展和进步。

七 2007年我国在人权立法方面的重要发展

2007年，是我国立法工作突飞猛进、卓有成效的一年。在这一年中，全国人大及其常委会作为国家最高立法机关，在加快立法工作的步伐、制定和出台重要的法律、构建中国特色社会主义法律体系方面都有许多可圈可点的"亮点"、"热点"，特别是在人权保护领域，2007年度可以称得上的"人权保障年"。

2007年，全国人大及其常委会作为国家最高立法机关，依据宪法、立法法的规定，制定和出台了一批以保障人权为目标的法律。在这些法律中，最引人注目的是《中华人民共和国物权法》、《中华人民共和国劳动合同法》、《中华人民共和国就业促进法》，等等。《中华人民共和国物权法》作为规范物权关系的基本法律，不仅通过立法，确立了我国基本的物权制度，规范了物权法律秩序，为社会主义市场经济的健康发展提供了最基本的法律保障。更重要的是，《中华人民共和国物权法》的出台和实施，对公民的私有财产给予充分和有效地保护，为公民实现宪法和法律所规定的各项权利提供了可靠的物质保障和法律保障。《中华人民共和国劳动合同法》是继《中华人民共和国劳动法》之后调整劳动关系的又一部重要法律。《中华人民共和国劳动合同法》是一部典型的以保障人权为立法宗旨的法律。该法第1条就开明宗义地宣称，该法的立法目的是为了"保护劳动者的合法权益"。这是贯彻实施我国现行宪法所规定的"国家尊重和保障人权"的具体措施，也是保障劳动者权利的基本法律依据。《中华人民共和国就业促进法》通过明确政府在就业促进方面的职责，通过政府这只看得见的手，在政府、劳动者和用人单位三者之间建立起互信互利的劳动合同制度，特别是政府可以通过就业促进政策和各项具体的措施来保障劳动者权利的实现。

在人权保障立法领域，2007年度还有值得一提的是《中华人民共和国民事诉讼法》（修订）、《中华人民共和国律师法》（修订）以及最高人民法院发布的《关于死刑复核若干问题的规定》等。《中华人民共和国民事诉讼法》通过扩大再审案件申诉事由的范围，进一步强化了民事诉权的权利能力，提高了人权救济的水平。《中华人民共和国律师法》通过对律师从事业务活动相关权利的规定，从而提高了律师为当事人提供法律服务的水平和质量，为公民法律权利的实现提供了更加有效的法律帮助。《关于死刑复核若干问题的规定》通过将死刑复核权收回最高人民法院行使，对生命权给予了更加有效、更为慎重的司法保护。总之，无论是人大的立法，还是司法机关的司法解释，2007年度值得留下一笔的是人权保障立法的推进和人权保护水平的进一步提高。

（一）《中华人民共和国物权法》[①] 在人权保障方面的重要制度及其意义

1. 重要人权保障制度

（1）平等保护国家、集体、私人所有权

《物权法》开篇规定，社会主义市场经济制度是我国的基本经济制度，在这一立法宗旨下，国家、集体、私人的物权和其他权利人的物权受法律平等的保护，任何单位和个人不得侵犯。

（2）加重被征地、拆迁人利益保护力度

国家征收单位、个人的房屋及其他不动产时，应当依法给予拆迁补偿。对于征收集体所有的土地，《物权法》规定了依法足额支付土地补偿费、安置补助费、地上附着物和青苗补偿费等费用，还要求安排被征地农民的社会保障费用，保障其生活。补偿标准依照《土地管理法》规定，征收耕地的土地补偿费，为该耕地被征收前3年平均年产值的6—10倍。国务院根据社会、经济发展水平，在特殊情况下，可提高征收耕地的土地补偿费和安置补助费标准。对于征收居民房屋的情况，《物权法》规定应当保障被征收人的居住条件，起码不低于原居住条件。

（3）法律、行政法规未禁止抵押的财产均可抵押

《物权法》增加了可设抵押的“物”的范围，规定正在建造的建筑物、船舶、飞行器均可抵押。但是将建筑物及其占用范围内的建设用地使用权进行了“捆绑”，即土地应与建在这块土地上的房子一起抵押。同时规定，公益事业单位、社会团体的教育设施、医疗卫生设施和其他社会公益设施不得抵押。对于可以转让的基金份额、股权，注册商标专用权、专利权、著作权等知识产权中的财产权等也可以质押。但以基金份额、股权出质的，双方应当订立书面合同，出质后未经双方协商同意不得转让。

（4）不动产实行统一登记制度

《物权法》规定，经过权利人的申请、登记机关的审查之后，不动产便可以在登记机关进行初始登记或变更登记。记载于登记簿的那一刻，该权利被确定，没有登记则不发生效力。为防止出现一房多卖情况，《物权法》规定了预告登记制度，当事人只要和开发商签订预售买卖合同，购房者即可向登记机构申请预告登记，保证将来获得对于不动产的所有权。因各种原因导

① 颁布单位：全国人民代表大会；颁布日期：2007年3月16日；实施日期：2007年10月1日。

致不动产登记簿的内容错误，权利人和利害关系人可以申请更正登记。如果登记簿上的权利人不同意更正，利害关系人可以申请异议登记。但按照《物权法》规定，利害关系人必须在异议登记后15天内提出起诉，若在期限内没有起诉，异议登记失效。

（5）相邻权益受损可索赔

根据《物权法》规定，建造建筑物，不得违反国家有关工程建设标准，妨碍相邻建筑物的通风、采光和日照。不动产权利人不得违反国家规定排放大气污染物、水污染物，弃置固体废物，施放噪声、光、电磁波辐射等有害物质。造成损害的要予以赔偿。赔偿数额由双方协商，协商不成可以请求相关部门调解，或者提起诉讼。

（6）满70年后住宅建设用地使用权自动续期

住宅建设用地使用权满70年后自动续期，续期没有条件限制。房子存在多久，地的期限就存在多久。

（7）有关共有和共同管理权利的重大事项须业主共同决定

业主可以设立业主大会，选举业主委员会。地方人民政府有关部门应当对设立业主大会和选举业主委员会给予指导和协助。制定和修改业主大会议事规则；制定和修改建筑物及其附属设施的管理规约；选举业主委员会或者更换业主委员会成员；选聘和解聘物业服务企业或者其他管理人；筹集和使用建筑物及其附属设施的维修资金；改建、重建建筑物及其附属设施；有关共有和共同管理权利的其他重大事项均应由业主共同决定。业主大会或者业主委员会的决定对业主具有约束力。但是，当业主大会或者业主委员会做出的决定侵害业主合法权益时，受侵害的业主可以请求人民法院予以撤销，对业主不缴物业费的行为，业主大会和业委会有权提起诉讼。

（8）小区车位车库应先满足业主需要

《物权法》规定，车位归属由当事人约定，业主在买房时，可以通过签订合同付费的方式从开发商处获得车位的归属，车库首先满足业主需要；建筑区划内，规划用于停放汽车的车位、车库的归属，由当事人通过出售、出租或者附赠等方式约定。占用业主共有的道路或者其他场地用于停放汽车的车位，属于业主共有。

（9）共有部分产生收益归业主共有

小区的共有部分一般包括健身娱乐场所、林地、草坪等，《物权法》规定这些部分属于全体业主共有，那么由此产生的收益自然应该投入到业主共同财产中的维护养护中。比如，公共道路划地停车收费的收益，应纳入小区收支预算，用于支付管理员工资和道路的维护，而分配应该由业主大会或者业主委员会来完成，物业公司只是一个代收性质。

（10）筹集维修资金要满足两条件

筹集公共维修资金需要满足两条件：除了人数占全体业主三分之二业主同意外，还要求对房屋专有部分占建筑物总面积三分之二以上的业主同意。从业主人数上和建筑物面积两方面明确了筹集和动用维修基金的条件。某种程度上限制了物业公司的权利，物业公司不能随意联合部分业主就擅自动用公共维修资金。

2. 在人权保障方面的重要意义

《中华人民共和国物权法》的颁布和实施无疑是2007年度我国法制建设领域的“热点”、“亮点”。《物权法》的颁布和实施其意义不仅仅在于法律本身的出台，对于我国社会主义法制建设来说，更具有启发性价值的是《物权法》从起草到通过的立法过程。这一过程至少具有以下几个方面的特点：

（1）《物权法（草案）》的违宪与合宪之争深刻地反映了当今社会公众“法治意识”得到全面提升的现状。作为调整物权关系的最重要的法律，首先应当符合作为根本法的宪法的要求，这是宪法作为根本法的基本价值要求，也是社会主义法治统一原则的体现。包括法学专家在内的社会公众普遍关注《物权法（草案）》的合宪性依据问题，说明宪法在我国社会主义法治建设中的核心地位正越来越获得社会公众的认可。宪法至上作为“依法治国”的重要原则已经成为国家立法机关制定法律的重要的指导思想，缺少宪法依据的法律草案今后就很难被提到正式的立法议程上，这充分说明了我国立法工作的进步性。

（2）《物权法》的出台经过了全国人大常委会的七次审议，打破了全国人大及其常委会以往立法程序的惯例，《物权法》艰难出台的过程，说明了国家立法机关对这样一部涉及每一个公民切身权益的法律高度重视，国家机关本着高度认真负责的立法态度和以科学、实事求是的立法指导思想为指导，经过上上下下、反反复复的征求各方面意见，最后形成了适合我国现阶段社会政治、经济发展特点的《物权法》，这一立法过程充分体现了《物权法》立法程序的科学性和严谨作风。

（3）《物权法》在征求社会各界意见的过程中，社会公众广泛参与，提出了大量的符合我国当前实际的立法建议，使得我国《物权法》所建立的各项物权法律制度真正地建立在民意基础之上，《物权法》的起草过程充分体现了“民主立法”、“开门立法”的立法理念。

总之，作为规范物权关系的法律，《物权法》的出台不仅有利于建立规范有序的市场秩序，更重要的是，《物权法》弘扬了社会主义法治统一原则和对公民的财产权利予以尊重和保护的法律精神，是我国社会主义法律体系中最具代表性、最有影响的、与人民群众切身利益密切相关的基本法律。

（二）《中华人民共和国劳动合同法》[①] 在人权保障方面的重要制度及其意义

1. 重要人权保障制度

（1）新法适用事业单位

实践中事业单位人员是由公务员或参照公务员管理的人员、实行聘用制的人员、一般劳动者构成。公务员或参照公务员管理的人员不适用《劳动合同法》，一般劳动者适用《劳动合同法》，实行聘用制的人员部分适用。但根据《劳动合同法》规定，国家机关、事业单位、社会团体和与其建立劳动关系的劳动者，订立、履行、变更、解除或者终止劳动合同，依照本法执行。事业单位与实行聘用制的工作人员订立、履行、变更、解除或者终止劳动合同，法律、行政法规以及国务院另有规定的，依照其规定；未作规定的，依照本法有关规定执行。将实行聘任制的工作人员交由法律、行政法规以及国务院来决定，部分适用于事业单位，扩大了调整范围。

（2）签合同前用人单位须履行告知义务

为了充分保证劳动者知情权，《劳动合同法》规定用人单位招用劳动者时，应当如实告知劳动者工作内容、工作条件、工作地点、职业危害、安全生产状况、劳动报酬以及劳动者要求了解的其他情况；用人单位有权了解劳动者与劳动合同直接相关的基本情况，劳动者应当如实说明。

（3）不签劳动合同用人单位须按月付双薪

《劳动合同法》规定建立劳动关系，应当订立书面劳动合同。已建立劳动关系，未同时订立书面劳动合同的，应当自用工之日起 1 个月内订立书面劳动合同。用人单位与劳动者在用工前订立劳动合同的，劳动关系自

① 颁布单位：全国人民代表大会常务委员会；颁布日期：2007 年 6 月 29 日；实施日期：2008 年 1 月 1 日。

用工之日起建立。否则将支付相应的违法成本，即用人单位自用工之日起超过1个月不满一年未与劳动者订立书面劳动合同的，应当向劳动者每月支付2倍的工资；用人单位违反本法规定不与劳动者订立无固定期限劳动合同的，自应当订立无固定期限劳动合同之日起向劳动者每月支付2倍的工资。

（4）同一劳动者只能被“试用”一次

劳动合同期限3个月以上不满1年的，试用期不得超过1个月；劳动合同期限1年以上不满3年的，试用期不得超过2个月；3年以上固定期限和无固定期限的劳动合同，试用期不得超过6个月；试用期次数，同一用人单位与同一劳动者只能约定一次试用期；试用期的工资，不得低于本单位相同岗位最低档工资或者劳动合同约定工资的百分之八十，并不得低于用人单位所在地的最低工资标准。试用期中，用人单位不得解除劳动合同。如果用人单位违反规定与劳动者约定试用期的，由劳动行政部门责令改正；违法约定的试用期已经履行的，由用人单位以劳动者试用期满月工资为标准，按已经履行的超过法定试用期的期间向劳动者支付赔偿金。

（5）鼓励劳动合同无固定期限

按以前颁布的劳动法律规定，只要用人单位不同意签订无固定期限劳动合同，劳动者就不能与用人单位签订无固定期限劳动合同，合同终止，用人单位也可不支付经济补偿金。而《劳动合同法》规定，除劳动者提出订立固定期限劳动合同外，如果劳动者在该用人单位连续工作满10年的；用人单位初次实行劳动合同制度；国有企业改制重新订立劳动合同；劳动者在该用人单位连续工作满10年且距法定退休年龄不足10年的；连续订立二次固定期限劳动合同，且劳动者没有本法第39条和第40条第1项、第2项规定的情形，续订劳动合同的，用人单位应当与劳动者订立无固定期限劳动合同。

（6）制定劳动规章制度不再是用人单位一方说了算

实践中有的用人单位的规章制度本身就是“霸王制度”，这种单方的规定很难保证员工的利益，《劳动合同法》规定用人单位在制定、修改或者决定有关劳动报酬、工作时间、休息休假、劳动安全卫生、保险福利、职工培训、劳动纪律以及劳动定额管理等直接涉及劳动者切身利益的规章制度或者重大事项时，应当经职工代表大会或者全体职工讨论，提出方案和意见，与工会或者职工代表平等协商确定。用人单位直接涉及劳动者切身利益的规章制度违反法律、法规规定的，由劳动行政部门责令改正，给予警告；给劳动者造成损害的，应当承担赔偿责任。

（7）行政部门不作为须承担赔偿责任

针对目前劳动者维权成本较高的现状，《劳动合同法》规定：劳动行政部门和其他有关主管部门及其工作人员不履行法定职责，给劳动者造成损害的，应当承担赔偿责任；用人单位拖欠或者未足额支付劳动报酬的，劳动者可以依法向当地人民法院申请支付令，人民法院应当依法发出支付令。

（8）加重用人单位的违法成本

如果用人单位未将劳动合同文本交付劳动者，将由劳动行政部门责令改正；给劳动者造成损害的，应当承担赔偿责任。用人单位违反法律规定解除或者终止劳动合同的，应当依照《劳动合同法》规定的经济补偿标准的2倍向劳动者支付赔偿金。明确用人单位强迫劳动，有以暴力、威胁或者非法限制人身自由的手段强迫劳动的；违章指挥或者强令冒险作业危及劳动者人身安全的；侮辱、体罚、殴打、非法搜查或者拘禁劳动者的；劳动条件恶劣、环境污染严重，给劳动者身心健康造成严重损害等情形的，将依法给予行政处罚；构成犯罪的，依法追究刑事责任。

用人单位扣押劳动者居民身份证及未依照法律规定向劳动者支付经济补偿情形的，由劳动行政部门责令限期支付劳动报酬、加班费或者经济补偿；劳动报酬低于当地最低工资标准的，应当支付其差额部分；逾期不支付的，责令用人单位按应付金额50%以上100%以下的标准向劳动者加付赔偿金。

2. 在人权保障方面的重要意义

如果说2007年度国家立法机关在保障人权方面的最大成就是什么，那么，毫无疑问应当首推《中华人民共和国劳动合同法》的颁布和出台。与《物权法》等法律不同的是，《劳动合同法》是一部以人权保障为基本立法宗旨的法律。

关于《劳动合同法》是否有必要出台就曾经在理论界和实务界产生过很大争议。不赞同制定的意见认为，目前我国已经有《劳动法》、《合同法》等相关法律、法规对劳动合同关系进行了系统的调整，特别是《劳动法》，作为调整劳动关系的基本法律，其中对劳动合同问题作了非常详细的规定。所以，即便是要完善劳动合同制度，也可以通过修改《劳动法》的方式来增加那些保护劳动者的合法权益的法律规定，没有必要在立法上单独制定一部法律来规范劳动合同关系。还有的观点认为，《劳动合同法》应当服从一般《合同法》所规定诚实守信的原则，劳动合同属于平等法律关系主体之间的契约，因此，应当按照双方自愿协商、平等互利的原则来签订和履行，属于私法调整的领域，没有必要单独制定一部《劳动合同法》来规定劳动合同关系。赞同制定《劳动合同法》的意见主张，尽管目前我国已经有了规范劳动合同关系的《劳动法》，但《劳动法》是调整一般劳动关系的，不可能对劳动合同问题规定得面面俱到，所以，从立法技术上来看，要在法律上进一步完善劳动合同制度，必须依据《劳动法》所确立的原则来制定一部专门的《劳动合同法》，并以此法为基础，全面保护劳动者的合法权益。主张制定《劳动合同法》的观点也认为，用人单位与劳动者之间的劳动合同关系不属于一般私法意义上的合同关系，虽然签订劳动合同的双方也需要本着诚实信用、互惠互利的原则来确立彼此之间的劳动合同关系，但是，由于我国现阶段大多数人都是通过劳动的途径来获得自己的生活资料，所以，劳动合同关系表面上劳动者与用人单位之间签订的，但实际上一个国家的劳动合同制度是否合理直接涉及每个劳动者的生存权利。从《劳动法》实施的情况来看，由于《劳动法》对试用期、劳动合同期限、经济补偿金、劳动保险、工资等问题规定得不很详尽，在实际生活中出现了用人单位不顾劳动者的合法权益，利用劳动合同，给劳动者施加种种的不合理的限制，特别是许多措施都已经严重地损害了劳动者的法律权利。所以，政府作为人权保障的推动者，有必要通过立法的方式来规范用人单位的行为，防止用人单位滥用权利，从而侵犯劳动者的合法权益。

《劳动合同法》从进入全国人大常委会立法规划，到正式颁布，前后有两年时间。在这两年的时间里，《劳动合同法（草案)》吸取了社会方方面面的意见，照顾到了用人单位与劳动者各方的利益，最后形成了以保障劳动者的合法权益为重心的立法框架，这是一部人权保障性质的法律，是实施宪法所规定的“国家尊重和保障人权”的具体法律形式。它的实施，必将会极大地推动我国人权保障事业的发展和进步，有力地维护劳动者的合法权益。

（三）《中华人民共和国民事诉讼法》（修订）① 在人权保障方面的重要制度及其意义

1. 重要人权保障制度

（1）将再审事由具体化以破解民事案件“申诉难”

为解决当事人“申诉难”问题，修订后的民事诉讼法把原规定的再审

① 颁布单位：全国人民代表大会常务委员会；颁布日期：2007 年 10 月 28 日；实施日期：2008 年 4 月 1 日。

事由从5项情形具体化为13项情形，增强可操作性，减少随意性，避免应当再审的不予再审，切实保障当事人申请再审的权利；为了避免由原审人民法院自己纠错较为困难，当事人不信任原审人民法院会公正处理再审申请的问题，修改决定明确规定当事人可以向上一级人民法院申请再审，同时明确人民法院应当自收到再审申请书之日起3个月内审查，及时裁定再审或裁定驳回申请。

此次修改还完善了检察机关法律监督的规定，将抗诉事由从现行法律规定的4项情形进一步具体化为5项情形，并明确规定接受抗诉的人民法院应当在30日内作出再审的裁定。

修改决定针对特殊情形适当延长了当事人申请再审的期间，规定当事人申请再审，应当在判决、裁定发生法律效力后2年内提出，而2年后据以作出原判决、裁定的法律文书被撤销或者变更以及发现审判人员在审理该案件时有贪污受贿，徇私舞弊，枉法裁判行为的，自知道或者应当知道之日起3个月内提出。这样更利于保护当事人的权利。

（2）增加处罚条款应对“执行难”

为解决“执行难”问题，修改决定对被执行人未履行法律义务的处罚增加了部分条款，明确规定：被执行人不履行法律文书确定的义务的，人民法院可以对其采取或者通知有关单位协助采取限制出境，在征信系统记录、通过媒体公布不履行义务信息以及法律规定的其他措施。

被执行人转移、隐匿财产以逃避债务，是造成“执行难”的原因之一。修改决定规定，被执行人不履行法律文书确定的义务，并有可能隐匿、转移财产的，执行员可以立即采取强制执行措施。

修改决定还规定，被执行人未按执行通知履行法律文书确定的义务，应当报告当前以及收到执行通知之日前一年的财产情况。被执行人拒绝报告或者虚假报告的，人民法院可以根据情节轻重对被执行人或者其法定代理人、有关单位的主要负责人或者直接责任人员予以罚款、拘留。

根据现行民事诉讼法，基层人民法院和中级人民法院根据需要可设立执行机构。从实际工作考虑，最高人民法院和高级人民法院也需要设立执行机构，对执行工作予以指导和管理。据此，修改决定规定，人民法院根据需要可以设立执行机构。

针对实际工作中异地执行面临的困难，修改决定还规定，发生法律效力的民事判决、裁定以及刑事判决、裁定中的财产部分，由第一审人民法院或者与第一审人民法院同级的被执行的财产所在地人民法院执行。法律规定由人民法院执行的其他法律文书，由被执行人住所地或者被执行的财产所在地人民法院执行。

（3）民诉法修改决定将申请执行期间确定为2年

现行民事诉讼法规定，申请执行的期限，双方或者一方当事人是公民的为1年，双方是法人或者其他组织的为6个月。修改决定将其确定为：申请执行的期间为2年。申请执行时效的中止、中断，适用法律有关诉讼时效中止、中断的规定。同时明确了这一规定中所说的“期间”：从法律文书规定履行期间的最后一日起计算；法律文书规定分期履行的，从规定的每次履行期间的最后一日起计算；法律文书未规定履行期间的，从法律文书生效之日起计算。

（4）不再规定“企业法人破产还债程序”

将民事诉讼法中“企业法人破产还债程序”一章删去。因为2006年颁布的企业破产法，已经对破产还债程序作出了统一规定，而且适用于全部企业。

2. 在人权保障方面的重要意义

现代法治社会中，法律的存在以及法律自身的正当性是以保护人权为目标的。法律在保护人权中的作用体现在通过一系列法律的具体规定，确立各项受到法律保护的个人权利，这些权利涉及政治、经济、文化和社会生活各个领域，而个人在行使这些权利时，既可以自由地行使一些自由权，要求政府不得予以干涉；又可以包括个人为了自己生存和有效社会化的需要，要求政府为自己提供那些个人所必需但依靠个人能力又无法予以满足的生活资料等。没有法律的明确规定，政府就很难在保护人权方面承担明确的法律保护义务，所以，通过法律规范的形式将人权的内容明确地肯定下来，是法律在保护人权方面的重要作用，也是人权获得法律保护的重要形式。但是，任何法律上所规定的个人权利，都需要有一定的保障措施，才能使权利获得有效地实现。因此，相对宪法和法律所赋予公民的各种实体政治、经济、文化和社会权利来说，“诉权”是现代法治社会中第一制度性人权。因为法律文本中规定的权利再多，如果这些权利被侵犯而个人没有适当的途径向有关国家机关予以表达，并通过法律途径加以纠正，那么，任何法律上的权利的实现都是不充分的，这些脱离了诉权保护的法律权利，具有很大的风险，一旦个人在行使这些法律权利时，遇到了来自政府或者是强大的外在势力的干涉，那么，法律上的权利规定得再好，其权利对于享有权利的人来说，也没有现实的意义。所以，没有诉权，没有在个人权利受到侵犯之后将自己权利受到侵犯的事实通过法定途径向专门救济机关予以表述的权利，那么，其他所有的法律上的权利都是不可靠的。

由于诉权具有“基础人权”的特性，是一种“核心权利”，因此，保障诉权实现的诉讼法是否科学、合法、合理，就直接关系到个人的诉权在法律上受到保护的程度以及因为诉权的实现而导致相应的实体法律权利受到更好地保护。《中华人民共和国民事诉讼法》是保护民事诉权的基本法律，是我国人权保障法的最重要的组成部分。由于历史的原因，《民事诉讼法》在保护公民的民事诉权方面受到了种种不合理的限制，导致了民事诉权自身的诉权能力不足以应付保护实体民事权利的要求，所以，对《民事诉讼法》的修改和完善，特别是通过对再审审查事项的扩展，进一步扩大了个人利用民事诉权可以表述自己的合法的民事权利受到侵犯的范围，这种对民事诉权的能力的扩大实际上对民事实体权利保护力度的加大。

2007 年再次修订的《民事诉讼法》在扩大公民的民事诉权的权利能力方面作出了许多新的贡献，这种立法理念的变化在很大程度上反映了我国国家立法机关的立法观点的进步，是我国人权保障事业不断发展和进步在立法领域里的生动体现和写照。

(四)《中华人民共和国律师法》(修订)[①] 在人权保障方面的重要制度及其意义

1. 重要人权保障制度

(1) 个人也可以开办律师事务所

新修改的《律师法》规定了个人可以设立律师事务所。个人设立律师事务所除应当具备有自己的名称、住所和章程，有符合国务院司法行政部门规定数额资产等条件外，还规定了设立人应当是具有五年以上执业经历的律师。设立人对律师事务所的债务承担无限责任。

(2) 对于律师的权利做了一些新的规定

“会见难”、“阅卷难”、“调查取证难”等是中国律师在执业中长期存在的难题。新修改的《律师法》专门列出一章，对律师的权利作出了明确规定。新修改的《律师法》特别强调，“律师会见犯罪嫌疑人、被告人，不

① 颁布单位：全国人民代表大会常务委员；颁布日期：2007 年 10 月 28 日；实施日期：2008 年 6 月 1 日。

被监听”。

为了更好保障律师的阅卷权利，新《律师法》也明确规定：受委托的律师自案件审查起诉之日起，有权查阅、摘抄和复制与案件有关的诉讼文书以及案卷材料。受委托的律师自案件被人民法院受理之日起，有权查阅、摘抄和复制与案件有关的所有材料。

在保护律师调查取证权利方面，针对原来律师调查取证要“经有关单位或者个人同意”，但在实践中基本无人同意的实际情况，新修改的《律师法》规定：律师可以申请人民检察院、人民法院收集、调取证据或者申请人民法院通知证人出庭作证；律师自行调查取证的，也可以向有关单位或者个人调查有关情况。

此外，新修改的《律师法》还明确规定，律师在法庭上发表的代理、辩护意见不受法律追究。但是，发表危害国家安全、恶意诽谤他人、严重扰乱法庭秩序的言论除外。相关法律界人士表示，这条规定实际上是对律师在法庭上的代理或辩护的免责规定，对律师正常开展工作非常重要。

2. 在人权保障方面的重要意义

律师，在传统社会中，其祖师爷被人们俗称为“讼棍”。所谓“讼棍”是指专凭三寸不烂之舌周旋于当事人与法官之间，为自己谋取利益的一群职业法律人士。在现代社会中，律师被视为“法律工作者”，是通过自己所掌握的法律知识和技能，依据法律规定，接受当事人委托，并为委托人的合法权利辩护的专门法律人才。从法律制度统一性的角度来看，律师实际上是法律服务者，他们通过向需要法律服务的人群提供法律服务，从而有效地满足缺少法律知识和法律技能的人的需要，从而也相应的保障了法律制度，特别是司法制度的有效运行；从保护人权的角度来看，律师在接受当事人的委托后，是为了当事人的权利而辩护。律师不可能以侵犯委托人的人权为前提来为当事人提供法律服务，律师提供法律服务的核心内容是为了委托人争取法律上的最大权利和相关利益。当然，律师没有义务为当事人谋取法律所不保护的权利或者是律师没有义务、也不允许为当事人的非法利益提供法律咨询。

在现代法治社会中，律师制度是以律师职业为基础的。职业律师是法律制度的重要组成部分，履行法律制度自身的一部分特定功能，没有律师制度，司法制度就不能获得有效的法律支持；与此同时，律师通过向当事人提供法律服务，又可以起到人权卫士的作用，所以，只有建立了健康和发达的律师制度的国家，才有可能建设健康和可靠的法治社会。

但是，长期以来，我国的律师制度并没有有效地发挥自身在完善和健全司法制度以及保障人权方面应有的作用，根本的原因之一就是律师本身的法律地位不高、不清晰，律师缺少法律上的必要手段来有效地维护当事人的合法权益，有时甚至律师自己的权利也会受到侵犯。例如，律师要为当事人的合法权利辩护，需要一些重要的证据，而掌握证据的国家机关往往故意刁难、阻碍律师取证，从而使得以律师为对手的诉讼中，自己可以占据证据上的优势地位。《律师法》的修改，不只是提高了律师的法律地位，更重要的是通过对律师办案和从事法律服务活动的权利的扩大，使得基于律师所提供的法律服务的当事人自身的合法权益获得救济的范围也进一步得到扩大，因此，《律师法》的修订实际上也是我国立法机关在人权保障方面所采取的重大的立法措施。此外，通过修订《律师法》，对律师开展业务活动的具体制度加以完善，也可以进一步健全以律师制度作为重要组成部分的司法制度的健全和完善，对于进一步健全法制、推动司法制度的规范性等都具有重要的意义。

（五）《关于死刑复核若干问题的规定》[①] 在人权保障方面的重要制度及其意义

1. 重要人权保障制度

（1）关于核准与不核准死刑的原则

根据《关于死刑复核若干问题的规定》，最高人民法院复核死刑案件，应当作出核准的裁定、判决，或者作出不予核准的裁定。一改过去最高人民法院复核死刑案件可以作出核准、发回重审、改判三种裁判结果的方式。考虑到死刑复核程序是为确保死刑适用的公正和慎重而设置的一种法院内部的特殊审核程序，没有公诉人和辩护人的参与，不具有完整的诉讼形态，故在严格意义上改判不完全符合该程序本身的性质。从实践效果看，复核死刑案件不再改判，有利于确保案件质量，减少因上级法院改判而在地方法院可能引发的执行矛盾突出等问题，保证最高人民法院顺利开展统一行使死刑案件核准权工作。

（2）一人犯两个以上死罪和一案判处两人以上死刑案件的改判问题

在确立核准或者不予核准死刑的裁判原则的同时，该司法解释规定在分别对一人犯两个以上死罪和一案判处两人以上死刑的案件中，保留了核准前提下部分改判的做法。因为如果对这两类案件一律不予核准，发回重新审

---

① 颁布单位：最高人民法院；颁布日期：2007 年 2 月 27 日；实施日期：2007 年 2 月 28 日。

判，会导致一个案件反复报核，浪费诉讼资源；会导致案件审理周期大为延长，给司法机关带来较大压力；也会引发法院“玩程序”、“打击犯罪不力”等社会舆论，社会效果不好。此外，保留部分改判，使死刑复核制度的改革较好地建立在以往审判实践的基础上，避免了“急转弯”，有利于最高人民法院统一行使死刑案件核准权工作实现平稳过渡，也有利于死刑复核制度的改革稳步推进。

对于数罪并罚案件，一人有两罪以上被判处死刑，最高人民法院复核后认为其中部分犯罪的死刑裁判认定事实正确，但依法不应当判处死刑的，可以对该部分进行改判并对其他应当判处死刑的犯罪作出核准死刑的判决，最终核准对被告人的死刑。所谓“依法不应当判处死刑”，其含义指适用法律错误或者量刑不当，不应当判处被告人死刑。

依照该司法解释，一案中两名以上被告人被判处死刑，最高人民法院复核后认为其中部分被告人的死刑裁判认定事实正确，但适用法律错误或者量刑不当，依法不应当判处死刑的，可以改判并对其他应当判处死刑的被告人作出核准死刑的判决。此类案件中最为典型的是共同犯罪案件。非共同犯罪案件中，也存在一案判处数人死刑而不应全部核准的情形，这在买卖毒品的双方同时被抓获的贩卖毒品案件中尤为明显。

在一案判处两人以上死刑的案件中，也会存在部分被告人犯有数罪的情形，这时就要根据案件的具体情况，依据该司法解释的有关条款作出相应的处理。如果复核审查时发现一案中未被判处死刑的其他被告人的判决有错误，确有必要纠正的，应当依据《刑事诉讼法》的有关规定，指令原审人民法院再审。

（3）关于裁定与判决的使用

对不核准死刑的案件，均应使用裁定。按照《关于死刑复核问题的规定》第 2 条核准死刑的，要区别情形使用判决或者裁定：原判认定被告人犯有多项罪行，复核后发现其中部分犯罪事实不成立，但除去该部分事实后仍可判处被告人死刑的，应当用判决核准死刑。原判认定的基本犯罪事实成立，仅有个别不影响定罪量刑的情节认定不准确的，应当在纠正后作出核准死刑的裁定。原判认定事实正确，判处被告人死刑适当，只是定性不完全准确的，纠正后应当以判决核准死刑。原判认定事实正确，定性准确，量刑适当，但引用法律或者司法解释条款不准确、规范的，如漏引或者错引条款，纠正后应当以裁定核准死刑。原判认定事实、适用法律等方面均不完全准确、规范，但不影响判处被告人死刑的，根据具体情形并参照以上做法，确定使用判决或者裁定核准死刑。对一人犯两个以上死罪或者一案中判处两人以上死刑的案件，部分核准、部分改判的，应当使用判决。

（4）对不予核准死刑案件的重新审判

不核准死刑的结果是撤销原判，发回重新审判。导致不核准死刑的原因可能出在一审，也可能出在二审，因此，最高人民法院裁定不予核准死刑的，根据案件具体情形可以发回第二审人民法院或者第一审人民法院重新审判。一审有问题的，发回一审法院重审；二审有问题的，发回二审法院重审；一审、二审都有问题的，根据具体情形发回一审法院或者二审法院重审。为节约司法资源，对于一审也有问题，但可能由二审法院解决的，最高人民法院原则上发回二审法院重新审判。鉴于发回重审情形的复杂性，高级人民法院对发回重审的案件可以分别情形处理：对于原为上诉或者抗诉的二审案件，高级人民法院可以根据具体发回原因决定自行审理或者发回一审法院重审。对于因事实不清、证据不足不核准死刑的案件，高级人民法院认为案件事实已无法查清或者证据无法补充的，可以不经开庭审理直接改判。其中，证据不足以证明指控犯罪成立的，应当作出无罪判决。高级人民法院如果认为可以通过二审开庭补充证据、查清事实的，则应当开庭审理。如果认为由一审法院重新审理更为适宜的，也可以发回一审法院重新审判。对于因适用法律错误或者量刑不当不核准死刑的案件，依据《刑事诉讼法》第189条第（二）项的规定，应当由高级人民法院改判。高级人民法院依照《关于死刑复核若干问题的规定》第9条和第11条，可以由原合议庭审理并直接改判，无须另行组成合议庭，也无须重新开庭审理。对于因二审审判程序违法不核准死刑的案件，且这种违法必须通过开庭审理才能纠正的，高级人民法院应当开庭审理；如果不经开庭也能纠正原审程序违法的，也可以不开庭审理。但是，高级人民法院对此类案件的重审，应当另行组成合议庭进行。对于原为高级人民法院复核的案件，最高人民法院不核准死刑，发回重新审判的，高级人民法院可以提审，也可以发回一审法院重审。最高人民法院复核后认为，被告人论罪不应当判处死刑，或者认为，原判认定事实不清、证据不足，不核准死刑的案件，原审人民法院重新审判后没有补充必要的事实、证据以证明应当判处被告人死刑的，按照以往的审判实践，高级人民法院均不再判处被告人死刑。

2. 在人权保障方面的重要意义

人的生命只有一次，因此保障人的生命权是现代法治社会最重要的任务。正因为人的生命只有一次，所以，生命权就获得核心人权的法律地位，因为没有生命权，其他权利都因为缺少生命这一物质载体而缺少自身存在的意义。当然，对于一个自然人是否应当无条件地承认其生命的权利，这个问题迄今为止在世界各国并没有完成形成共识。自然法学派从“天赋人权”理论出发，认为人的生命是不可剥夺的、造物主赐予的，因此，生命权是随着人的生命的始终的，由此导致了一些国家彻底废除了死刑，而且废除死刑的思想在第二次世界大战后由联合国通过的《公民权利和政治权利国际公约》中得到了肯定，并通过该公约的第2任择议定书付诸于具体的行动。但是，也有一些国家基于本国现实的历史条件和文化背景，保留了死刑，其法理依据在于那些剥夺了他人的生命权的人，自身也应当失去生命权，因为没有死刑，就没有对生命权的尊重。不管是废除死刑的，还是保留死刑的，目的和宗旨都是比较相似的，就是在现实社会中，对任何自然人的生命都要保持高度尊重。

我国基于历史文化传统和现实的社会条件，目前在刑法中保留了死刑，也就是说，“天赋人权说”并没有获得我国法律制度的有效肯定。我国目前刑法中不仅保留了死刑，而且是“死刑”刑种最多的国家。我国刑法对死刑制度的保留，并不意味着我国的法律就不尊重人的生命，而是从现实的社会条件出发的，根本的立法宗旨还在于废除死刑、少用死刑，特别是近年来，随着人权保障意识的普遍提高，谨慎地使用死刑的人权保障思想逐渐成为影响政府决策、法院审判和公众思维的主流意识形态。在这种大的社会背景下，最高人民法院及时颁布决定，将死刑复核权收回最高人民法院统一行使，这实际上体现了我国的最高司法审判机关尊重和保障人权意识的提高。死刑复核权的收回只是第一步，减少死刑直至在刑法中废除死刑，才能真正弘扬生命权的价值，才能彻底将属于“人的自由”还给“人本身”。

第三节　我国宪法和法律所建立的人权保护体系

我国宪法和法律根据人权保障的不同特点和不同要求，在宪法、法律以及其他形式的法律规范中，建立起了比较完整的人权保护体系。应当说，从权利主体的特征来看，即便是我国现行宪法，也没有明确规定哪些法律权利属于所有的自然人可以享有的。但是，从现行宪法对外国人的合法权利加以保护的原则性规定来看，普遍人权的观念实际上在我国现行国内法上是已经得到充分肯定的。有相当一部分宪法和法律权利，在人权保障的实践中，是对在中华人民共和国境内居住和生活的所有自然人都适用的。不过，这些对所有自然人普遍适用的权利还没有完全系统化，还需要从法律制度加以集中和统一规定。

除了对适用于所有自然人的普遍人权尚未完全制度化之外，其他性质的宪法和法律权利都比较好地贯彻了人权保障的基本精神和基本要求，特别是强调了各项宪法和法律权利的平等适用性，以及国家机关在人权保障中的重要法律职责，规定了各类权利主体依据宪法和法律可以获得权利救济的途径和方式。可以说，我国宪法和法律已经建立起比较成型的国内法上的人权保护体系。

一 以公民的基本权利为核心的宪法权利体系

公民的基本权利是我国宪法所确立的人权保障体系的核心，也是我国宪法和法律所建立的人权体系的主要内容。虽然公民的基本权利以公民作为权利的享有主体，但是，这些基本权利在实际生活中也具有一定的普遍性，任何一个在中华人民共和国境内合法居住和生活、遵纪守法的外国人、无国籍人或其他自然人都可以依据中华人民共和国宪法的规定，在某种程序上享有公民所享有的基本权利。

总结我国现行宪法对公民的基本权利的规定，主要包括了传统宪法学意义上的平等权、自由权、政治权利、社会权、财产权和救济权等方面的基本权利。

1. 平等权

1954 年宪法肯定了公民在法律上的平等原则，而 1975 年宪法和 1978 年宪法没有肯定这一原则。1982 年宪法则在第 33 条第 2 款明确规定：“中华人民共和国公民在法律面前一律平等”。从宪法解释学的角度来看，虽然“在法律上”和“在法律面前”在语意上有一定的差异，但是，在保障公民的平等权方面的基本精神和基本要求是一致的，都是公民的平等权的体现。

2. 自由权

1982 年宪法对公民的自由权作了较为详细的规定，内容涉及以下几个方面：

（1）规定了公民的言论、出版、集会、结社、游行和示威的自由①

1982 年宪法第 35 条规定："中华人民共和国公民有言论、出版、集会、结社、游行和示威的自由。"

（2）规定了公民有宗教信仰的自由

1982 年宪法第 36 条详细规定了公民的宗教信仰自由的各种情形，包括"中华人民共和国公民有宗教信仰自由"。"任何国家机关、社会团体和个人不得强制公民信仰宗教或者不信仰宗教，不得歧视信仰宗教的公民和不信仰宗教的公民"。"国家保护正常的宗教活动。任何人不得利用宗教进行破坏社会秩序、损害公民身体健康、妨碍国家教育制度的活动。""宗教团体和宗教事务不受外国势力的支配。"

（3）规定了公民的人身自由不受侵犯

1982 年宪法第 37 条规定："中华人民共和国公民的人身自由不受侵犯。""任何公民，非经人民检察院批准或者决定或者人民法院决定，并由公安机关执行，不受逮捕。""禁止非法拘禁和以其他方法剥夺或者限制公民的人身自由，禁止非法搜查公民的身体。"

（4）规定了公民的人格尊严不受侵犯

1982 年宪法第 38 条规定："中华人民共和国公民的人格尊严不受侵犯。禁止用任何方法对公民进行侮辱、诽谤和诬告陷害。"

（5）规定了公民的住宅不受侵犯

1982 年宪法第 39 条规定："中华人民共和国公民的住宅不受侵犯。禁止非法搜查或者非法侵入公民的住宅。"

（6）规定了公民的通信自由和通信秘密受法律的保护

1982 年宪法第 40 条规定："中华人民共和国公民的通信自由和通信秘密受法律的保护。除因国家的安全或者追查刑事犯罪的需要，由公安机关或者检察机关依照法律规定的程序对通信进行检查外，任何组织或者个人不得以任何理由侵犯公民的通信自由和通信秘密。"

3. 政治权利

1982 年宪法对公民的政治权利作了具体规定，涉及以下几个方面的

---

① 1997 年新修订的刑法第 54 条规定：剥夺政治权利包括剥夺言论、出版、集会、结社、游行、示威自由的权利，这一规定是与宪法原则不一致的，属于没有弄清言论、出版、集会、结社、游行和示威自由的权利性质。上述这几项自由权可能会涉及政治性的目的，但是，就权利本身的性质来说，属于自由权。如果说剥夺政治权利包括了上述权利，实际上扩大了剥夺政治权利的范围，属于明显的违宪。应当通过全国人大常委会的法律解释来限制该条款的含义。

内容：

（1）规定了公民的选举权和被选举权

1982年宪法第34条规定："中华人民共和国年满十八周岁的公民，不分民族、种族、性别、职业、家庭出身、宗教信仰、教育程度、财产状况、居住期限，都有选举权和被选举权；但是依照法律被剥夺政治权利的人除外。"

（2）规定了公民的批评和建议的权利

1982年宪法第41条第1款规定："中华人民共和国公民对于任何国家机关和国家工作人员，有提出批评和建议的权利。"

此外，现行宪法第2条第2款规定：人民依照法律规定，通过各种途径和形式，管理国家事务，管理经济和文化事业，管理社会事务也包含一般性的政治权利规定的内容。

4. 社会权

1982年宪法对公民的社会权也规定了一系列宪法保障制度，这些社会权的内容涉及：

（1）规定了公民的劳动权利①

1982年宪法第42条规定："中华人民共和国公民有劳动的权利"。"国家通过各种途径，创造劳动就业条件，加强劳动保护，改善劳动条件，并在发展生产的基础上，提高劳动报酬和福利待遇。""劳动是一切有劳动能力的公民的光荣职责。国有企业和城乡集体经济组织的劳动者都应当以国家主人翁的态度对待自己的劳动。国家提倡社会主义劳动竞赛，奖励劳动模范和先进工作者。国家提倡公民从事义务劳动。""国家对就业前的公民进行必要的劳动就业训练。"

（2）规定了公民的物质帮助权

1982年宪法第45条规定："中华人民共和国公民在年老、疾病或者丧失劳动能力的情况下，有从国家和社会获得物质帮助的权利。国家发展为公民享受这些权利所需要的社会保险、社会救济和医疗卫生事业。"

（3）规定了公民的受教育权

1982年宪法第46条规定："中华人民共和国公民有受教育的权利和义务。""国家培养青年、少年、儿童在品德、智力、体质等方面全面发展。"

---

① 在1982年宪法之前，劳动权是作为劳动者的特殊宪法权利规定在宪法中的。

（4）规定了公民的文化活动的自由

1982 年宪法第 47 条规定："中华人民共和国公民有进行科学研究、文学艺术创作和其他文化活动的自由。国家对于从事教育、科学、技术、文学、艺术和其他文化事业的公民的有益于人民的创造性工作，给以鼓励和帮助。"

（5）规定了公民的语言文字权

1982 年宪法第 134 条第 1 款规定："各民族公民都有用本民族语言文字进行诉讼的权利。人民法院和人民检察院对于不通晓当地通用的语言文字的诉讼参与人，应当为他们翻译。"

5. 财产权

1982 年宪法对公民的财产权作了保护性规定，主要内容包括：

（1）规定了公民的私有财产权和继承权

1982 年宪法第 13 条规定："公民的合法的私有财产不受侵犯"。"国家依照法律规定保护公民的私有财产权和继承权。"

（2）规定了公民的补偿权

1982 年宪法第 13 条第 3 款规定："国家为了公共利益的需要，可以依照法律规定对公民的私有财产实行征收或者征用并给予补偿。"

6. 救济权

救济权是一种重要的公民的基本权利，其核心的内容包括请求权、诉权以及获得赔偿权，我国 1982 年宪法对这些权利都有所涉及。

（1）规定了公民的申诉、控告或者检举的权利

1982 年宪法第 41 条规定："对于任何国家机关和国家工作人员的违法失职行为，有向有关国家机关提出申诉、控告或者检举的权利，但是不得捏造或者歪曲事实进行诬告陷害。""对于公民的申诉、控告或者检举，有关国家机关必须查清事实，负责处理。任何人不得压制和打击报复。"

（2）规定了公民取得赔偿的权利

1982 年宪法第 41 条第 3 款规定："由于国家机关和国家工作人员侵犯公民权利而受到损失的人，有依照法律规定取得赔偿的权利。"

总之，现行宪法比较全面地确立了以公民身份为基础的公民的基本权利体系，这些基本权利与两个国际人权公约所规定的普遍人权相互促进、相互补充，属于延伸意义上的受到两个国际人权公约所明确保护的人权，也是我国国内法上所建立的人权保障体系的核心内容，是其他法律权利的正当性

基础。

二 以人身权和财产权为中心的民事权利体系

民事权利是由民事法律所保护的各项法律权利。这些权利的最大特征是当事人在法律规定的范围内可以对民事权利实行意思自治，可以自由地占有、使用和处分民事权利。民事权利的范围很广，就我国目前的民事法律规范的规定来看，通常将民事权利分为两大类，一类是财产权，一类是非财产权或人身权。

财产权是指可以与权利人的人格、身份相分离并且具有经济价值的民事权利。这些权利是以货币形态出现的或者可以换算成一定的货币。目前，受到我国民法法律规范保护的财产权主要包括物权、债权和知识产权。

物权是法律所确认的民事法律关系主体对财产依法所享有的支配权，是一种重要的财产权利。物权主要包括所有权、经营权、抵押权、典权、留置权等财产所有权以及与财产所有权有关的财产权。

债权是债权人享有的请求债务人为特定行为的民事权利，是一种财产权利。债权的种类很多，主要包括因履行合同所产生的债权和因民事侵权行为而发生的债权。

知识产权是基于智力的创造性活动所产生的权利，它是法律赋予知识产品的所有人对其智力创造成果所享有的某种专有权利，既包括人身权利，也包括财产权利。常见的知识产权包括著作权、商标权、专利权、发现权、发明权和其他科技成果权等。

人身权的内容非常广泛，包括人格权、健康权、姓名权、肖像权、名誉权、荣誉权、人格尊严权和人身自由权等；财产权根据财产的性质不同，包括物权、债权和知识产权等。

人格权是法律赋予权利主体对权利主体自身所应享有的权利。广义上的人格权包括健康权、姓名权、肖像权、名誉权、荣誉权和人格尊严权等；狭义上的人格权仅指人格尊严权和人身自由权等。健康权是指公民依法享有保持其身体机能安全为内容的权利；姓名权是指公民个人依法享有的为与他人相区别而使用姓名的权利；肖像权是以自己的肖像体现的人格利益为内容的权利；名誉权是以人的名誉作为所保护的法律利益的权利；荣誉权是获得和保持政府和社会公众高度评价的权利；人格尊严权是指公民个人的尊严和作为人的独立品格应当不受到贬损或侵犯的权利；人身自由权是指公民个人的人身不受政府、社会组织和他人干涉的权利。

民事权利作为法定权利，也包括平等的民事法律关系主体之间根据法律的规定通过缔结民事契约所认可的权利。

三 以行政许可为重点的行政法上的权利体系

行政法上的权利最大的特征，就是这些权利在适用上是针对每一个人的，尤其是公民都依据宪法的规定可以享有平等地获得行政法上的权利的机会。但是，在具体享有这些行政法上的权利的过程中，并不是每一个公民都可以平等地完全地享有这些权利。这些权利要得到法律上的现实的保障，还必须要求权利享有者符合法律所规定的一定的条件，必须要基于法律所规定的一定的程序，经国家行政机关审查或许可后才能享有。另外，国家行政机关从服务行政的原则出发，也会采取一些主动的维护公民权利的措施，这些权利表面上也是通过行政机关的行政行为获得的，实际上是公民的宪法上的基本权利的具体化，即行政机关采取必要的措施来保障公民依据宪法所享有的基本权利的实现。所以，公民所享有的行政法上的权利，主要是通过符合法律所规定的条件和根据法律所规定的程序，从行政机关获得从事一定行为或者是获得一定利益的许可权利。

根据《中华人民共和国行政许可法》第 12 条规定，公民可以通过行政许可程序获得许可权利的事项主要涉及以下 6 个方面：1. 直接涉及国家安全、公共安全、经济宏观调控、生态环境保护以及直接关系人身健康、生命财产安全等特定活动，需要按照法定条件予以批准的事项；2. 有限自然资源开发利用、公共资源配置以及直接关系公共利益的特定行业的市场准入等，需要赋予特定权利的事项；3. 提供公众服务并且直接关系公共利益的职业、行业，需要确定具备特殊信誉、特殊条件或者特殊技能等资格、资质的事项；4. 直接关系公共安全、人身健康、生命财产安全的重要设备、设施、产品、物品，需要按照技术标准、技术规范，通过检验、检测、检疫等方式进行审定的事项；5. 企业或者其他组织的设立等，需要确定主体资格的事项；6. 法律、行政法规规定可以设定行政许可的其他事项。

为了防止行政机关滥用职权，滥设许可，从而妨碍了公民依据宪法和法律享有更多的法律上的权利的机会，《中华人民共和国行政许可法》

第13条还规定了对行政许可设定的限制条件，强调符合下列几种情况的，行政机关不得通过许可的方式来限制公民的宪法和法律权利：1. 公民、法人或其他组织能够自主决定的；2. 市场竞争机制能够有效调节的；3. 行业组织或者中介机构能够自律管理的；4. 行政机关采用事后监督等其他行政管理方式能够解决的等。

可以看到，行政法上的权利实际上也涉及公民的法律上的财产权和人身权。但是，与作为民事权利的财产权和人身权不同的是，行政法上的财产权和人身权必须依赖于政府履行一定的作为义务才能实现，当事人自己不能随意处分行政法上的财产权和人身权。如当事人获得行政机关的许可获得开办医药企业的权利，但是，当事人不能随意将这种权利转让给第三者，除非经过行政许可机关的同意，并且按照法定的程序办理变更手续，否则，依据民事法律规范私自买卖行政法上的权利的行为无效，得不到法律的保护。再如，根据行政法的规定，公民所处的社会环境应当具有一定的安全性，公民的人身安全应当得到保护，这些人身权利需要政府部门采取必要的保障公共安全的措施来实现。

除了行政许可权利之外，行政法上的权利还包括许多类型，但是与公民的基本权利和民事权利相比，这些权利的享有主体都不是所有的人，必须符合法律上所规定的一定的条件。也就是说，只有符合法律所规定的条件享有这些权利的主体在行使这些行政法上的权利时才是平等的。这些权利包括受行政给付权，如享受抚恤金，特定人员的离退休金，社会救济金和福利金以及各种救灾物资款项。享有上述权利的，都是符合法律规定条件的特殊主体，履行保护权利义务的是行政机关；受行政奖励的权利，凡是在日常工作中作出了巨大贡献，行政机关可给予物质奖励或精神奖励。受奖励的对象也只能是特定的主体；基于行政合同对行政机关产生的债权；接受行政机关的指导和帮助的权利等。

总之，行政法上的权利是以行政机关向特定的法律主体履行特定的法律义务为前提从而使行政法上的权利主体享有法律上的特定的利益。这些行政法上的权利虽然没有为每一个公民或自然人都享有，但是这些权利在人权保障中也具有非常重要的意义，可以增加人权保障的渠道，提高人权保障的水平，为普遍人权和公民的基本权利的实现提供法律制度的保障条件。

四 以诉权为基础的刑事、民事和行政诉讼权利体系

诉权是我国宪法和法律所确立的一项最重要的人权。诉权与诉讼权利是两个不同概念。诉讼权利包括广义上的诉讼权利和狭义上的诉讼权利。广义上的诉讼权利是指诉权，这是一种宪法权利，是针对国家机关可能利用国家机关享有的国家权力侵犯公民权利而设计的，一旦国家机关侵犯了公民的宪法权利，公民可以依据宪法所规定的诉权来向有权机关提出宪法救济的要求。这种诉权的存在是绝对的，国家机关不得随意加以限制，这种意义上的诉权具有对抗国家机关的国家权力的政治功能。狭义上的诉权是指在具体的诉讼过程中诉讼参与人所享有的各项程序性的权利，如被告人的辩护权，原被告的陈述权、上诉权、申诉权，诉讼参与人的举证权、质证权等。诉讼权利的存在可以很好地保证当事人依据宪法和法律所享有的实体权利，是一种法定程序权利。

目前，受我国宪法和法律保护的诉权既包括实体性的诉权，也包括程序性的诉权，体现在刑事诉讼、民事诉讼、行政诉讼以及相关的法律争议处理程序之中。

根据《中华人民共和国刑事诉讼法》的规定，在刑事诉讼中，自诉人、被告人以及被害人享有辩护权、陈述权、申请回避权、律师代理决定权等。

自诉人就是依照法律规定直接向人民法院提起诉讼的自诉案件的被害人或者他的法定代理人。自诉人在刑事案件中，有权申请撤销案件，有权就损害赔偿问题提起附带民事诉讼，有权申请调取证据和传唤证人，有权申请审判员、书记员、鉴定人发问，有权参加法庭辩论，对法院的判决、裁定不服时，有权上诉和申诉。

依法保障诉讼参与人包括被告人享有的诉讼权利，是我国刑事诉讼中的一项重要原则，是社会主义民主法治原则在诉讼活动中的体现。我国刑事诉讼法对于被告人在整个刑事诉讼中所享有的权利，作了一系列的规定，主要有：运用本民族语言文字进行诉讼的权利；获得辩护的权利；对司法人员侵犯公民诉讼权利和人身侮辱的行为提出控告的权利；申请有关人员回避的权利；拒绝回答与本案无关的问题的权利；请求传唤新证人、调取新证据、申请重新鉴定、勘验的权利；辨认物证、书证，申请审判长对证人、鉴定人发问或者经审判长许可直接发问的权利；在法庭上有作最后陈述的权利；阅读讯问笔录、庭审笔录和提出修改、补充的权利；不服

法院的第一审判决、裁定提出上诉的权利；自诉案件的被告人进行反诉的权利。

被害人是指其合法财产、人身权利、民主权利和其他权利遭受犯罪行为直接侵犯的人。不需要进行侦查或轻微的刑事案件的被害人可以依法向人民法院直接起诉，成为自诉人，享有自诉人的一切权利。公诉案件中的被害人对侵犯其人身、财产权利的犯罪事实或者犯罪嫌疑人，有权向公安机关、人民检察院或者人民法院报案或者控告。还可以就损害赔偿部分提起附带民事诉讼，有向公安司法机关提供证据的权利，有申请调取证据和传唤当事人的权利，有申请重新鉴定或勘验的权利，被害人认为公安机关对应当立案侦查的案件而不立案侦查，向人民检察院提出的，人民检察院应当要求公安机关说明不立案的理由。人民检察院认为公安机关不立案理由不能成立的，应当通知公安机关立案，公安机关接到通知后应当立案。有权对合议庭组成人员、书记员、公诉人、鉴定人、翻译人员申请回避的权利。对于决定不起诉的，人民检察院应当将不起诉决定书送达被害人。被害人如果不服，可以自收到决定书后七天内向上一级人民检察院申诉，请求提起公诉。人民检察院应当将复查决定告知被害人。对人民检察院维持不起诉决定的，被害人可以向人民法院起诉。被害人也可以不经申诉，直接向人民法院起诉。人民法院受理案件后，人民检察院应当将有关案件材料移送人民法院。被害人及其法定代理人不服地方各级人民法院第一审判决的，自收到判决书后五天以内，有权请求人民检察院提出抗诉。人民检察院自收到被害人及其法定代理人的请求后五天以内，应当作出是否抗诉的决定并且答复请求人。

根据《中华人民共和国民事诉讼法》的规定，民事诉讼当事人有平等的诉讼权利。人民法院审理民事案件，应当保障和便利当事人行使诉讼权利，对当事人在适用法律上一律平等。人民法院应当对不通晓当地民族通用的语言文字的诉讼参与人提供翻译。人民法院审理民事案件时，当事人有权进行辩论。当事人有权在法律规定的范围内处分自己的民事权利和诉讼权利。在民事诉讼中，当事人还可以通过调解的方式来解决彼此之间的纠纷。

根据《中华人民共和国行政诉讼法》的规定，作为当事人的原告在行政诉讼中与作为被告人的国家行政机关的法律地位平等。原告在行政诉讼过程中，有权进行辩论，有权要求有利害关系的法官回避，人民法院对于不通晓当地民族语言文字的诉讼参与人要提供翻译。另外，原告在行政诉讼中可以委托人代理人参与诉讼，经人民法院许可，原告和其他诉讼代理人还可以查阅庭审材料，经人民法院裁定可以申请撤诉。还可以就行政机关和行政机关工作人员作出的具体行政行为侵犯造成的损害，有权请求赔偿。

另外，在一些准诉讼程序中，当事人也依据法律享有不同程度的程序性权利。如根据《中华人民共和国行政复议法》的规定，公民、法人或者其他组织如果认为行政机关的具体行政行为侵犯其合法权益的，有提请复议机关审查的权利，同时，如果认为行政机关的具体行政行为所依据的国务院部门的规定，县级以上地方各级人民政府及其工作部门的规定，乡、镇人民政府的规定不合法的，可以一并向行政复议机关提起复议审查的请求。在具体参加行政复议的过程中，申请人可以委托代理人参加行政复议，申请人申请行政复议，可以书面申请，也可以口头申请。在行政复议机关受理行政复议申请后，复议机关在认为有必要的情形下，应当听取申请人的意见。申请人可以查阅被申请人提出的书面答复、作出具体行政行为的证据和有关材料等，行政复议机关不得拒绝。在行政复议决定作出之前，申请人要求撤回行政复议申请的，经说明理由，可以撤回。申请人在申请行政复议时可以一并提出行政复议赔偿的请求。申请人在申请复议过程中，行政复议机关不得向申请人收取任何费用等。

总之，诉权在我国宪法和法律中是得到比较充分保障的一种法律权利，特别是作为诉权的程序性权利，我国的刑事诉讼法、民事诉讼法和行政诉讼法都作了较为详细的规定，这些规定都给公民获得充分的法律上的权利救济提供了坚实的法律保障。但是，也应当看到，由于我国目前尚未建立宪法诉讼制度，因此，作为实体性的对抗国家机关行使国家权力的诉权体系还有待进一步建立和完善。值得注意的是《中华人民共和国立法法》第 90 条第 1 款规定了公民可以向全国人大常委会提出违宪审查的建议，虽然该项规定并不是严格意义上的确立公民的宪法诉权，但是，有助于推动我国公民宪法诉权的实现。

五　以公共利益为特征的集体人权体系

人权保障，尤其是现代国际社会普遍予以承认的人权是以个人自由为核心内容的。人权实际上是个人相对于国家和政府所具有的一种正当性利益。但是，正如联合国通过的两个国际人权公约《公民权利和政治权利国际公约》和《经济、社会和文化权利国际公约》本身都在第1条规定了人民自决权一样，人权国际保护的发展趋势也逐渐地接受了集体人权的概念。从集体人权与个体人权的关系来看，集体人权实际上从个体人权中演变而来的，是为了更好地实现个体人权，而不是为了限制个体人权。卡利尔·瓦萨克在1979年首创了三代人权的概念，并指出了作为集体人权性质的自决权和发展权属于第三代权利。所以说，集体人权的概念正在越来越被国际社会所接受。

我国作为社会主义国家，一直重视对集体人权的保护，特别是对少数民族权利的保护。早在1954年宪法中，就对少数民族的各项权利作了比较系统的规定。1982年现行宪法以各民族为权利主体设定了宪法权利。第4条第1款规定："中华人民共和国各民族一律平等。"第4款规定："各民族都有使用和发展自己的语言文字的自由，都有保持或者改革自己的风俗习惯的自由。"1982年宪法第4条第1款还规定："国家保障各少数民族的合法的权利和利益，维护和发展各民族的平等、团结、互助关系。"上述规定都反映了我国宪法高度重视对集体人权的法律保护。

第四节　中国人权法实施的保障机制

中国的人权法实施保障机制是基于现行宪法和法律关于保障人权的各项法律原则和法律规定建立起来的，其中各级国家权力机关、行政机关、检察机关和审判机关都有职责在宪法和法律规定的范围内，采取各种积极和有效的措施来保障人权的实施。此外，还有许多专门的政府机构和社会组织依据法律的规定，在人权保障方面也履行着各种各样的基本职责。基于宪法和法律所规定的组织、机构和程序，有关人权的各种法律规定都得到了较好的实施。

一　中国的人权保障机构

（一）国家和政府人权保障机构

1. 全国人民代表大会及其常务委员会

全国人民代表大会是最高国家权力机关；全国人民代表大会常务委员会是全国人民代表大会的常设机关，在全国人大闭会期间，行使最高国家权力，对全国人民代表大会负责并报告工作。全国人民代表大会及其常务委员会行使立法权。全国人大及其常委会主要是通过制定各种保障人权的法律，来为宪法所规定的公民的基本权利的实现提供最坚实的法律基础。

2. 中国人民政治协商会议

中国人民政治协商会议（简称人民政协）是中国人民爱国统一战线的组织，是中国共产党领导的多党合作和政治协商的重要机构，是我国政治生活中发扬社会主义民主的重要形式。团结和民主是中国人民政治协商会议的两大主题。

中国人民政治协商会议全国委员会由中国共产党、各民主党派、无党派人士、人民团体、各少数民族和各界的代表，香港特别行政区同胞、澳门特别行政区同胞、台湾同胞和归国侨胞的代表以及特别邀请的人士组成，设若干界别。

中国人民政治协商会议全国委员会和地方委员会的主要职能是政治协商、民主监督、参政议政。该组织在人权法的实施方面具有参谋与监督作用。

3. 民政部

民政部是负责全国民政事务的国务院组成部门。与人权保护相关的主要职能有：

（1）负责全国性社团、跨省（自治区、直辖市）社团、在内地的香港特别行政区及澳门、台湾同胞社团、外国人在华社团、国际性社团在华机构的登记和年度检查；监督社团活动，查处社团组织的违法行为和未经登记而以社团名义开展活动的非法组织；指导、监督地方社团的登记管理工作。

（2）中央单位所属和挂靠的民办非企业单位的登记和年度检查；查处民办非企业单位的违法行为和未经登记的民办非企业单位；指导、监督地方民办非企业单位登记管理工作。

（3）组织、协调救灾工作；组织核查灾情，统一发布灾情，管理、分配中央救灾款物并监督使用；组织、指导救灾捐赠；承担中国国际减灾十年委员会日常工作，拟定并组织实施减灾规划，开展国际减灾合作。

（4）建立和实施城乡居民最低生活保障制度；组织和指导扶贫济困等社会互助活动，审批全国性社会福利募捐义演；指导地方社会救济工作。

（5）加强和改进基层政权建设的意见和建议；指导村民委员会民主选举、民主决策、民主管理和民主监督工作，推动村务公开和基层民主政治建设；指导城市居民委员会建设，制定社区工作及社区服务管理办法和促进发展的政策措施，推动社区建设。

（6）承担老年人、孤儿、五保户等特殊困难群体权益保护的行政管理工作，指导残疾人的权益保障工作，拟定有关方针、政策、法规、规章；拟定社会福利事业发展规划和各类福利设施标准；研究提出社会福利企业认定标准和扶持保护政策；研究提出福利彩票（中国社会福利有奖募捐券）发展规划、发行额度和管理办法，管理本级福利资金。

（7）拟定和监督实施城市生活无着的流浪乞讨人员救助管理的方针、政策；指导全国救助管理站的工作。

4. 文化部

中华人民共和国文化部是国务院组成部委之一。其在保障人权实现方面，尤其是文化权利的实现方面的主要职责是：

（1）研究拟定文化艺术工作的方针、政策和法规并监督实施。

（2）研究拟定文化事业发展战略和发展规划；指导文化体制改革。

（3）管理文学、艺术事业，指导艺术创作与生产，扶持代表性、示范性、实验性文化艺术品种、推动各门类艺术的发展；归口管理全国性重大文化活动。

（4）拟定文化产业规划和政策，指导、协调文化产业发展；规划、指导国家重点文化设施建设。

（5）归口管理文化市场，拟定文化市场的发展规划；研究文化市场发展态势，指导文化市场稽查工作。

（6）管理社会文化事业，拟定社会文化事业发展规划并组织实施；指导各类社会文化事业的建设与发展。

（7）管理图书馆事业，指导图书文献资源的建设、开发和利用；组织推动图书馆标准化、现代化建设。

（8）归口管理对外文化工作和对香港特别行政区、澳门特别行政区及台湾的文化交流工作，拟定对外及对香港特别行政区、澳门特别行政区及台湾文化交流政策、法规；代表国家签订中外文化合作协定、年度执行计划和文化交流项目计划；指导驻外使（领）馆文化机构及驻香港特别行政区、澳门地区文化机构的工作。

（9）按照国务院规定，管理国家文物局。

（10）承办国务院交办的其他事项。

5. 公安部及其他公安机关

公安机关是武装性质的国家治安行政力量和刑事司法力量。公安机关自成立以来，在人权保护方面做了大量卓有成效的工作。其中，预防、制止和侦查违法犯罪活动，保护公民的人身安全、人身自由和合法财产，是公安机关最重要的职能之一，是公安机关保护人权最直接、最具体、最有效的一种方式。公安行政管理工作是公安机关全心全意为人民服务、维护公民合法权益的一个重要渠道。为确保严格、公正执法，公安机关建立健全了法制工作机构，不断加强公安法制建设，公安机关整体执法水平有了明显的提高，进一步保护了公民的合法权益。

近年来，公安机关积极开展人权领域内的国际交流与合作。公安部先后两次参加了由联合国禁止酷刑委员会召开的审议我国执行禁止酷刑公约情况的报告的会议，与联合国人权委员会任意拘留工作小组、联合国人权高专办公室专家团以及挪威、瑞典、加拿大、澳大利亚等国的人权组织和专家进行了富有建设性的会谈，并与一些国际人权组织和有关国家、地区的人权保障机构开展了交流与合作，建立了友好的合作关系。

6. 国家计划生育委员会

国家计生委是主管计划生育工作的国务院组成部门。主要任务是全面贯彻党中央、国务院有关计划生育工作的方针、政策，做好计划生育工作及有关人口工作的规划、协调、指导、监督、宣传和服务工作，由于计划生育工作与公民的人身权利和各项民事权利密切相关，因此，该机构在人权保障方面负有特殊的法律职责。计划生育领域的人权保护工作涉及国家通过立法来保障公民的生育权利。以宪法为主体，以婚姻法、妇女权益保障法、母婴保健法、劳动法、收养法等为辅的国家法律体系，把妇女在政治、经济、文化教育、婚姻家庭、生育、财产等方面与男子平等的权利，以法律的形式全面、系统地固定下来。法律不仅规定了公民依法享有生育权，而且享有不生育的自由、获得避孕节育服务、享受生育社会保险等权利。

中国政府制定计划生育政策和方案，既坚持从本国的实际出发，又充分考虑和遵守历次国际人口会议确定的基本原则，在实施过程中把解决人口问题与发展经济、消除贫困、发展教育、改善医疗卫生水平、保护环境、增进家庭福利、提高妇女地位等结合起来，实施“少生快富”、“扶贫与计划生育相结合”、“计划生育与社区发展相结合”、“计划生育男性参与”、“生殖健康”等项目，在计划生育工作中体现“以人为本”、优质服务的指导思想。从根本上说，中国的人口和计划生育方案是为维护和实现公民的生存权和发展权，进而维护和实现世界普遍公认的基本人权。

国家计生委始终坚持国家指导和公民自愿相结合的原则，既尊重公民的基本权利和生育意愿，又考虑公民对社会应尽的责任和义务；坚持以宣传教育为主、避孕为主、经常性工作为主的工作原则，反对任何形式的强迫命令。国家计生委要求各级计划生育部门依法行政，要把行政执法和维护公民权利结合起来。国家计生委明确要求各级计划生育干部在执行公务时要做到“七个不准”，坚决维护育龄群众的合法权益。

国家计生委同联合国人口基金、世界卫生组织、国际家庭计划联合会、国际人口与发展南南合作伙伴组织等组织和泰国、孟加拉、日本、美国等国官方机构或非政府组织保持着长期的友好合作关系，开展生殖健康和计划生育国际合作项目。通过这些项目和交流活动，学习和借鉴国际先进的科学技术和有益的管理经验。国家计生委和瑞典隆德大学沃伦堡人权与人道主义法学院联合举办“人权与人口政策”研讨班，双方就国际人权法、联合国人权机制以及人权机构、人权与人口政策、人权与计划生育等问题进行了深入和坦率的研讨。作为中国政府代表团的成员，国家计生委还参加了社会发展首脑会议、第四次世界妇女大会、联合国人权委员会等重要的国际会议和中国—欧盟妇女研讨会等人权对话。

7. 国家民族事务委员会

国家民族事务委员会是主管国家民族事务的国务院组成部门。国家民族事务委员会实行委员制，由国务院有关职能部门作为委员单位，各委员单位安排本部门负责人担任国家民委委员。

国家民族事务委员会成立于1949年10月22日，是中华人民共和国最早成立的国家部委之一。国家民委致力于保障少数民族的平等权利和其他合法权益，促进少数民族和民族地区政治、经济、教育、文化、科技、卫生等事业的发展，促进民族团结和各民族共同繁荣。新中国成立以来，国家民族事务委员会在中国少数民族的人权保障方面，做了大量的工作，取得了巨大成绩：

（1）实行彻底的民族平等政策。

（2）保障少数民族的自治权。

（3）促进少数民族的发展，充分保障少数民族的发展权。

（4）保护和发展少数民族传统文化，保障少数民族的文化权利。

（5）逐步完善民族法律法规体系，为保障少数民族权利提供法律依据。

（6）积极开展国际间人权交流与对话。

经过50多年的积极努力，我国少数民族人权保护工作取得了巨大成就。少数民族的生存权、平等权、发展权得到保护。少数民族享有平等的参政议政权、经济发展权、受教育权、保护和发展文化权、宗教信仰自由权、信仰和保持风俗习惯权等各项权利。实行民族区域自治的少数民族享有充分的自治权。少数民族和民族地区经济发展、社会稳定、民族团结，各民族正朝着共同繁荣的目标迈进。

8. 国家宗教事务局

中国是一个有多种宗教的国家。全国信仰佛教、道教、伊斯兰教、天主教、基督教（新教）五种主要宗教的信徒超过一亿人。中国共产党和政府始终实行宗教信仰自由政策，中国公民宗教信仰自由的权利受到尊重和保护。

中华人民共和国成立以后，为适应宗教工作的需要，各级政府逐步建立了宗教事务工作机构，对有关宗教的法律、法规的贯彻实施进行行政管理和监督，在保护宗教信仰自由政策的贯彻执行方面发挥了重要作用。

1949 年 9 月由中国人民政治协商会议通过的《共同纲领》规定，中华人民共和国公民有宗教信仰的自由。其后，在政务院文教委员会内设立了“宗教问题研究小组”，在政务院和各大行政区文教委员会内设立宗教事务处，在省、自治区、直辖市及一部分辖市和专署及县建立宗教工作机构，列为各级政府的直属机构之一。1954 年 11 月，国务院决定，在宗教事务处的基础上，成立国务院宗教事务局，为国务院直属机构之一。1955 年 7 月，中共中央和国务院指示各地进一步健全宗教工作机构。要求京、沪、津三个直辖市及宗教工作任务繁重的省改宗教事务处为宗教事务局，要求大城市中宗教工作繁重的区和省属县设立宗教事务科。至此，从省到县的宗教工作机构，基本上建立起来。

1966 年开始的“文化大革命”的十年期间，各级政府宗教事务部门被撤销。“文化大革命”后，政府宗教工作机构逐步得以恢复。

1979 年 2 月 10 日，中共中央转发的第八次全国宗教工作会议纪要中明确提出了恢复国务院宗教事务局的机构和编制，各省、自治区、直辖市政府的宗教工作机构和编制也相应予以恢复。1979 年 6 月 9 日，国务院正式下文批复了国务院宗教事务局的机构编制。

1982 年 3 月 31 日，中共中央下发了《关于我国社会主义时期宗教问题的基本观点和基本政策》，强调“必须健全和加强政府主管宗教事务的机构”，推动了各级政府宗教工作机构的恢复和建立。

根据国务院关于政府机构改革工作的部署和要求，1988 年 7 月 23 日，国家机构编制委员会正式批准了国务院宗教事务局关于定职能、定机构、定编制的方案。国务院宗教事务局是国务院主管宗教工作的职能机构。为了加强对国内外宗教问题的研究，经国家机构编制委员会批准，成立宗教研究中心。

1994 年，国务院的机构再次进行了改革。国务院宗教事务局的职能配置、内设机构和人员编制再一次进行了调整。先后成立了国务院宗教事务局机关服务中心、《中国宗教》杂志社和宗教文化出版社。与此同时，各地根据当地宗教工作的实际需要，进一步健全和加强了政府宗教事务机构。

到 1995 年底，30 个省、自治区、直辖市都设有政府宗教工作机构，全国有 1551 个县设宗教工作机构，干部编制总数为 3053 人，大体形成了一个自上而下的政府宗教事务管理网络。各级宗教工作部门作为政府宗教工作的主管部门履行自己的职责。

1998 年 6 月 16 日，国务院批准了国家宗教事务局职能配置、内设机构和人员编制规定。国务院宗教事务局更名为国家宗教事务局，仍为国务院主管宗教事务的直属机构。国务院宗教事务局在保护公民宗教信仰自由方面的主要职责是：

（1）公民宗教信仰自由权利受到宪法和法律的保护。

（2）加强宗教事务的法制建设。

（3）公民宗教信仰自由的权利得到了充分的保障。中国政府特别注意尊重少数民族的宗教信仰；宗教教职人员的培养；政治上团结合作，信仰上相互尊重。

（4）开展宗教方面的对外交往。

新中国成立近六十年来的实践说明，中国政府执行的宗教信仰自由政策是符合中国国情的，是真正符合最广大人民群众根本利益的唯一正确的政策，中国政府在处理宗教问题上取得了巨大的成功。

9. 国务院扶贫开发领导小组办公室

根据 1998 年国务院批准的机构改革方案，国务院扶贫开发领导小组为国务院议事协调机构。国务院扶贫开发领导小组办公室履行的职能主要包括：拟定扶贫开发工作的政策、规划并组织实施；协调社会各界的扶贫工作和有关扶贫的国际交流与合作；拟定贫困人口和国家级贫困县的扶持标准；组织贫困状况监测和统计；拟定中央扶贫资金分配方案，指导、监督和检查扶贫资金的使用；管理有关扶贫项目。该机构在保障弱势群体的生存权以及公民的社会发展权等方面发挥了非常重要的作用。

中央政府组织扶贫开发，解决了几亿人的温饱问题，是一项伟大的社会工程，对于欠发达地区的社会稳定、民族团结、社会和国民经济的全面发展，产生了积极而重大的影响。这一壮举向世界表明，中国共产党和中国政府高度重视推进和发展中国人民的人权事业，是中国人民基本权利最坚决最忠诚的维护者。国务院扶贫开发领导小组及其办公室是我国人权保障的重要机构之一。新中国成立后特别是改革开放以来，中央政府为保障贫困群众的生存权和发展权，进行了锲而不舍、艰苦卓绝的努力。中国的扶贫开发事业取得了巨大的历史性成就。在国务院扶贫开发领导机构的组织和协调下，各级人民政府努力和认真地开展了以下事项的扶贫工作：

（1）解决了两亿多农村贫困人口的温饱问题。

（2）贫困地区的生产生活条件明显改善。

（3）科技、教育、文化、卫生等社会事业发展较快。

（4）一些集中连片的贫困地区解决了温饱。

（5）社会各界帮扶成果丰硕。

（6）扶贫领域的国际合作进展顺利。

扶贫开发的巨大成就，使贫困地区广大农民群众千百年来解决温饱的愿望变成了现实，为促进中国经济发展、民族团结、边疆巩固和社会稳定发挥了重要的作用，极大地鼓舞了全国人民在党的领导下走中国特色社会主义道路的决心和信心。在世界范围贫困人口不断增加、贫困状况不断恶化的情况下，中国扶贫开发的成就进一步证明了社会主义制度的优越性，得到了国际社会的高度评价。世界银行认为："中国二十年改革过程中贫困人口的持续大幅减少，是发展中国家的典范。"

10. 国务院妇女儿童工作委员会

国务院妇女儿童工作委员会成立于1990年2月22日。其前身为全国儿童少年工作协调委员会。1990年，由国务院正式批准成立国务院妇女儿童工作协调委员会，1993年7月10日更名为国务院妇女儿童工作委员会。其性质是国务院负责妇女儿童工作的协调议事机构，负责协调和推动政府有关部门执行妇女儿童的各项法律法规和政策措施，发展妇女儿童事业。该机构在保障妇女和儿童权利方面具有非常重要的作用。其基本职能是：

（1）协调和推动政府有关部门做好维护妇女儿童权益工作；

（2）协调和推动政府有关部门制定和实施妇女和儿童发展纲要；

（3）协调和推动政府有关部门为妇女儿童办实事；

（4）协调和推动政府有关部门为开展妇女儿童工作和发展妇女儿童事业提供必要的人力、财力、物力；

（5）指导、督促和检查各省、自治区、直辖市人民政府妇女儿童工作委员会的工作。

国务院妇儿工委自成立以来，在协调和推动各级政府和有关部门促进妇女儿童事业发展，保障妇女儿童合法权益方面做了大量工作，发挥了重要的作用。主要有：

（1）积极协调和参与了有关妇女儿童法律、法规、政策的起草、制定和修改工作，使维护妇女儿童权益工作逐步走向规范化、法治化。

（2）积极协调和推动政府和有关部门实施《妇女权益保障法》、《未成年人保护法》、《妇女纲要》、《儿童纲要》，积极开展法制宣传和执法检查。

（3）推动各级党委、政府和有关部门加强对妇女儿童工作的领导。

（4）把工作重点放在农村特别是贫困地区。在农村，特别是贫困地区重点抓好妇女儿童生存、保护和发展方面的问题，抓好普及教育、卫生保健和计划生育等工作。

（5）努力研究解决了一些妇女儿童发展中的突出问题。国务院妇儿工委会同公安、劳动和社会保障、民政等部门对国有企业下岗女职工的基本生活保障和再就业，部分合资企业、私营企业和乡镇企业女职工的劳动权益保护，打击卖淫嫖娼、拐卖妇女儿童，流动人口中妇女儿童的权益保护，女职工生育基金社会统筹等问题进行了专门调查研究，制定了相应的政策和解决办法，使妇女儿童合法权益得到了有效保护。

（6）加强国际交流与合作。在实施“两法”、“两纲”的同时，国务院妇儿工委认真履行了联合国关于《消除对妇女一切形式歧视公约》、《儿童权利公约》和《儿童生存保护和发展世界宣言》等保护妇女儿童权益的文件。与联合国儿童基金会等组织开展了促进妇女儿童发展的合作项目。

目前，我国妇女儿童事业取得了举世瞩目的成就。我国妇女参与国家和社会事务管理的程度不断提高，妇女就业人数增加，就业比重上升，受教育水平明显提高，健康状况不断改善，整体素质全面提高。现在，妇女的发展状况和发展水平，不仅在中国历史上是空前的，而且在一些方面已居于世界前列。

11. 教育部

教育部是主管教育和语言文字工作的国务院组成部门，国务院教育行政部门主管全国教育工作，统筹规划，协调管理全国的教育事业。

受教育权是公民发展权的重要组成部分，保证公民享受这一基本权利是新中国教育方针和政策中最重要的内容。党和国家十分重视教育工作，各级人民政府积极采取有效措施，大力发展各类教育，广大人民群众的受教育权得到了切实的保障和实现。教育部及全国各级政府教育部门在保障公民的受教育权方面发挥了应有的作用，具体包括：

（1）依法全面保障公民的受教育权。《中华人民共和国宪法》第46条规定："中华人民共和国公民有受教育的权利和义务。"以宪法为依据，我国制定了《中华人民共和国学位条例》、《中华人民共和国义务教育法》、《中华人民共和国教师法》、《中华人民共和国教育法》、《中华人民共和国职业教育法》、《中华人民共和国高等教育法》等6部教育法律。

（2）大力发展教育事业，为公民受教育权的实现提供有力的保障。

（3）采取切实措施，使少数民族地区、经济贫困地区公民及社会困难群体和成员平等的受教育权得到有效的实现。

12. 人力资源和社会保障部

1998年3月18日，在全国人大九届一次会议通过的国务院机构改革方案中，决定在劳动部的基础上组建劳动和社会保障部。成立以后，以国有企业下岗职工再就业、养老保险制度改革、医疗保险制度改革为重点，确保国有企业下岗职工基本生活，确保离退休人员养老金发放，实现社会保险统一管理，一个比较完善的社会保障体系正在形成。在党中央、国务院的正确领导下，劳动保障事业进入了一个新的发展时期。2008年3月11日，在全国人大十届一次会议上通过的国务院机构改革方案中，决定在人事部和劳动和社会保障部的基础上组建人力资源和社会保障部。其在人权保障方面的成就包括：

（1）劳动就业工作取得新的进展。

（2）社会保险事业取得显著成就。

（3）企业工资改革稳步推进。

（4）全面推行劳动合同制度，劳动立法与监察工作取得新的进展，有效地维护了劳动者的合法权益。

（5）国际交流与合作得到进一步发展。

1999年以来，劳动保障工作在党中央、国务院正确领导下不断向前推进：一是为实现国有企业三年脱困，确保国有企业下岗职工基本生活和再就业、确保企业离退休人员养老金按时足额发放的"两个确保"工作，取得了新的进展。《社会保险费征缴条例》和《失业保险条例》正式发布实施后，在提高国有企业下岗职工、失业人员以及城镇居民最低生活保障对象的保障水平上，顺利实施了提高"三条社会保障线"水平工作；二是医疗保险制度改革工作稳步迈进，目前全国正在按照人力资源和社会保障部与有关部委共同制定的关于这一改革的六个配套政策进行组织实施；三是积极组织实施《中华人民共和国劳动合同法》，并正在起草《中华人民共和国社会保险法》。

13. 司法部

司法部是主管全国司法行政工作的国务院组成部门。司法部作为我国人权保障的一个重要机构，严格履行法律赋予的各项职责，充分发挥职能作用，切实保障人权。具体包括：

（1）充分保障罪犯的人权。认真贯彻落实《监狱法》，中国司法中的罪犯人权保障工作已经形成了比较完善的保障机制和监督机制。

（2）充分保障劳动教养人员的人权。

（3）充分发挥律师在司法人权保障中的作用。

（4）充分发挥公证制度在司法人权保障中的作用。

（5）充分发挥法律援助制度在司法人权保障中的作用。

（6）积极开展和参与有关司法人权的国际交流活动。

司法部积极参与了有关人权的国际会议、双边人权对话以及其他人权交流与合作项目，就有关刑罚执行以及其他有关司法行政方面的问题与国际社会开展了广泛的交流与合作，增进了相互了解和理解，消除了一些误解和偏见，促进了我国与各有关方面关系的健康发展。

14. 最高人民法院及各级人民法院

人民法院是国家的审判机关。人民法院的任务是审判刑事案件、民事案件、经济案件、行政案件、海事案件、知识产权案件和法律规定的其他案件，并且通过审判活动，惩治犯罪，解决纠纷，调节经济关系，以保卫人民民主专政和社会主义制度，维护社会主义民主和法制，保护社会主义公共财产和私人所有的合法财产，保护公民、法人和其他组织的合法权益，保障改革开放和社会主义建设的顺利进行，促进生产力迅速发展。人民法院用它的全部活动维护国家法制的统一和尊严，教育公民忠于社会主义祖国，自觉地遵守宪法和法律。

为了适应改革开放和社会主义现代化建设的发展，人民法院的审判领域不断拓宽，司法职能逐步加强，对公民人权的保护范围也越来越广。审判范围从原有的刑事、民事领域，逐步发展为刑事、民事、经济、行政、知识产权、交通运输审判和国家赔偿、执行工作等比较完善的审判工作格局。审判工作在维护社会稳定，促进经济发展和保障公民人权等方面，发挥着越来越重要的作用。人民法院通过开展各项审判活动，全面提高执法水平，审理的各类案件数量越来越大，类型越来越新，保障人权的成绩日益显著。

人民法院为保障公民人权做了大量的工作涉及：

（1）充分发挥各项审判职能，依法保护公民的生命财产安全和其他各项人权不受侵犯。

（2）及时调处民间纠纷，维护当事人合法权益。

（3）1991 年、1995 年《行政诉讼法》和《国家赔偿法》相继实施，各级法院坚持依法监督行政执法行为，保护公民、法人和其他组织合法权益不受侵犯，积极开展行政审判和国家赔偿工作。

（4）加大执行力度，维护法律权威，保证当事人合法权益的实现。建立少年审判法庭，是我国社会主义司法制度的一大特色，有效地保护了未成年刑事被告人的合法权益。建立适应民族区域自治地方审判工作需要的法院领导和工作机制，充分尊重少数民族的自治权，保障少数民族的生存权、发展权和其他各项基本人权。

（5）推进人民法院改革，更加有力地保障人权。

此外，人民法院通过接待大量的外国法官、法律界人士来访，进行了广泛的国际交流，增进了友谊和相互了解。在有关的国际会议上，我国法官同外国法官及相关人士，就人权问题进行对话和讨论，使国际社会对我国人权事业及其司法保障有了进一步了解。

在全面实施依法治国基本方略的进程中，人民法院将在加强我国人权的司法保障方面作出更加富有成效的努力。

15. 最高人民检察院及各级人民检察院

人民检察院是国家的法律监督机关。根据《中华人民共和国宪法》、《中华人民共和国人民检察院组织法》的有关规定，人民检察院在性质上是国家专门的法律监督机关。人民检察院在国家机构体系中，隶属于国家权力机关，是与国家行政机关和国家审判机关并行独立的国家机关。各级人民检察院都是由国家权力机关即全国人民代表大会和地方各级人民代表大会选举产生，对其负责，受其监督。人民检察院的法律监督职能是社会主义法制的重要组成部分。人民检察院在国家政权体系中占据不可替代的重要位置。

人民检察院的任务是：通过行使检察权，镇压一切叛国的、分裂国家的和其他危害国家安全的犯罪分子和其他犯罪分子，维护国家的统一，维护人民民主专政制度，维护社会主义法制，维护社会秩序、生产秩序、工作秩序、教学科研秩序和人民群众生活秩序，保护社会主义的全民所有的财产和劳动群众集体所有的财产，保护公民私人所有的合法财产，保护公民的人身权利、民主权利和其他权利，保护社会主义现代化建设的顺利进行。

人民检察院始终把维护和保障人权作为统一执法思想的重要方面，在依法履行职责过程中，充分尊重人权，保护人权，并不断完善和发展人权，使人权观念真正深入人心。人民检察院为我国人权的司法保障作出了积极贡献。

（二）非政府人权保障机构

1. 中国残疾人联合会

中国残疾人联合会成立于1988年3月，总部设在北京，是经国家法律确认、政府批准的各类残疾人的统一组织，是将残疾人自身代表组织、社会福利团体和事业管理机构融为一体的全国性残疾人事业团体。它的宗旨是：弘扬人道主义，发展残疾人事业，保障残疾人的人权，使残疾人以平等的地位、均等的机会充分参与社会生活，共享社会物质文化成果。中国残联具有代表、服务、管理三种职能：代表残疾人共同利益，维护残疾人的合法权益；团结教育残疾人，为残疾人服务；履行政府赋予的职责，管理和发展残疾人事业。中国残联由国务院领导同志联系，业务上接受国务院有关部门对口指导，在国家计划中单列户头，与各省、自治区、直辖市建立业务关系。

残疾人是一个人数众多、具有特殊脆弱性的社会群体。中国有视力残疾人、听力言语残疾人、肢体残疾人、智力残疾人、精神残疾人、多重及其他残疾人共计6000万人，约占全国总人口的5%。20世纪50年代以来，为保障残疾人权利，促进残疾人工作，中国相继建立了残疾人组织。1953年成立中国盲人福利会，1956年成立中国聋哑人福利会。1960年两会合并组成中国盲人聋哑人协会。“文化大革命”期间，中国盲人聋哑人协会停止活动。改革开放以来，中国经济快速增长，社会全面进步，残疾人的人权保障受到高度重视，残疾人组织逐步发展壮大。1978年，中国盲人聋哑人协会恢复活动。1984年，中国残疾人福利基金会成立。1988年，在这两个组织的基础上，成立了各类残疾人的全国性统一组织——中国残疾人联合会。

中国残联成立以来，遵循促进政府发挥主导作用、动员社会广泛支持、鼓励残疾人积极参与的方针，在残疾人事业各领域积极采取措施和行动，工作成绩显著。表现在以下几个方面：

（1）参与法律、法规、政策的制定、实施和监督。依据国情，借鉴国内外有关法律，组织起草了《中华人民共和国残疾人保障法》，经全国人民代表大会常务委员会审议通过，颁布实施。推动并参与《残疾人教育条例》等法规的制定。参加全国人大常委会组织的《残疾人保障法》执法检查，监督法律的实施。推动法律援助机构、律师事务所、公证处、基层法律服务所为残疾人提供法律服务和法律援助。促进县（市）、乡（镇）村普遍制定对残疾人的优惠政策和扶助规定。

（2）参与制定和实施国家计划。积极推动将残疾人事业纳入国家计划，使之与经济、社会协调发展，参与制定、实施了国家发展残疾人事业的三个五年计划《中国残疾人事业五年工作纲要》、《中国残疾人事业“八五”计划纲要（1991—1995年）》和《中国残疾人事业“九五”计划纲要（1996—2000年）》及其配套实施方案。

（3）提高公众意识，倡导文明的社会风尚。促进政府、动员社会，利用大众传播媒体、展览、会议、图书和各种活动，进行广泛的社会宣传和公众教育，转变人们对残疾人的不正确的认识，消除对残疾人的歧视、偏见和陈腐观念；呼吁社会理解、尊重、关心、帮助残疾人，在全社会开展“全国助残日”和“红领巾助残”、“青年志愿者助残”等多种形式的扶残助残活动，数以亿计的人参加了上述活动。

（4）激励残疾人的参与意识和自强精神。在残疾人中广泛开展自强活动，激励残疾人自尊、自信、自强、自立，积极参与社会生活，实现人生价值，为社会做出贡献。两次表彰全国残疾人自强模范，激发了残疾人的奋斗精神和参与意识，同时向社会展示了残疾人的参与能力。

（5）行使政治权利，参与国家事务。中国残联以团体名义推选全国人大代表和全国政协委员。这些人大代表和政协委员积极参政议政，行使民主权利，还专门为残疾人状况的改善和残疾人事业的发展提出议案和建议。

另外，中国残联还积极参与国际残疾人事务，为保障残疾人权利、促进残疾人平等参与所作出的努力和取得的成绩，受到国际社会的普遍赞扬。中国残联响应联合国《关于残疾人的世界行动纲领》，积极参加“联合国残疾人十年（1983—1992年）”行动，倡导并促成“亚太残疾人十年（1993—2002年）”行动。中国残联还取得联合国经济社会理事会特别咨商地位。联合国和有关国际组织授予中国残联及其领导人“联合国和平使者奖”、“联合国残疾人十年特别奖”、联合国亚太经社会“亚太残疾人十年特别奖”、扶轮国际“保罗·哈里斯人道主义奖”、康复国际“亨利·凯斯勒奖”、残疾人国际亚太区委员会“亚太区奖”等嘉奖。

2. 中华全国妇女联合会

中华全国妇女联合会成立于1949年4月3日。中华全国妇女联合会是全国各族各界妇女在中国共产党领导下的社会群众团体，是中国共产党和中国政府联系妇女群众的桥梁和纽带，是国家政权的重要社会支柱之一。“中华全国妇女联合会”是中华全国妇女联合会的法定名称，“全国妇联”是中华全国妇女联合会的简称。

中华全国妇女联合会的宗旨是，以马克思列宁主义、毛泽东思想和邓小平理论作为行动指南。在社会主义初级阶段，团结、教育广大妇女，贯彻党的基本路线，在建设社会主义物质文明和精神文明中发挥积极作用。中华全国妇女联合会的基本职能是，代表和维护妇女利益，促进男女平等。

全国妇联围绕代表和维护妇女的合法权益，促进男女平等这一宗旨，积极开展国际交流和国际合作，其职责范围涉及：

（1）积极参加联合国和国际人权机构有关人权方面的会议。例如参加了1993年联合国人权大会；自1996年，每年派代表列席联合国人权委员会会议并参加非政府组织会议期间举办的各项活动。积极参加联合国妇女十年（1975—1985年）活动，分别参加了1975年在墨西哥、1980年在哥本哈根及1985年在内罗毕召开的联合国世界妇女大会。全国妇联主席、中国妇女代表团团长康克清还代表我国政府在哥本哈根世界妇女大会上签署了《消除对妇女一切形式歧视公约》。特别是1995年第四次世界妇女大会期间作为中国组委会的成员之一，参加了“95非政府组织妇女论坛”的筹备并参加“95非政府组织妇女论坛指导委员会”的工作。1994年参加了联合国《消除对妇女暴力宣言》的起草和磋商工作。参加了1998年亚欧保护儿童会议及亚太区域召开的禁止童工、儿童卖淫及“湄公河流域贩卖妇女与非法劳工问题研讨会”。

（2）积极参加有关国际人权公约的执行。中国是《消除对妇女一切形式歧视公约》和《儿童权利公约》缔约国。全国妇联积极对公约进行宣传，并与联合国儿童基金会合作开展儿童权利公约的宣传活动；组织有关《消除对妇女一切形式歧视公约》的研讨班、培训班，对从事维护妇女权益的人员进行培训；参与国家执行上述两公约报告的起草。

（3）向联合国有关机构提供中国维护妇女儿童权利的情况。多次向联合国有关机构和人权高专办公室提供有关中国妇女开展人权教育和禁止儿童卖淫等情况的材料。

（4）积极进行多边和双边有关人权的研讨。1998年6月，全国妇联在北京召开第四次世界妇女大会后续行动经验交流会。来自亚、非、欧、美、大洋洲28个国家和地区的政府机构和非政府组织以及5个国际组织、2个区域组织及联合国亚太机构和驻华机构的代表约200人与会。就各国落实《北京宣言》和《行动纲领》后续行动交流了经验。1998年10月，全国妇联与欧盟15国在北京联合举办了“中国—欧洲妇女问题研讨会”，政府官员、专家、学者及非政府组织代表110多人与会。双方围绕妇女人权问题，结合妇女与贫困、教育、就业、参政、健康和环境等7个议题进行了研讨。1999年9月，在芬兰举办第二次中欧妇女问题研讨会。全国妇联还经常举行双边研讨会就维护妇女儿童权益进行交流，如中美、中日、中俄妇女问题研讨会等。

（5）开展维护妇女儿童权益的国际合作项目。从1979年开始，全国妇联先后与联合国儿童基金会、联合国妇女发展基金、联合国工发组织、联合国开发计划署、国际农业发展基金等机构以及与加拿大、美国、日本、瑞典、挪威、澳大利亚、以色列、荷兰、瑞士等国开展了多边和双边项目合作，执行各类项目1000多个，在帮助贫困地区的妇女儿童改善健康状况、教育和生存环境、增加经济收入以及在帮助城市下岗女工获得再就业技能、女企业家提高经营管理和竞争能力方面，皆取得了可喜的实效。项目遍及全国各省和自治区的城乡，直接参与项目活动人数近百万，受益人数达千万。如全国妇联和加拿大国际发展署合作，于1998年在河北省和内蒙古自治区开展中加《妇女法》项目，对妇女进行培训，使中国妇女知法、懂法，用法律来保护自己的合法权益。

3. 中华全国归国华侨联合会

中华全国归国华侨联合会是由归侨、侨眷组成，团结、联系和保护归侨、侨眷和华侨的全国性人民团体。为了更好地发挥归侨、侨眷力量并维护其合法权益，1956年10月第一次全国归侨代表大会在北京召开，宣布成立中华全国归国华侨联合会，通过《中华全国归国华侨联合会章程》，选举著名华侨领袖陈嘉庚为首任主席。

中国侨联的宗旨是："以《中华人民共和国宪法》为根本的活动准则，在维护全国人民总体利益的同时，依法维护归侨、侨眷和海外侨胞在国内的合法权利和利益，关心海外侨胞的正当权利和利益。"

中国侨联作为中国的参政团体和归侨、侨眷的维权组织，根据"一视同仁，不得歧视，根据特点，适当照顾"的原则，积极保护归侨、侨眷的权益。推动全国人民代表大会制定并通过《中华人民共和国归侨侨眷保护法》（1991）及其《实施办法》，为保护归侨、侨眷权益提供法律保障；组织各级侨联贯彻实施《归侨侨眷保护法》，配合全国人大进行执法检查，督促解决各种涉侨问题；参与《归侨侨眷身份解释》、《归侨侨眷兴办企业法》等法律法规的审议、修改和制定，制定《侨联信访工作条例》并建立广泛的信访工作网，成立法律顾问委员会（1982）等机构，为归侨、侨眷和海外侨胞提供法律咨询和服务；深入侨乡调查研究，协助解决各种涉侨案件。据不完全统计，在1984—1999年15年间中国侨联及各级侨联共受理群众来信来访52万件次，协助有关部门处理诉讼案件近7000余宗。中国侨联实行团体会员制，目前全国共有省级侨联组织30个，县区级以上侨联2000余个，另有由归侨、侨眷组成的联谊会、校友会、学会、协会等基层组织8000余个。中国侨联会址设在北京，下设法律、联络、经济、文化等7个部室。拥有中国华侨经济文化基金会、中国华侨国际文化交流促进会、中国华侨历史学会等7个直属社会团体。

4. 中华全国律师协会

中华全国律师协会成立于1986年7月，是社会团体法人，是全国性律师行业的自律性组织，依法对律师实行行业管理。

中华全国律师协会的宗旨是：团结和教育会员，维护宪法和法律的尊严，忠实于律师事业，恪守律师职业道德和执业纪律；维护会员的合法权益，提高会员的业务素质；加强行业自律，促进律师事业的健康发展，以发展社会主义民主，健全社会主义法制，促进社会的文明和进步。

依据《中华人民共和国律师法》，中华全国律师协会的主要职责为：（1）保障律师依法执业，维护律师的合法权益。（2）总结、交流律师工作经验。（3）组织律师业务培训。（4）进行律师职业道德和执业纪律的教育、检查和监督。（5）组织律师开展对外交流。（6）调解律师执业活动中发生的纠纷。（7）承担全国律师资格考试的具体工作。（8）法律规定的其他职责。中华全国律师协会自1993年以来，积极参加了国际律师组织的有关人权问题的专题讨论，并多次就中国刑事审判制度的改革发表了演讲；与德国律师组织、法律界人士共同举办了中德人权法律讨论会，对涉及人权的各个法律问题进行了深入的讨论。

5. 中华全国青年联合会

中华全国青年联合会成立于1949年5月4日。全国青联是中国共产党领导下的基本人民团体之一，是以中国共产主义青年团为核心力量的各青年团体的联合组织，是我国各族各界青年广泛的爱国统一战线组织。全国青联的基本任务是：高举爱国主义、社会主义的旗帜，鼓励青年学习马列主义、毛泽东思想和邓小平建设有中国特色社会主义理论以及“三个代表”重要思想和科学发展观，学习社会主义市场经济知识，学习现代科学技术和文化知识；最广泛地代表和维护各族各界青年的合法权益；引导青年积极参与社会生活，努力为各族各界青年健康成长、奋发成才服务；积极开展同台湾青年、港澳青年及国外侨胞青年的联系和友谊；为巩固和发展我国社会安定团结的局面，推进我国社会主义现代化建设，推动社会主义市场经济的发展，健全社会主义法制，促进祖国统一和维护世界和平与发展而奋斗。

中华全国青年联合会按照自身的宗旨和职能，始终坚持开展维护青少年合法权益的工作，并取得了积极的成效，包括以下几个方面：

（1）积极参与青少年权益保护法律法规的起草工作，为维护青少年合法权益提供政策法律依据。

（2）大力宣传、贯彻《未成年人保护法》，依法维护青少年合法权益。

（3）采取多种手段，对有特殊困难的青少年实施救助。

（4）积极开展创建优秀“青少年维权岗”活动，动员社会力量加大维护青少年合法权益的工作力度。

（5）大力普及宣传青少年自护知识和法律知识，增强青少年的自我保护能力。

6. 中华全国新闻工作者协会

中华全国新闻工作者协会（简称中国记协）是中国共产党领导的中国新闻界的全国性人民团体，是党和政府同新闻界密切联系的桥梁和纽带。其前身为1937年11月8日在周恩来指示下于上海成立的中国青年新闻记者协会。1949年7月13日，以胡乔木为主任的中华全国新闻工作者协会筹委会在北京成立，与15个全国性人民团体及民主党派共同发起组织了中国人民政治协商会议。1957年3月14—16日，中国记协在北京召开第一次全国代表大会，正式宣布成立。

中国记协的宗旨为：团结全国各族新闻工作者，坚持马列主义、毛泽东思想和邓小平理论，全面贯彻执行党的基本路线和基本方针，坚持新闻为人民服务、为社会主义服务的方向，加强新闻队伍建设，维护新闻工作者的合法权益，推进新闻改革，开展国际交流，为繁荣和发展我国社会主义新闻事业，为把我国建成富强、民主、文明的社会主义现代化国家而奋斗。

中国记协的任务和职能包括维护新闻工作者的合法权益，反映新闻工作者的意见和要求；推动和监督新闻工作者遵纪守法，恪守职业道德，倡导廉洁自律；关心新闻工作者的工作条件和身心健康，关心离休、退休的老新闻工作者，鼓励和协助他们从事力所能及的有益的社会活动；对新闻从业人员进行业务培训和交流，提高其思想素质和业务水平；表彰和奖励成绩优异的新闻工作者；加强同基层新闻单位特别是少数民族新闻工作者的联系和交流；开展国内新闻界与国际新闻界的相互交流与合作等。

7. 中华全国总工会

中华全国总工会是“中国共产党领导的职工自愿结合的工人阶级群众组织，是党联系职工群众的桥梁和纽带，是国家政权的重要社会支柱，是会员和职工权益的代表。全国总工会是各地方总工会和各产业工会全国组织的领导机关”。全国总工会由中共中央书记处领导。

8. 中国人权发展基金会

中国人权发展基金会是具有法人资格的全国性民间团体，成立于1994年8月15日。中国人权发展基金会的宗旨是发展和完善中国人权事业，增进中国人民和世界人民在人权问题上的相互理解与合作，共同推进世界人权进步事业。中国人权发展基金会的任务是广泛募集资金，进行国际人权交流，开展和资助人权宣传、教育与研究，举办公益事业，奖励为维护和发展人权事业作出突出贡献的集体和个人。

二 中国人权保障的主要方式和途径

（一）立法机关的保障

1. 立法机关立法保护公民基本权利

立法机关通过制定法律、法规的方式来全面和系统地保护人权，是中国国内法上人权保护机制的最重要的特色。通过立法机关的立法，不仅可以制定大量的有关人权保护的法律、法规，更重要的是还可以通过立法来确立人权保护的一些基本法律原则，通过这些法律原则来有效地约束国家机构及政府组织的活动。例如，2000年《中华人民共和国立法法》第9条规定：本法第八条规定的事项尚未制定法律的，全国人民代表大会及其常务委员会有权作出决定，授权国务院可以根据实际需要，对其中的部分事项先制定行政法，但是有关犯罪和刑罚、对公民政治权利的剥夺和限制人身自由的强制措施和处罚、司法制度等事项除外。上述规定很显然，通过立法的形式限制了随意剥夺和限制公民权利的立法行为。

2. 立法听证制度

立法听证是在立法权的运作过程中进行的。一般来说，立法听证是指立法机关为了收集或获得最新立法资料和立法信息，邀请政府官员、专家学者、当事人或利害关系人，以及有关议员（或人民代表）到议会委员会陈述意见。立法听证制度是现代民主国家对立法过程实行控制和监督的一种形式。对于涉及政治经济社会发展的重大问题以及社会普遍关注的热点难点问题的法律，在起草和审议过程中应当尽可能地采取听证会形式。

立法听证有以下几方面的作用：一是立法听证能够发现新的事实。二是立法听证能够听取来自利害关系人、有关社会团体和专家学者的意见，充分反映民意。三是立法听证能够延缓决议，是法律草案在充分的审查和讨论的情况下，逐步协调各方利益关系，被大多数人所接受。四是立法听证是一种宣传途径，经由这条途径，可以使民意得以反映和收集。

我国立法听证制度需要进一步完善，就立法听证程序来说具体有以下几个方面：（1）听证准备阶段。包括决定是否举行听证会；发布听证公告和通知；选择和邀请证人；收集证言和准备材料等。（2）听证进行阶段。涉及的问题有听证的方式、听证主持人、听证时间与证人作证、询问与回答等方面。

（二）司法救济

1. 民事诉讼

民事诉讼是人民法院根据当事人的请求，保护当事人正当权利和合法权益的审判程序制度。① 人民法院行使民事审判权，基于事实正确认定包含在民事、经济纠纷案件中的当事人之间的权利义务关系，从而准确地适用法律解决当事人之间发生的纠纷。

2. 刑事诉讼

刑事诉讼是人民法院通过行使刑事审判权，惩罚犯罪，保护国家和集体财产，维护社会秩序以及保障公民的合法权益的诉讼制度。

3. 行政诉讼

行政诉讼是人民法院通过行使行政审判权，正确处理行政侵权行为，制约行政机关的违法裁量，保障社会组织及公民的正当、合法权益的诉讼制度。

（三）行政法途径的保障

1. 行政复议

行政复议是一种行政救济方式。它是指公民、法人或者其他组织认为行政机关的具体行政行为侵犯了自己的合法权益，可以向行政机关提出行政复议申请，要求行政机关撤销或者改变原来的具体行政行为的一种救济制度。它是现代法治国家解决行政争议，保障当事人合法权益，促进依法行政的重要制度。

行政复议与行政诉讼都是解决行政争议的法律制度，但两者之间有明显

① 刘家兴主编：《民事诉讼法学教程》，北京大学出版社 1994 年版，第 2 页。

的不同之处：

（1）受理机关不同。行政复议由行政机关受理，是行政系统内部解决行政争议的活动。行政诉讼受理机关是人民法院，是行政系统之外的司法系统解决行政争议的活动。

（2）受案范围不同。行政复议的受案范围宽于行政诉讼的受案范围，大部分行政争议都可以通过行政复议途径解决，但并非所有能够申请行政复议的案件都能成为行政诉讼案件。

（3）审查原则不同。行政复议不仅对具体行政行为的合法性进行审查，还对具体行政行为的适当性进行审查。行政诉讼以审查具体行政行为的合法性为原则，以审查具体行政行为的适当性为例外。

（4）裁决的法律效果不同。在大多数情况下，行政复议决定不具有终局效力，当事人对行政复议决定不服，可以依照行政诉讼法的规定向人民法院提起行政诉讼。行政诉讼则不同，当事人不服一审法院作出的裁决，不能向行政复议机关再申请行政复议，但在法定期限内可以上诉。二审法院作出的裁决即是终局裁决，不能再上诉。

尽管如此，行政复议与行政诉讼又是两个联系密切的法律制度：

（1）在处理对象上，都是解决行政争议，都表现为对具体行政行为的审查。这一点使行政复议与行政诉讼具有许多共性，如合法性审查、审查的依据、行政复议决定和法院判决的形式、不适用调解、具体行政行为不停止执行等。

（2）在法律关系上，都表现为三方法律关系。行政复议法律关系主要表现为行政复议机关、申请人、被申请人三方之间的关系。行政诉讼法律关系主要表现为人民法院、原告、被告三方之间的关系。即使行政复议机关为作出具体行政行为的原行政机关时，行政复议法律关系也仍然是三方的关系。这不仅因为行政复议机构与原行政机关不同，更重要的是因为行政复议机关与原行政机关在行政复议过程中两者的身份、地位是不同的，其权利义务是不一样的。

（3）行政复议往往成为行政诉讼的前置阶段。存在两种情况：一是法定前置，即法律、法规规定当事人应当先向行政复议机关申请行政复议，对行政复议决定不服才能向人民法院提起行政诉讼。二是选择前置，即由于当事人没有直接向人民法院提起行政诉讼，而是选择了先申请行政复议，对行政复议决定不服再向人民法院提起行政诉讼，从而使行政复议成为行政诉讼的前置阶段。第二种情况更为普遍。

2. 行政听证

众所周知，听证制度作为行政程序法的核心制度，作为一项重要的监督制度，作为相对人参与行政程序的重要形式，为各国所广泛采用。而决定听证制度重要地位的，正是源于它能够充分反映现代民主制度公平、公正、公开的要求。

3. 行政许可

行政许可是行政机关根据公民、法人或者其他组织的申请，经依法审查，准予其从事特定活动的行为。

行政许可是为了保护公民、法人和其他组织的合法权益，维护公共利益和社会秩序，保障和监督行政机关有效实施行政管理。《行政许可法》规定，公民、法人或者其他组织对行政机关实施行政许可，享有陈述权、申辩权；有权依法申请行政复议或者提起行政诉讼；其合法权益因行政机关违法实施行政许可受到损害的，有权依法要求赔偿。

4. 信访制度[①]

申诉、控告和检举的权利是公民的基本人权，由此派生出的信访权具有浓厚的中国特色 。[②]

国务院在 1995 年曾经颁布《信访条例》，但是随着改革不断深化、经济社会加速转型以及社会利益格局的调整，群众信访出现了许多新情况、新问题。

制约信访工作的主要问题有：信访渠道不够畅通，有的地方或者部门对信访人反映的问题推诿塞责；信访问题处理层层转送、只转不办、责任不清、效率低下；对处理信访事项的机关监督力度不够；对侵犯群众利益引发信访问题的违法行政行为缺乏明确的责任追究机制；对破坏信访秩序的行为，原条例缺乏必要的规范。

针对这一情况，国务院对原条例进行了修订。2005 年 1 月 17 日国务院正式颁布新修订的《信访条例》，该条例自 2005 年 5 月 1 日起施行。新修订的《信访条例》，贯彻党的十六大、十六届四中全会精神，体现了坚持以人为本、构建和谐社会和加强民主法制建设的要求。它的颁布实施，对于密切党和政府与人民群众的联系、保护人民群众的合法权益，促进各级行政机关

① 本书所指信访制度，仅指依据国务院颁布的《信访条例》（2005 年 5 月 1 日实施）实行的信访制度。

② 林喆：《公民基本人权法律制度研究》，北京大学出版社 2006 年版，第 177 页。

依法行政，推进信访工作的制度化、规范化和程序化，规范信访秩序，维护社会和谐稳定，发挥了重要的作用。新《信访条例》有以下特点：

（1）信访部门的权责得到加强

新条例规定，县以上各级政府应设立专门负责信访工作的机构，赋予各级信访机构受理、交办、转送、承办、协调处理、督促检查、调研分析、业务指导职能，同时赋予了其提出改进建议权、行政处分建议权、完善政策解决问题建议权三项全新职权。这些新职权，对于改变信访部门的“收发室”角色，进一步提高推动解决问题的能力，更快更好地化解社会矛盾具有积极意义。

（2）建立了“属地管理、分级负责，谁主管、谁负责”的原则

“谁主管、谁负责”是在明确信访事项归哪一级政府负责后，主管这项工作的政府工作部门应当承担具体的责任，不能把矛盾再推给政府。新的规定主要强调了属地管理和主管部门的责任，有利于防止地方之间、部门之间以及地方和部门之间相互推诿。

（3）明确了信访工作领导负责制

新条例明确要求，县以上各级政府应当科学、民主决策，依法履行职责，从源头上预防导致信访事项的矛盾和纠纷；要建立“统一领导、部门协调，统筹兼顾、标本兼治，各负其责、齐抓共管”的信访工作格局。

（4）信访工作纳入公务员考核

新条例规定，行政机关及其工作人员办理信访事项，应当予以登记；属于法定职权范围内的，应当受理，不得推诿、敷衍、拖延；能够当场答复的，应当场书面答复；不能当场答复的，应在收到信访事项之日起15日内书面通知信访人。对信访工作中的失职、渎职行为，应严格依照有关法律、行政法规及信访条例的规定，追究有关责任人员的责任，并在一定范围内予以通报。

（5）建立全国信访信息系统

新条例规定，国家建立全国信访信息系统，信访部门应将信访内容输入该信息系统，同时各级政府、部门的信访信息系统应实现互联互通。信访人可以持行政部门的受理凭证，到当地信访部门或接待场所查询上访的办理情况。

（6）疑难信访事项可举行听证

新条例规定，对重大、复杂、疑难的信访事项，可以举行听证。听证应当公开举行，通过质询、辩论、评议、合议等方式，查明事实，分清责任。

（7）进一步强调畅通信访渠道

新条例规定，各级政府、部门应当向社会公布信访机构的通信地址、电子信箱、投诉电话、信访接待的时间和地点、查询信访事项处理进展及结果的方式等事项。条例还规定，信访人提出信访事项，应采用书信、电子邮件、传真等“书面形式”，这意味着“电子邮件”也可成为信访渠道，有利于提升信访效率，减轻信访人的经济负担。

（8）加强对信访人权益[①]的保护

“保护信访人的合法权益”是新信访条例的重要原则，同时，“不得压制、打击报复、迫害信访人”也从原来的普通条款提升到总则中。行政机关工作人员违反条例规定，将信访人的检举、揭发材料或者有关情况透露、转给被检举、揭发的人员或者单位的，依法给予行政处分。

（9）过激信访将受到惩处

为避免少数人在上访时采取过激方式[②]，维护正常的信访秩序，新条例规定，信访人应对其所提供材料内容的真实性负责，不得捏造、歪曲事实，不得诬告、陷害他人。集体走访应当推选代表，代表人数不得超过5人。

（10）确立了信访“三级终结制”

也就是说，同一信访事项最多经过三级行政机关进行办理、复查、复核。信访人仍以同一事实和理由提出投诉请求的，各级人民政府信访工作机构和其他行政机关不再受理。新条例由过去的“两级信访”变为“三级信访”，加大了对相关部门的督办力度，同时，也有利于防止少数人为个人私利无理“缠访”。

（四）法律援助

在现代社会中，当公民权利在受到他人损害时，他可以求助于法律，通过一定的司法程序得到某种补偿。一方面，这种补偿的程度因社会发展的不平衡性，在不同地区的公民之间会显现出某种差异；另一方面，求助于法律

---

① 新条例还为信访人增加了四项新权利：可以要求行政机关公开相关的信息；可以查询信访事项的办理情况；对信访内容是否受理，必须给予书面回答；信访人对行政机关的处理意见不服，可请求其上一级行政机关进行“复查”，并可以向复查机关的上一级行政机关请求“复核”。

② 新条例规定，信访人“不得有下列行为”：（1）在国家机关办公场所周围、公共场所非法聚集，围堵、冲击国家机关，拦截公务车辆，或者堵塞、阻断交通；（2）携带危险物品、管制器具；（3）侮辱、殴打、威胁国家机关工作人员，或者非法限制他人人身自由；（4）在信访接待场所滞留、滋事，或者将生活不能自理的人弃留在信访接待场所；（5）煽动、串联、胁迫、以财物诱使、幕后操纵他人信访或者以信访为名借机敛财；（6）扰乱公共秩序、妨害国家和公共安全的其他行为。

的行为本身需要付出一定代价，而法律资源的分配在不同的人那里是不同的，对于某些人来讲，他们仅凭自身的能力根本无法触摸到法的正义。这就需要对一些公民进行法律援助。

近年来，法律援助制度的建立和完善在救济权保障制度的建设中最引人注目。西方早在十二、十三世纪就有了专职律师，法律援助的实践源自15世纪的英国，当时英国法律中已有必须给予贫困的人以帮助，使他们能够享有法律上的权利的规定。现代意义上的法律援助制度产生于20世纪50年代，目前世界上140个国家建立了这一制度，法律援助也由最初宗教团体、慈善机构等民间组织基于良心或道义所从事的针对穷人的慈善行为，转向主要是政府的责任和行为，并逐渐被纳入社会福利保障体系。①

法律援助是指“在国家设立的法律援助机构的组织、指导和统一协调下，律师、公证员、基层法律工作者等法律服务人员，为经济困难的特殊案件的当事人给予减、免收费提供法律援助，以保障实现其合法权益，完善国家司法公正机制，健全人权及社会保障机制的一项法律制度。②

根据我国《法律援助条例》第二章关于法律援助范围的规定，法律援助对象是指对这些需要代理的事项，因经济困难没有委托代理人的公民：“(1) 依法请求国家赔偿的；(2) 请求给予社会保险待遇或者最低生活保障待遇的；(3) 请求发给抚恤金、救济金的；(4) 请求给付赡养费、抚养费、扶养费的；(5) 请求支付劳动报酬的；(6) 主张因见义勇为行为产生的民事权益的”(第10条) 以及刑事诉讼中有下列情形之一的公民：“(1) 犯罪嫌疑人在被侦查机关第一次讯问后或者采取强制措施之日起，因经济困难没有聘请律师的；(2) 公诉案件中的被害人及其法定代理人或者近亲属，自案件移送审查起诉之日起，因经济困难没有委托诉讼代理人的；(3) 自诉案件的自诉人及其法定代理人，自案件被人民法院受理之日起，因经济困难没有委托诉讼代理人的”(第11条)。

此外，《条例》还规定：公诉人出庭公诉的案件，被告人因经济困难或者其他原因没有委托辩护人，人民法院为被告人指定辩护时，法律援助机构应当提供法律援助。被告人是盲、聋、哑人或者未成年人而没有委托辩护人的，或者被告人可能被判处死刑而没有委托辩护人的，人民法院为被告人指定辩护时，法律援助机构应当提供法律援助，无须对被告人进行经济状况的

① 李郁：《法律援助：划时代的工程》，见“中国普法网”2004年10月12日。

② 援助：《什么是法律援助?》，见“中国普法网”2002年7月31日。

审查（第12条）。关于“公民经济困难”的标准“由省、自治区、直辖市人民政府根据本行政区域经济发展状况和法律援助事业的需要规定”（第13条）。

与西方社会比较，我国法律援助制度具有如下特点：

一是历史较短。法律援助在西方经过四五百年的发展，到20世纪60年代，已风靡世界大多数国家，成为公民救济权的一种重要表现形式以及西方发达资本主义国家社会福利保障体系的一部分。而我国律师制度的历史只有百年，直到20世纪90年代才引进法律援助制度，从1994年提出到1996年起在全国范围内正式推广，至今只有12年左右的时间。这一特点决定了法律援助制度在我国的提出和建立，从思路到运作方式都主要来自西方。

二是尚未社会化。我国引进法律援助制度和建立法律援助中心都由国家主导进行，司法部和县级以上人民政府在推动法律援助工作中起到了重要作用。如1995年于广州建立的全国第一个法律援助中心和1996年建立的司法部法律援助中心都是由政府批准组建的，自始享有事业编制和经费全额拨款的待遇，而各地建立的各级法律援助机构，其比较稳定的法律援助经费也来自政府的拨款。《法律援助条例》（2003）规定：“法律援助是政府的责任，县级以上人民政府应当采取积极措施推动法律援助工作，为法律援助提供财政支持，保障法律援助事业与经济、社会协调发展。法律援助经费应当专款专用，接受财政、审计部门的监督”（第3条）；“国务院司法行政部门监督管理全国的法律援助工作。县级以上地方各级人民政府司法行政部门监督管理本行政区域的法律援助”（第4条）；并规定“国家鼓励社会对法律援助活动提供捐助”（第7条）；“国家支持和鼓励社会团体、事业单位等社会组织利用自身资料为经济困难的公民提供法律援助”（第8条）。

三是经费短缺。据司法部统计，我国每年需要法律援助的案件超过70万件，而实际得到援助的不足四分之一。政府拨款有限，2003年全国各地法律援助财政拨款共1.52亿元，比2002年增加近一倍，但是平均到13亿人口，每人的法律援助经费只有0.1元左右。

四是强制推行。国外法治国家虽然十分强调律师的独立性，但是法律要求律师接受政府的指派，为穷人提供免费服务。例如，美国出庭律师协会向每个律师“提出了一个精神目标：每人每年花50小时用于法律援助”。各个州的法律对于法律援助有着不同的规定，在得克萨斯州，倘若律师在刑事案件中被法庭指定为被告免费进行辩护而拒绝，他将会受到惩罚；但在民事案件中则并非如此，有的律师认为在民事案件中为穷人提供免费服务是侵犯了他们的权利。此外，在刑事案件的法律援助中，法律事务所不会收费，但律师有时会得到由联邦政府支付的一些报酬。

我国法律在强调“法律援助是政府的责任”的同时，明文将法律援助规定为律师必须履行的义务，不履行援助义务的律师将受到处罚。如《法律援助条例》第26条明确规定，法律援助机构及其工作人员“拒绝为符合法律援助条件的人员提供法律的”要受到纪律处分。第27条规定：“律师事务所拒绝法律援助机构的指派，不安排本所律师办理法律援助案件的，由司法行政部门给予警告、责令改正；情节严重的，给予1个月以上3个月以下停业整顿的处罚。”而“不能有偿办案”也是法律援助中的一项重要原则。

五是成效显著。截至2004年9月，全国政府法律援助机构已达2642个，专职人员近9000名，多数地方政府制定了法律援助条例或办法。在法律援助制度建立的10年中，已有130余万人获得了法律援助诉讼服务。以促进社会公平公正为目的的法律援助，正在成为我国公民实现其救济权的重要途径之一。据司法部不完全统计，1996年以来，全国各地法律援助机构解答法律咨询约600余万人次，办理各类法律援助案件约80余万件，有近97万人获得了法律援助。

中国法律援助的最终目标应该是：让所有符合条件亟须法律援助的人都能获得高质量的法律援助。

第四章　国内外人权研究机构的研究动态

伴随人权保护的国际化，人权研究在世界各地广泛开展起来。本章选取全球近30个在人权研究和人权教育领域具有代表性的机构，通过对其研究的主题、开展的研究及教育项目、近期成果等方面的介绍，让读者对世界范围内的人权研究现状有盖然性的了解。本章还将在此基础上总结各地人权研究的共同之处和特色，归纳世界各地人权研究的重点及热点问题，以供我国的人权法学研究参考。

一　亚洲地区人权研究机构的研究动态

（一）中国人权研究会

1. 研究会概况

中国人权研究会（China Society for Human Rights Studies）① 是中国人权领域最大的全国性学术团体，是在联合国经社理事会享有特别咨商地位的非政府组织和联合国非政府组织大会（CONGO）的成员，并被列入联合国教科文组织“世界人权研究和培训机构名录”。研究会成立于1993年1月，现任会长为罗豪才，副会长为万鄂湘、叶小文、李君如、陈士球、董云虎，秘书长由董云虎兼任。朱穆之为名誉会长。研究会最高权力机构为全国理事会，每五年召开一次全国理事会议，目前共有理事166名，分布在除港澳台之外的全国各省、直辖市和自治区。研究会的宗旨是：研究中外人权理论、历史和现状，普及和宣传人权知识，开展国际交流与合作，促进中国和世界人权事业的健康发展。

2. 人权研究及成果

研究会成立以来，积极组织开展人权理论研究。组织出版了《世界人权约法总览》、《世界人权约法总览续编》、《新世纪中国人权》、《“人权入宪”与人权法制保障》、《〈世界人权宣言〉与中国人权》、《东方文化与人

---

① 中国人权研究会，http：//www. humanrights - china. org/cn/zt/qita/zgrqyjh/index. htm，2008年6月20日最后访问。

权发展》、《人权与和谐世界》、《中国监狱人权保障》、《论人权与主权》等。该会组织翻译出版了大量国外人权著作，其中包括《人权百科全书》、《世界人权宣言——努力实现的共同标准》、《经济、社会和文化权利教程》等著作。研究会于1998年设立了“中国人权网”，包括中英文两个版本；于2002年2月创办了《人权》杂志（双月刊，中、英文两个版本）；定期出版研究报告《中国人权在行动》；不定期编纂出版《中国人权年鉴》。

3. 人权教育

研究会积极开展人权知识普及和教育，努力提高全社会的人权意识。曾与中央人民广播电台联合主办“话说人权”系列讲座，在《人民日报》开设“人权知识百题问答”专栏，在《人民日报海外版》开辟“中国人权面面观”专栏，编写出版《人权知识百题问答》、《人权基本文献要览》、《人权知识干部读本》等普及教材，开设人权专题研讨班，对各级政府官员、监狱执法人员进行人权培训。

4. 人权交流与合作

研究会积极参与国际人权领域的交流与合作。先后举办三次大型多边国际人权研讨会，派员参加联合国及其他国际领域的人权会议和活动，组团出访美国、英国、法国、德国、奥地利、比利时、荷兰、瑞士、意大利、西班牙、澳大利亚、新西兰、摩洛哥、埃及等国家，邀请接待联合国人权高专、联合国任意拘留工作组、欧洲议会和美国、奥地利、荷兰、瑞士、德国、爱尔兰、乌克兰、埃及、印度、马来西亚、韩国等人权官员和专家学者的来访。

（二）中国社会科学院人权研究中心

1. 中心概况

中国社会科学院人权研究中心①成立于1991年春，是中国社会科学院院属研究中心，是中国目前最大的人权研究机构之一。该中心成立后，一直与中国社会科学院法学研究所以及其他研究所、大学、外交部、司法部、最高人民法院、最高人民检察院等密切合作。中心由多学科的专家、教授组成，现任中心主任是中国著名法学家、中国社会科学院法学研究所前任所长王家福教授和刘海年教授，目前有研究人员20余人。中心下设一个人权资料中心，现有外文藏书1400余册。其中包括联合国的人权法律和文书，世

① 中国社会科学院人权研究中心资料来源于李林：《中国社会科学院人权研究中心》，载正义网，可访问 http：//www. jcrb. com/zyw/n6/ca11964. htm。

界主要国家的人权法律和文书以及部分国家人权学者的论著。中心的主要任务是通过对中外人权理论和人权保障制度的历史和现状进行比较研究，为建立中国的人权理论体系和完善中国的人权保障制度服务；开展同各国人权研究和教育机构、人权研究和教育学者广泛的学术交流、促进国际人权保障理论和制度日臻完善。

2. 人权研究及成果

中心自成立后，先后撰写了一系列研究报告，发表了上百篇学术论文，出版了一批理论研究著作。其中著作如《人权新论》、《发展中国家与人权》、《人权概念起源》、《走向权利的时代》、《人权的普遍性与特殊性》、《当代人权》、《当代人权理论与实践》、《人权基本理论》、《妇女与人权》、《人权与司法》、《人权与宪政》、《各国残疾人权益保障比较研究》。研究报告如《人权研究》（内部出版物第一辑、第二辑）、《人权概念：人权的个性与共性》、《中国应高举人权的旗帜》、《人权国际保护与干涉别国内政的界限》、《关于将保障人权明确写入我国宪法》、《关于改反革命罪为危害国家安全罪》、《关于采用罪刑法定原则的建议》、《关于合并削减我国刑法中的死刑条款的建议》、《关于取消对青少年犯罪适用"死刑缓期二年执行"的建议》、《关于采用无罪推定原则的建议》、《关于取消收容审查的建议》、《关于刑事案件律师应提前介入的建议》、《关于排除违法取得的刑事证据的法律效力的建议》、《关于借鉴一些国家改善被害人境遇的法律制度的建议》、《关于取消劳动教养制度的建议》、《关于尽快签署加入〈经济、社会和文化权利国际公约〉的建议》、《关于尽快签署加入〈公民权利和政治权利国际公约〉的建议》等等。上述著述和研究报告，在中国国内产生了广泛影响，不少建议被国家立法机关和决策机关采纳。

另外，人权研究中心还组织出版了《国际人权文件与国际人权机构》、《中国人权百科全书》等人权工具书，翻译出版了《人权与国际关系》、《权利的时代》、《人权与科学技术发展》等译著。

3. 人权交流与合作

中心成功地组织了许多国内外学术交流活动，如组团访问了北美、西欧、南亚、北欧和东欧以及瑞士、丹麦、荷兰、挪威等 20 多个国家，还访问了纽约和日内瓦的联合国总部。在这些国家和国际组织访问考察期间，会见了人权学者、人权机构负责人、法学家、社会活动家和政府官员，参观了一些福利设施、慈善机构以及法庭、监狱等，较系统地了解了这些国家不同的人权观念、人权保障机制和宪法、法律制度。邀请一些国际著名人权学家到中国社会科学院人权研究中心进行学术交流和作学术报告。中心的学者还应邀到加拿大、美国、德国、英国、法国、荷兰、芬兰、日本、韩国、泰国、南非、澳大利亚等国家参加人权问题的国际学术研讨会。中心还成功地组织了数次国际性人权学术研讨会。

中国社会科学院人权研究中心在对外学术交流和人权资料中心建设等方面，福特基金会、联合国国际开发署、德国诺曼基金会、加拿大 UBC 大学法学院、瑞典隆德大学人权研究所、荷兰莱顿大学法学院、瑞士外交部、丹麦人权研究所等，曾给予了支持和资助。

（三）北京大学法学院人权研究中心

1. 中心概况

北京大学法学院人权研究中心（Research Center for Human Rights，Peking University Law School）[①] 成立于 1997 年，是一个由法学院国际法学、刑事诉讼法学、行政法学、比较法学等多学科的教师组成的学术团体，现有研究人员 7 人。中心的宗旨是促进人权领域的国内外学术交流，提高中国公民的人权意识，促进人权事业的发展。为此，中心的主要活动包括开展人权领域的学术研究和教学；举办关于人权问题的国际、国内学术论坛；向中国的立法、司法、行政机关提供有关国际人权法的遵行和实施等方面的法律咨询；组织编写和翻译人权问题的学术著作；编辑出版人权的文献资料等。

2. 人权教育

中心在全校开设的人权课程包括人权与法治，经济、社会与文化权利，人权保护的国际机制，人权保护的区域机制，商业与人权，国际人道法等。中心还与瑞典隆德大学共同举办人权法硕士课程。

3. 人权研究及成果

中心成立以来，已与国内外教育和学术机构合作完成了一些研究项目，出版的研究成果主要有《司法公正与人权保障》、《国际人权文件汇编》、《法治视野下的人权问题》、《中国未决羁押制度考察报告》等。

（四）菲律宾人权情报中心

1. 中心概况

菲律宾人权情报中心（The Philippine Human Rights Information Center，

---

① 北京大学法学院人权研究中心，http：//www.hrol.org/index.php，2008 年 6 月 20 日最后访问。

PhilRights)① 是菲律宾人权倡议联盟中负责研究和提供人权信息的机构，正式成立于1991年。它是联合国新闻部的合作单位，在联合国经社理事会中取得了特别咨商地位。中心希望在人权文化和性别平等的基础上建立一个正义、民主、和平和繁荣的菲律宾。中心的主要活动包括人权研究、人权监督和资料整理、提供人权信息以及人权教育和培训。

2. 人权教育和培训

中心现阶段关注的人权议题包括冲突地区的儿童权利，人权与采矿业，人权与司法（包括恢复性司法），人权与和平，经济、社会与文化权利，政治镇压，恐怖主义与人权等。中心通过教育和培训传播相关的信息。

① 冲突地区的儿童权利。为根除儿童兵现象，中心率先对菲律宾的武装冲突地区儿童的状况进行研究，并创建了相关文献资料。目前，中心致力于在棉兰老岛的两个省通过教育和培训将儿童权利在当地政府机构、民间组织以及儿童中主流化。

② 人权与和平。为使人权与和平的主题在公共学校体系中制度化，从而营造人权文化，中心为公立高中的教师开设了培训班。这些活动旨在使教师掌握有效的培训方法，将人权与和平纳入中学课程中。为保证教师受训者能够持续获得关于人权与和平的最新信息，中心定期向他们提供新的培训资料。

③ 经济、社会与文化权利。这是一个分四期进行的培训项目。第一期主要讨论了菲律宾保障经济、社会、文化权利的框架；第二期有关食品权、健康权、住房权、教育权和工作权的标准和衡量指标。第三期和第四期将集中于对社区领导、组织者、地方官员中的支持者进行基本人权、辅助法律技能、人权监督和文献运用的培训，为建立以社区为基础的多方参与监督政府履行经社文义务的体系作准备。

④ 人权与采矿业。大规模鲁莽的矿藏开采造成的直接后果是经济的掠夺性发展和对人权的侵犯。为此中心推动草根团体进行抵制大规模采矿的运动。中心在这场运动中扮演的角色包括通过论坛、放映影片、散发资料等进行人权教育；对有关文献和记录进行制度性分析和评论；通过研修班和实地考察加强制度建设。

此外，中心通过教育、提供情报、研究等活动推广对人权与司法（包

---

① Philippine Human Rights Information Center，http://philrights.org/index.html，2008年6月20日最后访问。

括恢复性司法)、政治镇压、政治权利、全球化、掠夺性发展、恐怖主义等议题的认知。

3. 主要成果

中心的主要成果反映在其近期的出版物中，包括《恢复性司法：菲律宾的法律框架与实践》、《菲律宾反对恐怖主义法案：人权批评》、《无形的事实、被遗忘的声音：从性别和权利的视角看待死刑榜上的妇女》、《致命的游乐场：菲律宾儿童兵现象》、《走向21世纪的人权》、《草根组织看经济、社会与文化权利》、《监督经济、社会与文化权利：菲律宾的经验》等。

(五) 希伯来大学法学院密涅瓦人权中心

1. 中心概况

希伯来大学法学院密涅瓦人权中心前身于1993年在福特基金会的资助下由希伯来大学法学院和杜鲁门促进和平研究所共同设立，成为以色列首家人权学术中心。1997年，中心通过德国教育与研究部得到密涅瓦基金会的资助，改名为密涅瓦人权中心（The Minerva Center for Human Rights）①。中心的主要目标是促进和提高对于人权的研究和学术兴趣。中心的主要活动也是围绕鼓励学生和学者对人权进行研究，为以色列提供人权资源开展的。中心现有行政管理人员5人，来自希伯来大学法学院的研究人员7人以及来自德国各大学的研究人员5人。

2. 人权教育和培训

(1) 人权从业者项目

从1997年开始，中心每年从希伯来大学各个学科的本科生和硕士生中选取成绩优秀、有意从事人权事业的学生，无论犹太人还是阿拉伯人，参加为期两周的研修班以及之后每周不少于10个小时的社会实习，每个学生每学年要在非政府组织中工作320小时。项目的参加者可以获得相应的学分和一定的生活补助。项目的目的是提高大学生的人权意识，培养新一代人权活动家和研究工作者。

(2) 教师培训项目

在一个多文化和分化的社会中进行人权教育和尊重他人的教育尤为重要。中心希望通过对人权教师的培训来增进社会的宽容、正义和平等。近年来中心通过与其他机构合作，开发了两套用阿拉伯语和希伯来语写成的人权

---

① The Minerva Center for Human Rights, http://law.mscc.huji.ac.il/law1/minerva/english/index.htm，2008年6月20日最后访问。

培训教程，内容涉及国际人权文件、围绕人权问题的文章等。中心还资助有关人权教育主题的研究，例如“教师对多元文化主义的态度以及感知学校的多文化气候”，“以色列高级中学对于发展政治宽容的影响”。

2001 年至 2004 年，中心为来自东耶路撒冷的 120 余位巴勒斯坦高中教师进行了人权培训。课程分为两个部分，第一部分向教师介绍人权理论；第二部分是关于儿童权利的培训。培训的具体主题涉及“国际与地方体制中的人权”、“现代民主的含义及其发展”、“妇女的法律与宗教权利”、“未成年人与刑事程序”、“耶路撒冷福利办公室及其工作介绍”、“教学的趋势与创新”、“以色列阿拉伯少数民族的教育权”、“案例研究：瑞士救助儿童会的目标和活动”、“校长、教师与学生的权利与义务”等。

（3）对非政府组织进行经济与社会权利的培训

中心从 2004 年开始与“赋权与培训中心”合作对非政府组织的工作人员进行经济与社会权利的培训。已经进行的培训课程包括“经济与社会权利概要”、“获得基本生存标准的权利”、“劳动法中的经济与社会权利”、“教育权”、“健康权”、“国际法框架下的社会权利”、“残疾人权利”、“移民工人”、“获得法律援助的权利”、“特定人群的经济与社会权利”。

（4）奖学金与资助项目

为鼓励人权领域的学术研究，中心为研究人员和学生提供研究资助和奖学金。中心现在提供的资助和奖学金项目包括“研究资助”，主要发放给社会科学、人文、法律、社会工作与教育部门的申请者；“反对仇恨与顽固研究——维达尔·天使（Vidal Angel）博士后奖学金”，该奖学金颁发给各个专业最近获得博士学位的申请人；“博士生奖学金”，主要资助希伯来大学人权领域已进入博士论文后期写作的博士生；“人权从业者奖学金”，每年有 15 位来自希伯来大学的本科生和硕士生有机会获得该奖学金。

3. 人权研究及成果

中心的研究活动主要关注不同社会中影响人权的经济、政治与社会因素以及中东冲突对人权的影响。到目前为止，中心的主要研究主题包括“冲突状态下的人权”、“妇女权利”、“儿童权利”、“少数人权利”、“经济与社会权利”。中心也开展对公共机构和决策者有直接参考作用的研究项目。

（1）中心支持的学术研究

近年来在中心支持下开展的学术研究包括“对预算问题进行司法审查”、“居民、公民与双重国籍：联系人权与公民权利的纽带”、“基本法时代的宪法侵权”、“反歧视原则、不确定性与司法审查”、“对以色列就业法中禁止歧视理由的三个保留”、“犹太—以色列人对在西岸和加沙侵犯巴勒斯坦人人权的态度的心理基础”、“以色列阿拉伯人和犹太人教育制度的不平等”、“以色列法律对人权条约下公司义务的兼容性”、“冲突时代法律执行部门的人权教育：重新评估以色列非政府组织的策略”、“劳工全球化：最低工资标准”、“在文化多元的社会提供咨询：以色列学校犹太与巴勒斯坦法律顾问的困境与策略”、“以色列人权理论的出现、扩张与运行”、“以色列法中的少数人权利”等。

（2）密涅瓦研究项目

《联合国关于难民地位公约》在以色列法律中的运用项目。由于以色列国会没有将1951年《联合国难民地位公约》通过国会立法的形式转化为国内法，因此，该公约在以色列的法院不可以直接适用。最近一些年在以色列出现的难民地位申诉案件无法可依。项目就是在这样的背景下开展的，项目一方面通过同联合国难民署的官员座谈，准备起草适用公约的立法草案，另一方面对德国和欧洲等在处理难民问题上经验丰富的国家的立法例进行研究。

为以色列设立人权委员会项目。该项目的目的是加强保护人权的国家机制，特别是保障平等的国家机制。项目通过对国家人权机构的比较研究，设计了以色列国家人权机构的模式；并通过召开座谈会等形式向包括非政府组织在内的社会各方力量征集关于建立以色列人权委员会的意见和建议。

（3）研究成果

项目、研修班以及会议的成果通过公开发表文章、专著等形式反映出来，这些成果用希伯来语、阿拉伯语和英语出版。近期的成果有《全球化时代的福利国家》、《人权讨论中人格尊严的概念》、《为以色列创建人权委员会》、《21世纪的妇女地位》、《表达自由与对民主的激励》、《以色列与国际人权法：酷刑问题》、《否认与承认：侵犯人权信息的影响力》等。

4. 人权交流与活动

中心一年至少举办一次国际会议及多次地方会议、讨论会和讲座等。近期举办的主题国际会议包括“隔离但平等：多文化民主社会中的学校”、“士兵证词与人权”、“国际刑事法院与国际刑事司法的到来”、“来自美国的确认行动：机会的大门始终敞开”、“残疾人权利运动：加拿大经验”、“宗教、世俗与人权”、“对人权的过度崇拜”、“保障残疾人平等权利的法律：口头应允还是实际承诺”、“德国和以色列保护人权五十年”、“对阿根廷军事专政侵犯犹太人人权的国际立法进程”、“民主与法院国际研讨会”、“以色列犯罪受害人的权利与地位”等。

中心为提高公众的人权意识还举行了一系列人权影片展，展出影片涉及的主题有表达自由、集体人权与个人人权、妇女权利、劳工权利、人权与以色列/巴勒斯坦冲突、儿童权利。

二　非洲地区人权研究机构的研究动态

（一）南非比勒陀尼亚大学法学院人权中心

1. 中心概况

南非比勒陀尼亚大学法学院人权中心（The Center for Human Rights of the Faculty of Law of the University of Pretoria）① 主要关注非洲的人权法。中心成立于1986年，它的许多成员曾参与起草南非宪法和权利法案；中心成员还在许多人权机构兼任着人权问题顾问，这些机构包括非洲统一组织/非洲联盟、非洲发展新伙伴计划（NEPAD）、联合国人权国际专员办公室以及南非人权委员会；中心通过其教学项目和研究成果为整个非洲大陆的人权法律教育做出了杰出贡献。2006年中心被授予联合国教育、科学、文化组织人权教育奖。

中心现有全职工作人员27人，其中包括主任和助理主任在内的执行委员会4人，教学、研究和管理人员23人。此外，中心还设有由6名资深政府官员、法官、学者组成的顾问委员会；包括国际法委员会成员约翰·都格德（John Dugard）教授和联合国前人权高专玛丽·罗宾逊夫人在内的9名来自荷兰、德国、瑞士、英国、南非、黎巴嫩等国的荣誉和特聘教授以及9名来自比勒陀尼亚大学法学院之外的研究人员。

2. 人权项目

（1）非洲人权模拟法庭竞赛

非洲人权模拟法庭竞赛（the African Human Rights Moot Court Competition）始创于1992年，目前已经成为整个非洲大陆法学学生和教师规模最大的年度聚会。在过去的16年里共有45个非洲国家118所大学的774支代表队参加了这项被视为非洲大陆大学和人权日程上首要的活动。竞赛旨在培养能够在新成立的非洲人权和民族权法院就人权案件进行辩论的新一代人权律师。竞赛提供了批评和反思非洲人权状况的独特机会，参赛者将以《非洲人权和民族

---

① Center for Human Rights, University of Pretoria, http://www.chr.up.ac.za, 2008年6月20日访问。

权宪章》为依据，运用具有说服力的法律辩论提出自己的改善建议。

竞赛每年举办一次，由比勒陀尼亚大学法学院人权中心在东道国法学院的协助下组织开展。以往的16届竞赛曾先后在津巴布韦、赞比亚、斯威士兰、南非、摩洛哥、乌干达、莫桑比克、科特迪瓦、加纳、埃及、喀麦隆、坦桑尼亚、埃塞俄比亚、塞内加尔等国的一个或多个城市举办。第17届模拟法庭竞赛将于2008年6月30日至7月5日在比勒陀尼亚大学举行，届时将邀请非洲和国际社会著名的法学家作为决赛的评委。

（2）善政项目

善政项目（Good Governance Program）创立于2000年，项目根据南部非洲亚地区与善政相关的实际需要，每年在比勒陀尼亚大学举办一系列为期一周或两周的短期课程。每期课程都邀请当地或国际上在相关领域知名的专家、学者和实务界人士进行授课。每年七月推出一期有关善政问题的综合课程，相关的专门课程分布在全年各个月份。每期课程平均接受20—25名学员，授课的对象主要是南部非洲国家的政府官员、非政府组织的管理者和工作人员，另外也欢迎其他感兴趣的人员申请。

善政项目开展的课程主要有国际法、经济与社会权利、人权和医疗保障的获得、非洲的人权、善政概述、性别平等、国际人道法、发展与人权、人权机构的管理、选举监督、国家人权机构、艾滋病的管理等。

（3）性别小组

人权中心性别小组（Gender Unit）成立于1993年。在最初的十年里，性别小组将主要精力集中于改善南非妇女的法律地位；目前，小组将工作的重心转移到提升非洲妇女的人权状况。性别小组在工作中全面关注性别问题，包括性取向上的少数群体；小组同时认识到让男性参与到争取性别平等运动中的重要性，随时欢迎男性的参与。

性别小组通过研究、培训和倡议，希望达到以下目标：促进对《〈非洲人权和民族权宪章〉非洲妇女权利议定书》以及其他有关妇女权利的国际文件的实施，支持非洲妇女权利特别报告员的工作，普及非洲妇女权利议定书，强化提升妇女权利的地区机制，促进具有性别敏感度的政策与实践，为所有妇女获得平等的机会制定策略。性别小组目前的主要出版物有《非洲基于性别的暴力》、《非洲妇女为和平而战》。

3. 人权教育

（1）“非洲的人权与民主化”法律硕士课程

“非洲的人权与民主化”课程每年接受30名来自非洲各国的申请者。

申请者须具有良好的法学学位，有人权领域工作经验者将被优先录取。在为期一年的学习中，学生们不仅可以聆听许多杰出教授的集中授课，而且有机会获得宝贵的实践经验。实践期为3—12个月，该项目先后有学生到联合国人权高级专员办公室、前南斯拉夫问题国际刑事法庭、卢旺达问题国际刑事法庭、国际刑事法院、欧洲人权法院、非洲统一组织秘书处、非洲人权与民族权委员会、南非共和国议会等机构实习。

（2）“国际贸易与非洲投资法”法律硕士课程

中心开设了非洲大陆第一个贸易与投资专业的硕士学位课程。每年本项目只招收20名学生，有幸被录取的学生将接受世界水平的互动式教学。学生可以选择第一个学期在南非的合作院校学习，第二个学期到海外的合作院校学习。目前的合作院校有南非西开普大学、阿姆斯特丹大学、美洲大学华盛顿法学院。项目为学生提供到包括世界贸易组织在内的各种机构实习的信息。在世界贸易组织的支持下，比勒陀尼亚大学和西开普大学联合举办一年一度的非洲贸易模拟法庭竞赛。这项竞赛为来自非洲英语国家的学生提供了一个在世界贸易组织争端解决机构面前就与国际贸易法相关的贸易问题进行辩论和讨论的独特机会。

（3）“人权与宪法实践”法律硕士课程

中心开设的“人权与宪法实践”法律硕士课程希望学生通过学习，能够获得国际人权法与南非人权法的扎实基础，并对南非的人权法实践有深入的了解。该项目适合于对南非的宪法与人权实践感兴趣以及有意在该领域从事学术事业的申请者。

该项目开设的主要课程有南非宪法中的人权、国际人权、南非宪法与人权概论、高级国际法、高级法理学、高级社会保障法、宪法解释、土地与土地改革法、国内法等。

4. 主要出版物

（1）《非洲人权法》（Human Rights Law in Africa）。本书涵盖了联合国、非洲联盟及其前身非洲统一组织以及亚太地区的政府间组织和非政府组织在人权领域的活动。它还包括了所有非洲国家的法律体系。本书由克里斯多夫·海恩斯（Christof Heyns）和莫内·范·得·林德（Morne van der Linde）主编，分上、下两卷，由荷兰 Martinus Nijhoff 出版社出版。

（2）《非洲人权法杂志》（African Human Rights Law Journal）。该杂志刊载与非洲人权问题相关的文章，每年两期，分别于3月和10月出版。

（3）《非洲人权法报告》（African Human Rights Law Reports）。该系列

报告包含了有关非洲人权的法律决定，包括非洲各国的国内决定选登、非洲人权与民族权委员会的决定以及联合国条约机构关于非洲国家的决定。报告每年出版一期，同时发行英语版和法语版。

（4）非洲人权体系（African Human Rights System）是一套介绍非洲地区保护人权制度的光盘。该光盘不仅已成为人权中心和法学院的重要教学工具之一，而且也是所有对非洲地区人权保护制度感兴趣的学者、实践工作者和非政府组织人员重要的参考资料。

5. 人权文献

人权中心的网站全面地提供了非洲地区的人权文件，通过“人权文献”（Human Rights Documents）栏目，读者可以找到非洲地区与人权问题相关的条约、公约、议定书；非洲各国关于人权问题的国内立法、非洲以及联合国机构针对非洲各国人权问题的相关决定；按主体分类的人权资料等。

6. 比勒陀尼亚大学其他人权机构

除比勒陀尼亚大学法学院人权中心外，该大学关注人权问题的机构还有比勒陀尼亚大学儿童法律中心（Center for Child Law），妇女与性别研究所（Institute for Women and Gender Studies）等。

三　欧洲地区人权研究机构的研究动态

（一）挪威人权中心

1. 中心概况

挪威人权中心（Norwegian Center for Human Rights）[①] 设立于挪威奥斯陆大学内，是一个独立的国家人权研究机构，一个从事国家和国际人权研究、致力于促进以权利为基础的发展以及进行人权教育的中心。中心的宗旨是通过科学研究、评估、培训、咨询、指导、信息和文献促进国际社会对人权的接受。中心是一个多学科的研究机构，它将人权作为一个学术问题、一个学科来研究。中心的所有活动都以现存的保护人权的国际规则和制度为基础。此外，中心同其他相关研究中心、志愿者组织、人权领域的国际机构一道对挪威的人权状况进行监督。中心现有包括主任在内的管理人员 6 人，研究人员 40 人，专职项目管理人员 26 人，其他行政人员 11 人。

① Norwegian Center for Human Rights, http://www.humanrights.uio.no/english/，2008 年 6 月 20 日最后访问。

2. 人权研究

挪威人权研究中心营造了国际顶尖的人权研究环境。中心对人权进行法律、政治、文化的多角度的研究。

（1）研究策略

2005年至2009年挪威人权中心的研究策略优先关注四个领域的问题：人权与权力（包括人权、民主和政治合法性；国内立法中的人权）、人权与发展（包括作为发展基础的个人与集体人权；作为人权的发展权）、人权与多重性（少数人和土著人的权利；在生活态度与宗教之间的宗教或信仰自由）、人权与冲突（冲突中的人权；和平与民主进程中的人权）。

（2）研究课题

欧洲外交政策中的人权、和平与安全项目。该项目是欧盟资助的由来自12个欧洲国家的16个学术机构参加的国际学术项目。项目的主要目标是提升和深化对国际和国内人权、和平与安全文件的功能的认知，为调整欧洲联盟的外交政策提出建议。挪威人权研究中心是项目参与者之一。

新治理模式项目。关于新治理模式的欧洲一体化项目由欧洲联盟资助，从2004年到2008年为期5年。项目的目标是通过绘制、评估、分析“新治理模式”的出现、执行和演变来检审欧洲乃至欧洲之外地区治理模式的转变。该项目包括24个小项目和2个横向任务，由来自西欧和东欧35个研究机构的50余名研究人员参与。挪威人权中心也参与其中。

发展中的食品权国际项目。该项目的总体目标推动对发展是实现所有人权的基础的文化的理解，加强对发展中的食品、营养与人权之间的联系的理解，在与食品与营养安全相关的活动中通过以权利为基础的方式提高能力建设。

（3）研究培训

北欧人权研究学校——全球化时代的人权网络。挪威人权中心是北欧研究培训网络五个主要的参与者之一。北欧人权研究学校与全球化时代的人权网络是为进一步加强北欧人权研究的效率和水平而设立的。网络联合为来自北欧、波罗的海国家以及俄联邦西北部国家的博士研究生提供研究课程，同时也灵活地提供一些研究奖学金项目。网络的目标是促进个人研究者同研究机构之间的合作。

奥斯陆比较社会科学研究暑期学校。比较社会科学暑期学校提供旨在涵盖所有社会科学学科的博士后研究课程。2008年暑期学校的课程有研究设计、发展的新技术的理论与实践、医学研究中的民族与政治经济学研究——

人类学的视角、全球经济动力的理论与分析、不平等社会福利与再分配、作为社会构成的市场、对武装冲突的定量研究、大学与经济发展等。

（4）研究团体

挪威人权中心的研究人员同时也参与法学院其他研究团体与人权相关问题的研究，例如人权与发展、法律的国际化、宪法、自然资源、权利、个人、文化与社会等。

3. 人权教育

（1）人权理论与实践硕士学位

人权理论与实践硕士项目为期两年。该项目关注的重心是人权的理论与实践，将从法律、政治和哲学的观点来分析国际人权问题；将对人权法在不同层面通过不同形式的执行进行分析；在学生对规范和制度框架具备基本知识和理解的基础上，项目还将带领学生对当前的热点问题，例如恐怖主义、宗教、民族和妇女权利问题进行研究。

该项目各个学期的安排依次是国际人权的法律、制度和程序，国际人权法的实质权利，人权的历史、哲学和政治学介绍，研究方法与论文写作等。

（2）人权法概论

联合国和地区组织，特别是欧洲理事会在通过国际法律和政治机制保障和尊重人权方面起到了带头作用。本课程主要围绕着这些政府间组织以及国际刑事司法机构的制度、条约和实践进行设计，对国际人权的规范标准及其监督和执行途径进行分析。

4. 人权交流与合作

（1）中国项目

中国项目作为中国与挪威人权对话的学术部分创始于 1997 年。项目自创建以来一直致力于寻求在中国促进和保护人权的有效方法。项目从多学科的视角，探索促进国际人权标准在中国的发展、理解和运用。同中国学术机构的长期联系和紧密合作是中国项目的基石。项目通过在中国出版第一本国际人权法教科书、翻译核心人权文件、访问学者项目、支持中挪学生和学者交流、大量的人权培训和讨论会等形式在中挪人权对话中扮演了重要角色，同时为促进中国国际人权法的教育和研究发挥了重要的影响作用。

中国项目的中国合作机构包括中国社会科学院、中国政法大学、北京大学、上海交通大学、四川大学、吉林大学、西南政法大学和内蒙古大学。同时中国项目在一开始就得到了瑞典罗尔·瓦伦堡研究所和丹麦人权研究所的合作。

2008年中国项目的活动和项目将主要围绕以下领域开展：人权教育、中国西部的人权、正义与法律援助、非歧视与平等、在挪威进行能力建设以及刑事司法领域的对话与支持。

（2）印度尼西亚项目

印度尼西亚项目开始于2002年，目的是通过对挪威和印尼方面的能力建设以及开展与印尼人权状况相关的项目来提升印尼的民主和人权水平。印尼项目得到了印度尼西亚国家机构、学术机构以及非政府组织的合作。与政府合作的主要目的是改善印尼政府履行国际义务的状况、促进实现2004—2009年国家人权行动方案的目标。

印尼项目的主要领域是与印尼法律制度相关的人权问题，努力的方向是结束大规模侵犯人权却不受惩罚的局面。项目每年资助一到两名印尼学生参加人权中心的硕士项目。

（3）国际刑事法院法律工具项目

2005年12月，挪威人权中心与国际刑事法院签订了一项合作协议，挪威人权中心承诺将在保持和发展国际刑事法院独特的法律信息制度——法律工具中担当领导角色。为执行此协议，人权中心于2006年开始创建了国际刑事法院法律工具项目。

法律工具（Legal Tools）最初由国际刑事法院检察官办公室法律顾问部于2003年开发，起初的设想是法律工具将协助检察官办公室开展法律研究、起草有关犯罪要件、刑事责任模式、关键程序以及证据问题等。2005年，检察官决定与整个法院分享这一工具，于是成立了整个法院的法律工具顾问委员会。法律工具有志于为使用者提供运用国际刑法有效工作的法律信息、评论和软件，它实际上是在建立一个关于国际刑法和正义的图书馆。法律工具包含目前已超过3.5万份的文件和法律评注，它将分为13个文献集和数据库以及4个法律研究和参考工具。

根据与国际刑事法院的协议，在法律工具顾问委员会的指导和监督下，挪威人权研究所正在带领其他的签约机构一道为保持和发展下述法律工具努力工作：国际刑事法院基本文件、国际刑事法院准备阶段的工作文献、国际法律文献、人权决定、国际化的刑事管辖权、国际化的刑事判决、国内管辖权、涉及核心国际犯罪的国内案例、国际法专家、网络法律文献、法律工具包、原理解释、程序解释、案件背景资料等。

（4）南非项目

南非项目始于1998年，是挪威发展同南非合作策略的一部分。2004年开始，项目得到挪威驻南非使馆的资助。项目由三方面的内容组成：与南非的机构发展合作关系；为使馆提供人权咨询服务；加强挪威自身的能力建设并围绕南非的人权和民主问题进行讨论。

目前人权中心已经同南非的下列机构建立了联系：比勒陀尼亚大学人权中心、威特沃特斯兰德大学应用法学研究中心、西开普大学社区法中心、比勒陀尼亚大学艾滋病研究中心、开放民主建议中心、西开普大学土地与耕地研究项目、预防虐待和漠视儿童项目等。

（5）挪威民主与人权资源库项目

挪威民主与人权资源库（Norwegian Resource Bank for Democracy and Human Rights，NORDEM）创建于1993年，旨在满足对促进民主和尊重人权的高级人才的紧急需求。现在资源库由两部分组成，一部分是后备力量，目前大约有260名在人权和民主化方面有专长的成员，他们随时准备接受国际组织的任务；另一部分是资源基地，主要由相关领域的专家组成，他们将接受某些特殊的使命。

该项目培养的成员意在为以下问题提供专家意见：善政、人权监督、人权培训与教育、选举监督与建议、选举的规制与立法、政治分析、对严重侵犯人权的调查、发展民主机构、司法独立、法律改革、促进媒体自由、政治多元化、分权/地方管理、少数人权利、妇女权利、一般管理与金融管理等。项目的主要职能就是招募和培养此类能够促进民主和人权的人才。

（6）宗教或信仰自由奥斯陆联盟

宗教或信仰自由奥斯陆联盟是由来自不同宗教、持不同生活态度的团体、非政府组织、国际组织以及研究机构的代表组成的国际网络。联盟的工作是为了促进国际社会普遍接受宗教和信仰自由的人权标准，促进不同团体之间的相互理解与合作，打消不同宗教之间的不正义、不容忍、不信任的态度。项目通过教育、培训、发行报告和手册等手段提高合作伙伴和目标群体的知识和技能，以达到项目的目标。

5. 主要出版物

挪威人权中心的年度出版物包括学术著作、“挪威民主与人权资源库”报告、中心年度报告等。其中学术著作以2008年为例，包括《多级规制与欧洲联盟》、《艾滋病的政治：全球化、国家与公民社会》、《土著人的权利：过去25年国际法的成就》、《秘鲁真相委员会受害者赔偿与历史解释的挑战》等。

（二）罗尔·瓦伦堡人权与人道法研究所

1. 研究所概况

罗尔·瓦伦堡人权与人道法研究所（Raoul Wallenberg Institute of Human Rights and Humanitarian Law）① 是一个致力于通过研究、培训和教育促进人权的独立的学术机构。研究所以瑞典前外交官罗尔·瓦伦堡的名字命名，是为了对他在第二次世界大战末期在匈牙利杰出的人道工作表示敬意。研究所于1984年在瑞典隆德大学法学院内成立，目前拥有北欧最大的人权图书馆，管理着三个硕士项目和一个本科生层次的跨学科人权项目，致力于对各种人权问题的研究和出版工作。研究所的活动不涉及对国家行为的正式报告，也不对国家在人权领域的工作方法进行监督。

研究所现由11位理事组成的理事会管理。研究所设主任、主任顾问、行政与财务部、国际项目部、研究、教育、出版部门及图书馆等机构。除上述各部门的工作人员和研究人员外，另有专职研究人员8人，访问教授5人。

2. 人权教育

（1）国际人权法硕士学位项目

国际人权法硕士学位项目是隆德大学法学院在罗尔·瓦伦堡研究所的协助下开设的，为期两年，可进一步细分为三个方向：国际人权法、国际人权法与知识产权、国际人权法与国际劳工权利。该项目讲授的主要课程包括国际法的问题与进程，人权与人道法，公民权利与政治权利，经济、社会与文化权利，国际与国内法中的人权程序法，法律协作与研究；另外依不同方向还开设人道法、著作权法、工业产权、劳工权利的国际法基础、基本劳工权利、国际刑法、国际法上的贸易与移民、少数人权利、人权与商业、人权与性别等。

（2）海外硕士项目

人权与民主化欧洲硕士学位项目。该项目创始于1997年，现在由包括瑞典隆德大学在内的41所欧洲大学共同参与举办。该项目为人权和民主化领域的专业人士提供为期一年的学术培训，并为毕业生提供参与实践工作的机会；其中一个学期在威尼斯进行，另一个学期在合作大学完成。这是一个跨学科的硕士学位项目，所学课程包括国际关系、法律、哲学、历史、人类

① Raoul Wallenberg Institute of Human Rights and Humanitarian Law，http：//www. rwi. lu. se/index. shtml，2008年6月20日最后访问。

学、政治科学与社会学等。

其他的海外硕士项目还包括“国际法硕士项目中人权研究指导”（北京）、在哥斯达黎加举办“国际法与人权硕士学位项目”、与马耳他大学合作举办“人权和民主化硕士学位项目”、与南非比勒陀尼亚大学合作举办“非洲的人权与民主化硕士学位项目”、在曼谷举办“关于人权的国际人文硕士项目”等。

（3）模拟法庭

隆德大学法学院和罗尔·瓦伦堡研究所从20世纪90年代初开始派代表队参加菲利普·杰塞普（Philip C. Jessup）国际法模拟法庭竞赛，2005年隆德大学杰塞普代表队已经跻身世界前20强。现在，法学院和罗尔·瓦伦堡研究所共同开设了国际法模拟法庭实践课程，并希望将这一良好传统保持下去。

（4）奖学金项目

在瑞典国际发展合作署（Swedish International Development Cooperation Agency）的资助下，罗尔·瓦伦堡人权研究所每年为来自发展中国家的年轻的人权律师提供为期6个月的奖学金，资助其在人权领域的国际或地区组织、政府机构、非政府组织中进行实习。

另外，攻读国际人权法硕士学位的学生还有机会获得由研究所提供的硕士项目奖学金。

3. 人权交流与合作

（1）地区与波罗的海国家合作项目

罗尔·瓦伦堡研究所在东亚和东南亚。自1996年为中国司法部高级官员进行人权培训以来，罗尔·瓦伦堡研究所在东亚和东南亚地区的活动不断扩展，现在已经同中国、印度尼西亚、蒙古、泰国和老挝建立了联系，为这些国家来自学术机构、国家人权机构、刑事司法系统、政府机构、媒体以及其他相关机构的人员提供培训，或支持其制度建设，以加强国家人权保护与促进制度。

罗尔·瓦伦堡研究所在欧洲与中亚。2003年研究所与南高加索地区重新建立合作，以增加和促进该地区的人权保护。目前，研究所同该地区的三个前苏维埃共和国阿塞拜疆、亚美尼亚、格鲁吉亚建立了密切的联系。此外，研究所自1997年以来就在土耳其开展活动，现在正在进行的为期三年的土耳其项目旨在反对歧视、提高土耳其上诉法院以及国务院对人权两公约的认识，并帮助土耳其非政府组织进行能力建设。

罗尔·瓦伦堡研究所在拉丁美洲。研究所于2002年开始在拉丁美洲活动，2002年至2004年间研究所在该地区的三个主要合作机构是危地马拉人权代理办公室（PDH）、总部设在哥斯达黎加的联合国预防犯罪和罪犯待遇拉美研究所、总部设在哥斯达黎加和华盛顿的正义和国际法中心。

罗尔·瓦伦堡研究所在撒哈拉以南非洲。1991年在纳米比亚司法部的合作下，研究所首次为纳米比亚政府官员和公民社会的代表举办人权培训，从此在南非、津巴布韦、赞比亚、坦桑尼亚、肯尼亚和埃塞俄比亚展开了广泛的人权能力建设项目，以加强政府机构、特别是行政司法部门的能力。

（2）瑞典培训项目

在瑞典国际发展合作署的资助下，罗尔·瓦伦堡研究所每年在隆德大学举办一届人权培训项目，每年大约有25名来自发展中国家的学员被录取，他们多是不同层次的政策制定者、决策者、人权机构的培训者以及非政府组织和国家人权机构的代表。每期培训项目时间为3—5周，研究所希望通过培训，学员能够在回到工作岗位后，运用新知识为改善人权状况发挥积极影响。

（3）图书馆支持项目

罗尔·瓦伦堡研究所文献捐助项目。大批发展中国家的大学和研究机构不具备维持符合高级国际图书馆标准、以便利研究和培训的能力。为此，研究所从20世纪90年代开始发动了为发展中国家的人权机构提供国际公法方面，特别是人权、难民、人道法方面的资料、期刊、文献的项目。目前已经有18个非洲和亚洲的机构列入了图书捐助项目，该项目由瑞典国际发展与合作署资助。

为图书管理员和文献资料工作者进行人权信息及文献培训。研究所最早在1991年和1993年与联合国人权中心和联合国图书馆一道在日内瓦为来自发展中国家的图书馆工作人员进行了为期两周的人权信息和文献培训。为满足现代信息技术高速发展的需求，目前，研究所为来自发展中国家的图书管理员和文献资料工作者提供的培训兼顾国际人权法的基本知识以及运用现代信息技术进行文献处理两个方面。

（4）国家人权机构项目

许多新建立的国家人权机构仍然处于起步阶段，需要得到支持。为此，罗尔·瓦伦堡研究所通过不同的方法增强发展中国家的国家人权委员会以及督察专员制度（Ombudsman Institutions）。研究所将努力的重点集中于对国家人权机构的领导和员工进行人权教育和培训；同时也包括处理管理、策略制定、报告、调查研究、全国考察等问题的技能，增加图书馆资源/文献中心等内容。目前，研究所正在协助的国家包括格鲁吉亚、阿塞拜疆、蒙古和马拉维。

（5）其他重要活动

中欧人权对话。罗尔·瓦伦堡研究所是“中欧批准与执行联合国人权两公约网络”瑞典协调人。该网络聚集了以中国社会科学院法学研究所为首的15所中国大学和研究机构的学者以及欧盟成员国的学者。网络活动的主要目标是通过从国际人权法的角度以及欧盟成员国国家实践的角度分析《公民权利和政治权利国际公约》的具体权利及公约的内容，推动中国批准该公约。通过对话，欧洲学者也对中国的法律制度有了深入的了解；中欧学者对彼此的法律制度的优缺点都有了敏锐的认识，并提出了解决诸多人权问题的可供选择的方案。

亚欧会议人权系列研讨会。1997年瑞典和法国建议在亚欧会议的框架下进行非正式的人权讨论，目的是促进亚洲和欧洲在政治领域，特别是人权问题上的共识和合作。到目前已先后举行了6次讨论会，即1997年应罗尔·瓦伦堡研究所的邀请在隆德举行的“诉诸司法、地区和国家的行政司法特性、行政司法监督”研讨会；1999年应中国政府的邀请在北京举行的“亚洲与欧洲价值的差异、教育权、少数者权利”研讨会；2000年应法国政府的邀请在巴黎举行的“表达自由与信息权、人道主义干涉与国家主权、是否存在健康环境权”研讨会；2001年应印度尼西亚政府的邀请在巴厘岛举行的“良心与宗教自由、民主化、冲突解决与人权、促进社会福利过程中的权利与义务”研讨会；2003年应罗尔·瓦伦堡研究所和瑞典政府的邀请在隆德举办的“人权与跨国公司、人权与外国直接投资”研讨会；2004年应中国政府的邀请在苏州举行的“国际移民与人权”研讨会。

4. 人权研究

罗尔·瓦伦堡研究所在人权领域有效的研究能力得益于研究所学术和实践专长的独特结合。目前研究所在下列领域均有研究成果：行政司法/受害人权利、商业与人权、儿童权力、法治与民主治理、人道法、人权监督机制、人权指标、土著人及少数人权利、国际刑法与恐怖主义、移民与难民权利、国家人权机构、非歧视、残疾人权利、地区人权机制、生育权与健康权、联合国人权机制、在国际关系中使用武力、妇女权利等。

5. 主要出版物

在Martinus Nijhoff出版社和合作下，研究所推出了五套系列出版物：①

罗尔·瓦伦堡人权图书馆（蓝色系列）包含关于人权领域重要问题的专著、论文集以及文献选编。目前，该系列已经出版了20余卷。② 罗尔·瓦伦堡人权研究所指南（红色系列）对与某一专门人权问题相关的文献、资料提供系统的介绍。③ 罗尔·瓦伦堡研究所人权职业指南（橙色系列）旨在为人权领域的研究、教育、培训提供专业的工具和参考资源，其中包括对警察以及其他行政司法领域的职业人权进行人权培训的教育手册。④ 罗尔·瓦伦堡研究所政府间人权文书系列（绿色系列）包括联合国人权条约机构的结论性意见以及政府间组织的相关文献。⑤ 罗尔·瓦伦堡研究所新作者系列（黄色系列）刊载最近隆德大学学生的硕士学文论文。

除上述系列出版物外，研究所还与 Martinus Nijhoff 出版社合作出版四套国际法领域的杂志：《波罗的海国际法年刊》（Baltic Yearbook of International Law），《中国人权年刊》（Chinese Yearbook of Human Rights），《少数人和集体权利国际杂志》（International Journal on Minority and Group Rights）以及《北欧国际法杂志》（Nordic Journal of International Law）。

（三）丹麦人权研究所

1. 研究所概况

丹麦人权研究所（Danish Institute for Human Rights）① 是一家独立的、依照联合国巴黎原则建立的国家人权研究机构。该研究所建立于2002年，秉承了于1987年成立的丹麦人权中心的宗旨和活动范围，即研究、教育以及对国家和国际项目的实施。该研究所是丹麦国际研究与人权中心的一部分，除人权研究所外，该中心还包括丹麦国际研究所。研究所的首要目标是在坚信人权具有普遍性、相互依存、相互联系的前提下，在国家、区域和国际层面推进和发展关于人权的知识。研究所认为法治是社会的基础，国家不仅向个人施加义务，更应保护个人，特别是保护在社会中处于劣势、被边缘化的团体。

研究所同丹麦的多个组织和官方机构均有合作，同其他国家的学术机构和人道组织进行合作，并同欧洲理事会、欧洲联盟、欧洲安全与合作组织、联合国、世界银行以及许多国际资助者进行合作。研究所现有员工100余人，2006年的年度预算为1200万欧元。

2. 人权研究

丹麦人权研究所研究部由来自法学、社会学、历史学和宗教学等不同学

---

① The Danish Institute for Human Rights，http：//humanrights. dk/，2008年6月20日最后访问。

科的研究人员构成，研究所通过跨学科的研究在国家、地区乃至全球范围内提高对人权的认识和理解。目前，研究所的研究工作主要围绕三个主题进行："人权标准、发展及其执行"、"全球化与人权"、"人权以及对弱势群体的保护"。研究人员通过出版专著或在科学杂志发表文章来普及研究成果，其中一些成果已经开始在实践中发挥作用。研究人员通过对丹麦立法以及欧盟立法的审查和批评来使其与人权义务保持一致。研究人员还为大学、当局、公民社会以及商业领域的人员进行培训；他们还经常以独立专家的身份被邀请去参加公开听证和辩论。

目前研究所正在进行的研究项目包括"在欧盟外部解决难民申诉的可行性"以及"难民制度的现实：考验、可信度以及公众感知"。研究所的"人权与商业项目"是国际商业社会获得人权建议的通道。该项目为商业团体提供了多种友好的人权工具，包括人权申诉评估、国家人权风险评估、国家承诺指标、咨询服务与培训、公司社会责任指南。项目通过人权专家与有合作关系的跨国公司的交流、试验，通过上述工具的实际运用，希望公司决策者能够正确地处理人权问题。

另外，每年 8 至 12 月，研究所为五位来自发展中国家或转型国家的研究人员提供到丹麦人权研究所进行研究的机会，申请者可以是初级研究者、也可以是高级研究者。2008 年的接收对象主要集中在来自西部非洲国家的学者；2009 年至 2010 年的接收对象将主要来自亚洲。

3. 人权教育

研究所致力于通过人权课程对丹麦和国际社会进行有关人权问题的专门议题或一般知识的教育活动。目前已经同国外许多机构建立和合作关系；并开发了多种教育资源，例如不同语言文字写成的教科书和出版物等。

（1）国际课程

国际人权基本课程面向发展中国家、向民主转型国家、后冲突国家的国家机构、国际组织以及非政府组织的工作人员进行，招收人数为 25 人左右，在哥本哈根授课。讲授的课程包括国际人权概论，全球及区域人权文件、报告和监督机制，人权原则、标准和方针在国内的执行，非歧视原则，公民权利与政治权利，获得信息的权利，经济、社会与文化权利，以人权为基础的发展，腐败与人权。授课的形式为课堂讲授、案例研究、分组或个人作业。

此外，研究所目前正同丹麦国际开发署奖学金中心（Danida Fellowship Center）合作进行"将人权纳入发展规划"的培训课程。

（2）在丹麦的课程

研究所在本地开设的人权课程主要有国际法中的人道法、人权基本课程、《消除对妇女一切形式歧视公约》与以权利为基础的妇女平等权路径、职业生涯的多样性、罪犯与人权等。

（3）学术合作

研究所希望通过学术合作，使目标国家的大学和研究机构能够成为促进人权的主要学术资源。目前进行的学术合作项目包括在大湖地区对 Haki-Afrika 大学人权教师联盟进行网络建设和能力建设；在贝宁与联合国教科文组织主持的人权与民主化项目合作，进行网络建设、能力建设、健全文献；同伊拉克的大学合作进行网络建设、能力建设、健全文献；同也门 Sanna 大学合作进行能力建设并健全文献；同中国的大学和研究机构合作进行能力建设和研究工作。

4. 人权交流与合作

国际合作的主要目标是通过与各国政府、独立的学术机构以及公民社会合作在国际层面上发展和实施人权。丹麦人权研究所相信实现人权的关键是推动可持续的和透明的程序以及建立在法治基础之上的各种机制。在合作过程中，研究所重视提升合作伙伴的机构能力，以便帮助他们确立重点，并负起实施的责任。因此，对话、伙伴关系、责任共担、参与是合作成功的关键。

国际合作的路径之一是分区域进行。研究所建立起了区域部门来负责具体区域，比如像阿拉伯世界、西非、前苏联独联体国家、中国等。合作路径之二是分主题进行。目前主要的合作主题有：① 公民社会与网络。该项目通过与民间组织进行合作，提升他们在促进和保护人权方面的作用。② 获得司法救济。获得司法救济是任何司法制度一个基本的要素，本项目旨在消除获得司法救济过程中的歧视现象，强化获得司法救济不应以财富、身份、肤色、性别、宗教、种族等而有所区别。③ 国家机构与法律改革。20 世纪 90 年代中期起，研究所开始关注社会转型国家国家机构的改革。该项目的最终目标是帮助国家将人权和法治融入立法和机构改革中，并帮助国家建立领导改革的能力。④ 国家人权机构。在关于国家人权机构的研究、实践和发展方面，研究所一直处于领先地位，并且在地区以及全球的国家人权机构论坛中扮演领导角色。研究所和与联合国人权高级专员办公室合作创建了“国家人权机构论坛”的网站 www. nhri. net。丹麦人权机构已经举办了 6 次关于国家人权机构的国际会议，并为这些机构开展了许多对话和教育活动。

在研究方面，研究所出版了数部关于国家人权机构的著作。在丹麦国际开发署的资助下，研究所协助世界各地的许多国家建立国家人权机构。⑤ 获得信息权。研究所目前主要同阿富汗、马拉维、尼日尔合作，并根据不同国家的不同情况，或帮助制定信息公开和获得信息权的立法，或帮助完善不符合国际人权标准的立法，或帮助执行已有的法律。

研究所不定期举办各种讲座、论坛和研讨会。近期举行的主要专题讨论会例如："对《世界人权宣言》的批评：一份没有意义的文件?"、"表达自由的挑战与机会"、"国际刑事法院的首次审判"、"'9·11'之后的人权：纯粹的倒退还是也意味着机会"、"如何促进15个西非经济共同体国家的人权"、"个人作为国际法的主体：1948年之后人权的影响力"、"反歧视自由讨论会"、"奥运会之前的中国：如何在中国促进人权"、"丹麦国籍法的历史发展"、"人权的国内化演进"、"人权与国家的脆弱性"、"古代丝绸之路：中亚与阿富汗的政治选择"、"土耳其起草新宪法"等。

（四）荷兰人权研究所

1. 研究所概况

荷兰人权研究所（Netherlands Institute of Human Rights）[①] 成立于1981年，是一个旨在以人权研究为主要活动的中心。研究所通过开展研究项目，收集与国际人权问题相关的文件和资料，达到提高认识和传播人权程序及实践信息的目的。荷兰人权研究所建在乌特勒之大学法学院内。法学院的所有研究活动都由乌特勒之法学研究所——G. J. Wiarda 研究所召集，该研究所由包括人权部分在内的四个部分组成；其中的人权部分又由荷兰人权研究所和人权研究学院组成（School of Human Rights Research）。荷兰人权研究所现有研究人员和工作人员共35人。

2. 人权研究

（1）对人权实施的执行和监督（Enforcement and supervision of the implementation of human rights）

在这一主题下，所有人权的监督和执行机制都是研究的对象，包括条约机构和国际法院，地区人权制度，国家机器，警察的角色等。同时对特殊的（弱势）群体以及性别主流化将给予特别关注。这个项目的目标是阐释和分析，保护和促进人权的国际与地区机制；以比较的视角分析不同的体制；分

---

① Netherlands Institute of Human Rights，http：//www.uu.nl/uupublish/homerechtsgeleer/onderzoek/onderzoekscholen/sim/english/18199main.html，2008年6月20日最后访问。

析国际及地区人权规范在国内的执行情况；在分析现有制度的优缺点的同时思考是否有可以带来更大附加值的新的机制。

（2）多元主义与社会内聚力的人权视角（Human rights aspects of Pluralism and Social Cohesion）

本主题将从国家、国际以及比较的人权视角来分析关于是否应限制文化与宗教多样性的辩论。该项目将对宗教自由进行专门分析、形成多样性的概念、关注基本权利的新型冲突。

（3）武装冲突与恐怖主义：缔造和平、发展、安全与法治

该研究议题涉及的问题包括冲突与安全法、关于国际恐怖主义的法律、武装控制法、人道法等。研究将特别关注在维护和平、缔造和平、打击恐怖主义、预防冲突的过程中人权的重要性以及在落实人权时警察应起的作用。

3. 人权教育

除给本科生、硕士生以及博士生开设的常规人权课程外，研究所还与人权研究学院共同开设了暑期人权课程。暑期课程定位于人权领域的高级课程，为期两周，因此要求学员已经获得法学或社会科学的学位，并有在法律或人权领域工作的经验。开设的课程包括保护人权的普遍机制及其有效性，保护和促进人权的地区机制等方面。

在荷兰与比利时政府的资助下，乌特勒之大学法学院与比利时根特大学法学院、南非西开普大学法学院以及美国美洲大学华盛顿法学院于2007年共同举办了国际人权专修课程班（The International Human Rights Academy）。该课程的授课对象是学者、研究生、非政府组织工作人员、律师、法官以及其他法律工作者；学员在申请时要求具备良好的人权法基本知识。授课的内容包括保护人权的普遍体制、非洲保护人权的制度、欧洲保护人权的制度、美洲保护人权的制度、国际人道法、国际刑法与人权以及过渡期的法律（transitional law）。

4. 人权交流与活动

研究所的常规学术活动包括年度研究日、国际会议、辩论会、专家研讨会、午餐讨论会、学术座谈会等。

近年来年度研究日的主题包括“人权与国际刑法”（2008）、“过渡期的司法”（2006）、“在机动性的时代重新思考人权的重要性”（2005）、“家庭暴力”（2004）等。主题国际会议主要有“美洲及欧洲人权公约下的积极义务”、“恐怖主义的受害者”、“跨国义务”、“卢旺达预防种族灭绝的失败：旁观者的角色”、“种族灭绝/大屠杀刑罚化”、“基本权利的冲突”、“警察

改革中非政府组织和公民社会的角色”、“拉美的警察与人权策略”、“私有化与人权”等。专家研讨会的主题例如“人权条约与领土外管辖权（治外法权）的范围”、“对违反国际人道法的受害人的救济”、“联合国教科文组织与人权”、“全球化、私有化与人权”、“刑法的欧洲维度”、“欧洲逮捕许可”等。其他的讲座与座谈会的主题还有“宗教与政治”、“平等是无限的吗”、“犯罪与正义”、“和平的文化”、“主权与人权理解的演变”、“组织的责任问题”、“非洲的人权观”、“以人权视角审视冲突后赔偿”等。

5. 主要出版物

《荷兰人权季刊》（Netherlands Quarterly of Human Rights）刊载关于人权问题的学术文章以及来自世界各地的作者关于保护和促进国际人权法的文章。本刊由一个国际编委会保证所刊文章的质量。

《荷兰人权研究所专刊》从 1983 年开始发行，每期针对一个专门的人权议题，现在已经发行了 29 期。专刊已经讨论过的议题包括“被告人在国际法下的公平审判权”、“人权事实的查明”、“加纳的人权状况”、“种族主义的新表现”、“欧共体对全球难民的反应”、“苏里南的人权状况”、“经济、社会、文化权利的申诉权”、“打击贩卖人口”、“在南非与荷兰的真相与和解”、“人权与种族冲突”、“法律与文化多样性”、“反思和平的文化与宽容”等。

《发展中的人权年刊》（Yearbook Human Rights in Development）（原名为“发展中国家的人权”）是由挪威、丹麦、瑞典、荷兰、芬兰、奥地利、冰岛、加拿大等国的多个研究所联合推出的项目。本年刊的主要目的是对众多发展中国家的人权发展趋势进行全面的评估。1997 年之前，年刊共出版了针对 38 个国家的 120 份国家报告。年刊从 1998 年开始将重点转向分主题、分问题的讨论。

“人权研究学院系列丛书”（School of Human Rights Research Series）从 1999 年开始刊载人权研究学院博士生的毕业论文，目前已发行 26 卷，主题涉及“国际法中作为人权的健康权”、“《公民权利和政治权利国际公约》的报告程序：人权事务委员会的实践与程序”、“加强对《经济、社会与文化权利国际公约》的监督：理论与程序问题”、“关于人权的外交政策及其对苏哈托统治下的印尼的影响”、“联合国的思想、良心、宗教及信仰自由”、“欧洲共同体条约关系中的人权：真正的美德还是虚伪的事实”、“国内非政府组织对荷兰人权政策的影响：南非、纳米比亚、印度尼西亚和东帝汶案例研究”、“国际法的等级：人权维度”、“用人权改变传统：传统做法对撒哈拉以南非洲生育健康权的损害”、“现代国际法的普遍管辖权”、“对性暴力的超国家刑事起诉”、“荷兰与国际人权机制的发展”、“公共安全、警察改革与人权执行：哥斯达黎加案例研究”、“国际法院的人道面孔：在发展国际人权法与人道法中的作用”等。

6. 人权研究学院

人权研究学院自1995年开始得到荷兰皇家文理学院的承认，它是由来自荷兰的多所大学共同努力形成的大学联盟，荷兰人权研究所是其中的核心机构。学院的目标是促进在人权领域多学科的科学研究，其主要业务包括集体研究和培养博士研究人员。学院开设的课程包括法学、政治科学、历史学、哲学和文化人类学。

（五）爱尔兰人权中心

1. 中心概况

爱尔兰人权中心（Irish Center for Human Rights）① 是世界领先的以大学为基地的研究和促进人权与人道法的机构之一。中心成立于2000年1月，已经在人权的教学、研究和倡导方面得到了全球的肯定。中心共有包括主任和讲师在内的全职员工6人，另有4位访问教授、3名博士研究人员、2名博士后人员以及3名行政管理人员。中心自行管理日常工作，但中心的教师和研究人员均来自爱尔兰国立戈尔威大学法学院，中心与法学院保持着密切的联系和合作。

2. 人权教育

（1）本科生项目

从2008年开始，中心在文学院的本科生中授予人权学士学位。该学位将向少量学生开放，被录取的学生将在导师的指导下参加学校的讨论课，并有机会参加校外实践活动。

（2）硕士项目

爱尔兰人权中心目前授予国际人权法、国际和平支持行动、人权法的跨界项目、人权与刑事司法等方向的硕士学位。其中，后两个项目是与贝尔法斯特皇后大学合作进行的。此外，人权中心也是人权与民主化欧洲硕士项目以及马耳他大学人权与民主化人权硕士项目的参与者。2008年起，中心开始开设国际刑法硕士项目。

---

① Irish Center for Human Rights，http：//www. nuigalway. ie/human_ rights/index. html，2008年6月20日最后访问。

(3) 博士项目

爱尔兰人权中心处于欧洲培养国际人权法博士生的领先地位。每年有25名左右的博士生被录取，他们将在一至两名指导教师的指导下，从事国际人权法、国际刑法、国际人道法、国际关系等领域的学习和研究。通常，博士项目为期三年，以自学和研究为主，成绩突出者可以在两年内完成，最长应该6年内完成博士论文；学位论文符合出版要求者才可以获得博士学位。博士生可以旁听中心教授为硕士生开设的课程，还可以在午餐讨论会上进行主题演讲。中心还组织博士生同中心主任每月开一次座谈会，讨论研究进展及共同感兴趣的案例；作为常规学习项目，博士生每周座谈一次，讨论国际刑法的最新发展。

(4) 新英格兰法学院暑期项目

自2001年开始爱尔兰人权中心就开始主持为期五周的关于国际人权法的暑期项目。该项目由以波士顿新英格兰法学院为首的美国大学联盟组织。爱尔兰人权中心的多位教授应邀参加课程讲授，每年大约有50名美国法学院的学生参加该暑期项目。

(5) 暑期学校

爱尔兰人权中心每年分别围绕“国际刑事法院”和“少数人权利”举行各为期一周的暑期学校课程。除集中授课外，学员也有机会参与社会活动，通过在轻松的环境中进行小组讨论，来增强项目的指导性和趣味性。

3. 人权研究

(1) 中国死刑项目

2007年6月在中国北京正式发起的中国死刑项目是一个为期三年的旨在废除死刑的研究项目。项目活动包括对死刑案件的研究、对公众意见以及被判死刑的犯罪嫌疑人的调查。学术部分将通过一系列研讨会、最终形成对全国人大的建议、关于死刑的公众论坛等途径来完成。项目在英国—中国中心的指导下，在爱尔兰人权中心合作下进行，中方合作单位是北京师范大学刑事法律科学研究院。

(2) 爱尔兰参与国际人权法与机构

爱尔兰人权中心正在进行的这项研究试图通过考察爱尔兰在国际人权立法过程中的参与情况以及爱尔兰参加国际人权机构的情况来检审爱尔兰在国际法人权法早期的外交政策。这项研究包括对爱尔兰国家档案、伦敦公共记录办公室、纽约联合国档案、欧洲人权法院档案以及爱尔兰私人保存的档案中有关材料的调查收集。目前的研究集中于对爱尔兰对欧洲理事会、欧洲理事会规约、欧洲人权公约以及第1议定书的早期贡献。接下来的研究将涉及爱尔兰与联合国，包括1946年至1955年申请成为联合国会员国、起草人权两公约时爱尔兰的立场、爱尔兰与人权委员会等方面。

（3）冲突后刑事司法模范法典

该项目是美国和平研究所和爱尔兰人权中心于2001年在联合国人权高级专员、联合国毒品与犯罪办公室的协助下发起的。项目希望模范法典成为满足冲突后国家出现的法律改革需求的工具，模范法典还可以被国家和国际社会的行动者用来为冲突之后的单个国家创制、检审、更新以及填补刑事法律的空白。该项目将在2008年推出四部模范刑法典。

（4）难民与庇护法律支持组

爱尔兰人权中心的难民与庇护法律支持组成立于2004年。该小组的主要使命是为本科生和法律研究生创造学习国内以及国际难民法和人权法的机会，并向难民和寻求庇护者宣传这些理论，通过运用学术研究的成果来保障难民以及寻求庇护者的权利，并为志愿加入难民救助工作的人提供培训。

此外，近年来已经结项的研究项目包括“在爱尔兰被制度化的、国家的种族歧视”、“递交给保护儿童联合委员会的报告”、“批准和执行国际人权公约的中欧网络”、“工作场所建立合理的残疾人设施项目”、“国际人权法下的老年人”、“中欧司法培训”等。

4. 人权交流与活动

爱尔兰—中国人权学术交流。该项目于2005年在爱尔兰发展合作署的资助下发起，目标是通过爱尔兰人权中心和中国社会科学院建立联系，促进中国的法治和对人权的尊重。2006年在爱尔兰—中国学术交流项目的支持下，首届中国—爱尔兰专家级会议在爱尔兰国立戈尔威大学举行。

人权中心不定期组织各种讲座和国际、国内会议。近期的欧盟系列讲座包括“欧盟—中国人权对话：谁获益更多”、“斯特拉斯堡、欧洲公约与欧盟”、“欧盟与在国际社会废除死刑运动”、“通过欧盟促进人权：欧洲议会的视角”等。主要的主题会议有“保护的责任”、“外交与人权”、“维持和平与非洲”、“认真对待《妇女公约》”、“法律语言与权利预言：制定与执行的挑战”等。

（六）法国人权国际研究所

1. 研究所概况

法国人权国际研究所（International Institute of Human Rights）[①] 坐落于

① International Institute of Human Rights，http：//www. iidh. org/accueil. php，2008年6月20日最后访问。

斯特拉斯堡，由来自世界范围内近300名个人和集体会员，包括大学、研究者、人权领域的实践者组成。研究所初创于1969年，由《世界人权宣言》的主要起草人之一，诺贝尔和平奖的获得者勒内·卡森先生以及在斯特拉斯堡召开有关欧洲人权公约研讨会的许多与会者共同创立。1994年，研究所获得了联合国教科文组织颁发的人权教育奖。研究所的宗旨是为促进和发展基本人权而独立工作。它的目标是通过教学、研究、出版作品，在世界范围内收集和传播有关人权的文献来推动对人权的科学研究。

研究所的构成反映了创始人的初衷，即让研究所的工作独立于任何国家的、公共的或私人团体的政治、经济或其他控制。研究所的主要机构包括大会、管理理事会、执行委员会和科学理事会。大会由全体会员组成，选举产生董事会，并监督研究所的道德和财政状况；董事会由20名会员和2名观察员组成，它制定研究所的政策，并选举产生执行委员会；执行委员会由主席、4名副主席、财政部长和秘书长组成。科学理事会接受董事会的指示，发挥咨询职能。

2. 人权教育

（1）年度教学学期

从1969年开始，研究所每年在斯特拉斯堡举办一次关于国际和比较人权法的教学学期，届时将从全球邀请关于某一问题的最杰出的专家来授课。每年有大约400名来自近100个国家的学员来这里接受培训，通过学习，学员不仅可以丰富和提高自己的学术水平，而且有机会感受不同的经历和文化的碰撞。

现在该教学学期在每年7月份举行，为期四周，招收对象包括法律、政治科学、人类学和社会科学领域的高级学生，教授和研究者，法律职业以及其他与人权相关的职业的从业者，国家与国际公务员，非政府组织的成员。已经举办过的教学学期的主题包括“社会权利：人权不可分割的组成部分”、“将预防作为保障尊重人权的途径”、“《世界人权宣言》50年：成就与21世纪的前景”、“民间社会的行动者与尊重人权”、“全球商务与保护人权”、“宗教自由的国际保护”、“生命权的国际保护”、“非政府组织与国际人权法”、“国际法上的信息自由”、“妇女权利的国际保护”、“人权与受害者权利的国际保护”。

在年度教学学期进行过程中，大学人权教育国际中心还会为学员中的大学教授、助理、研究者安排关于人权教育与研究的研讨班，研讨班课程由近20个小时的人权教育方法培训课时组成，鼓励学员互相交流。

（2）难民法暑期课程

研究所每年同联合国难民署联合举办难民法暑期课程，2008 年的课程于 7 月 16 日至 27 日在斯特拉斯堡进行，授课语言是法语。

（3）国外教学学期

除在斯特拉斯堡开设教学课程外，研究所还在世界其他地方开设教学学期，包括在塞内加尔首都达喀尔，在罗马尼亚的雅西，在捷克首都布拉格，在印度尼西亚首都雅加达的教学学期。其中，在印度尼西亚是用英文授课，授课对象是公务员，授课的内容主要是民主和善政。

（4）继续教育

2006 年开始，研究所面向律师举办各种继续教育培训课程，培训的主题都是与国家或地区保护人权的实践直接相关的具体问题。

（5）实习机会

研究所长年提供两类实习机会，其一是文献实习机会，实习生有机会利用研究所图书馆的文献资料以及图书馆数据库的在线资源。该实习为期两个月，目的不是为了写作论文，主要面向已获得硕士学位的申请者，优先考虑那些来自在获得国际以及欧洲人权法资源方面有困难的国家的申请者。

其二是研究实习机会，实习生不仅可以利用图书馆以及网络资源，而且有自己独立的办公室，实习期一般为三个月，实习结束时一般应提交可在研究所网络或期刊上发表的学术文章。此项实习主要面向正在进行人权领域的博士论文写作或已经获得博士学位的人。目前实习生的研究主题包括“人权与财产返还”、“欧洲的人权保护与例解”、“人权遭受侵犯者的赔偿问题：以欧洲为例”。

3. 人权研究

研究所不定期举办各种会议和学术研讨会。2007 年研讨会的主题是“欧洲人权法院的管辖权实践”。

勒内·卡森论文奖。该奖每年颁发给在人权研究领域成绩显著者。参评论文需围绕四个主题之一：国际人权法、区域人权法、比较人权法、人权法理论等。获奖论文将结集出版。

（七）德国人权研究所

1. 研究所概况

德国人权研究所（German Institute for Human Rights）[①] 于 2001 年在德

① The German Institute for Human Rights，http：//www. institut – fuer – menschenrechte. de/webcom/show_ article. php/_ c –635/_ nr –1/_ lkm –653/i. html，2008 年 6 月 20 日最后访问。

国联邦议会的建议下成立。从性质上讲研究所是依巴黎原则，根据德国联邦议会的决定成立的德国国家人权机构，它是一个独立的民间社会的机构。研究所的主要任务是通过研究、文献、学术调查项目、图书馆服务、公开的研讨班、教育项目、专家讨论以及围绕有关人权问题提供政策建议等来促进和保护人权。研究所在形成公众关于所有有关人权问题的意见上发挥着积极作用；研究所还为政府机构和非政府组织交流和交换意见提供了平台。它同欧洲和世界其他地区的国家人权机构保持着联系。除此之外，研究所还是全国人权教育的协调机构。

研究所理事会由来自公民社会、学术界、媒体以及政府的代表组成。理事会决定研究所的工作方案。董事会由研究所正、副主任组成。研究所现有行政人员及研究人员共23人。

2. 人权研究

研究所目前的研究主要围绕以下主题进行，每项主题研究都由应用研究、出版物、政策建议、相关项目和活动等几个部分组成。

(1) 国家、欧洲以及国际层面的人权保护系统

研究所关于该主题的研究又分下列方面展开：国际和欧洲人权保护条约；联合国反酷刑公约；《经济、社会与文化权利国际公约》的申诉程序、欧盟内的人权保护、与其他国家人权机构的合作、人权研究所联盟、促进公民社会的发展并与其合作。

(2) 非歧视

该主题下的研究包括反歧视立法、欧洲反对种族主义与不宽容委员会、联合国反对种族歧视公约、联合国妇女权利公约等以及在相关议题下召开的讨论会、研讨会和其他活动。

(3) 人权对话

许多国家和欧盟的成员国正在发起同有侵犯人权历史的国家进行人权对话，希望通过对话和真正的合作促使这些国家的人权状况有重大改善。现在德国人权研究所正在关注两个问题：对人权对话的发展与评估以及欧盟—伊朗的人权对话。

(4) 国家以及国际安全政策中的人权要求

研究所在该主题下的研究和评论主要围绕这些议题：德国的安全立法及其实际运用，欧洲联盟内关于刑事问题的警察与司法合作及其对国家法律的影响，国家层面与欧盟层面的数据保护，从人权视角评估安全立法，非歧视原则与当代安全政策，国际安全政策与打击恐怖主义——国际规范与国家实

践，欧洲的安全与防御政策，人道法与人权，德国武装部队的外交军事行动。

（5）经济、社会与文化权利

研究所从以下角度研究该问题：处于受护理状态的老年人的社会权利、德国违规移民的健康权、教育权、水权、《经济、社会与文化权利国际公约》任择议定书、联合国关于强迫驱逐和迁移的原则与指导方针、社会保障权、将女性难民融入德国劳动力市场。

（6）自愿移民与非自愿移民的人权

围绕该项研究的问题包括移民与庇护、移民工人、女性难民与劳动力市场、贩卖人口。

（7）人权教育

研究所提供的人权教育包括三个核心的领域：学人权，即传播有关普遍人权与自由的知识；通过人权学习，即反思关于人权规范和原则的观念和态度；为人权学，即学习促进人权的技能技巧。

（8）发展政策与人权

目前研究所正在进行的项目是“在发展合作中落实人权”，该项目通过为国际合作企业的员工进行人权培训，来实现德国政府发展政策的目标。

3. 主要出版物

研究所的主要出版物包括年度报告、项目报告、学者的文章及个人专著等，以德文或英文出版。近期的英文出版物主要有《边境管理与人权：反思欧盟法与海洋法》、《策划与评估人权对话》、《国际打击恐怖主义与保护人权》、《联合国人权保护体制下人权委员会的未来》、《反思非歧视与少数人权利》、《关于〈经济、社会与文化权利国际公约〉任择议定书的提议》等。

（八）奥地利路德维希·玻尔兹曼人权研究所

1. 研究所概况

奥地利路德维希·玻尔兹曼人权研究所（Ludwig Boltzmann Institut fur Menschenrechte，BIM）① 是一个独立的人权学术研究和服务机构。研究所始建于 1992 年，是奥地利顶级研究机构路德维希·玻尔兹曼研究协会的成员。研究所将主要精力集中于对国家的、欧洲的乃至国际层面的人权问题进行研

① Ludwig Boltzmann Institut fur Menschenrechte，http：//www. univie. ac. at/bim/，2008 年 6 月 20 日最后访问。

究；同时研究所的人员也从事广泛的人权教学与培训项目。研究所的主要目标是将学术研究和法律实践联系起来，因此大量的日常工作是进行实证研究和执行项目。研究所同许多国际的、欧洲的以及国家的机构建立了合作关系。1996年，研究所同维也纳大学法学院“宪法与行政法研究所”缔结了合作协议；此外，还成立了“促进研究所研究工作协会”，该协会促进人权研究所开始研究路德维希·玻尔兹曼研究协会项目之外的人权问题，特别是实践问题和培训项目。

研究所现有研究和管理人员共45人，现任主任为曼弗雷德·诺瓦克教授。

2. 人权研究

（1）欧洲的人权与欧洲外交政策

该研究项目包括三个分议题：欧洲内部的制度建设、人权与欧洲理事会、毗邻地区的制度建设/双生共建项目（Twinning）。

其中欧洲内部的制度建设包括欧洲检测种族主义和仇外中心、欧洲基本权利署、欧洲基本权利独立专家网络、人权研究所联盟、人权与民主化欧洲硕士项目/欧洲大学间中心。

人权与欧洲理事会议题下正在进行的项目重点研究法院与政治、超国家层面对人权进行的司法审查与国内政治及欧洲政策。目前的研究还特别关注人权诉讼的程序与欧洲人权法院判决的国家执行情况以及欧洲人权法院判决在成员国立法改革中的影响力。

双生共建项目的目标是支持新的欧盟成员国、等待批准加入的国家以及转型国家在人权、民主、法治方面的发展。目前正在进行的双生共建项目包括：保加利亚的行政司法项目、克罗地亚打击贩卖人口项目、克罗地亚行政管辖权改革、克罗地亚审前刑事程序、拉脱维亚数据保护、立陶宛数据保护、波兰反歧视项目、波兰性别平等项目、捷克共和国数据保护项目、土耳其打击贩卖人口项目、土耳其宪法改革、乌克兰难民法、匈牙利反歧视法项目等。

（2）奥地利的人权与奥地利外交政策

该项目的分议题包括反歧视与反种族主义、避难与移民、发展合作、人权顾问委员会。

以反歧视与反种族主义为议题的活动包括充分实现歧视受害者权利申诉者协会、年轻人与工作场所的歧视、在奥地利打击和预防歧视系列研讨会、奥地利种族主义与仇外焦点网络、在奥地利打击劳动力市场的种族主义与排外行为、对法律从业者的反歧视培训、对法官、公诉人、律师进行反歧视立法培训。

避难与移民议题主要围绕保障奥地利关于避难的一审程序的质量、关于公民法修正案草案的说明、寻求庇护者的经济、社会与文化权利等方面展开。

发展合作议题的总体活动包括关于“发展合作与人权：一个硬币的两面”研讨会、“关于公平贸易与世贸组织的法律意见”、“评估奥地利在人权与民主化领域的发展项目”等。具体的发展合作项目包括在奥地利驻肯尼亚大使馆建立人权顾问部门，在克罗地亚监督“大学的人权与民主的公民身份课程”项目，在乌干达监督人权、善政与促进民主的新进展。

设立于内务部内的人权顾问委员会下设了6个地区人权委员会，他们经常不事先通知就到内务部管辖下的各地拘留所进行访问调查，并监督警察直接参与的各种活动，调查被指控的虐待事件，向法律执行官员提出建议，并定期向顾问委员会作报告。

（3）人权国际保护

研究所自始注重对人权国际保护的研究，对国际人权保护的法律、事实、组织以及程序问题的研究集中反映在曼弗雷德·诺瓦克教授的著作《国际人权体制概论》中。

此外，围绕联合国人权保障机制的研究包括削减贫困策略的人权路径、强迫失踪、《公民权利与政治权利国际公约》、国内移民、联合国反酷刑公约、联合国人权委员会、联合国酷刑问题特别报告员、联合国世界人权大会等。

（4）特定社会团体的人权

这一议题包括对难民、移民、妇女、国内移民、儿童以及少年犯的人权的研究。

（5）主题研究

研究所现阶段关注的人权议题包括反歧视、削减贫困、酷刑、国内移民、贩卖人口、商业与人权、强迫失踪、经济社会与文化权利。

（6）国别、地区关注

研究所目前关注以下国家和地区的人权状况：波斯尼亚—黑塞哥维那、保加利亚、中国、肯尼亚、克罗地亚、拉脱维亚、立陶宛、马其顿、波兰、斯洛文尼亚、中国台湾地区、车臣、土耳其、乌干达、乌克兰、匈牙利。

3. 人权教育与培训

（1）在维也纳大学开设的课程

研究所在维也纳大学开设的人权课程包括“商业与人权”、“欧洲人权保护”、“国际刑事法院”、“儿童的人权”、“人权与中国——分析与回应”、“《世界人权宣言》60 年与《维也纳宣言与行动纲领》15 年”、“国际与欧洲人权体制”等。

（2）人权与民主化欧洲硕士项目

研究所也是人权与民主化欧洲硕士项目的近 40 个参加院校中积极的参与者之一。研究所主任诺瓦克教授自 2000 年以来担任该项目的主席。

（3）人权教育与公民教育

研究所向中学公民教育提供教材，对教师进行培训，并为学生开设研讨班。除传播知识外，研究所希望通过教育提高人们关于政治、民主和人权的意识、敏感度，并增强这方面的社会技能。

4. 人权交流与合作

研究所成立之初的 1992 年，其工作主要集中在撰写关于奥地利发展合作的伙伴国家以及奥地利难民来源国国家的人权和政治状况报告。这些国家主要包括东部和中部非洲、中东、南亚与东南亚、中美洲的国家。1993 年，人权研究所负责协调来自 1500 余个非政府人权组织参加联合国世界人权大会，并协助他们针对所有与会国提出政治和人权提议。1994 年至 1998 年，研究所的研究工作主要围绕波斯尼亚—黑塞哥维那的冲突关系展开，进行的研究项目包括失踪人的命运、种族清洗问题、在欧洲的暂时避难、难民的遣返等。2002 年，研究所完成了关于“科索沃的人权侵犯与欧洲的暂时保护”项目。

1997 年开始，研究所同奥地利外交部发展合作司和人权司合作，开始在不丹、乌干达、肯尼亚、埃塞俄比亚进行与人权的教育和执行有关的项目。2002 年，“人权与民主化”项目与“将人权融入奥地利发展合作项目”顺利结项，同时在乌干达和肯尼亚大使馆的合作办公室设立了人权顾问部门。

除上述大型和长期的交流合作项目外，研究所还不定期组织各种会议、讲座、研讨班等活动。以 2008 年为例，活动的主题涉及“政治教育行动日”、“奥地利废除死刑 40 年研讨会”、“欧洲机构对基本权利承担的义务”、“开发可持续发展教育的方法”、“贩卖人口：挑战与打击策略”、“多样化的世界”、“扎拉种族主义报告会”、“学校人权教育圆桌会”、“民主是如何成为欧洲反歧视政策的讨论会”、“打击犯罪与保护人权小组讨论会”、“奥林匹克、中国与人权圆桌会”等。

5. 主要出版物

（1）《路德维希·玻尔兹曼人权研究所研究系列丛书》

该系列丛书从1999年开始用德文或英文出版，主要刊载研究所的学术成果，现在已经出版了15卷。丛书的主题主要有《第二次中国——欧盟人权对话纪要》、《不丹的人权：法律制度与南部问题》、《欧洲安全合作组织的人权维度：从建议到执行》、《波斯尼亚—黑塞哥维那国内移民的人权》等。

（2）《人权年刊》（Yearbook Human Rights）

《人权年刊》从1998年开始出版，主要由德国人权研究所编辑，路德维希·玻尔兹曼人权研究所和大赦国际（德国）给予协助。

除此之外，研究所每年出版大量研究人员的个人著作与文章，发表关于人权议题的声明和意见，发行关于研究所与奥地利发展合作署的项目进展的时事季刊。

（九）芬兰图库尔/奥波大学人权研究所

1. 研究所概况

芬兰图库尔/奥波大学人权研究所（the Institute for Human Rights at Abo Akademi University）① 成立于1985年，设立在经济与社会学院下，与该学院的法学系有着密切的合作。研究所的主要职能是从事人权领域的研究和教育。研究所已具备安排高级人权课程的丰富经验，现在是北欧人权研究学院的协调机构。

除管理人员和全职研究人员外，研究所还以项目为基础邀请研究人员加盟。研究所现有包括博士研究生在内的研究人员共32人。现任主任马丁·舍依宁（Martin Scheinin）教授曾于1997年至2004年担任联合国人权事务委员会委员，现在是联合国人权理事会关于“在打击恐怖主义同时保护人权”特别报告员。

2. 人权研究与成果

研究所的主要研究主题是经济、社会、文化权利，少数人和土著人权利，人权的国内运用，民主与公民参与，发展中的人权，人权与反恐。

① Institute for Human Rights, Abo Akademi University, http://web.abo.fi/instut/imr/, 2008年6月20日最后访问。

目前由芬兰学术院（Academy of Finland）资助进行的项目包括“法律与民族关系：对在改变政治、意识形态以及社会环境中的法律策略的再思考”、“立法、司法与道德”、“通向世界人权法院之路”、“环境、参与和非歧视”、“国际社会的宪法问题：国际公法规范的等级”、“合法性与道德：个人、社会与法治”、“贯彻以人权为基础的发展路径”、“在发展中关注残疾人人权：发展合作中的残疾人权敏感度与乌干达国家政策的相互作用”。

此外，与芬兰外交部、教育部、欧洲委员会等部门和机构合作的项目，包括已完成和正在进行的项目，有“玻利维亚土著人人权”、“支持建立科索沃普里斯蒂娜大学人权中心”、“图库尔/奥波人权培训课程”、“玻利维亚、厄瓜多尔、秘鲁土著人权利项目”、“在波罗的海国家与俄罗斯进行人权培训和研究”、“支持和改进危地马拉的人权教育”、“玻利维亚和厄瓜多尔土著人权利第二期教育项目”、“可持续发展与人权网络项目”、“北—南—南：可持续发展与人权网络项目”。

每年，研究所都会推出数十部个人著作或文章，包括瑞典语著作和英文著作。此外，研究所还集体发表主题研究报告，这些报告有“让武装叛乱团体和恐怖分子组织为反人类罪和战争罪承担责任”、“谁应该为公司的侵犯人权行为承担责任”、“非国际行动者根据人权法和国际刑法对针对少数民族的暴行承担的责任”、“冲突后治理与公民社会危机管理的当代挑战”、“全球化与妇女的人权”、“让非国家行为体为国际恐怖暴力行为承担直接责任”、“对拟议中的欧盟基本权利宪章的执行”、“多重、深远的、跨地区的歧视”、“发展中国家看联合国人权条约机构的改革”、“联合国与非政府组织之间的咨询关系”、“土著人参与发展的权利”、“基于性别的迫害”、“对联合国人权条约机构决定的执行”、“国内被迫移民的住房和财产返还权”、“芬兰人权政策的活动、进步和持续性：关于土著人权利、残疾人权利、经济、社会和文化权利以及出于良心拒绝兵役”等。

3. 人权教育

（1）学位项目

国际人权法硕士学位项目。研究所是芬兰唯一一家开设国际人权法硕士学位项目的机构。这个为期两年的项目自2006年开始启动，得到了北欧的人权研究机构、欧洲其他大学以及联合国许多机构的支持。

博士学位项目。从2002年开始，研究所负责协调人权研究芬兰研究生院和人权研究北欧网络。2004年开始，北欧网络改为北欧人权研究学院，人权研究芬兰研究生院继续在北欧学院的框架下开展工作。人权研究北欧学院的宗旨是为博士研究生提供系统的能力建设、具备科学精神、多学科的研究教育背景。申请者不一定必须是北欧的公民或居民，但必须提交一份经过论证的论文主题。目前芬兰国家资助的博士研究生共7位，另有多位其他机构资助的博士研究生。

（2）人权课程

研究所每年开设两次短期人权课程，2008年即将开设的课程是“国际人权保护高级课程班”、“经济、社会、文化权利可司法性的理论与实践集中课程班”。近年来的授课主题还有“国际人道法的挑战”。

4. 人权交流与活动

研究所参与了多个研究网络，包括“欧洲难民与移民法律研究学术网络”、“欧洲社会宪章学术网络”、“人权研究所联盟”、“欧洲联盟外交政策中的人权、和平与安全项目”、“欧盟独立专家网络”、“人权与民主化欧洲硕士学位项目”、“国际发展芬兰大学合作网络”、“国际人权教育大学联盟”、“全球化时代的人权”等。

研究所不定期举行会议、座谈等学术交流活动。近期举行的主题研讨会有“反思与发展反对种族主义和种族不宽容的策略”、“北欧人权研究网络研讨会”、“非国家行为者侵犯人权的责任”、“对妇女人权的文化限制”、“联合国人权条约机构的决定的国内影响（2003—2004）”、“赋权、参与和非歧视：发展的人权路径的实际运用”、“欧洲人权公约第12议定书在北欧国家的运用圆桌会议”、“人权指标与北欧人权研究网络专家会议”、“从冲突到人权：阿富汗和斯里兰卡的经验”、“北欧人权研讨会”、“芬兰在和平进程中的角色和妇女参与的可能性”等。

（十）人权政策国际理事会

1. 理事会概况[①]

1994年Philip Alston，Thomas Hammarberg与Margo Picken等人提出了建立一个讨论人权政策的困境以及执行中存在的困难的平台。1994年的剑桥磋商会议为未来的理事会拟定了基本原则，即理事会应该严格奉行独立原则、研究的问题不受限制（即不局限于某个国家、某个案例，不限定研究范围），运用地域的和跨学科的研究方法，研究具有高度的咨询和参考性质。1996年创始人委员会成立，同时理事会被命名为国际人权政策研究学

① International council on Human rights policy，http：//www. ichrp. org/，2008年6月20日最后访问。

会（International Human Rights Policy Research Institute）。1998 年理事会在瑞士的日内瓦设立了永久办公室，同年底开始研究工作。理事会于 1998 年根据瑞士法律，注册为非营利性组织，2003 年开始在联合国经济与社会理事会取得特别咨商地位。

理事会为应用研究、反思和思考关于国际人权政策的问题提供了平台。它激励非政府组织、政府组织以及政府间组织的合作与交流，将人权实践者、学者和政策制定者召集在一起讨论人权政策。理事会通过出版研究报告和政策建议简报，引起地区和国际组织、政府和政府间机构以及各类志愿组织中政策制定者的注意。

理事会由 8 名来自世界各地的学者组成的执行委员会进行管理，另有 15 名全职工作人员。此外，理事会同国际法学家委员会、国际人权服务、联合国人权国际专员办公室等组织和机构建立了合作关系。

2. 人权研究

（1）公民社会

在该主题下研究的分议题包括“获得人权：改善高危群体的人权状况”、“影响武装团体行为的途径”、“管理转型国家的公共秩序”、“司法改革中的外国援助”、“地方政府是连接人权的桥梁”、“军事干涉：非政府组织对人权危机的反应”、“人权组织的权利与责任”、“性与人权”、“确立标准：为未来记取教训”、“恐怖主义与人权”、“人权的趋势”等。

（2）冲突与暴力

该主题下的专门议题包括“和平协议：人权在谈判中的作用”、“2001 年 9 月对人权工作的影响”等。此外，“影响武装团体行为的途径”、“管理转型国家的公共秩序”、“军事干涉：非政府组织对人权危机的反映”、“恐怖主义与人权”也涉及该主题。

（3）文化

该主题的主要议题是法律的多元化与人权。在所有社会中私人与公共行为很大程度上受到传统、社会、习惯、宗教等的规则与规范的影响。该项目旨在探索在大量正式的、非正式的法律渊源并存的背景下，执行人权所面临的主要挑战，这些不同渊源相互作用和相互竞争的性质、结构和原则是什么，它们对人权理论和实践的影响是什么，它们对性别、宗教、土著人领域的人权保护会产生怎样的影响等问题。

（4）经济与社会发展

围绕该主题的研究包括“气候变化与人权”、“腐败与人权”、“当地政府提供公共服务”、“移民：保护被贩卖人口的人权”、“人权与削减贫困的相关性”、“种族主义：歧视的经济根源”、“种族主义：歧视的趋势与模式”、“跨国义务、经济与社会权利”等。

（5）评估与指标

该主题下的研究现阶段主要是“衡量国家人权机构的有效性”。

（6）治理、法治与政府

该主题下的研究包括“腐败与人权”、“信息收集技术、隐私与人权”、“国家人权机构的有效性与合法性”、“对自由的限制”等。

除此之外，理事会的研究主题还涉及排外与歧视、性别与地位、全球责任、国际法、非国家行为体、联合国、国际机构与制度等。

3. 主要出版物

理事会的出版物包括项目报告和摘要、相关行动指南草案、工作文件以及理事会年度报告等。理事会提供阿拉伯语、印度尼西亚语、英语、法语、德语、葡萄牙语、俄语、西班牙语、乌克兰语等多种语言的出版物。

近期出版的研究报告包括“人权危机：非政府组织对军事干涉的反映”、“9·11之后的人权”、“武装团体人权路径的目标和方法”、“谈论恐怖主义：人权组织的危机与选择”等。近期推出的两份行动指南草案分别是“气候变化与人权：大略指南”、“腐败与人权：概念文件”。

（十一）英国埃塞克斯大学人权中心

1. 中心概况

英国埃塞克斯大学人权中心（Human Rights Center，University of Essex）[①] 设在埃塞克斯大学法学系内，成立于1982年，第一任主任是马尔科姆·肖博士。中心是集研究、出版、教学于一身的跨学科的人权中心。从1989年开始，中心开始涉足人权领域的咨询、培训和法律实践工作。中心聚集了英国顶尖的人权学术队伍，包括人权领域的律师、哲学家、政治理论家和社会学家。中心由50余位来自国内外的人权专家组成；另有近30名访问研究人员和2位访问教授。

2. 人权教育

1991年，中心创办了“人权理论与实践硕士学位”，一个为期一年的跨学科硕士学位项目。2000年，中心开始在本科生中开设为期三年到四年的6

---

① Human rights Center，University of Essex，http：//www2. essex. ac. uk/human_ rights_ centre/，2008年6月20日最后访问。

个联合荣誉学位计划。此外，中心还协助法学系开设“国际人权法”硕士学位和“英国的人权与公法”硕士学位课程。

（1）本科人权学习

目前中心在本科生教育中设置了六个人权荣誉学位项目，分别是政治与人权、法律与人权（三年）、法律与人权（四年）、哲学与人权、社会学与人权、拉丁美洲研究与人权（四年）。

（2）研究生学位

中心独立设置以及与法律系合作设置的人权硕士学位有人权与研究方法硕士学位、人权的理论与实践硕士学位、国际人权法硕士学位、英国人权与公法硕士学位、健康护理与人权硕士学位。

（3）其他课程

除了人权领域的硕士和学士学位项目外，人权中心还为国际和国内的政府和非政府组织开设培训课程。目前，中心不提供博士学位；但是社会学、政府学、哲学和法学系提供与人权相关的博士学位。

3. 人权研究

中心以其对公民权利和政治权利的研究著称，此外，禁止酷刑、国际人道法、在武装冲突中保护人权等也是中心研究工作的重点和强项。

（1）研究主题

现阶段中心的研究主题涉及“严重危机形势下的人权：人道法、武装冲突与维持和平”、“安全与人权：根据国际法对待囚犯”、“酷刑与警察机关”、“移动中的人口：移民、难民与寻求庇护者”、“1998 年人权法案与在英国促进和保护人权”、“健康与人权”、“民主、选举与国际民主评估”、“贸易、商业和人权”、“社会性别与妇女的人权”、“种族、人种、少数人权利与土著人”等。

（2）研究项目

儿童与武装冲突小组。该小组创建于 1997 年，是以儿童法律中心为首的，由英国注册慈善机构（UK Registered charity）与埃塞克斯大学人权中心参加的联合项目。该小组通过与政府部门，联合国机构，其他国际、国内组织合作，推进法律改革、发起保护儿童的项目、进行关于儿童权利的培训来达到监测武装冲突对平民儿童的影响，促进儿童权利的全面实现。小组关注的地区包括塞拉利昂、斯里兰卡、土耳其、北爱尔兰、波斯尼亚和科索沃。

英国的民主审查。民主审查项目开始于 1993 年，旨在评估英国民主与政治自由的质量。到目前为止，该项目已进行了三项审查，分别是自由的三支柱——审查英国促进政治权利与公民权利的制度设计；英国的政治权力与民主控制——分析英国行政部门广泛和灵活的权力；布莱尔任期内的民主——审查托尼·布莱尔任首相期间英国的民主状况，认为尽管布莱尔政府推行了较大的改革举措，但是中央政府却获得了更大的甚至是过分的权力。

削减中国的酷刑：从免于惩罚到承担责任。该项目是在欧洲委员会的资助下由英国—中国中心和埃塞克斯大学人权中心联合进行的，项目的总体目标是通过预防，减少中国执法官员实施的酷刑，残忍的、不人道的以及有辱人格的待遇和处罚。项目的目标群体是负责逮捕、拘留、审问的执法官员。项目通过学术研究、立法改革建议、培训、对代表性案例的分析来保证这些程序的透明度。项目一方面旨在改善中国遵守联合国反酷刑公约下的义务，另一方面是促使中国提高对尚未批准的反酷刑公约任择议定书的认识。

民主国家项目。该项目旨在为世界范围内的民主评估制定框架。通过与位于斯德哥尔摩的民主与选举协助国际协会的合作，中心制定了《民主评估手册》，该手册最初在 8 个国家使用，并被认为对发达国家和发展中国家同样适用。手册已经用于评估南亚、澳大利亚、菲律宾、蒙古以及 5 个中亚的前苏维埃共和国的民主状况。

司法决定对公共服务及其质量的影响。这是一个跨学科的项目，旨在深化对公法，包括人权法对公共服务以及公共福利的提供及其质量的影响的理解；项目尤其关注法院以及司法决定如何影响公共服务。项目将通过定性与定量的方法来分析公法对地方政府部门决策过程的影响。

跨国投资协定，人权与可持续发展。跨国投资协定中高度限定性的稳定要求与促进人权和可持续发展形成了冲突，其后果是弱化政府的能力建设，阻止对环境标准和人权义务的有效执行，因此威胁到长远的发展进程。该项目于 2004 年开始实施，旨在分析跨国投资协定中的稳定条款（stabilisation clause）对人权的影响。

4. 人权实践与活动

中心的许多成员在国际和国内的组织兼任顾问、评论和咨询职位。这些机构包括外国联邦办公室、国际发展部、国防部、欧洲理事会、欧洲安全与合作组织、联合国以及英国理事会。中心成员还参与了欧洲人权法院的诉讼案件，代表性案件包括 Jersild 诉丹麦、Akdivar 诉土耳其、Aksoy 诉土耳其、Bankovic 及其他人诉欧洲人权公约缔约国中的北约 17 国等。这些案例树立了重要的先例，并发展了法院关于生命权、强迫失踪、司法外执行、强奸与酷刑、表达自由等方面的法理。

中心近期举行的会议包括“人权与资本主义：多学科的视角看待全球化”、“司法制度与人权地区会议”、“金融、可持续发展与人权全球工程”、“社会正义的人权路径”、“出于良心拒绝兵役国际会议”、“为权利而战的正确技能”等。

中心每年邀请来自世界各地的人权学者和活动家到中心进行演讲、授课。每年讲座的主题范围广泛，近期的演讲题目涉及马拉维宪法、联合国维持和平的使命、民主政策、人权教育、监督人权的方法、非政府组织的发展与工作等。

5. 人权学生组织

（1）《埃塞克斯人权评论》杂志社

《埃塞克斯人权评论》创办于2004年，是由研究生主办的在线学术杂志，除刊登人权领域的学术文章外，杂志还刊登对顶尖人权实践者的访谈录、会议报告等。杂志每年出版两期，编委会成员是来自法学、政府学、社会学和哲学系的研究生。

（2）支持难民学生行动

这是一个于1994年由英国诺丁汉大学发起的学生网络，目前由30个来自英国大学的学生团体和1个开罗学生团体组成。埃塞克斯大学的学生也是网络成员之一。该行动的目标是提升关于难民问题的意识、为各地的难民和寻求避难者争取权利、通过社区志愿服务支持当地的难民和寻求避难者。

（3）埃塞克斯模拟联合国大会

2008年埃塞克斯大学举办了首届国际模拟联合国大会，会议的主题是“贩卖人口”。

（十二）冰岛人权中心

1. 中心概况

冰岛人权中心（Icelandic Human Rights Center）① 成立于1994年，是由9个在人权领域的不同组织和机构为配合冰岛宪法改革成立的。现在，中心的合作伙伴包括冰岛红十字会、大赦国际冰岛、路德主教办公室（冰岛国家教堂）、冰岛教会救助会、残疾人救助国家联合会、性别平等办公室、冰岛残疾人组织、儿童救助会、联合国妇女发展基金、妇女权利协会、同性恋协会、道德人道主义协会、雷克雅未克大学以及阿库雷里大学。中心通过收

① Icelandic Human Rights Center，http：//www. humanrights. is/english/，2008年6月20日最后访问。

集并向公众提供人权信息、组织会议和研讨班、进行人权教育等活动提高冰岛以及国际社会的人权意识。此外，中心还承担着对冰岛的人权法案进行监督，并向国际监督组织提供关于冰岛人权状况信息的角色。

中心与许多人权组织建立了密切的合作关系，它是北欧人权研究学院的组织者之一，还是人权研究所联盟的成员；参与出版《北欧人权杂志》、《发展中的人权年刊》等杂志，并参加人权教育项目。中心现有全职工作人员 2 人，另外根据项目需要不定期接受志愿工作者和实习生。

2. 人权研究及成果

中心主要资助关于冰岛的人权状况的研究项目。资助过的项目包括人权教育项目、难民与寻求庇护者的社会和司法地位、冰岛法院法官的任命程序、冰岛三代同性恋男子的社会状况、冰岛残疾人的司法地位、冰岛老年人的司法地位、人权与商业等。

中心出版关于不同的人权主题的人权报告系列，最近的一期报告是关于“冰岛政府对人权国际合作的参与”。另外，中心还出版人权著作，新近出版的著作《冰岛残疾人司法地位》，即将出版的著作包括《老年人司法地位》、《变性人的权利》、《北欧国家的国家人权机构》、《外交政策中的禁止歧视与人权》。

3. 人权教育

在中心成立十周年之际，中心发起了在年轻人中提高人权意识的运动。中心现在为冰岛全国的中学进行人权培训。中心还为组织、公司以及大学里的教师进行人权培训。此外，中心设立了冰岛唯一一家专门的人权图书馆，图书馆收藏有人权方面的书籍、杂志以及来自国际组织的报告。

4. 人权实践与活动

（1）法案评注

冰岛人权中心对国会提交的法案进行评注，目的是保证冰岛的立法符合冰岛的国际人权义务。2004 年，中心评注的法案包括外国人法案、囚犯法案、一份旨在修改无线电广播法的法案、竞争法案、两份旨在修改刑事诉讼法的法案以及贩卖人口中的受害人和证人保护法案。2005 年，中心评注的法案包括一份囚犯待遇法案、修改申根国家信息注册的法案、关于《欧洲人权与基本自由公约》第 14 议定书的法案以及将残害妇女生殖器官刑罚化的法案。

（2）会议与研讨班

中心经常组织有关人权的讨论会、研讨班和讲座。2005 年，中心在冰岛大学人权研究所的合作下组织了“冰岛宪法中的人权条款”研讨会。中心近期组织的主题讨论会还有“犯罪与免责：家庭中的暴力”、“冰岛难民与寻求庇护者的司法地位”、“为打击基于性别的暴力进行法律改革的必要性”、“冰岛的种族主义”等。

（十三）贝尔格莱德人权中心

1. 中心概况

贝尔格莱德人权中心（Belgrade Center for Human Rights）[①] 成立于1995年，是一个无派系的、非政治的、非营利的，旨在促进人权的理论发展与实践的组织。它聚集了包括法学家、律师、社会学家、经济学家、作家、教师、学生和企业家等不同职业和背景的关注人权问题的人。中心的宗旨是提升塞尔维亚和黑山以及其他从独裁向民主过渡的国家在人权和人道法领域的意识，发展民主，加强法治，发展公民社会。中心的主要活动领域包括教育、研究、出版、组织项目、人道援助等。

理事会由来自世界各地的13位人权和民主领域的专家组成，负责监督中心的工作。中心设有管理委员会、研究组、教育组、项目协调组、青年团体、行政部门等机构。

2. 人权教育

人权教育保护领域的年轻专家是中心的主要活动之一。中心同许多机构和大学合作开办一年一度的人权教育学校，此外还举办短期的研讨班、讲座、圆桌会等。

目前中心主办的人权教育学校分为四个分项：未来的人权培训者学校，法官、检察官和律师人权学校，地区人权学校，巴尔干人权网络——未来的决策者人权学校。

中心自成立以来已经举办了上百次会议和短期研讨班，这些活动涉及的主题非常广泛，包括什么是人权，人权理念的发展，个人与集体人权，享有人权的条件，人权的限制，人权的国际渊源，保护人权的国际程序，南斯拉夫人权立法，南斯拉夫的人权保护程序，南斯拉夫法院在人权领域的实践，针对侵犯人权的个人申诉，拥有国籍的权利，生命权与身体完整权，和平享有财产的权利，良心与宗教自由，表达与思想自由，迁徙自由，集会自由，结社自由，选举与人权，禁止歧视，经济、社会与文化权利，少数民族的地位与南斯拉夫立法，公平审判的权利，非政府组织在促进和保护人权中的作

---

① Belgrade Center for Human Rights，http：//www. bgcentar. org. yu/index. php？p＝117，2008年6月20日最后访问。

用等。

3. 人权研究及成果

（1）“从塞尔维亚向罗马贩卖妇女和儿童——风险与反弹因素”项目

该项目是中心与天主救助服务会等多个机构合作进行的。近期联邦政府和国际组织的努力为结束人口贩卖做出了很大贡献，但是真正结束这种根深蒂固的侵犯人权行为首先需要理解促其产生的复杂的社会因素。因此，该项目的目标是探究导致一部分人成为脆弱群体并进而成为人口贩卖的受害人的因素以及导致其他人容忍这种行为存在的因素。

（2）中心应联合国开发计划署的邀请，承担了“塞尔维亚国家人口发展报告”的撰写工作，该报告主要反映多元文化主义的主题。

（3）人权与残疾人项目

巴尔干人权网络目前正在进行“人权与残疾人”项目，该项目包括对该地区的立法和实践的检审。人权中心是该项目的参与者之一。

（4）主要出版物

中心的出版物主要包括人权系列、文件汇编系列、报告系列、巴尔干人权网络出版物、人权中心网络出版物、不定期出版物等；这些出版物主要是塞尔维亚语，也有部分作品用塞尔维亚语和英语双语出版。近期出版的人权系列丛书包括“权利与自由：国际与南斯拉夫标准”、“人权法的新主题”、“欧洲人权公约简明指导”、“人权教科书”、“儿童权利的国家与国际标准”、“人道法的理论与实践”、“国际人权法概论”、“实现经济与社会权利”、“文化权利”、“宪法诉讼”、“人权保护的国际程序”、“刑事程序的国家标准”、“国际人道法教科书”等。

四 美洲地区人权研究机构的研究动态

（一）哈佛大学法学院人权项目

1. 项目概况

哈佛大学法学院人权项目（Human Rights Program at Harvard Law School, HRP）[①] 旨在为哈佛大学法学院的国际人权工作提供动力和方向。该项目由亨利·斯泰纳（Henry Steiner）教授创立，至今已有 24 个年头。人权项目开展教学工作、设立暑期奖学金鼓励学生参加人权活动、开展诊所教育、系

---

① Human Rights Program at Harvard Law School, http://www.law.harvard.edu/programs/hrp/index.html，2008 年 6 月 20 日最后访问。

列讲座、应用研究，并设立其他奖学金。人权项目与国内外的许多人权组织建立了联系，并与《人权杂志》、“哈佛法学学生人权倡导者”等学生组织合作。人权项目策划并指导关于人权问题的国际会议及圆桌会议；出版会议报告和学术成果。项目的工作人员还推荐有志于从事研究项目的学生到人权组织工作，提供该领域的职业咨询。

人权项目试图通过这些活动让国际人权成为哈佛大学法学教育不可或缺的组成部分。项目培养那些希望成为人权运动领军人物的学生，通过它的学术水平、承诺、批评及建议推动人权运动取得进步。项目目前研究人员和其他工作人员共 17 人。

2. 研究基金和奖学金

人权项目为有志于从事人权事业的哈佛大学法学院学生、最近的毕业生以及个人提供多种研究基金和奖学金项目。

（1）全球人权奖学金（Global Human Rights Fellowships）

全球人权奖学金由哈佛大学法学院人权项目提供给 J. D 三年级学生、法学硕士（LL. M）或是哈佛法学院新近的毕业生。该奖学金支持他们同美国境外的非政府组织、政府间组织以及政府组织开展有关人权方面的合作，资助期间为 12 个月。该奖学金项目意在为学生提供在国际人权领域前沿组织中工作的机会，同时也为他们未来的人权职业创造机会。

（2）萨特人权奖学金（Satter Human Rights Fellowships）

萨特人权奖学金由 87 届校友 Muneer A. Satter 资助创立。该奖学金用于考察“自由之家”（Freedom of House）索引中所列的“非自由国家”的侵犯人权状况。因此，该奖学金集中于考察以下领域的情况：① 大规模暴行的情况；② 大范围严重违反人权的情况，例如与国内冲突、失败政府、独裁领导、或其他高压体制相关联的反人类罪；③ 遭遇前两类情势之后的转型时期的情况。项目主要关注中东和非洲的形势，其他地方，例如缅甸和柬埔寨，如果符合上述情况，也会受到关注。

萨特奖学金面向哈佛大学法学院即将获得学位的 J. D 三年级学生以及 LL. M 的学生进行选拔。设立这项奖学金的目的不是让学生到相关的学术机构从事研究工作，而是通过积极参与非政府组织、政府组织以及政府间组织的活动来了解和披露侵犯人权的极端状况。

（3）访问学者项目（Visiting Fellows Program）

被访问学者项目选中的多为在人权领域有深厚背景的学者或是经验丰富的活动家；也有来自司法机构和其他政府部门的官员；还有在人权领域表现

出能力和兴趣的青年教师以及实践者。每学期将有四到八名候选人被选中成为人权项目的访问学者。这些学者主要从事某一特定的人权课题的研究与写作；同时他们还应邀参加每两周一次“人权项目学者讨论会”并就当前的研究课题发表演讲。

（4）暑期人权实践奖学金（Summer Scholarships for Human Rights Internships）

暑期人权实践奖学金已经颁发了23年，它主要面向在校学生，鼓励他们利用暑期到发展中国家的人权非政府组织以及政府间组织去工作。资助期间为10周。这样的实践活动将为学生创造提升职业素养、个人素质、智慧学识方面的丰富机会；学生通过这些活动将体验监督人权执行、回应侵犯人权事件、激励草根组织的发展等方面的经验。从暑期实践归来的学生将通过法学院开设的课程、诊所教育、毕业论文等形式将他们的实践成果展现给大家。其中相当一部分实践报告已经在《哈佛人权杂志》上发表。

（5）冬季学期人权研究基金（Winter Term Funding for Human Rights Research）

人权项目为冬季学期到海外从事人权研究的学生提供旅费及生活资助。本基金资助的主要是以发展中国家人权状况为主题的毕业论文、会议论文或其他学术著作的研究工作；也包括与人权诊所和倡议课题相关联的发展中国家人权研究。

（6）汉尼格森人权奖学金（Henigson Human Rights Fellowships）

汉尼格森人权奖学金由55届学生罗伯特和菲利普斯·汉尼格森捐助建立。该奖学金用于资助哈佛法学院的在校生及最近毕业的学生到发展中国家的人权非政府组织工作，资助期间为12个月。该奖学金资助人权领域的实践工作，不资助到研究机构从事人权研究。在校的法律硕士学生，即将获得学位的J.D三年级学生，或是近两年内毕业的哈佛法学院学生，如果他们正在从事全职的公益工作或充当法官秘书，均可以申请获得资助。

（7）全球健康与人权奖学金（Global Health and Human Rights Fellowship）

全球健康与人权奖学金是人权项目与皮特里—弗拉姆（Petrie-Flom）健康法律政策、生物技术与生物伦理中心合作建立的一项奖学金。这是一项全职的奖学金，资助期间最长可达两年。获奖者将在皮特里—弗拉姆中心或人权项目设立办公室，负责领导关于全球健康与人权的研究和诊所项目，参与监督参加项目的学生，设计筹划年度会议等，但不承担教学任务。

3. 人权教育

（1）人权课程

作为哈佛法学院课程的一部分，法学院教师及来自其他国家的访问教授为学生开设各种人权课程。这些课程包括高级人权诊所讨论课，社会与经济权利社区行动，人权倡议，人权与环境，人权、国家主权与迫害：强迫移民与难民保护，国际儿童、权利与全球化，国际人权，国际人权诉讼，国际法讨论课，国际生殖健康/性健康权利读书组，难民与庇护，酷刑、法律与律师读书组等。

除此之外，许多其他课程也涉及国际人权问题，例如移民法、移民与难民政策、国际刑法、国际人道法、全球经济中的国际劳动权利等。

（2）教科书的编撰

人权项目的代表性教科书是由 Henry Steiner、Philip Alston 以及 Ryan Goodman 三位教授撰写的《国际人权的语境：法律、政治与道德》（International Human Rights in Context：Law，Politics，Morals）。该书已经两次修订，最近的修订版于 2007 年由牛津大学出版社出版。

（3）国际人权诊所（International Human Rights Clinic）

国际人权诊所为学生提供了关于人权运动的重要问题、组织结构以及程序方面的第一手经验。诊所的学生与指导教师一起定期到事件的现场记录违背人权的情况，并促进对法治的尊重。上一年学生到过的地方包括阿根廷、巴西、柬埔寨、埃塞俄比亚、圭亚那、南非和泰国。哈佛法学院一年级的学生以及哈佛大学附属机构的任何成员都可以自愿参与诊所的项目。诊所现有四名全职指导教师以及六名兼职指导教师。

诊所在全球范围开展活动。正在进行的诊所课题有在非洲，在利比里亚进行关于青少年犯罪以及儿童权利保护的培训；在肯尼亚，代表肯尼亚人权委员会伸张权利；分析肯尼亚关于非政府组织的立法提议。在美洲，在萨尔瓦多和洪都拉斯调查被美国驱逐回国的群体的人权状况；在巴拿马调查监狱的条件；在巴西调查群体性刑事犯罪以及国家与警方的反应；参与减少母亲死亡率的项目；在巴拉圭调查控制刑事犯罪以及保障权利的措施；调查加拿大限制难民权利的做法。在亚洲，在新加坡和泰国调查表达自由的情况；在缅甸建立人权资料数据库；在缅甸调查水坝卫星图像工程可能带来的灾难性的侵犯人权后果。在中东，调查黎巴嫩真主党和以色列使用集束炸弹的情况；在埃及对私生子面临的歧视性待遇进行人权与法律分析。除此之外，还在全球范围内开展“士兵作证”、“化学物质对人体的侵蚀”、“为下一代监护环境”、“开发评估国家人权机构效能的框架”、“公司责任与被迫移民”等方面的课题。调查结束后，学生要撰写调查报告；对于参与的诉讼，还将公布相关的诉讼文书。

4. 人权研究及成果

（1）健康职业、人权与人道法项目

哈佛大学法学院人权项目目前正在进行一项为期五年的关于健康职业、人权与人道法标准的项目（The Program for Medical Professional, Human Rights and Humanitarian Law）。该项目由 Skirball 基金会资助。该项目将描绘历史上以及当前涉及健康职业与法律/道德标准的例子。项目将通过召集一系列跨学科的讨论会来探索相关的问题，例如施加给健康职业的制度和结构上的压力；在不同的社会结构中单独的机构所扮演的角色与责任；相关的法律与道德标准间的差距与冲突；为提升意识并遵守法律与道德的框架，并为救济过去与现在正在发生的侵犯而进行有益的干预等。

该项目将邀请来自不同学科和不同专业视角（例如法律、医学、公共卫生、社会学、政治科学、历史学等）的专家参与，通过协作形成围绕项目主题的批评性反思、比较分析以及相关的学术成果。通过这种多学科的方法形成的建议将直接转化到政策及倡议活动中，这些建议也可能会被国际人权诊所用到。项目成果将通过学术文章、课程改革、政策分析报告、结构性改革及救济侵犯的战略报告等形式反映出来。

（2）人权项目作品系列丛书

人权项目作品系列丛书主要刊载人权项目研究人员、访问学者、诊所教育项目教授以及其他校友新近的研究成果。这些研究成果包括对最新人权问题的跨学科的以及传统的法律分析。该系列丛书最近的成果例如《关于穆斯林世界中的人权的跨国辩论》、《人权是韩国民主的限定词和催化剂》、《马拉维的法院和贫民：经济上的边缘化、脆弱性与法律》等。

5. 人权交流与活动

（1）圆桌会议与研讨会

人权项目独立组织并与其他机构合作组织过多次有影响力的国际国内学术研讨会。例如与洛克菲勒基金会与国际伦理研究中心（斯里兰卡）共同举办的“少数人权利与冲突预防”圆桌会议讨论了在伦理和宗教身份构成冲突的主要因素的情况下规则、制度和程序之间的相互关系；“宗教与国家”圆桌会议将来自欧洲、中东和美国的律师、学者、宗教学专家聚集在一起讨论政教分离，根据国际规则和文化差异建立宗教等问题；“大学与人权”圆桌会议邀请了来自亚、非、拉美、欧洲以及美国的从事人权教育的学者参加，并讨论了人权在大学中的地位以及大学在人权运动中可以扮演的角色；与开罗大学发展中国家研究中心合作举办的“阿拉伯人权运动的国际层面”是一次关于人权问题的跨学科的研讨会；“商务与人权”圆桌会议集中关注了商务对人权的影响，特别是跨国企业在发展中国家中扮演的角色；“哈佛的人权”系列研讨会围绕不同的主题进行，例如普遍性与文化相对性、美国与全球人权、人口政策与人权、歧视：基于性别种族与性取向歧视的比较等；“经济、社会权利与健康权”研讨会讨论了国际公共卫生与经济与社会权利之间的关联性。

（2）学生策划组织的会议

人权项目每年协助并资助学生主导组织一项大型会议和若干座谈会。其中重要的会议例如“联合国改革与人权”，“尼日利亚：从危机走向可持续的民主”、“宗教、民主与人权”、“克什米尔：从战争的悬崖走向和平”等。

（3）爱德华·史密斯讲座系列

爱德华·史密斯讲座系列已经成功举办多次，其中重要的讲座例如“重构保护人权的非洲国家”、“人权与宪法审判：南非宪法法院的角色与经济社会权利的执行”、“人权运动面临的新困境和持久挑战”、“艾滋病、正义与南非的法院”、“南非司法体系的演变”、“再造国际法：国际社会将妇女的权利作为人权”、“人权运动：从罗斯福的四项自由到和平、发展与人权的相互依赖”、“新的社会秩序：对人权是机会还是威胁”等。

6. 学生人权组织

（1）哈佛法学院学生人权倡导者。这是一个致力于在哈佛法学院营造人权环境的独立的学生团体，同时为学生提供重要的人权工作机会。

（2）哈佛人权杂志。哈佛人权杂志由独立的学生组织运作，每年出版一期，与哈佛人权项目有着密切的合作。杂志的编委负责对学者的文章进行编辑，同时自己也撰写文章。

7. 哈佛大学的其他人权机构

除哈佛大学法学院人权项目外，哈佛大学还有许多关注人权的中心和项目，例如大学人权研究委员会（University Committee on Human Rights Studies）①、卡尔人权政策中心（Carr Center for Human Rights Policy）②、哈佛人

① 可访问：http：//www. humanrights. harvard. edu/。

② 可访问：http：//www. hks. harvard. edu/cchrp/。

道主义倡议（Harvard Humanitarian Initiative）①、戴维斯俄罗斯欧亚研究中心萨克拉夫人权项目（Sakharov Program on Human Rights at the Davis Center for Russian and Eurasian Studies）、弗朗索瓦—泽维尔·贝格努得健康与人权中心（Francois-Xavier Bagnoud Center for Health and Human Rights）②、国际健康与人权项目（Program on International Health and Human Rights）③。

（二）明尼苏达大学人权中心

1. 中心概况

明尼苏达大学人权中心（University of Minnesota，Human Rights Center）④ 成立于1988年12月，恰好也是《世界人权宣言》发表40周年之际。人权中心帮助人权的倡导者、监督者、学生、教育者、志愿者等获得促进人权文化，提升当地、全国乃至国际社会人权责任意识的有效途径、实践以及网络。中心的顾问委员会由来自全国的16位知名学者、法官组成；此外，中心有14位全职工作人员、8位助理及实习生。人权中心主要通过五个方面的活动协助培训人权专业人士和志愿者：应用人权研究、教育工具、实地调研与培训、在线人权资源以及学习社区与合作。

2. 应用人权研究

大多数人权领域的活动家在行动之前没有时间或者没有机会进行细致的研究。人权中心站在前线活动的身后，为人权倡导者、活动者提供理论、分析工具以及指导。人权中心开展研究工作的首要标准是这项研究将在多大程度上对政策的制定者以及其他活动家提供指导并被他们所运用。

目前，人权中心正在协助联合国促进和保护人权小组委员会准备《公司人权指南》（Human Rights Guidelines for Companies）；此外，人权中心还与该小组委员会策划关于“奴役的现代形式”、“非公民的权利”的研究。

中心已经完成的应用研究包括与联合国人权高级专员办公室合作准备的“联合国人权高级专员回应贩卖人口的指南”；与联合国人权高专合作制定的《人权监督者培训手册》；与联合国、马普研究所、大赦国际合作进行关于“公平审判权的国际与比较研究”；协助联合国准备“关于审前拘留的国际标准手册”；与明尼苏达人权倡议以及人权国际服务等组织合作准备“联

① 可访问：http：//hhi. harvard. edu/。

② 可访问：http：//www. hsph. harvard. edu/fxbcenter/。

③ 可访问：http：//www. hsph. harvard. edu/pihhr/。

④ University of Minnesota，Human Rights Center，http：//www1. umn. edu/humanrts/center/default. html，2008年6月20日最后访问。

合国人权委员会及其小组委员会的人权工作手册”；撰写关于“联合国教科文组织人权申诉程序的有效性”的评论；人权中心有时也协助律师进行诉讼或是对重要的案件提交法律顾问意见。

3. 人权教育

（1）教育工具——人权教育系列丛书与人权“护照”

人权中心通过它的资料中心印制并发放“人权教育系列丛书”以及版本如护照大小的《世界人权宣言》和《儿童权利公约》的小册子。

人权教育系列丛书已经出版了五本主题图书，包括《当地和当代的人权——庆祝世界人权宣言》、《经济与社会正义——人权视角》、《让孩子在权利和责任中成长——庆祝联合国儿童权利公约》、《双性以及变性者的权利：人权的视角》、《人权教育手册：学习、行动与改变的有效手册》。此外，还有两本关于“土著人民的人权”、“宗教和信仰自由”的作品即将出版。

（2）实地调研与培训

北中西部地区国际人权奖学金项目。该项目通过为来自美国北中西部的居民，包括学生、教师、律师、社区领袖以及其他专业人士提供到实地考察的经验，鼓励他们将人权作为毕生追求的事业，或者成为专家，或者成为知识丰富的志愿者。中心每年资助20位左右申请者。到目前为止，中心已经先后资助了170位明尼苏达大学的学生和50余位社区成员到50多个国家的人权组织工作。

美国培训人权教育培训者讲习班。人权中心下属的人权资料中心，在斯坦利基金会（the Stanley Foundation）的合作下，每年举办一次“美国培训人权教育培训者讲习班”。讲习班每年招收25位经过选拔的学员进行有关人权的高级培训。培训结束后，这些学员将回到各自的社区为其他人进行人权教育和培训。这些学员因此也成为了人权资料中心全国培训团的成员。

（3）通过人权资料中心进行人权教育

人权资料中心是人权中心的组成部分。它与明尼苏达大学人权图书馆在以下领域有着密切的合作：通过电子以及印刷媒介制作和传播人权教育资源；为学生、专业人士以及活动者提供人权培训；建立倡议网络，鼓励人权教育领域的有效实践；支持“世界人权教育项目”（2005—2007）和“联合国人权教育十年”（1995—2004）。

人权资料中心开展多种特色活动促进人权教育的普及。① 测量学校的人权气氛。这是由David Shiman与Rudelius-Palmer共同开发的一项活动，经过修改后可以被运用到工作单位、社区、宗教社团等团体中。活动的步骤是填答问卷——对问卷进行评估——根据评估结果讨论改善人权气氛的对策建议和行动方案——以行动改善团体人权气氛。② 人权广场。这也是一种新颖的人权教育方式，活动的目的是找出参加者已经知道的人权知识以及他们所关注的人权问题。目前这项活动已经进一步细分为伊斯兰广场、非英语国家广场、儿童权利广场等内容。③ 人权资料中心通过网络和印刷媒介出版了一系列人权教育资料。例如“这是我的家——明尼苏达人权教育体验：幼儿园到12 年级的课程项目”、“人权教育系列丛书”、“权利的圈子——经济、社会、文化权利行动：培训资料”、“静水纹波——反思地方与国家层面经济、社会、文化权利的活动”、“人权与和平的仓库”等。

在人权资料中心人们还可以看到一些研究项目的成果。例如“哈特人权态度与知识调查——成年人与儿童”、“明尼苏达人权教育评估项目暑期报告”、“承诺继续努力——2000 国家人权教育调查”、“根据人权和性别平等的标准评估土耳其 1—3 年级学生用书”、“寻找争取的途径：考察人权教育中运用的概念与表达”等。

（4）学习社区与合作伙伴

人权中心是美国目前主要的人权教育资料的提供者。中心目前正在发放100 余种人权教育资料，包括《世界人权宣言》手册、培训指南、资料工具箱、课程、海报以及音像制品。

中心还是社区活动、会议以及研讨会的主要资助者。中心现在与 50 多个组织和 50 多位助手合作在社区发起授课、方法培训资料、举办社区会议等活动。中心与人权教育协会合作发起了全球最大的人权教育列表管理（Global Human rights education list-serve）项目。目前该项目已有来自 100 多个国家的 1200 名会员。

目前，与中心密切合作的机构包括大学里的合作伙伴（例如明尼苏达大学文学院、继续教育学院、教育与人类发展学院、汉弗莱公共事务研究所、法学院、医学院和社会工作学院）、明尼苏达社区的合作伙伴（包括人权倡议、美洲难民委员会、酷刑受害者中心、国际妇女权利行动观察、理解美国与俄罗斯、明尼苏达人权处、明尼苏达国际健康志愿者、明尼苏达人权联盟委员会、明尼苏达联合国协会等）以及国家与国际组织（其中重要的组织例如教育发展学会、美国教师联盟、大赦国际美国人权教育网络、人权教育中心、人权教育联盟、国际人权实践项目、秘鲁和平与民主教育研究所、联合国等）。

4. 人权合作与活动

休伯特·汉弗莱人权学者项目（Hubert H. Humphrey Fellowship Program）于1978年发起，是为了纪念已故参议员、副总统休伯特H. 汉弗莱以及他致力于国际合作与公共事业的一生。该项目面向指定的发展中国家中已经有所成就正处于事业上升期的专业人士，为他们提供到美国进行为期一年的专业发展、学术研究和文化交流的机会。项目注重人与人之间的交流，加深了国际理解，为美国公民与其在其他国家的同行保持持久的联系建立了基础，也加强了全球信息与经验的交换。该项目由美国国务院资助、由国际教育协会管理。获奖的候选人将根据其不同的兴趣和需求分配到不同的大学，包括明尼苏达大学。

汉弗莱研究所、人权中心、法学院以及明尼苏达大学通力合作，协助学者完成他们的项目目标。从1981年到现在，明尼苏达大学已经接受了来自98个不同国家的337名汉弗莱学者。

人权中心每年举办多次讲座、会议等重要活动。以2008年4月份为例，中心开展的重要活动包括“水与土著人的人权”讲座；“水源：生命战斗的导火索”研讨会；环境行动培训、“苏丹危机”讲座；人权年度会议“吹响非裔美国人和平的号角”；年度戴维诺贝尔讲座系列“20世纪与21世纪的明尼苏达劳工运动”；“拉丁美洲的人权与伊比利亚文化”研讨会等。

5. 明尼苏达大学的其他人权资源

除人权中心外，明尼苏达大学还有其他重要的人权研究机构和资源，例如明尼苏达大学人权项目（University of Minnesota, Human Rights Program）[①]，明尼苏达大学人权图书馆（University of Minnesota Human Rights Library）[②] 等。明尼苏达大学人权图书馆是馆藏最大的人权图书馆之一，它收藏有两万五千余件核心人权文件，包括几百份人权条约以及其他国际人权文书的第一手资料。图书馆的网站提供了4000多个相关的人权资源链接以及独特的人权网站搜索引擎。这个内容全面的研究工具已经被全球135个国家的用户知晓，它每个月的访问量都在175万人次以上。目前图书馆已经可以提供六种语言的文件：阿拉伯语、英语、法语、日语、俄语和西班牙语；另外网站界面已经有简体中文和繁体中文版本。

① 可访问：http://hrp.cla.umn.edu/。

② 可访问：http://www1.umn.edu/humanrts/。

（三）哥伦比亚法学院人权研究所

1. 研究所概况

哥伦比亚法学院人权研究所（Columbia Law School，Human Rights Institute）① 由美国著名国际法教授路易斯·亨金先生创立。哥伦比亚大学是第一家将人权置于大学教育的显著地位的学校。哥伦比亚法学院在全美首次将综合性人权项目纳入法学教育，这里还诞生了全美第一个实践项目和人权诊所。

1998 年，以几十年的人权教育为基础，哥伦比亚法学院成立了人权研究所，以培训未来的人权律师、教师以及人权专家。研究所努力在人权的理论与实践之间、法律与其他学科之间、宪法权利与国际人权之间搭建起一座桥梁。研究所正在通过研讨会、国际会议、演讲，通过教师与学生之间的交流，通过奖学金和社会实践项目等途径扩大哥伦比亚大学在世界范围内的影响力。

研究所的创始人暨现任主席是路易斯·亨金教授，另设项目主任一人、诊所律师一人。另有 19 位教授组成中心的研究队伍，他们不仅承担人权教学任务，而且参与人权的倡导、研究和写作。此外，中心还有 10 位研究助手协助研究人员及中心的工作。

2. 人权教育

（1）人权课程

研究所面向全校开设的人权课程是一项多视角、多学科、内容丰富的人权教育工作。其中法学院开设的人权课程例如联邦公民权利法，移民法，多种文化主义、社会与法律，欧洲人权公约，人权法与发展，人权与文化问题，人权补偿的国际与国内法，社会、经济权利的司法执行，全球经济中的劳工权利，精神健康法，生育健康与人权，州宪法，国际人权法等。国际关系与公共事务学院开设的人权课程包括人道事务实践课，人权与发展政策，国际社会对人道危机的回应，身份、权利与冲突，人道行动与倡议，人权的历史，宗教、权利与国际事务等。公共健康学院开设的人权课程包括性的种族与宗教视角，法律、政策与权利，性、性别、健康与人权。本科生的人权课程包括不平等与贫困，资本主义、殖民主义与文化的全球历史，多样性世界中的人权，公民权利与自由等。

---

① Columbia Law School Human Rights Institute，http：//www. law. columbia. edu/center_ program/human_ rights，2008 年 6 月 20 日。

（2）人权诊所

追求国际人权是哥伦比亚大学法学院享有盛誉的标志。法学院的先锋，人权诊所，让学生在跨文化的背景下体验国际人权诉讼和倡议的实践。从诊所建立初期，学生们就沉浸在当代一些重要的人权问题中。诊所将惯常的课堂讲授、专门的指导练习、模拟法庭等形式有机结合起来，逐步培养学生良好的法律实践基本功。除了研究和写作外，诊所还培养学生的律师基本技能，例如与客户访谈及为其提供咨询、事实调查、案例的组织管理、法律文书起草、口头辩论倡议等。

为使理论与实践相结合，诊所为学生提供参与实际案例和项目的机会。通过与美国及全球在人权领域有经验的律师和机构合作，学生们为改变当地及其他地方的现状作出了积极的贡献。最近几个学期，诊所在进行跨国司法的研究，并参加联合国人权委员会的会议。“9·11”之后，学生们向美洲间国家组织人权委员会提出诉请，要求保护古巴关塔那摩湾美国海军基地被逮捕者的权利。学生们还与人权观察等组织合作，引起联合国任意逮捕工作组关注美国在反恐战争中的移民服务是否符合国际标准。通过这些鲜活的例子，学生们可以看到他们所学的理论是如何影响人们的生活的。

（3）人权奖学金

通过奖学金项目，研究所帮助培训来自世界各地的法律学者、教师以及活动者。奖学金项目为参加者提供参与人权社区的机会以及人权研究所、法学院、哥伦比亚大学以及纽约市的各种丰富的资源。该奖学金细分为法律硕士人权奖学金和研究生人权奖学金。

法律硕士人权奖学金颁发给那些已经收到哥伦比亚法学院录取通知的法律硕士候选人，奖学金申请者须具备至少两年人权领域工作经验，他们承诺将致力于人权学术或实践工作，在学习结束后会继续从事人权领域的工作。研究所希望他们能拿出相当一部分精力从事人权研究，并积极参加人权研究所的活动。

研究生人权奖学金资助最近毕业的法学院学生在人权组织从事初级工作。在校的J. D，JS. D，LL. M学生以及最近毕业的法学院学生都可以申请，是否被资助将取决于他们过去对于人权工作作出的贡献以及未来在人权领域工作的计划。

（4）人权培训项目——“将人权带回家”

尽管在美国运用国际人权法的运动蓬勃发展，但是很少有机构为律师提供这方面的培训，也只有少数律师受到过关于国际人权法的培训，或是接触过国际人权法。尽管国内权利组织对人权法越来越感兴趣，但他们也缺乏将人权法运用到日常工作中的能力。“将人权带回家”项目正是通过提供关键性的资源，支持和培训来填补这项空白。“将人权带回家”项目与美国律师合作，旨在创立在国内法院运用人权标准的法律理论，扩展对联合国以及区域人权机制的支持，鼓励将法律以及文献、组织、教育等其他人权策略结合起来。除了开展战略性的讨论与培训外，本项目还通过参与美国、联合国以及美洲人权体系的一些重要事件来发展倡议策略和人权规则。

3. 人权交流与活动

人权研究所举办两个定期的人权系列讲座：①“从灵感到影响”（From Inspiration to Impact）系列讲座邀请顶尖的人权学者和实践者讨论当前人权领域的热点问题。这个系列讲座得到了国际与公共事务学院人权项目、哥伦比亚大学本科生人权项目以及人权研究中心的协助。②“人权实践者棕包系列”（Human Rights Practitioner Brown Bag Series）是一个较为随意和更加亲切地同人权法领域的实践者交流的讲座系列。演讲人将与大家分享他们在人权法实践中遇到的各种复杂问题。

人权研究中心还举办各种正式的研讨会，最近和即将举行的活动例如人权研究所反恐与人权系列讲座之一“超越关塔那摩：如何拯救宪法”、“公司社会责任的欧洲模式”、第34届鲁宾讲座“赎买社会正义”、研讨会“美国与它在《消除一切形式种族歧视公约》下的义务”等。

4. 学生人权组织

（1）人权指导项目（Human Rights Mentoring Program）

人权指导项目是由哥伦比亚法学院的学生社团发起，由人权研究所管理的项目。人权的指导者或顾问是J. D二三年级的学生，他们面向法学院的同学解答各种相关的问题，如何获得暑期资助、选择社会实践的地点、选课、评估律师事务所对公共利益和人权工作的承诺、加入学生社团等任何感兴趣的话题。

（2）权利连接（Rightslink）

权利连接是1993年成立的学生社团，他们坚信哥伦比亚和纽约的丰富资源将为全球的人权社团工作提供帮助。该社团与国际和公共事务学院的人权研究所建立了密切的联系，也为法学院与国际与公共事务学院人权研究中心建立了沟通的桥梁。他们根据人权组织的需求从事各种人权问题的研究，例如死刑、语言歧视等。

（3）大赦国际——哥伦比亚（Amnesty International，Columbia）

大赦国际——哥伦比亚秉承大赦国际的宗旨，关注和推动各个领域的人权运动。除每月开一次会并撰写倡议信外，他们与其他学生社团和组织合作通过人权问题发言人、座谈讨论、放映电影等形式在法学院进行人权教育。

（4）移民与难民权利学会（Society for Immigrant and Refugee Rights）

该学会致力于关于美国以及全球范围内的难民与移民的法律权利的对话。学会发起专家讨论、移民与难民问题研讨会、组织关于移民和难民法的论坛。

5. 哥伦比亚大学其他人权资源

除哥伦比亚法学院人权研究所外，法学院致力于人权问题的团体还有公共利益法中心（Center for Public Interest Law）①，人权与宪法权利在线资源（Human and Constitutional Rights Page）②，哥伦比亚人权法律评论（Columbia Human Rights Law Review）③ 等。此外，哥伦比亚大学的人权项目与活动还有哥伦比亚大学人权通道（Columbia University Human Rights Portal）④，哥伦比亚大学人权研究中心（Center for the Study of Human Rights）⑤，文理研究生院人权研究项目（Liberal Studies Master of Arts in Human Rights）⑥，哥伦比亚大学性、性别、健康、人权研究项目（Program for the Study of Sexuality, Gender, Health, and Human rights at Columbia University）⑦，哥伦比亚大学本科生人权项目（Undergraduate Human Rights Program）⑧ 等。

（四）纽约大学法学院人权与全球正义中心

1. 中心概况

纽约大学法学院人权与全球正义中心（Center for Human Rights and Global Justice, NYU School of Law, CHR&GJ）⑨ 成立于2002年，是纽约大学法学院国际法与正义研究所三个分支主题研究中心之一，其他两个分支主题研究中心分别为简·莫奈国际与区域经济法律与正义中心和国际法理论与

① 可访问：http：//www. law. columbia. edu/center_ program/public_ interest。

② 可访问：http：//www. hrcr. org/。

③ 可访问：http：//www. columbia. edu/cu/hrlr/。

④ 可访问：http：//www. humanrights. columbia. edu/。

⑤ 可访问：http：//www. columbia. edu/cu/humanrights/。

⑥ 可访问：http：//www. columbia. edu/cu/gsas/departments/human - rights - studies/department. html。

⑦ 可访问：http：//cpmcnet. columbia. edu/dept/gender/。

⑧ 可访问：http：//www. columbia. edu/cu/humanrights/studies/undergraduate/。

⑨ Center for Human Rights and Global Justice，http：//www. chrgj. org/index. html，2008 年 6 月 20 日最后访问。

历史项目。人权与全球正义中心以国际人权法为研究主题，集教学、研究、诊所、实践、出版等活动于一身。中心的宗旨是在教师、工作人员、学生、访问学者等的共同努力下为人权研究和法律科学做出实质的、前沿的、有深远影响的贡献；积极参与公共事务，为当前有关人权的政策争议提出独到的、富有建设性的意见和建议。中心与国际国内的人权组织、宗教团体、立法机构、人权培训项目等协调合作，通过教学、研究、会议、实践等多种形式努力实现上述宗旨。

中心现有研究人员及其他工作人员 11 人。中心首席主任为菲利普·阿尔斯通（Philip Alston）教授。阿尔斯通教授曾担任联合国人权委员会特别报告员，并曾被选为联合国人权特别程序年度会议主席；从 1996 年起一直担任《欧洲国际法杂志》（European Journal of International Law）的主编。中心每年还接受两到三名来自全球各地的访问学者，正在从事与中心的工作相关研究的专家、教授、包括博士研究生都可以申请。

2. 人权教育

（1）主要人权课程

纽约大学法学院开设了范围广泛的国际人权法课程，内容涉及普遍的和区域性的法律秩序、人权法对国内法律体系的影响、国际经济机构、战争犯罪审判、联合国等。主要的人权课程包括：国际人权，国际法中的儿童权利，战争、犯罪与恐怖：美国和其他国家反恐中的法律与道德维度，法律博士人权倡议，法律硕士人权倡议，欧洲的人权与宪法权利，人权的人类学，比较宪法——南非的经验，国际人权法，欧洲的宪法——欧洲联盟、成员国与欧洲人权公约，战争法与国际刑事法院，经济与社会权利，人权责任，人权高级研究，武装冲突中的人道法等。

（2）国际人权诊所

由人权与全球正义中心和法学院合作指导的国际人权诊所努力探索在国际和国内层面倡导人权的不同途径。通过课堂讨论、场景模拟和实地调查，诊所课程旨在提高学生的实践技巧，包括对侵犯人权实施的调查与记录，在联合国、地区以及国际人权机构面前的辩论，参与全球人权运动等。学生同时也从事与人权工作相关的民族的、政治的、专业问题的研究。实地调查包括通过与美国和国外的人权组织、国际人权专家及机构的合作，关注经济与社会权利、反恐战争中的人权、非国家实体侵犯人权的责任、少数群体的人权等问题。通过这些活动，学生有机会学习和参与政策的形成以及对当前人权问题的法律回应。

（3）奖学金项目

国际法与人权学生奖学金项目于2002年设立，颁发给在国际法和人权的学术和实践领域都有所体验的法学院学生。纽约大学法学院一二年级的法律博士生、法学硕士生以及法学博士生都可以申请。受奖的同学将有机会参与国际法的一个专门培训项目、到顶尖的机构从事暑期实践并完成一篇实质性的实践报告。暑期实践的地点包括以色列阿拉伯少数民族权利法律中心、瑞士日内瓦住宅权利与驱逐研究中心、匈牙利欧洲罗马权利中心、秘鲁天主教大学民主与人权研究中心、美洲人权委员会、纽约跨国正义国际中心、坦桑尼亚卢旺达国际刑事法庭、荷兰海牙前南斯拉夫国际刑事法庭、马来西亚亚太地区国际妇女权利行动观察、南非法律资源中心宪法诉讼部门、利比里亚真相与和解委员会、印度人民观察、联合国驻斯里兰卡人权高级专员、联合国驻泰国难民高级专员、瑞士日内瓦联合国国际法委员会等。

（4）年度新兴人权学术会议（Emerging Human Rights Conference）

新兴人权学术会议自2003年以来每年举办一次，目的是鼓励法学院的学生对人权问题进行学术探究，协助和引导学生对人权研究做出重要贡献。在半天的会议上，由纽约大学法学院法律博士、法律硕士、法学博士生介绍它们的研究论文，与会的法学院教授、访问学者、选出的评判团将对这些作品进行评论。从2007年开始，每届会议上选出的最佳论文奖被选登在人权中心的论文系列丛书中。

3. 人权研究

中心通过课题研究为政策辩论和倡导者的努力提供法律分析意见。目前中心正在围绕以下主题开展研究项目：

（1）囚犯与“反恐战争”

中心关于“非常规引渡、失踪和虐待囚犯”的报告和法律备忘录已经被欧洲理事会关于欧洲监狱和秘密飞行的主要报告所引用，在英国国会被官方传阅，并为大量的国际组织援用。目前中心正与人权观察和人权优先（Human Rights First）合作进行的这个联合项目，旨在对美国掌管下的伊拉克、阿富汗、关塔那摩的酷刑和侵犯人权行为进行可信的综合性的描述。中心相关调查的初步报告已经被联合国反酷刑委员会采用。

（2）种族相貌与“反恐战争”

为结束在全球反恐战争中的侵犯人权问题，中心描述了反恐战争所带来的全然不同的影响。美国以及世界其他国家的政府将一种歧视性的政策制度化，他们根据一个人的相貌特征、种族、宗教、民族、出生地来判断此人是否恐怖主义的嫌疑犯。中心提交了两份报告，来揭露美国“射死”政策和移民申请安全检查中“以貌取人”的问题。报告之一“中断成为美国人的进程：相貌、公民身份和反恐战争”揭露了美国政府非法延误对它们认为是穆斯林移民的移民申请安全检查，并为这些人设置不确定的安全检查标准，报告在国际人权框架下分析了这种延误及其影响，并且提出了结束歧视和侵犯人权的政策建议。报告之二“不可逆转的后果：种族相貌与在反恐战争中使用致命武力”已经在人权事务委员会审议美国的第二、第三次国家报告时提交给了委员会。

（3）种姓/等级歧视

中心一直在努力扩大人权运动中反歧视日程的范围，从单纯的关注种族歧视扩大到对基于种姓、宗教、民族、性别、性取向、移民地位的歧视的关注。到目前，中心已经完成了两份关于南亚种姓歧视的报告，并继续致力于有关种姓歧视的研究和倡议项目。这两份报告分别是针对印度贱民（Untouchables）的种姓歧视和尼泊尔境内的种姓歧视与冲突。

（4）经济、社会与文化权利项目

《世界人权宣言》不仅承认公民权利、政治权利，也承认经济、社会、文化权利，然而前者长期以来更为人们所青睐。人权与全球正义中心发起这个项目的目的旨在纠正这一失衡状态。中心在这一项目下开展了多个课题研究，例如跨国公司与国际组织的人权责任、促进联合国千年发展目标的实现、通过关注国内移民工人的权利来关注劳工权利和妇女权利，超越对经济、社会权利概念的抽象讨论，研究具体权利在国内层面的有效实现途径等。

（5）法外执行项目（Project on Extrajudicial Executions）

法外执行项目是阿尔斯通教授为支持他关于法外执行的联合国特别报告员的工作而发起的，目前是人权与全球正义中心的一个项目。联合国此项工作的职责是，严肃地分析保护生命权的国际法，对世界范围内司法程序之外的杀害行为给予有效回应。项目以收到的受害者声明为行动基础，敦促政府进行建设性对话，针对正在形成的非法暴利的情势为联合国人权理事会提供预警信息。作为联合国特别报告员，阿尔斯通教授承担着对尼泊尔、斯里兰卡、危地马拉、以色列和黎巴嫩、菲律宾、巴西等地的人权状况进行事实调查的任务。他还与100多个国家的政府就死刑、监管中死亡、武装冲突中的杀戮等问题保持着沟通。

4. 主要研究成果

（1）论文

中心学术论文系列丛书强调传统的法学研究和多学科分析相结合，刊载的文章主要关注经济与社会权利、全球化与人权、过渡期的司法、对歧视和边缘化的处理等。几年来论文涉及跨国公司违反人权的责任、教育权的含义、确保住房权、运用人权法保护女性移民工人的权利、在国内层面执行食物权、国际劳工组织与劳工权、美洲间国家组织人权委员会、人权条约的解释、人权法与国内武装冲突、死刑、人权与公共产品、欧洲社会宪章的优缺点、欧洲人权公约的教训、促进人权理事会新成员承担责任、关于经社文权利的对话、联合国人权理事会面临的挑战、国际人权法的界限、非常规引渡与法治、促进平等与尊重隐私权、确保维和部队免遭人权侵犯等主题。

（2）项目研究报告

中心的研究项目成果除发表论文、出版专著外，也以阶段性以及终期研究报告的形式展现出来。最近的研究报告例如：《关于尼泊尔种姓歧视的开创性报告》、《边际利润：全球经济中的权利危机》、《在黑暗中生存：来自美国秘密地点的证词》、《纪录之外：美国在反恐战争中对强迫失踪应承担的责任》、《命运和下落不明：反恐战争中的被拘留者》、《代为实施酷刑：适用于非正常引渡的国际法》、《超越关塔那摩：拉苏尔诉布什（Rasul v. Bush）一年后》。

（3）著作

中心鼓励针对重要的人权问题的专门研究，近年来中心出版了三部关于人权与全球化问题著作，分别是《人权与发展：通向相互强化的道路》、《非国家行为体与人权》、《作为人权的劳工权利》。

5. 学生人权组织

纽约大学法学院有多个致力于人权相关问题的学生组织，人权与全球争议中心与其中之一支持人权法律学生组织（Law Students for Human Rights）有着密切的联系。这个组织2002年成立，特别关注全球对人权问题。它的宗旨是通过召集纽约大学法学院的独特资源促进全球人权，建立人权教育、倡导和直接服务的平台，建立未来的人权实践者的社区，通过演讲、电影、直接服务和其他活动提升和研究人权策略。在人权与全球正义中心的支持下，该学生社团在纽约大学组织了各种座谈会，倡议职业指导活动。同时，支持人权法律学生组织也为中心的项目提供协助。

（五）美洲大学华盛顿法学院人权与人道法中心

1. 中心概况

美洲大学华盛顿法学院（Washington College of Law）于1990年成立了人权与人道法中心（Center for Human Rights and Humanitarian Law）①，与学生、教师以及国际法律界的同仁一道为世界范围内的人权倡议提供学术支持。中心通过培训、补充教育、扩大服务项目、座谈会、研讨会、研究和出版工作为学生、实践者及其他人权领域的活动者创造机会。中心也为整个法学院的人权和人道法提供了一个广泛交流的平台。

中心现有包括人权领域的资深活动家赫尔曼·斯瓦兹（Herman Schwartz）在内的教职人员7人。另外较有特色的是中心还设有由7名学生组成的学生顾问委员会。这个顾问委员会协助中心开发学生感兴趣和优先考虑的项目；此外如果学生遇到诸如希望学到更多人权知识，希望促进人权活动，希望更多地融入法学院中，希望协助教授工作等问题时，都可以寻求顾问委员会的建议。为使顾问委员会的工作更加专业，委员会的成员要承诺每人每月至少15个小时的工作时间，每周都要与中心的执行主任开会讨论，每月都要接受中心组织的技能开发培训，培训的内容包括公开演讲、写作和游说。

2. 人权教育与培训

中心为法律实务界人士、学者、活动家和学生提供独特的培训机会，以探索人权法和人道法发展过程中的前沿问题。近期已经和即将举办的主要培训活动例如中心将与红十字国际委员会合作开展首期国际人道法教学暑期培训班，培训面向法学院对教授国际人道法感兴趣，愿意将国际人道法的模块融入现行教学中，愿意重新思考对这一领域的教学工作的教师。又如中心曾与华盛顿法学院性别与国际法项目合作发起资助和支持在印度的法学教育和法律改革中将性别主流化的培训项目。再如，曾在美洲间国家组织土著人权利特别工作组会议之后举办为期三天的关于土著人权利的双语（英语/西班牙语）集中培训；来自世界各地的土著人领袖和专家都参与了这次培训。

除法学院正式的教学课程外，中心还努力通过提供实践学习机会、小型课程等让学生接触到真正的人权工作，由此让学生对课堂所学的人权法

① Center for Human Rights and Humanitarian Law，http://www.wcl.american.edu/humright/center/，2008年6月20日访问。

有新的认识，并对其把握未来的工作方向有所帮助。近期组织的补充教育项目例如卢旺达纪念项目，在卢旺达种族灭绝事件十周年之际通过印发宣传手册和开发高中关于种族灭绝教训的教学计划，让人们认识到除非保持警惕、并从过去的事件中吸取教训，否则这样的人类惨剧难免再次发生。再如勒内·卡森（Rene Cassin）模拟法庭竞赛。勒内·卡森欧洲人权模拟法庭竞赛始于1984年，在法国斯特拉斯堡，即欧洲人权法院所在地举行，目的是让更多的学生参与到人权领域中来。华盛顿大学法学院是北美唯一一家参与此竞赛的法学院。

3. 人权交流与活动

人权与人道法中心组织的活动既有已形成传统的系列活动，也有大型的国际国内学术会议。系列活动例如年度人权影片系列展、“咀嚼人权”系列知识讲座、暑期人权实践报告、人权下午茶、人权演讲等。

近年来人权演讲涉及的主题例如巴西21世纪的人权，和平公司与国际投资：外国援助还是文化帝国主义，恐怖主义时代的战争法，爱国者法案二：寻求安全与权利“可以接受的妥协”，在恐怖时代执行人权法，非正常引渡，墨西哥的失踪、谋杀与酷刑，土著人在自己的家园强迫失踪的人权分析，国际社会迅速联合起来关注达尔富尔，尼日利亚的腐败与妇女权利、失败的保护：呼吁联合国安理会对朝鲜做出反应，突尼斯人权活动家面临的挑战，人权与国家安全：以色列和美国的教训，在民主刚果推行民主，巴基斯坦女权主义活动报告，美国的种族问题等。

重要的会议包括从丝绸之路到苏联：中亚历史与人权概览，当代的种族大屠杀：十年后的卢旺达，如何利用国际人权体制，苏丹危机：强制干涉，南非宪政民主十周年，与国内法相冲突的对待儿童的国际标准，联合国人权体系的结构与改革，智利追求正义面临的挑战与障碍，以苏丹为例谈保护的责任，美国的条约义务，反恐战争适用的规则，关塔那摩大辩论，种族歧视，美国刑事司法体制与国际标准，美国教育法及其人权影响，残疾人权利公约对策等。

4. 主要出版物

《人权简报》（Human Rights Brief）是人权与人道法中心由学生运作的一个享有较高声誉的出版物。在过去的10余年中，简报为读者提供了对人权法发展的简要分析及其对国际社会的影响。简报刊登最高法院的相关意见摘要，来自世界各地的实务工作者、学者、学生的观点，并跟踪刊载区域人权体制的发展动态。目前，简报已经在90多个国家流通。

《时事通讯》（The Newsletter）在每学期初印制发行，刊载来自华盛顿大学法学院所有人权组织的信息。通讯的内容包括即将讲授的人权法和人道法课程、重要事件列表、学生参与人权与人道法活动的途径等。

（六）渥太华大学人权研究与教育中心

1. 中心概况

渥太华大学人权研究与教育中心（Human Rights Research and Education Centre, University of Ottawa）① 于 1981 年在加拿大前驻联合国大使 Yvon Beaulne 先生的提议下成立，是渥太华大学一个独立的中心。中心主任由法学院的教授担任；中心的顾问委员会把握中心的新的研究课题和教育方向，并是联系和沟通中心与其服务对象的桥梁。中心现有管理人员 4 人，研究人员 9 人。

中心的活动宗旨是深化关于人权、治理、法律改革与发展之间关系的讨论；支持加拿大以及世界各地国家人权机构的活动；评估并致力于改善国内社会正义的机制与项目；对上述领域进行多学科的研究和教育工作。

2. 人权教育与培训

（1）人权课程

中心用法语和英语双语授课，日常开设的人权课程包括：法理研究、个人与家庭法、法律与社会发展、关于妇女的国际法、人权研究——高级难民法、宪法、女性主义法律问题、高级宪法与平等权利、法律全球化的跨学科研究、人权的国际保护、跨国公司、人权与国际经济法、高级法律研究方法等。

除常规课程外，人权中心还开设专门讲授国际人道法的暑期课程。

（2）奖学金项目

戈登·亨德森（Gordon F. Henderson）人权奖学金颁发给希望在渥太华大学进行法律或社会科学研究生学习的申请者。申请者须展现出对所在社区人权事业的浓厚兴趣，并提交一份与新近的人权发展直接相关的研究方案，方案中需解释此项研究将如何促进所在社区的人权事业。

人权研究与教育中心奖学金颁发给已被渥太华大学录取但未获得录取奖学金的申请者。申请者须为加拿大国民或加拿大永久居民，同时也须表现出对社区人权事业的浓厚兴趣，并提交一份与新近的人权发展直接相关的研究

---

① Human rights Research and Education Centre, University of Ottawa, http://www.cdp-hrc.uottawa.ca/eng/index.php，2008 年 6 月 20 日最后访问。

方案。

Jacques Gaudreau 纪念奖学金为纪念前外交官 Jacques Gaudreau 而设立，每年颁发给一到两名渥太华大学法学院在国际人权法领域成绩或论文突出的本科生或研究生。

（3）海地合作项目

人权研究和教育中心与海地大学正在合作进行“对海地法学教授进行人权培训”的项目，该项目得到了加拿大世界大学服务中心（World University Service of Canada）的资助。目前有三位来自海地的教授在人权研究与教育中心从事学习和研究工作。该项目旨在让海地的教授熟悉人权中心的研究方法，帮助他们在擅长的法学领域开设相关课程，例如国际公法、社会保障、劳动法和儿童权利等。他们被邀请旁听渥太华大学法学院不同的人权课程以及跨学科的硕士课程，在项目结束前，他们将拟订自己的授课提纲。项目结束时他们将为海地的学生带回大量高质量的参考资料，为将来在海地国立大学开设人权课程做准备。

3. 人权研究及成果

（1）难民论坛（Refugee Forum）

难民论坛是由美伊特里基金会（Maytree Foundation）资助的一个新项目，该项目将对加拿大难民制度的不同方面进行广泛的研究和评论。论坛的主要作用包括研究、分析和对话。研究和分析将围绕已经确定的加拿大难民制度的缺陷进行；对话的目的在于引起公众对此问题的关注，消除对庇护制度和难民经历的误解。该项目的最终目标是发展和促进加拿大难民制度的完善，并提升公众对难民问题的意识。

该项目初期的研究工作将包括：向联邦法院申请许可对遭到拒绝的难民请求进行司法审查、对代表难民请求者的法律顾问进行有效管理、对不同国家难民请求制度的比较研究、目前难民避难所的作用、移民和难民部成员的任命程序等。

（2）主要研究成果

近年来中心研究人员出版了数十部专著、报告等出版物，摘要列举如下：《关于加拿大人权的媒体手册》、《加拿大权利和自由宪章》、《实现就业平等的系统方法》、《人权立法三十年评估》、《加拿大人权委员会员工培训模式》、《加拿大人权年刊》、《关于种族歧视的法律与实践》、《鼓励性别平等：学校改革策略》、《加拿大及其他国家种族歧视的申诉与救济机制》、《将平等带入21世纪：建立人格平等的概念》、《加拿大非政府组织对国际人权进程的参与》、《产品全球化与国际劳工标准》、《科索沃危机的教训》、《搭建人权鸿沟的桥梁：中国与加拿大的对话》、《五部公司行为法典及其对公司社会责任的影响》、《加拿大、亚洲价值与人权：帮助老虎获得自由》等。

4. 人权交流与活动

除不定期的讲座和活动之外，中心还常设两个系列讲座：戈登·亨德森纪念系列讲座（Gordon F. Henderson Memorial Lecture Series）以及雪莉·格林伯格女性主义午餐系列讨论会（Shirley E. Greenberg Feminist Lunch Time Workshop Series）。其中比较重要的讲座例如“恐怖时代的公民资格”、“贩卖人口与通过难民法保护人权”、“关爱儿童：一个严重的问题”、“法律上的民族优越感：9·11之后非国民的人权”等。

（七）美洲间人权研究所

1. 研究所概况

位于哥斯达黎加首都圣何塞的美洲间人权研究所（Inter-American Institute of Human Rights）[①] 是一个独立的学术机构，于1980年根据美洲人权法院与哥斯达黎加共和国的协议创立，现在已成为世界上最重要的人权教育、研究和促进人权的中心之一。研究所的使命是通过教育、研究、政治调解、人权领域的培训项目和技术支持促进和加强对美洲人权公约中确立的人权的尊重。其行动以民主、法治、意识形态多元化、尊重基本权利和自由为原则，以完整的、跨学科的、多部门的路径看待人权问题。研究所现阶段的四个优先研究的主题是正义与安全、政治参与、人权教育、经济社会和文化权利的有效行使；在研究过程中贯彻三个跨领域的研究视角：性别平等、对民族与文化多样性的承认与保持、为公民社会提供参与机会及其与国家的相互作用。

研究所的最高管理机构是大会，由40位来自西半球的人权领域的著名专家组成，包括美洲人权法院的七位法官以及美洲人权委员会的七名委员。执行委员会在学术、技术以及行政人员的支持下负责研究所项目和日常活动的开展。研究所的项目由三个部门负责具体开展：公民社会实体、公共机构、选举促进和协助中心。研究所的四个技术支持部门分别是行政管理组、应用研究组、教育组、信息编辑服务组。

---

① Inter – American Institute of Human Rights，http：//www. iidh. ed. cr/，2008年6月20日最后访问。

2. 人权研究

研究所目前的研究方向包括妇女的权利，政治与选举权利，表达自由，调查官制度，土著人、非洲后裔与移民人口，安全与人权等。

3. 人权教育

（1）规范汇编

研究所提供了关于国际立法与美洲国家的国内立法汇编以及按主题编排的国际、国内立法汇编。目前已经建成的法律汇编包括：联合国法律，美洲国家体系的法律，美洲国家体系的法学（学术观点），各国宪法，关于宪法保护、人身保护令以及违宪性的法律，关于拉美国家以及加勒比海国家调查官办公室的法律与规范，军事立法，警察立法等。这些文献汇编通过研究所的网站向公众开放。

（2）美洲虚拟课堂

这是研究所面向社会不同领域没有受过专门人权培训的人开发的在线教育课程，它对于非政府组织、公共机构以及国际组织中负责人权教育和促进工作的人尤其有帮助。用户只需通过电子邮箱注册即可进入自学课程，用户可根据自身需要选择一门或多门课程。目前网上虚拟课堂开设“经济、社会、文化权利基本课程”、“人权保护的普遍制度基本课程”、“保护和促进人权的国内机制”。这些课程是常年开放的。另外，研究所教育资源中心还定期开设远程指导课程，该课程只在有限的时间内开放，读者可以通过网站新闻获知相关信息。

（3）人权教育美洲网络

该网络为讲西班牙语和葡萄牙语的学者开辟了交流人权教育方面的经验和信息的平台。讨论的主题包括关于人权教育的学术活动，主题报告、出版物和其他研究成果，教育资源和资料、工作经验和教训，新闻、意见和评论，准备开展或正在进行的项目，悬而未决的问题及面临的挑战等。

4. 主要出版物

《研究所时事通讯》每两个月出版一次，概括研究所各项目在近两个月内的主要活动和进展。

《研究所在美洲》电子公告每两个月更新一次，主要反映研究所在整个美洲地区为促进、加强和教育人权，特别是选举权所做的工作。

《美洲人权教育报告》集中反映已经签署或批准美洲人权公约在经济、社会、文化领域的附加议定书的 19 个国家的在人权教育方面的情况。报告的目的是反映国家在承认和保障人权教育作为一项基本人权方面所取得的进步。

此外，研究所也出版研究所年度报告以及特定研究项目的结项报告。

五　大洋洲地区人权研究

澳大利亚人权中心

1. 中心概况

澳大利亚人权中心（Australian Human Rights Center，AHRC）[①] 成立于1986年，目前设立在新南威尔士大学法学院内，是一个以经济、社会和文化权利为关注重点的跨学科的研究和教育机构。中心吸引了来自澳大利亚和世界各地的学者及实务界人士，研究当代各关键领域的人权问题，包括健康、环境、贸易与公司责任、国际人权与人道法等。中心开展和协办人权教育、研讨和实践项目，并发行《澳大利亚人权杂志》（Australian Journal of Human Rights）和《人权卫士》（Human Rights Defender）等出版物。

中心在管理委员会的监督和指导下开展活动。管理委员会由来自学术界、公共部门和私人领域的代表组成，为中心的工作提供战略指导并监督中心的财政管理。中心的工作组由各小组委员会组成，他们为中心的项目和发展提出建议，并承担研究和教学任务。这些小组委员会承担的研究课题包括环境与人权、健康与人权、国际人权与人道法、贸易与公司责任等。中心现有研究人员19名、编辑11名、其他工作人员9名。

2. 人权研究

中心当前正在开展两个主要的课题。其中之一是“新南威尔士大学关于亚洲太平洋地区国家人权机构的研究”。此课题从2008年始至2010年止，目的是在全球权力关系“网络理论”的背景下分析亚洲太平洋论坛的工作。最近，一些国际法理论工作者建议，不同国家的政府代表组成的横向网络、行政官、法官及立法者，都是新的权力来源，在寻求全球问题的解决方案，实现世界和平与正义的过程中，可以求助于他们。

课题之二是“健康与人权”。人权中心与丹尼尔·塔兰托拉（Daniel Tarantola）教授领导的新南威尔士大学健康与人权先驱密切合作，目前正致力于对“公共健康突发事件时期维持必要的人权”以及“健康从业者移民对健康权的影响”的研究。

3. 人权教育

以2008年为例，人权中心为新南威尔士大学本科生开设公益法，国际

---

① Australian Human Rights Center，http：//www.ahrcentre.org/，2008年6月20日最后访问。

人权与倡导，澳大利亚移民法，国际人道法，全球化、人权与发展，环境法，国际法中的强迫移民与人权，劳动保护法等课程；为研究生开设国际法问题、难民法、法律与武装冲突、国际组织、国际海洋法、国际刑法、国际环境法、国际贸易法、国际商事仲裁等课程。

中心还面向新南威尔士全体学生每年举办一次"人权论文奖"评奖活动，鼓励学生进行人权研究。

4. 人权交流与活动

澳大利亚人权中心的一个主要目标是提供澳大利亚、亚太地区以及整个国际社会在人权领域的重大发展的信息。为达到此目标，人权中心组织了许多重要的活动，其中包括来自澳大利亚及世界各地代表每年一次的关于人权问题动态的公开演讲。

人权中心近年来举办的重要活动有年度公开讲座："人权、人类安全——国家利益与保护权利"、"保护环境——在变化的气候中保护人权的挑战"、"在南非宪法与国际人权法背景下执行经济、社会权利"等；其他重要的学术讨论会及讲座例如："联合国人权办公室在伊拉克面临的挑战"、"反思死刑"、"西撒哈拉的人权状况"、"津巴布韦的人权状况"、"9·11之后的人权：挑战与机遇"、"以色列最高法院与紧急状态下的人权保护"、"运用妇女公约让妇女的权利成为可能：新近的发展与可能性"、"土地就是生命：新几内亚独立三十年后的人权、资源与土地权利"等。

5. 主要出版物

(1) 澳大利亚人权杂志

《澳大利亚人权杂志》创刊于1991年，一年出版两次。本杂志的目的是通过一个知识和讨论的平台来提高澳大利亚以及全球的人权意识，并跟踪该区域的人权发展。为此，杂志采用了广泛的多学科的方法来解决人权问题。它不仅关注人权问题的法律方面，也关注哲学、历史学、社会学、经济与政治领域同人权相关的问题。

(2) 人权卫士

《人权卫士》杂志针对广泛的当代人权问题提供信息和评论，每年出版三期。它还试图为那些批评性的思考和人权概念的发展提供表达的平台。

(3) 著作

人权中心近年来出版的专著有《通向救济之路：经济、社会、文化权利诉讼中的问题》（The Road to a Remedy：Current Issues in the Litigation of Economic，Social and Cultural Rights）和《可持续的倡议：澳大利亚人权非

政府组织的能力与姿态》（Sustainable Advocacy：Capabilities and Attitudes of Australian Human Rights NGOs）。

此外，中心针对澳大利亚和国际社会的专门人权问题撰写报告和相关文章；发表《澳大利亚人权中心年度报告》。

六　小结

从亚洲地区各机构的活动情况来看，虽然形式和内容各有侧重，但有一个共同之处，即主要围绕本国的人权实际开展活动，因此人权研究的主题更加当地化，例如中东冲突下的人权问题、菲律宾儿童兵现象等。但这些问题并不是该地区独有的，因此这些地区的研究经验对其他国家同样具有借鉴意义。具体而言，中国的研究机构侧重理论研究，特别是对人权一般理论的比较研究；在人权教育和培训方面较为薄弱；以色列注重对教师、政府机构和非政府组织工作人员的人权培训；以色列和菲律宾都将放映人权电影作为一种常用的培训手段，寓教于乐，不失为一种值得推广的人权教育形式。

南非比勒陀尼亚大学法学院人权中心是非洲人权研究和教育机构中的杰出代表。中心着眼于对整个非洲地区的青年一代进行人权教育，兼顾对政府官员和非政府组织的培训，并将这些教育和培训项目制度化；选取的主题切合非洲地区民主和人权状况的实际。同时中心善于通过模拟法庭、辩论竞赛等形式激发学生的学习兴趣，提高在实践中运用人权知识的能力。

欧洲地区集中了多个在世界范围享有盛誉的实力派研究机构，它们在人权研究的领域、人权教育的风格、国际合作的模式等方面既有相同之处，又各富特色。

欧洲人权研究的主题范围非常广泛，几乎涉及国际、国内人权保护的各个方面，而全面中又有重点。近期欧洲人权研究呈现出几个趋势。第一，在兼顾对公民权利和政治权利研究的同时更侧重对经济、社会与文化权利的研究，强调发展对实现人权的重要性。第二，针对特殊群体的权利研究，一方面继续关注妇女、儿童、劳工、土著人的人权，另一方面逐步强化对移民、难民、残疾人、老年人、被贩卖人口的人权研究。第三，在坚持对传统的人权议题，例如反歧视、反酷刑、宗教信仰自由等进行研究的同时更加关注人权领域出现的新议题，例如全球化与人权、商业与人权、腐败与人权、冲突与人权、安全与人权、国际刑法与人权、打击恐怖主义与人权等。第四，在诠释人权的具体内涵的同时对人权的国家、地区以及国际实施和监督机制进行研究，特别是加强了对国际人权标准在国内的实施机制的研究，以研究和推广国家人权机构的设立为其典型。第五，开始反思人权权利体系的内部冲突现象以及影响人权实现的历史、文化、社会根源，承认文化多样性和法律多元化对实现人权的影响。第六，深化和扩展理论研究的同时，重视研究成果的实际运用，除对本国的政策进行人权评估外，也非常重视对欧洲地区的和平、安全与外交政策提供人权咨询、建议及意见。从研究的方法来看，许多研究机构都不约而同地强调研究方法的跨学科化，认为人权问题是一个涉及法学、哲学、政治科学、历史学、社会学、人类学等众多社会科学学科的综合性议题。从研究的视野来看，欧洲人权研究机构不仅关注本国家、本地区的人权状况和人权政策，而且非常关注世界其他地区，特别是发展中国家、向民主转型国家、冲突后国家的人权问题。

欧洲地区人权教育的共同形式是开发人权学位项目和进行短期人权培训。以大学为基地的人权研究机构独立或协助大学在学生中开设人权课程，创办各种人权硕士学位项目，并使其制度化；近年来一些机构开始尝试在本科生中开设人权课程并授予学位，例如英国埃塞克斯大学人权中心，也有一些机构更注重对研究型人才的培养，授予人权专业博士学位，例如爱尔兰人权中心。短期人权培训形式灵活、内容多样，既有在本土进行的培训，也有研究所教授亲临目标国家的培训；涉及的主题既包括人权基本知识的普及，又包括专门人权议题的深入讨论；培训的对象既有学生、学者、从中学到大学的教师，也有政府官员、非政府组织的工作人员和民间社会的志愿服务人员。

欧洲地区人权研究机构十分注重人权领域的交流与合作，不仅同本国、本地区同行的合作甚为密切，建立了各种研究和教育网络，共同进行人权领域不同层次人才的培养，共同开发人权项目为欧洲的人权政策和策略建言献策；而且同全球性的国际组织，例如联合国机构、联合国各专门机构、国际刑事法院等建立联系，开展合作。此外，作为国际交流与合作的一个重点，欧洲人权研究机构更加重视同发展中国家的合作，而这种合作又常常表现为施与受的单向关系，例如在发展中国家援建人权图书馆、协助编纂人权教科书、帮助发展硕士学位项目、进行人权培训等。欧洲人权研究机构在发展中国家中不断并竞相扩大影响力的范围，不再仅仅局限于人权研究领域的学术交流，而逐步着眼于通过同政府机构发展项目和对话进而影响决策。因此，它们一方面强调自身发挥影响力的能力建设，例如在欧洲开发人权与民主化硕士学位项目，建立人权与民主化人才资源库（如挪威人权研究所）；另一方面在发展中国家集中推动人权和民主化的进程，表现为推广民主化、分权、善政的理念，监督选举、抑制腐败等。

美洲地区以及澳大利亚的人权研究和人权教育相较于其他地区既有共同之处，又呈现出明显的特色。就人权研究而言，在广泛的研究主题中，侧重于对宪法权利与人权、妇女的人权、环境权、健康权的研究，近年来逐步强化对安全与人权、恐怖主义与人权以及国际人道法，特别是囚犯待遇的研究。美洲人权研究机构与欧洲人权研究机构一样，非常关注发展中国家的人权状况，但也兼顾反思本国的人权问题，后者以美国纽约大学法学院人权与全球正义中心为典型代表。

美洲地区以大学为基地的人权教育面向法学院乃至整个大学的学生开设人权课程，很少设立专门的人权学位。从本章选取的部分研究所人权教育的情况来看，美洲人权教育的一个核心理念是充分发挥学生的主导作用，通过设立人权实践奖学金、"人权诊所教育"、鼓励学生发起人权社团等形式让学生亲眼目睹世界各地的人权状况，亲自参与争取人权的诉讼和斗争，亲身体验倡导和宣传人权的运动。在各研究所的人权教育工作中，明尼苏达大学人权中心的工作让人印象深刻，它将目标群体定位于从幼儿园到人权工作者，到普通社区百姓这样一个几乎包括所有人的团体。该中心同联合国的人权教育机构密切合作，针对不同的目标群体编撰各种人权教育和培训手册，开发例如"测量人权气氛"等各种富有特色的人权教育工具，提供从一般普及到高级研究等不同层次的人权资料，并不断评估和改进现行的人权教育模式。另外值得一提的是，美洲间人权研究所通过网上虚拟人权课堂进行人权教育的做法也非常新颖，值得借鉴。

附　　件

一　近年来有关人权研究的法律类核心期刊发表的人权中文论文目录（1983—2008年）

1983年

编号	题目	作者	出处
1	孟德斯鸠主张废除死刑吗？	亦秋	法学 1983-1

1984年

编号	题目	作者	出处
1	从人权的国际保护看自然人的国际法主体资格问题	李仁珍	法学评论 1984-1

1989年

编号	题目	作者	出处
1	人权理论的产生和历史发展	徐炳	法学研究 1989-3
2	“禁止酷刑公约”评述——我国禁止酷刑的实践及反思	周洪钧	法学 1989-3
3	司法独立与人权保护	司平平	法学 1989-5
4	人权与法制	巩献田	中外法学 1989-4

1990年

编号	题目	作者	出处
1	国际人权问题的起源与发展：兼论人权国际保护与不干预内政的关系	郑勇	中国法学 1990-4
2	人权的国际保护与不干涉内政	魏敏	中外法学 1990

1991 年

编号	题目	作者	出处
1	论沈家本“人格主义”的人权法思想	杜刚建	中国法学 1991-1
2	论人权的主体与主体的人权	张文显	中国法学 1991-5
3	人权与法制理论研究综述	饶方	中国法学 1991-4
4	人权是什么意义上的权利	沈宗灵	中国法学 1991-5
5	论人权的三种存在状态	李步云	法学研究 1991-4
6	论新一代人权	白贵梅	法学研究 1991-5
7	论我国人权的宪法保障	王德祥	现代法学 1991-4

1992 年

编号	题目	作者	出处
1	人权的推定与推行：米尔恩人权观点评述	夏勇	中国法学 1992-1
2	国家履行国际人权义务的限度	徐构进	中国法学 1992-2
3	论法律程序中的人权	孙笑侠	中国法学 1992-3
4	人权主体之争引出的几个问题	徐显明	中国法学 1992-5
5	社会主义人权的基本理论与实践	李步云	法学研究 1992-4
6	论中国人权的法律保护	陈春龙	法学 1992-2
7	不断完善中国人权的保障机制	李步云	法学 1992-12
8	人权的国际保护与不干涉内政原则	朱奇武	法学评论 1992-1
9	论生存权	李龙	法学评论 1992-2
10	论我国劳动法对人权的保护	凌相权	法学评论 1992-2
11	美国人权的历史和现实	王锦瑭	法学评论 1992-4
12	香港人权法案生效首年的回顾	陈文敏	法学评论 1992-4
13	论西方资产阶级人权理论的历史发展	王哲	中外法学 1992-2
14	略论国家主权是人权的基础	李金荣	现代法学 1992-1
15	列宁人权思想探析	黎国智	现代法学 1992-2
16	试论民事诉讼中的人权保障	胡亚球	现代法学 1992-2
17	我国刑事诉讼法对人权的保护	申君贵	现代法学 1992-4
18	陕甘宁边区人权立法	杨永华	法律科学 1992-1
19	论死刑存废与人权保障	鲍遂献	当代法学 1992-4
20	试论马克思主义人权观的几个理论问题（上）——兼评资产阶级人权观	吉同文	政法论坛 1992-1
21	简论人权的两重性——兼评人权概念的争论	李永泰	当代法学 1992-2
22	马克思主义与人权	张文显	当代法学 1992-2

1993 年

编号	题目	作者	出处
1	论人权的国际标准	万鄂湘	中国法学 1993-1
2	国家人权与国家主权	李林	中国法学 1993-1
3	《联合国宪章》中的人权与不干涉内政问题	李鸣	中国法学 1993-3
4	首要人权与言论自由	杜钢建	法学 1993-1
5	我国人权保障的法制思考	李伯钧	法学 1993-1
6	刑法及其完善中的人权蕴含与分析	李奇路	法学 1993-4
7	人权主体的思考	李莉	法学评论 1993-1
8	人权理论若干问题的再探讨	童之伟	法学评论 1993-1
9	人权概念的普遍性	亨金	中外法学 1993
10	检查监督与人权保护	王桂五	现代法学 1993-1
11	论我国行政诉讼法对人权的保障	陈永革	现代法学 1993-3

1994 年

编号	题目	作者	出处
1	试论最惠国待遇与人权的国际保护	王庆海	中国法学 1994-2
2	人权的两个理论问题	李步云	中国法学 1994-3
3	不同文化背景的人权观念	刘海年	中国法学 1994-3
4	论人权的共同标准：兼与万鄂湘同志商榷	朱晓青	中国法学 1994-6
5	论联合国人权国际保护的执行措施	朱晓青	法学研究 1994-4

1995 年

编号	题目	作者	出处
1	女权主义法学评述	沈宗灵	中国法学 1995-3
2	架起亚洲人权法思想的桥梁——铃木敬夫人权法思想评介	杜钢建	中国法学 1995-5
3	罪犯人权的法律保障	杨殿升	中国法学 1995-6
4	人权国际保护与国家主权	李步云	法学研究 1995-4
5	试论我国残疾人权利的法律保护	汪斌	法学研究 1995-1
6	《欧洲人权公约》与欧洲人权机构	万鄂湘	法学评论 1995-5
7	论国际刑法与人权的国际保护	唐雪莲	现代法学 1995-1
8	论老年人合法权益的保护	屈野	现代法学 1995-6
9	家庭暴力与中国妇女人权的法律保障与完善	李秀华 冯兆蕙	河北法学 1995-5

1996 年

编号	题目	作者	出处
1	刑事诉讼与人权保障	徐益初	法学研究 1996-2
2	公诉权与人权及审判权中的若干问题	宋军	法学研究 1996-1
3	社会主义人权原则是社会主义法的基本原则	胡土贵	法学 1996-8
4	人权全球化的最早尝试	胜雅律	法学评论 1996-1
5	全面、系统研究人权问题的权威之作	戴路	法学评论 1996-2
6	加强司法人权保障的新篇章	陈光中	政法论坛 1996-4
7	从保障人权的高度规定的被害人的诉讼权利	程荣斌	政法论坛 1996-4

1997 年

编号	题目	作者	出处
1	论人权的道德基础	张恒山	法学研究 1997-6
2	关于人权理论问题的几点思考	赵世义	法学评论 1997-5
3	试论我国刑法中的维护社会秩序与保障个人人权相结合的原则	齐文远 李莉	法商研究 1997-4
4	关于人权与国际法若干问题的初步思考	龚刃韧	中外法学 1997-5
5	国际法学上的人权与少数者权利	白贵梅	中外法学 1997-4

1998 年

编号	题目	作者	出处
1	从契约到人权	邱本	法学研究 1998-3
2	人类社会追求的共同目标——评《世界人权宣言》	万鄂湘 彭锡华	法学评论 1998-2
3	刑事诉讼中的人权保障机能	邬红旗	现代法学 1998-1
4	人权研究中的一场风波	吕世伦	法学家 1998-5

1999 年

编号	题目	作者	出处
1	论国际人权公约与国内宪法的关系	莫纪宏	中国法学 1999-3
2	国际人权法的基石	赵建文	法学研究 1999-2
3	发展权法理探析	汪习根	法学研究 1999-4
4	中国的主权和人权不容侵犯	周洪钧	法学 1999-6

续表

编号	题目	作者	出处
5	人权禁区是怎样突破的	郭道晖	法学 1999-5
6	中国传统文化传统与现代人权观念	陈弘毅	法学 1999-5
7	劳动法与现代人权观念	王虎华	法学 1999-6
8	法国关于私生活受尊重权的法律与司法实践	朱国斌	法学评论 1999-3
9	简评区域人权机构与世界人权机构的关系	杨成铭	法学评论 1999-4
10	论人权的普遍性与人权文化之解析	徐显明	法学评论 1999-6
11	论刑事诉讼中人权保护的几个理论问题	汪建成	中外法学 1999-2
12	刑诉人权保障国际标准的历史渊源	魏琼	现代法学 1999-5
13	深入学习邓小平人权理论——纪念党的十一届三中全会20周年	谷春德	法学家 1999-Z1
14	劳动法与现代人权观念	林嘉	法学家 1999-6

2000 年

编号	题目	作者	出处
1	刑事程序价值论：程序正义与人权保障	锁正杰	中国法学 2000-5
2	《公民权利和政治权利国际公约》的实施机制	朱晓青	法学研究 2000-2
3	人道主义干涉在国际法中的地位	杨泽伟	法学研究 2000-4
4	再论公民环境权	吕忠梅	法学研究 2000-6
5	冤假错案与人权保护	蔡定剑	法学 2000-4
6	论美国人权的理论基础	石云霞	法学评论 2000-5
7	论人权的司法救济	莫纪宏	法商研究 2000-5
8	人类基因组计划与人权保障	郭自力	法学家 2000-2
9	论逮捕与人权保障	孙谦	政法论坛 2000-4
10	论习惯国际人权法的重要性	孙世彦	法制与社会发展 2000-2
11	论罪行法定的人权价值	刘亚平	法律适用 2000-4

2001 年

编号	题目	作者	出处
1	论国际法上的人权保护	周忠海	中国法学 2001-1
2	人权主体界说	徐显明	中国法学 2001-2

续表

编号	题目	作者	出处
3	劳动教养：根据国际人权公约之分析	陈兴良	法学 2001-10
4	论国际人权法下国家的义务	孙世彦	法学评论 2001-2
5	关于民事诉讼中人权保障问题的思考	周利民	法学评论 2001-3
6	人权的历史性与法律性探讨	胡仁智	法学评论 2001-5
7	论我国劳动教养制度与国际人权公约的冲突及其调整——对免于强迫劳动权的剖析	刘健	法学评论 2001-5
8	国际人权条约的形式分析	孙世彦	现代法学 2001-1
9	国际人权与死刑——以国际人权法为线索的分析兼及中国的应对	邱兴隆	现代法学 2001-2
10	自由·人权·法治——人性的解读	陈忠林	现代法学 2001-3
11	高等学校人权教育与开设人权法课程	周伟	法商研究 2001-5
12	“两个人权公约”与我国人权宪政体制的整合	韩大元 王世涛	法律科学 2001-2
13	受教育权入宪研究	温辉	法学家 2001-2
14	论人权的司法最终救济性	莫纪宏	法学家 2001-3
15	加入联合国人权公约与中国法制建设	谭世贵	法学家 2001-3
16	国际人权条约缔约国义务与实施机制	程晓霞	法学家 2001-3
17	中国共产党与中国人权	谷春德	法学家 2001-4
18	人权与社会主义法治	孙国华	法学家 2001-6
19	从犯罪控制与人权保护的辩证关系论沉默权尚需缓行	庞敏英	河北法学 2001-6
20	寻求保护人权与强化司法权之间的平衡——关于运用沉默权的一点思考	汤啸天	政治与法律 2001-2
21	欧洲人权公约对英国司法审查制度的影响	傅思明	法学杂志 2001-4
22	人权：WTO 多边贸易体制面临的新挑战	王恒	当代法学 2001-12
23	试论中国农民的人权发展	夏立平 岳悍惟	法学论坛 2001-2

2002 年

编号	题目	作者	出处
1	论宪法的人权保障功能	李步云	中国法学 2002-3
2	欧洲一体化进程中人权法律地位的演变	朱晓青	法学研究 2002-5
3	缔约国在实施国际人权条约方面的经验与问题	王光贤	法学评论 2002-2

续表

编号	题目	作者	出处
4	从信仰到人权——死刑废止论的起源	邱兴隆	法学评论 2002-5
5	《罗马规约》与国际刑事法院面临的法律问题	李雪平	法学评论 2002-6
6	经验传统与历史选择：英国早期人权进程分析	张立伟	现代法学 2002-1
7	不能简化的权利——评刑事简易程序中的国际人权标准	高一飞	现代法学 2002-4
8	维和行动与人权保护——以国际刑法为视角的思考	张旭 刘鹏	法制与社会发展 2002-4
9	论西方人权的三次嬗变	孙力	政治与法律 2002-3
10	律师在侦查阶段的维权作用——人权约法与我国法律的视角	刑克波 周伟	政治与法律 2002-4
11	性权与人权——从《性权宣言》说起	赵合俊	环球法律评论 2002 年-122 期
12	欧洲归来话人权	徐立志	环球法律评论 2002 年-123 期
13	英国 1998 年人权法案	梁淑英 黄列	环球法律评论 2002 年-124 期
14	非洲人权法院对欧美人权法院的借鉴——个体和非政府组织参与人权诉讼	洪永红 贺鉴	法学杂志 2002-6
15	论实施法律援助制度是保障人权的重要内容	刘凤泉	当代法学 2002-1
16	论欧洲人权保护中的个人申诉制度及其对非洲的借鉴作用	贺鉴	当代法学 2002-1
17	论弱势者的基本人权	杨叶红	当代法学 2002-8
18	人权、契约、分权制衡——近代西方宪政思想探源	谢非 顾晔	当代法学 2002-10
19	论审前羁押与人权保障	冯哲	当代法学 2002-10
20	论普遍人权	齐延平	法学论坛 2002-3

2003 年

编号	题目	作者	出处
1	知识产权的私权与人权属性——以《知识产权协议》与《世界人权公约》为对象	吴汉东	法学研究 2003-3
2	跨国公司的人权责任	刘满达	法学 2003-9
3	政治权利与人权观念	郭道晖	法学 2003-9
4	全球化、WTO、劳工权益与国际法——2002 年“全球化与国际法律问题国际学术研讨会”暨“中国北欧‘国际劳工标准与工人权利’和‘商业与人权’学术会议”综述	孙立文	法学评论 2003-1

续表

编号	题目	作者	出处
5	欧洲人权公约中的程序正义条款初探	徐亚文	法学评论 2003-5
6	论死刑适用的国际标准与国内法的协调	黄芳	法学评论 2003-6
7	司法是人权保障的最佳方式	王夏昊	现代法学 2003-2
8	作为人权的联合国行动权	李琦	法商研究 2003-5
9	试论人权的法制度	周静	法律科学 2003-3
10	论人权国际保护与国家主权	杨泽伟	法律科学 2003-6
11	保障人权与打击犯罪的平衡点——评《非法证据排除规则研究》	宋英辉	政法论坛 2003-1
12	中国宪法应如何设置人权	郑永流	政法论坛 2003-6
13	树立保障人权的执法理念	张文志	人民检察 2003-2
14	宪法应确立人权的刑事保护制度	张仲田 张华	人民检察 2003-8
15	略论强化追诉与保障人权的平衡——兼论检察机关公诉职能的价值取向与制度选择	周君	人民检察 2003-8
16	人权的革命与革命中的人权——对罗伯斯庇尔人权观的重新解读	黄金荣	法制与社会发展 2003-2
17	韩国法治化进程中人权的法律保护及其启示	杨春福	法制与社会发展 2003-6
18	家庭暴力：妇女面临的人权问题	黄列	环球法律评论 2003-2
19	国际人权法中不歧视原则的国内实施机制——加拿大与澳大利亚法律模式的借鉴	李薇薇	法学杂志 2003-4
20	正确认识国际法中的人权问题	沈敏容	法学杂志 2003-6
21	人权的性质	王建玲	当代法学 2003-3
22	试论引渡中主权与人权的冲突与协调	陈金涛	当代法学 2003-6
23	公民财产权的制度化路径——一个人权和宪政的视角	肖金明 冯威	法学论坛 2003-2

2004 年

编号	题目	作者	出处
1	“国家尊重和保障人权”的宪法分析	焦洪昌	中国法学 2004-3
2	人身保护令与人权保障——以刑事诉讼为主视角	邓智慧	中国法学 2004-4
3	渐进宪政的民主、法治和人权保障——以行政法为主线	王卓君	中国法学 2004-5
4	加强国际人权法的研究	白桂梅	法学研究 2004-2

续表

编号	题目	作者	出处
5	《公民权利和政治权利国际公约》的保留和解释性声明	赵建文	法学研究 2004-5
6	儿童免受性侵害的权利——对我国儿童性法律的审视	赵合俊	法学研究 2004-6
7	评刑事诉讼中人权保障的若干新论——与陈光中等教授商榷	陆锦碧	法学 2004-1
8	人权观念与人权入宪	郭道晖	法学 2004-4
9	死刑断想——从死刑问题国际研讨会谈起	邱兴隆	法学评论 2004-5
10	略论宪法的人本精神	王卓君	法学评论 2004-5
11	死刑存废之法律文化透视	李交发	法学评论 2004-6
12	国际法中受教育权的性质：权利和义务？	杨成铭	法学评论 2004-6
13	人权保障于我国民诉法的修改	廖中洪	现代法学 2004-3
14	国际法上的迁徙自由和移徙工人的权利保护——以中国农民工为例	李雪平	法律科学 2004-3
15	“人权”背景下对民诉法修改的几点思考	常怡	法学家 2004-3
16	论 TRIPS 协议框架下知识产权与人权的关系	张乃根	法学家 2004-4
17	人权的宪法保护的几个误区	王磊	法学家 2004-4
18	人权入宪的价值	童之伟	法学家 2004-4
19	宪法人权保障还需要保障什么？——论刑事正当程序入宪的必要性	张千帆	法学家 2004-4
20	尊重和保障人权与我国宪法的发展	吴新平	法学家 2004-4
21	宪法文本中“人权条款”的规范分析	韩大元	法学家 2004-4
22	论公民财产权宪法保障制度	张庆福	法学家 2004-4
23	经济和社会权利保障的理想与现实	左传卫	法商研究 2004-6
24	世界人权状况评估报告之评价	黎尔平	法商研究 2004-6
25	论人权的本原	李步云	政法论坛 2004-2
26	人权的本性与价值位阶	郭道晖	政法论坛 2004-2
27	试论 WTO 和人权的可协调性	莫世健	政法论坛 2004-2
28	中美人权学术研讨会综述	张力伟	政法论坛 2004-2
29	国际强行法保护的人权	白贵梅	政法论坛 2004-2
30	人权概念的正当性何在？——康德伦理学对人权概念（以生命权为例）之奠基性意义	赵雪纲	政法论坛 2004-5
31	刑事被害人人权保护的比较与思考	郭彦	人民检察 2004-6
32	刑事诉讼中的人权保障	薛胜利	人民检察 2004-8

续表

编号	题目	作者	出处
33	探求羁押与人权保障之平衡——羁押制度与人权保障理论研讨会综述	张建升	人民检察 2004-9
34	论环境权的人权属性	黄华弟	河北法学 2004-9
35	公司的人权责任	李红勃	河北法学 2004-9
36	人权的制度表达	刘红臻	法制与社会发展 2004-1
37	用宪法守护人权	朱振	法制与社会发展 2004-3
38	人权的全球化：概念与维度	何志鹏	法制与社会发展 2004-4
39	奸淫幼女的处罚：在法益保护与人权保障之间的抉择	李立众	政治与法律 2004-2
40	论我国监狱制度下罪犯的适当生活水准权——以国际人权公约为视角	刘健 蔡高强	政治与法律 2004-6
41	妇女人权与妇女法的修改	赵合俊	环球法律评论 2004-2
42	论国际人权法中的平等与不歧视	李薇薇	环球法律评论 2004-2
43	紧急状态下人权保障的比较研究——国内法和国际人权法的视角	郭春明 郭兴之	比较法研究 2004-2
44	1998 年《人权法案》及其对英国宪法的影响	李树忠	比较法研究 2004-4
45	人权入宪的法律价值	刘金国	法学杂志 2004-2
46	紧急状态下人权限制与保障	周佑勇	法学杂志 2004-4
47	人权入宪的理性思考	秦前红 陈俊敏	法学论坛 2004-3

2005 年

编号	题目	作者	出处
1	中国现代人权观念的起源	黎晓平	中国法学 2005-1
2	《公民权利和政治权利国际公约》第 14 条关于公正审判权的规定	赵建文	法学研究 2005-5
3	论死刑存废的条件	田禾	法学研究 2005-2
4	对物权与对人权的区分及其实质	冉昊	法学研究 2005-3
5	从国际法角度看受教育权的权利性质	杨成铭	法学研究 2005-5
6	人权、参政权与国家主权	叶必丰	法学 2005-3

续表

编号	题目	作者	出处
7	以人权保障为视角看犯罪构成	刘远 葛进	法学 2005-4
8	同性恋权利：特殊人权还是普遍人权——兼论大赦国际对同性恋权利的保护	黎尔平	法学 2005-10
9	人权冲突及人权的协调实现	徐小冰	法学 2005-11
10	人权保障视野中询问方法的合法运用	李建明	现代法学 2005-5
11	强制采样与人权保障之冲突与平衡	陈光中	现代法学 2005-5
12	人权保障：作为原则的意义	林来梵	法商研究 2005-4
13	国际人权保护机制的构成及发展趋势	黎尔平	法商研究 2005-5
14	知识产权与其他人权的冲突及其协调	黄玉烨	法商研究 2005-5
15	俄罗斯现行刑法的人权保障——以宪法和国际法为依据的人权价值取向及其规范表现	蒋慧玲	法律科学 2005-2
16	知识产权与人权：后 TRIPS 时代的知识产权国际保护	杨明 肖志远	法律科学 2005-5
17	人权概念映照下的刑事司法改革	陈卫东	法学家 2005-4
18	人权概念的理论分歧解析	叶传星	法学家 2005-6
19	从“人民主权”到“人权”——中国宪法学研究模式的变迁	张千帆	政法论坛 2005-2
20	国际人权法在中国人权法制建设中的地位和作用	班文战	政法论坛 2005-3
21	贯彻宪法原则 切实尊重和保障人权	王振川	人民检察 2005-1
22	以符合诉讼规律的方式侦查取证——“侦查取证与人权保护”理论研讨会述要	张建升	人民检察 2005-7
23	强制采样与人权保护	毛建平	人民检察 2005-9
24	环境权与宪法——从人权保障的观点谈环境权的宪法意涵	谢军安 谢雯	河北法学 2005-3
25	论冷战后联合国人权保障机制	贺鉴 赖建云	河北法学 2005-5
26	区域性人权保护制度对全球性国际人权保护的启示	贺鉴	河北法学 2005-6
27	人权保障的价值选择——我国刑事诉讼法修改的应然之路	宋世杰 彭海青	河北法学 2005-7
28	从人权保护的视角考察宣告死亡制度	欧阳春梦	河北法学 2005-8
29	宪法的社会性与人权的至高性	郭道晖	法制与社会发展 2005-1
30	中国传统人权观念再探——一个比较法文化的视角	李道刚	法制与社会发展 2005-2

续表

编号	题目	作者	出处
31	国家的人权保障责任与国家人权机构的建立	齐延平	法制与社会发展 2005-3
32	司法审查：尊重和保障人权的基准程序	周伟	政治与法律 2005-1
33	论跨国公司保护人权的社会责任	徐涛 张晨曦	政治与法律 2005-2
34	民事强制执行中的人权保障	田平安 马登科	政治与法律 2005-3
35	在国际人权框架下审视中国离婚财产分割方法	夏吟兰	环球法律评论 2005-1
36	“公正和有利的”工作条件权：消除工作场所性骚扰的措施	英格丽德·古贝	环球法律评论 2005-1
37	社会性别与妇女人权问题——兼论社会性别的法律分析方法	郭惠敏	环球法律评论 2005-1
38	让法律对社会性别做出回应：东亚和东南亚面临的发展挑战	露茜塔·S. 拉佐	环球法律评论 2005-1
39	社会性别与国际人权法	黄列	环球法律评论 2005-1
40	作为偶像崇拜的人权	迈克尔·伊格勒蒂夫	环球法律评论 2005-4
41	区域特征、区域制度与人权	阿里森·布莱斯基	环球法律评论 2005-4
42	欧洲人权制度中的“自由判断余地原则”述评	孙世彦	环球法律评论 2005-3
43	从 WTO 和人权国际保护角度评在中国推展 SA8000 标准	龚柏华 刘军	比较法研究 2005-1
44	人权概念的制度分析	莫纪宏 李岩	法学杂志 2005-1
45	政治文明建设与民主、法治、宪政、人权	谷安梁	法学杂志 2005-1
46	我国刑事诉讼强制与人权保障	祖鹏	法学杂志 2005-2
47	妇女发展权及其法律保障	汪习根 占红沣	法学杂志 2005-2
48	一部保护妇女人权的法案及其理性思考	王丽霞	法学杂志 2005-6
49	解读“国家尊重和保障人权”——析宪法修改对刑事诉讼法再修改的影响	汪海燕	当代法学 2005-2
50	论欧洲人权机构对家庭生活权的保护	杨成铭	法学论坛 2005-2
51	论刑事司法中的人权保障	黄伟明	法学论坛 2005-6
52	人权与人文	周叶中 江国华	法学论坛 2005-6

续表

编号	题目	作者	出处
53	国家人权保护义务与国家人权机构的功能	韩大元	法学论坛 2005-6
54	当前中国人权保障观的一种解析——以人口准入与迁徙自由为例	刘茂林 石绍斌	法学论坛 2005-6
55	刑法理念转变之我见——以人权保障为视角	彭金治	法学杂志 2005-3
56	人权概念的制度分析	莫纪宏 李岩	法学杂志 2005-1
57	论人权公约中的禁止歧视	朱振	当代法学 2005-4
58	国际刑法维度的人权思考	王勇	当代法学 2005-5
59	联合国六十年：回顾、反思、改革与前瞻——人权全球化与联合国的进程	何志鹏	当代法学 2005-5
60	论税收中的人权保障	李光宇	当代法学 2005-6
61	人权三论	范进学	当代法学 2005-8
62	刑事诉讼人权解析	刘少军 管宇	人民司法 2005-5
63	欧洲人权法院——强势和有效的国际人权保护司法机构	赵海峰 吴晓丹	人民司法 2005-8
64	美洲人权法院——在困难中前进的区域人权保护司法机构	赵海峰 窦玉前	人民司法 2005-12
65	非洲人权与民族权法院——国际人权保护体制的新篇章	李晶珠 王伟 赵海峰	法律适用 2005-6

2006 年

编号	题目	作者	出处
1	《经济、社会和文化权利国际公约》和 WTO	陈文敏	法学 2006-2
2	非政府组织对国际人权的保护	彭锡华	法学 2006-6
3	论立法在人权保障中的地位——基于“法律保留”的视角	秦前红	法学评论 2006-2
4	人权保护与我国刑事政策的价值选择	程应需	法学评论 2006-2
5	惩治恐怖主义犯罪中维护公共秩序与尊重人权的平衡	王秀梅	法学评论 2006-2
6	中国和平发展中妇女人权的国际法律保护	尹生	法学评论 2006-2
7	法律援助的国家责任——从国际人权法的视角考察	彭锡华	法学评论 2006-3
8	欧洲废除死刑的启示	喻贵英	法学评论 2006-3

续表

编号	题目	作者	出处
9	弱势群体保护之法哲学论纲	余少祥	法学评论 2006-6
10	一个理论的误区：死刑侵犯人权——从宪法学的角度看待虐待死刑问题	陈永鸿	法学评论 2006-6
11	人权法治全球化法理分析	汪习根	现代法学 2006-3
12	中国非政府人权组织面临的问题与出路	黎尔平	法商研究 2006-3
13	人权精神的危机与拯救	齐延平	法律科学 2006-6
14	我国宪法文本中作为人权限制理由的四个利益范畴之关系	刘连泰	法律科学 2006-4
15	国际人权标准与我国刑法人身权保护的发展方向	王世洲	法学家 2006-2
16	论中国宪法的人权表达	冉思东	法学家 2006-2
17	人性论、人道主义与人权研究	林喆	法学家 2006-6
18	我国罪犯人权的救济措施及自我保护途径	俞达祥	人民检察 2006-2
19	反恐与人权保障	郭理蓉	人民检察 2006-2
20	监狱检察与被羁押人的人权保护	白泉民	人民检察 2006-4
21	从《欧洲人权公约》看检察官的中立性	高峰	人民检察 2006-6
22	人权语境中的“好人”与“坏人”——从钟南山院士被抢说起	何家弘	人民检察 2006-9
23	公诉制度与人权保障	张仲芳	人民检察 2006-11
24	论发展权的实现途径	蒋素红	河北法学 2006-3
25	从国际劳工标准看农民工社会保障制度的完善	蔡高强	河北法学 2006-3
26	试论警察盘查权与人权保障	蒋连舟	河北法学 2006-4
27	冲突与平衡：诱惑侦查与人权保障的法律分析	王彬	河北法学 2006-5
28	水人权：人权法上的水权	胡德胜	河北法学 2006-5
29	论口供获取与人权保障	冀祥德	河北法学 2006-6
30	人权的来源与基础探究	何志鹏	法制与社会发展 2006-3
31	开发性移民之人权法解读	黄东东	政治与法律 2006-1
32	人权保障与和谐社会	王士如	政治与法律 2006-4
33	人权视野中的人格权	马俊驹 曹治国	政治与法律 2006-5
34	促进国内人权法发展的公益诉讼策略	温诺德·杰昌德	环球法律评论 2006-3
35	国际人权公约特点评述	张爱宁	比较法研究 2006-6

续表

编号	题目	作者	出处
36	《欧盟宪法条约》对欧盟人权保护的影响	杨成铭	法学杂志 2006-1
37	“国家尊重和保障人权”的规范意涵	严海良	法学杂志 2006-4
38	农民工子女平等受教育权之法理分析	刘潇潇	法学杂志 2006-4
39	保护人权与提高效率的平衡——欧洲人权法院 2004 年改革评析	赵海峰 窦玉前	法律适用 2006-1
40	澳大利亚的国内人权机构——从投诉处理和诉讼功能看澳大利亚人权与机会平等委员会	乔燕 杨小利	法律适用 2006-10
41	人权法治全球化法理分析	汪习根	法学论坛 2006-4

2007 年

编号	题目	作者	出处
1	人权公约与刑事诉讼法原则的修改	王敏远	法学研究 2007-4
2	文化多样性的主权、人权与私权分析	吴汉东	法学研究 2007-6
3	“国家尊重和保障人权”之法律关系解读	于沛霖	法学研究 2007-6
4	国家安全的强势保护与人权保障的极度旁落——《2006 年美国军事审判委员会法令》解读与评释	赵秉志	法学 2007-2
5	欧洲人权机构:《巴黎原则》的一种尝试	朱力宇	法学 2007-6
6	论尊重人权作为国际法的基本原则及其对中国和平发展的影响	张华	法学评论 2007-2
7	跨国公司社会责任的国际法规制	袁文全	法学评论 2007-3
8	试论《经济、社会和文化权利国际公约》中工作权的性质和内容	石磊	法学评论 2007-4
9	简论人权的民事诉讼保护	田平安	现代法学 2007-5
10	论发展权的法律救济机制	汪习根	现代法学 2007-6
11	论宪法原则在刑事司法领域的效力——以人权保障为视角	秦前红	法商研究 2007-1
12	法律选择中的人权保障问题——基于两大法系司法实践的比较研究	刘仁山	法商研究 2007-2
13	我国农村家庭暴力调查研究——以对农村妇女的家庭暴力为主要分析对象	陈苇	法商研究 2007-6
14	论联合国经济制裁中的人权保护——兼评联合国对朝鲜的经济制裁	李薇薇	法律科学 2007-2
15	环境权可司法性的法理与实证	吴卫星	法律科学 2007-6

续表

编号	题目	作者	出处
16	论从人权保障角度反腐败	王文华	法学家 2007-2
17	中国共产党根据地时期人权思想探析	王德志	法学家 2007-2
18	和谐人权：中国精神与人权文化的互济	齐延平	法学家 2007-2
19	知识产权与人权的关联辨析——对“知识产权属于人权”观点的质疑	郑万青	法学家 2007-5
20	难民保护面临的国际法问题及对策	张爱宁	政法论坛 2007-6
21	加强和改进监所检察保障在押人员人权	白泉民	人民检察 2007-1
22	欧洲人权法院视野中的审前羁押	郭明文 王建彪	人民检察 2007-6
23	联合国公约在刑事法治领域的贯彻——第二届“当代刑法国际论坛”综述	廖明	人民检察 2007-21
24	人、人权与刑事法	熊秋红	人民检察 2007-23
25	论健康权的宪法权利属性及实现	杜承铭	河北法学 2007-1
26	孕妇不适用死刑的国际人权法与国内法比较研究	王奎	河北法学 2007-1
27	论欧洲人权机构对人身自由与安全权的保护	杨成铭	河北法学 2007-2
28	论非洲的集体人权观与第三代人权的确认	曾龙 贺鉴	河北法学 2007-2
29	论私有财产权的人权属性及在人权体系中的地位	石佑启	河北法学 2007-3
30	全球化下的普遍人权批判：基于欧洲的视角——评 Global Law：A Triple Challenge	徐清飞	河北法学 2007-4
31	关于人权的探究——评《人的权利与人的多样性——人权哲学》	温静芳	河北法学 2007-4
32	论非洲区域性人权保护机制	章育良	河北法学 2007-4
33	略论国际刑事法院的量刑制度	赵秉志	河北法学 2007-5
34	人权保障目的优先论	魏琼	河北法学 2007-8
35	人权的法律保障与和谐社会的建构	张冬梅	河北法学 2007-10
36	人权观念的彰显和理性回归——对罪行法定主义历史嬗变的归结	周雄文	河北法学 2007-11
37	通过社区发展促进人权保护的实现	王维达	政治与法律 2007-1
38	论劳动争议中劳动者的人权保障	梁彤	政治与法律 2007-4
39	论发展权的可持续性——以人权看待可持续发展	习耕耘	政治与法律 2007-4
40	全球化时代中中国废除死刑的发展路径	姜涛	环球法律评论 2007-3
41	韩国实施《公民权利和政治权利国际公约》简介	金玄卿	环球法律评论 2007-4

续表

编号	题目	作者	出处
42	论人权的普遍性和特殊性	李步云	环球法律评论 2007-6
43	《公民权利和政治权利国际公约》的两份中文本：问题、比较与出路	孙世彦	环球法律评论 2007-6
44	送走瘟神之道——传染病控制与人权保障	龚向前	比较法研究 2007-6
45	人权法是客观性与主观性的辩证统一	陈佑武	法学杂志 2007-2
46	论国际人权法中的国家责任	王祯军	法学杂志 2007-5
47	“国家尊重和保障人权”之法律关系解读	于沛霖	法学杂志 2007-6
48	社会保障的人权保护	张姝	当代法学 2007-2
49	妇女权利的国际法保护：问题与变革	孙璐	当代法学 2007-4
50	酷刑性质探析	刘昂	当代法学 2007-5
51	论劳动争议诉讼中劳动者的人权保障	梁彤	政治与法律 2007-4
52	构建严格的死刑案件证明标准——基于人权的司法保障之实现	任志中 汪敏	法律适用 2007-5
53	反酷刑政策与罪犯人权保障	韩克芳	法学论坛 2007-2

2008 年

编号	题目	作者	出处
1	论残疾人劳动就业权的法律保护	许康定	法学评论 2008-3
2	论宪法中人民主权和基本人权原则的沟通——以哈贝马斯的宪法有效性理论为视角	李龙 李小萍	法律科学 2008-1
3	罗隆基：一个人权理论的构建	刘志强	河北法学 2008-4
4	人权法研究：问题与方法简论	孙世彦	法制与社会发展 2008-2
5	论人权到近代民权的重构——兼论近代民权催生的本土机制	袁兵喜	政治与法律 2008-1
6	中国刑法中未成年人犯罪处罚措施的完善——基于国际人权法视角的考察	高铭瑄 张杰	法学论坛 2008-1

注：中文核心期刊目录（2008 年版）

D9 法律

1. 中国法学 2. 法学研究 3. 法学 4. 法学评论 5. 中外法学 6. 现代法学 7. 法商研究 8. 法律科学 9. 法学家 10. 政法论坛 11. 人民检察 12. 河北法学 13. 法制与社会发展 14. 政治与法律 15. 环境法律评论 16. 比较法研究 17. 法学杂志 18. 当代法学 19. 人民司法 20. 法

律适用　21. 法学论坛

二　近年来有关人权研究的中文著作目录

1989 年

- 《人权宣言》，王德禄、蒋世和著，求实出版社，1989 年。

1990 年

- 《世界人权约法总览》，董云虎、刘武萍著，四川人民出版社，1990 年。
- 《民主自由人权问题答问》，杨尔烈、汪锡奎著，江苏人民出版社，1990 年 11 月。
- 《民主、自由、人权》，郑杭生著，上海人民出版社，1990 年 3 月。

1991 年

- 《当代人权 ABC》，庞森著，四川人民出版社，1991 年。
- 《中国的人权状况》，国务院新闻办公室编，中央文献出版社，1991 年。
- 《人权论》，叶立煊、李似珍著，福建人民出版社，1991 年。
- 《〈中国的人权状况〉（白皮书）学习资料》，中国的人权状况白皮书学习资料编写组主编，红旗出版社，1991 年。
- 《人权的理论与实践》，谷春德著，陕西人民出版社，1991 年。
- 《人权哲学》，［英］A. J. M. 米尔恩著，王先恒、施青林译，东方出版社，1991 年 2 月。
- 《马克思主义人权观》，周洪林、倪振峰著，辽宁教育出版社，1991 年。
- 《社会主义人权概念》，［苏］B. 奇希克瓦、P. 卢卡绍娃主编，范习新译，社会科学文献出版社，1991 年。

1992 年

- 《当代人权》，中国社会科学院法学研究所编，中国社会科学出版社，1992 年。

内容简介：本书分：人权的概念、马克思主义人权观、社会主义中国的人权保障、国家主权与人权的国际保护 4 编，收论文近 30 篇。

- 《人权概念起源》，夏勇著，中国政法大学出版社，1992 年。

内容简介：本书内容包括权利现象与权利概念、古代人权萌芽、近代人权概念的形成等3篇，对人权原理进行了全面研究。

- 《人权思想与人权立法》，许崇德、张正钊、韩大元著，中国人民大学出版社，1992年。
- 《新人权论》，孙哲著，河南人民出版社，1992年。
- 《西藏的主权归属与人权状况》，国务院新闻办公室编，民族出版社，1992年 。
- 《上海监狱人权纪录》，王飞、史益华著，上海人民出版社，1992年。
- 《人权理论与国际人权》，李龙、万鄂湘著，武汉大学出版社，1992年。
- 《人权学习指导》，人权学习指导编委会主编，华龄出版社，1992年。
- 《人权知识问答》，王建伟、李超元编，天津人民出版社，1992年。
- 《中国人权概论》，李敬敏编，四川人民出版社，1992年。
- 《马克思恩格斯列宁斯大林毛泽东论人权》，中共中央宣传部研究室主编，中共中央党校出版社，1992年。
- 《中国人权的保障与发展》，牛勇编，山西高校联合出版社，1992年。
- 《马克思主义人权理论概要》，黎国智编，四川大学出版社，1992年。

1993年

- 《国际人权文件与国际人权机构》，中国社会科学院法学研究所主编，中国社会科学出版社，1993年2月。

内容简介：本书包括联合国系统的人权文件71件（截至1991年12月）和区域性人权文件18件，国际人权机构，包括联合国系统的人权机构42个，区域性人权机构10个。

- 《人权：走向自由的标尺》，孙国华著，山东人民出版社，1993年。
- 《毛泽东的人权观》，巴图著，中国政法大学出版社，1993年。
- 《当代中国人权论》，黄楂森著，当代中国出版社，1993年。
- 《现代人权论》，宋惠昌著，人民出版社，1993年。
- 《民主政治与法治人权》，陈春龙著，社会科学文献出版社，1993年。

内容简介：本书文章是作者自1978年党的十一届三中全会以来关于民主执政和法治人权方面的部分文章近30篇，分为依法治国、法学体系、人权保护、多党合作4部分。

- 《国际人权论》，赖彭城著，上海人民出版社，1993年。
- 《人权初论》，孙纪成著，云南人民出版社，1993年。

- 《人权问题》，许崇温著，重庆出版社，1993年。
- 《美国人权与人权外交》，张宏毅著，人民出版社，1993年。
- 《世界人权纵横》，夏旭东编，时事出版社，1993年。
- 《中国人权状况概论》，鲍怀谦、宫海林编，中原农民出版社，1993年。
- 《社会主义与人权问题》，高崖编，哈尔滨船舶工业学院出版社，1993年。
- 《社会党和民主社会主义人权观》，吴雄丞、张中运编，四川人民出版社，1993年。
- 《人权的是与非》，徐建一　葛洪泽编，西南财经大学出版社，1993年。

1994年

- 《人权史话》，郑杭生、谷春德著，北京出版社，1994年。
- 《西方人权学说》（上下），沈宗灵、黄枬森著，四川人民出版社，1994年。
- 《人权基本文献要览》，董云虎编，辽宁人民出版社，1994年。
- 《发展中国家与人权》，刘楠来著，四川人民出版社，1994年。
- 《当代中国人权状况报告》，刘书林著，辽宁人民出版社，1994年。
- 《民主自由人权文献资料选编》，李宏钧编，辽宁大学出版社，1994年。
- 《世界各国人权约法》，董云虎、刘武萍主编，四川人民出版社，1994年。
- 《人权理论与实践》，张湘霓编，河南人民出版社，1994年。
- 《马克思主义人权理论》，李洙泗主编，四川人民出版社，1994年。
- 《国际人权法》，万鄂湘、郭克强著，武汉大学出版社，1994年。

1995年

- 《人权问题研究》，赵曜，王正萍著，中共中央党校出版社，1995年。
- 《从〈通鉴〉到人权研究：我的学术道路》，张芝联著，三联书店，1995年10月。
- 《国际人权法概论》，伯根索尔著，顾世荣、潘维煌译，中国社会科学出版社，1995年。
- 《人性·人权·人生》，姜玲玉编，大连理工大学出版社，1995年。
- 《论马克思主义人权观》，冯卓然编，江苏教育出版社，1995年。

1996 年

- 《当代人权理论与实践》，李林编，吉林大学出版社，1996 年。

  内容简介：本书包括：社会主义人权的基本理论与实践、当代人权理论、中国人权保障的实践、国际人权的理论与实践四部分内容。
- 《国际法上的人权》，白桂梅著，北京大学出版社，1998 年。
- 《妇女与人权》，信春鹰编，吉林大学出版社，1996 年。
- 《美国与国际人权法》，刘杰著，上海社会科学院出版社，1996 年。
- 《人权与世界》，刘升平、夏勇编，人民法院出版社，1996 年。
- 《邓小平人权思想研究》，夏晓明著，红旗出版社，1996 年。
- 《马克思主义人权观与中国少数民族》，韩敬编，云南人民出版社，1996 年。

1997 年

- 《马克思主义人权理论与实践》，郑杭生、谷春德、朱立宇主编，中国检察出版社，1997 年 7 月
- 《评美国人权和人权报告》，国务院新闻办公室编，五洲传播出版社，1997 年。
- 《人权与科学技术发展》，C. G. 韦拉德曼特里编，张新宝等译，知识出版社，1997 年。
- 《中国的人权：关于人权的白皮书汇编》，中国人权研究会编，五洲传播出版社，1997 年。

1998 年

- 《中国人权百科全书》，王家福、刘海年主编，中国大百科全书出版社，1998 年。

  内容简介：全书主体内容从逻辑上分为七个方面，即人权总论、人权历史、权利与自由、各国人权立法概况、国际人权文件、人权案例及人权机构与组织，共收条目 1048 个，并在正文之后附录若干有代表性的人权文献和其他资料。
- 《论人权》，中国人权研究会办公室编，朱穆之著，五洲传播出版社，1998 年。
- 《中国罪犯人权研究》，鲁加伦编，法律出版社，1998 年 9 月。

- 《东方人看人权：东亚国家人权观透视》，罗艳华著，新华出版社，1998年。
- 《妇女与人权》，董云虎、张晓玲编，新华出版社，1998年。
- 《从国际法看人权》，董云虎、富学哲编，新华出版社，1998年。
- 《人权：中美较量备忘录》，董云虎编，四川人民出版社，1998年。
- 《国际人权与发展：中国和加拿大的视角》，白桂梅编，法律出版社，1998年。
- 《当代中国与人权》，钟瑞添著，广西师范大学出版社，1998年。
- 《美国人权问题研究》，石云霞，武汉大学出版社，1998年。
- 《〈世界人权宣言〉与中国人权》，中国人权研究会编，四川人民出版社，1998年。
- 《当代中国法制建设与人权保护》，李招忠、高扬先著，湖南师范大学出版社，1998年。
- 《平等自治发展：中国少数民族人权保障模式》，董云虎、隋青等编，新华出版社，1998年。
- 《人权与国际关系》，［英］R. J. 文森特著，凌迪等译，知识出版社，1998年。
- 《人口政策中的人权问题》，托马瑟夫斯基著，毕小青译，中国社会科学出版社，1998年。

1999年

- 《西藏人权研究》，史金波、姚兆麟、李坚尚著，中国藏学出版社、中国社会科学出版社，1999年10月。
- 《人权：从世界到中国——当代中国人权利理论和实践》，谷春德、郑杭生主编，党建读物出版社，1999年9月。
- 《人权与司法：中国—丹麦司法中的人权保障学术研讨会文集》，刘海年、李林编，中国法制出版社，1999年。
- 《世界人权宣言：努力实现的共同标准》，［瑞典］格德门德尔·阿尔弗雷德松、［挪威］阿斯布佐恩·艾德编，中国人权研究会译，四川人民出版社，2000年。
- 《欧洲人权法院判例评述》，万鄂湘编，湖北人民出版社，1999年。

2000 年

- 《人权与宪政：中国—瑞士宪法国际研讨会文集》，刘海年、李林编，中国法制出版社，1999 年。
- 《人权与 21 世纪》，王家福、刘海年、李林编，中国法制出版社，2000 年。

内容简介：本书内容包括：第一部分，人权的文化基础；第二部分，国际人权公约的实施；第三部分，人权的法律保护。

- 《走向权利的时代》（修订本），夏勇著，中国政法大学出版社，2000 年 1 月。
- 《人权概念起源：权利的历史哲学》，夏勇著，中国政法大学出版社，2001 年。
- 《人权保护区域化的尝试：欧洲人权机构的视角》，杨成铭著，中国法制出版社，2000 年。
- 《人权与国际关系》，朱锋著，北京大学出版社，2000 年。
- 《人权是什么?》弗莱纳著，谢鹏程译，中国社会科学出版社，2000 年。
- 《毛泽东人权思想与实践研究》，侯成亚、李声禄著，四川人民出版社，2000 年。
- 《中国最有资格讲人权》，鲜开林著，国防大学出版社，2000 年。
- 《历史·价值·人权：重读马克思》，徐俊忠等著，广东高等教育出版社，2000 年。
- 《中国人权年鉴》，中国人权研究会编，当代世界出版社，2000 年。
- 《当代世界人权问题分析》，房广顺著，辽宁大学出版社，2000 年。
- 《侦查程序与人权》，孙长永著，中国方正出版社，2000 年。
- 《反酷刑：当代中国的法治和人权保护》，陈云生著，社会科学文献出版社，2000 年。
- 《国际人权体制：历史的逻辑与比较》，刘杰著，上海社会科学院出版社，2000 年。
- 《中德人权发展与社会经济文化》，中国人权发展基金会编，新星出版社，2000 年。
- 《联合国人权公约和刑事司法文献汇编》，程味秋、杨宇冠编，中国法制出版社，2000 年。

2001 年

- 《人权法学》，杨成铭著，中国方正出版社，2001 年 1 月 1 日。
- 《邓小平理论学习读本》，冯卓然、房宁等著，京华出版社，2001 年 4 月。
- 《人权与法制》，罗玉中等著，北京大学出版社，2001 年 7 月 1 日。
- 《论人权与主权：兼论“人权高于主权”论》，中国人权研究会编，当代世界出版社，2001 年。
- 《人权研究》，徐显明主编，山东人民出版社，2001 年。
- 《美国人权外交政策》，周琪著，人民出版社，2001 年。
- 《反对邪教保障人权》，中国反邪教协会编，科学普及出版社，2001 年。
- 《刑事诉讼人权保障的运行机制研究》，孙孝福著，法律出版社，2001 年。
- 《迈向自由平等的阶梯：人权漫话》，张湘霓、孙红著，河南大学出版社，2001 年。
- 《妇女的人权：国家和国际的视角》，丽贝卡·J. 库克编，黄列译，中国社会科学出版社，2001 年。

内容简介：本书对《妇女公约》和国际人权法的支持性规定及机制如何能够在追求妇女的平等、保护和个人尊严中成为有效工具做一次探索。书中论及妇女和她们的家庭之间的相互作用。

2002 年

- 《国际人权法教程》（上、下），国际人权法教程项目组编，中国政法大学出版社，2002 年。
- 《人权研究》（第二卷），徐显明主编，山东人民出版社，2002 年 11 月。
- 《人权与外交：人权与外交国际研讨会论文集》，周琪编，时事出版社，2002 年。
- 《民主·自由·人权·正义：一个社会主义者的解读》，李云龙等著，河南人民出版社，2002 年。
- 《法治社会的基本人权：发展权法律制度研究》，汪习根著，中国人民公安大学出版社，2002 年。
- 《人权的终结》，杜兹纳著，郭春发译，江苏人民出版社，2002 年。

- 《人权发展与法制建设》，中国人权发展基金会编，新星出版社，2002 年。

2003 年

- 《中国人权文库》（共 6 本），包括：《中国签署批准的国际人权公约》、《中国人权法律文献》、《中国人权白皮书汇编》、《中国人权的基本立场和观点》、《西方人权观与人权外交》、《人权与主权》，中国人权发展基金会主编，2003 年。
- 《人权问题的法理学研究》，王启富、刘金国主编，中国政法大学出版社，2003 年 1 月 1 日。
- 《人权要论》，周晓军著，宁夏人民出版社，2003 年 1 月。
- 《中国人权》，中国人权研究会、人民画报社编，中国画报出版社，2003 年 6 月。
- 《基本人权保护与法律实践》，关今华著，厦门大学出版社，2003 年 9 月 1 日。
- 《法治视野下的人权问题》，白桂梅著，北京大学出版社，2003 年 9 月 1 日。
- 《认真对待人权》，［美］德沃金著，广西师范大学出版社，2003 年 12 月
- 《人权研究》 （第三卷），徐显明主编，山东人民出版社，2003 年 12 月。
- 《人权法学》（高等政法院校通用教材），杨成铭主编，中国方正出版社，2003 年 12 月。
- 《如何根除酷刑：中国与丹麦酷刑问题合作研究》，夏勇、莫顿·凯依若姆主编，社会科学文献出版社，2003 年。

内容简介：本书由社会科学院法学研究所的专家学者及丹麦学者共同完成。全书共分八编二十九章，就反酷刑的理论与机制、历史与现状、警察制度、被关押人的待遇、酷刑受害者的补救和康复等问题作了较为深入的探讨和研究。首先该书从时间和空间的角度介绍了国家使用暴力这一现象的文化历史背景。讨论了有关的法律渊源，包括私人警察在内的警察制度，分析了刑事调查程序中发生的虐待的可能性及酷刑受害者康复方面的经验。最后讨论了死刑这一酷刑问题的特殊性。书中既有典型的案例分析，又不乏精辟的论述。

2004 年

- 《人权民主法治论丛》，谷春德著，中国检察出版社，2004 年 1 月 1 日。
- 《人权法论》，尹奎杰著，吉林人民出版社，2004 年 1 月。
- 《复旦人权研究》，复旦大学人权研究中心主编，复旦大学出版社，2004 年 4 月 1 日。
- 《人权与国际刑法》，张旭著，法律出版社，2004 年 5 月 1 日。
- 《中国国际人权公约集》，胡志强主编，中国对外翻译出版公司，2004 年。
- 《超期羁押与人权保障》，高检检察研究所主编，中国检察出版社，2004 年 7 月 1 日。
- 《中国人权年刊》（第一卷 二〇〇三），威廉·夏巴斯、黄列主编，社会科学文献出版社，2004 年 8 月。

内容简介：本书是《中国人权年刊》的创刊号，集中介绍分析不同经济背景下，受不同法律思想和传统影响的中国和欧盟在人权保护方面的理论和实践，探讨如何促进联合国人权两公约在国内的实施。

- 《中共人权理论与中国人权立法》，张继良著，中国社会科学出版社，2004 年 10 月 1 日。
- 《马克思主义视野中的人权》，陈波著，中国社会科学出版社，2004 年 10 月 1 日。
- 《人权与国家主权》，刘杰著，上海人民出版社，2004 年 11 月。
- 《国际人权法》（21 世纪法学规划教材），徐显明主编，张爱宁、班文战副主编，法律出版社，2004 年 11 月。
- 《人权研究》，徐显明主编，山东人民出版社，2004 年 12 月 1 日。
- 《当代人权理论》，高连升著，军事科学出版社，2004 年 12 月。
- 《儒家传统与人权、民主思想》，陈启智、张树骅编，齐鲁书社，2004 年。

2005 年

- 《人权法学》，李步云主编，高等教育出版社，2005 年 2 月。

内容简介：本书为普通高等教育“十五”国家级规划教材，全书系统阐述了人权的基本原理和国内、国际人权法律制度，除绪论外，共分三编、十七章，由国内知名学者编写完成。

- 《联合国人权公约机构与经典要义》（人和刑事司法国际准则丛书），杨宇冠主编，中国人民公安大学出版社，2005 年 3 月。
- 《人权教育手册》，“人的安全网络”组主编，李保东译，三联书店，2005 年 3 月。

内容简介：本书介绍了什么是人权、人权和人的安全、人权的历史和哲学观、人权的概念和性质、人权的普遍标准、国际人权文书的执行等。

- 《检察权的规范运作与人权保障》，储国木梁、孙万怀著，法律出版社，2005 年 3 月 1 日。
- 《主权、人权、国际组织》，李先波等著，法律出版社，2005 年 4 月。

内容简介：本书分为三编：主权、人权、国际组织，共 11 章。

- 《刑事再审程序与人权保障》，陈光中主编，北京大学出版社，2005 年 4 月。
- 《人权法学》（21 世纪高等院校教材），南京大学法学院人权法学教材编写组主编，科学出版社，2005 年 5 月。
- 《自然法理论的演进：西方主流人权观探源》，申建林著，社会科学出版社，2005 年 5 月 1 日。
- 《羁押制度与人权保障》，陈卫东著，中国检察出版社，2005 年 5 月 1 日。
- 《中国人权在行动》，董云虎、王进军、常健主编，四川人民出版社，2005 年 6 月。
- 《国际人权公约与中国——国际问题丛书》，莫纪宏著，世界知识出版社，2005 年 7 月。

内容简介：本书比较全面和系统地探讨了中国在签署和批准联合国通过《经济、社会和文化权利国际公约》和《公民权利和政治权利国际公约》后，如何处理国内法与两个国际人权公约之间的关系以及如何采取国内法上的有效措施来保障两个国际人权公约中所规定的普遍人权能够在中国得到尊重、保护和实现等备受国内法学界和人权理论界关注的热点问题。

- 《人权法评论》（第一卷），周伟著，北京大学出版社，2005 年 8 月。
- 《法治与宪政的变迁》，李林著，社科出版社，2005 年 9 月。
- 《死刑——中外关注的焦点》，陈泽宪主编，中国人民公安大学出版社，2005 年 9 月。

内容简介：严格限制死刑适用，逐步减少死刑，直至最终废止死刑，是不可逆转的世界潮流。中国的死刑刑事政策是：保留死刑，严格控制死刑。

该书围绕死刑问题，展开全方位的深入探讨，汇集国内外从法哲学、法史学、诉讼法学、刑法学、国际法学、人权法学、社会学、伦理学等视角的精品之作。该书是我院刑事法学重点学科论坛的文集。

- 《全球化与宪政》，莫纪宏主编，法律出版社，2005 年 9 月。

内容简介：全球化与宪政是近年来各国理论界探讨的热门话题。该书探讨了全球化与宪政、全球化对制宪活动的影响、人权国际保护对民族国家宪政的影响、全球民主化与民族国家的政党政治、全球化与结社自由的法律保护、环境权与全球生态保护、全球化与外国人的权利保护、宪法诉讼与个人申诉机制的国际化、人权教育和人权国际合作与交流、全球化与当代宪政的发展趋势，对于理解全球化和深化宪政的认识具有重要意义。

2006 年

- 《人权保障法学研究》，关今华著，人民法院出版社，2006 年 1 月。
- 《人权入宪与人权法制保障》，中国人权研究会主编，团结出版社，2006 年。
- 《刑事一审程序与人权保障》，陈光中主编，北京大学出版社，2006 年 6 月。
- 《刑事法治与人权保障》，曲伶俐主编，中国法制出版社，2006 年。
- 《刑事司法公正与人权保障》，黄力、杨松才编，湖南人民出版社，2006 年。
- 《检察官人权指南》，国际检察官联合国编，杨宇冠、李立译，中国检察出版社，2006 年。
- 《人权理论基本问题》，张晓玲著，中共中央党校出版社，2006 年。
- 《公安执法与人权保障》，萧伯符，中国人民公安大学出版社，2006 年。
- 《发展权论》，姜素红著，湖南人民出版社，2006 年。
- 《中国人权史：生存权篇》，毛汉光著，广西师范大学出版社，2006 年。
- 《欧洲人权法原则与判例》，[英] 克莱尔·奥维、罗宾·怀特著，何志鹏、孙璐译，北京大学出版社，2006 年。
- 《中国人权年刊》（第二卷 二〇〇四），网络指导委员会编，孙世彦、威廉·夏巴斯执行主编，社会科学文献出版社，2006 年 6 月。

内容简介：本卷为《中国人权年刊》第二卷。集中展示中国与欧盟学者对结社自由、少数人权利保护、非政府组织能力建设和人权司法保障等人权问题的研究成果。本卷涉及在国际、区域和国家层面上尊重、保护和促进这些人权的理论、规定与实践，对于中国了解欧洲的实践与研究的经验，同时使世界了解中国人权事业的进步和人权研究的进展，加强中欧双方在人权领域中的交流，具有重要的学术价值和现实意义。

- 《中国人权年刊》（第三卷 二〇〇五），网络指导委员会编，毕小青、威廉·夏巴斯执行主编，社会科学文献出版社，2006 年 12 月。

  内容简介：《中国人权年刊》是由中国社会科学院法学研究所、国际法研究中心与人权研究中心主办的高水平的人权研究书刊，以中英双语同时出版，致力于刊登中外学者从法学、哲学、政治学、历史学、社会学、国际关系学等角度对人权的理论、规定、实践等各方面进行研究的最新成果。本刊为“中国—欧盟联合国人权两公约学术网络”专号，共收集论文 31 篇，分别从健康权与社会保障权、加强辩护权、公司的社会责任和性别与法律等方面的人权问题。本书对读者了解中国人权现状和人权研究最新进展以及欧洲相关理论和经验，具有重要的参考价值。

2007 年

- 《妇女与国际人权法》（第一卷），［美］凯利·D. 阿斯金、多萝安·M. 科尼格编，黄列、朱晓青译，三联书店，2007 年 3 月。

  内容简介：本书所采用的国际人权法基本理论与妇女置身的现实状况相结合的写作方式，能给读者启发与警醒。能够使读者从一个不同的视角，了解生活在不同国度的妇女所处的相似的和不相似的境遇以及难以逾越的相似的和不相似的障碍。

- 《人权国际保护与国内实践研究》，蔡高强著，法律出版社，2007 年 4 月。
- 《人权法的若干理论问题》，李步云等著，湖南人民出版社，2007 年 5 月。

内容简介：本书主要研究“中国的人权理论和制度建构”方面的问题，书中详细探讨、研究了：什么是人权法、契约精神与宪政、人权的两重性及其基本矛盾、人权的本质与价值位阶、行政权力与公民权利的关系、权利与义务的辩证统一等方面的课题。

- 《习惯国际人道法》，［比］亨克茨等著，法律出版社，2007 年 9 月 1 日。
- 《国际人权法：美洲区域的理论和实践》，谷盛开著，山东人民出版社，2007 年 2 月 1 日。

- 《人权研究》第6卷，徐显明著，山东人民出版社，2007年。
- 《罪犯人权保障手册》，王秉中、高畅、张青编，法律出版社，2007年1月。
- 《环境人权/权力、伦理与法律》（走向生态文明丛书），汉考克著，李凖译，重庆出版社，2007年。
- 《人权报道读本》，李希光、郭晓科主编，清华大学出版社，2007年4月。
- 《国际人权公约与中国法制建设》，谭世贵著，武汉大学出版社，2007年。
- 《中外刑罚执行监督与人权保护》，白泉民著，中国检察出版社，2007年。
- 《当代中国人权保障法律制度研究》，林喆主编，山东人民出版社，2007年4月。
- 《隐私权的宪法保护》，王秀哲著，社会科学文献出版社，2007年5月。
- 《〈公民权利和政治权利国际公约〉与中国刑事司法》，岳礼玲著，法律出版社，2007年3月
- 《国际法上的贸易与人权问题研究》，李春林著，武汉大学出版社，2007年10月。
- 《作为人权的社会权》，龚向和著，人民出版社，2007年12月1日。
- 《人权保障的理论与实践：第七届中德人权对话》，中国人权发展基金会编，外文出版社，2007年。
- 《紧急状态下的人权克减研究》，李卫海著，中国法制出版社，2007年。
- 《中瑞刑事法中人权保护比较研究》，罗昌平编，上海人民出版社，2007年。

2008年

- 《人权研究》（第七卷），徐显明主编，山东人民出版社，2008年2月。
- 《艾滋病与人权保护》，蔡高强著，中国法制出版社，2008年1月1日。

三　近年来有关人权研究的英文论文目录

《Human Rights》2003—2008 年 6 月发表的人权研究论文

编号	题目	作者	出处
1	Introduction: Wars on terrorism threaten civil liberties and human rights	Robert F Drinan	Winter 2003. Vol. 30, Iss. 1
2	End of life care: A human rights issue	Kathryn L Tucker	Spring 2003. Vol. 30, Iss. 2
3	Equal in word of law: The rights of lesbian and gay people in South Africa	Wendy Isaack	Summer 2003. Vol. 30, Iss. 3
4	Environmental Justice: An Unalienable Right for All	Hilda L Solis	Fall 2003. Vol. 30
5	Dead Man Pausing: The Continuing Need for a Nationwide Moratorium on Executions	Deborah T Fleischaker	Winter 2004. Vol. 31, Iss. 1
6	We Are Where We Live: Seniors, Housing Choice, and the Fair Housing Act	Michael Allen	Spring 2004. Vol. 31, Iss. 2
7	Forced Ranking and Age-Related Employment Discrimination	Tom Osborne	Spring 2004. Vol. 31, Iss. 2
8	Reconciling Faith and Livelihood: Religion in the Workplace and Title VII	Richard T Foltin	Summer 2004. Vol. 31, Iss. 3
9	Protection for Lesbian, Gay, Bisexual, and Transgender Employees Under Title VII of the 1964 Civil Rights Act	Courtney Joslin	Summer 2004. Vol. 31, Iss. 3
10	Filling the Gaps: Women, Civil Rights, and Title IX	Kristen M Galles	Summer 2004. Vol. 31, Iss. 3
11	Using Human Rights to Combat the HIV/AIDS Pandemic	Lesley Stone	Fall 2004. Vol. 31, Iss. 4
12	Human Rights and the President's AIDS Initiative	Leonard S Rubenstein	Fall 2004. Vol. 31, Iss. 4
13	HIV/AIDS, National Security, and Global Stability	Michael Pates,	Fall 2004. Vol. 31, Iss. 4
14	America's Epidemic: HIV/AIDS and People of Color	Gloria J Browne-Marshall	Fall 2004. Vol. 31, Iss. 4
15	The Convention on the Rights of the Child	Anonymous.	Winter 2005. Vol. 32, Iss. 1

续表

编号	题目	作者	出处
16	Ending Child Poverty	Deborah Cutler-Ortiz	Winter 2005. Vol. 32, Iss. 1
17	Child Soldiers: Changing a Culture of Violence	Jo Becker	Winter 2005. Vol. 32, Iss. 1
18	Child Poverty in the United States: The Need for a Constitutional Amendment and a Cultural Sea Change	Robert C Fellmeth	Winter 2005. Vol. 32, Iss. 1
19	Race and Housing Rights in the United States: The View from Baltimore	Philip Tegeler.	Summer 2005. Vol. 32, Iss. 3
20	A Civil Right to Counsel for the Poor	Paul Marvy	Summer 2005. Vol. 32, Iss. 3
21	Access to Justice in the New Millennium Achieving the Promise of Pro Bono	Scott L Cummings.	Summer 2005. Vol. 32, Iss. 3
22	Housing Rights Are Human Rights	Mayra Gomez	Summer 2005. Vol. 32, Iss. 3
23	The Human Rights of Students in Public Schools: Principles and Trends	Aaron H Capl	Fall 2005. Vol. 32, Iss. 4
24	The Extent and Limitations of Teathers' Rights	Alexander Wohl	Fall 2005. Vol. 32, Iss. 4
25	Protecting the Sacred	Courtney Ann Coyle	Spring 2006. Vol. 33, Iss. 2
26	Protecting and Preserving Indigenous Communities in the Americas	F Michael Willis	Spring 2006. Vol. 33, Iss. 2
27	When Human Rights Are Swept Away	Jerome Reide	Fall 2006. Vol. 33, Iss. 4
28	Human Rights and Natural Disaster: The India Ocean Tsunami	Hope Lewis	Fall 2006. Vol. 33, Iss. 4
29	Civil Rights and the American Bar Association	Paul M Lgasaki	Winter 2007. Vol. 34, Iss. 1
30	The Global Debate on the Death Penalty	Sandra Babcock	Spring 2007. Vol. 34, Iss. 2
31	Human Rights Hero	Jeffrey Kahn	Fall 2007. Vol. 34, Iss. 4
32	Stem Cell without Embryos: Solving Dilemmas for Human Rights?	Julie A Burger	Fall 2007. Vol. 34, Iss. 4
33	The Future is now Promoting Human Rights in the Context of Bioethics	Roby S Shapiro	Fall 2007. Vol. 34, Iss. 4

《Human Rights Quarterly》2003—2008 年 6 月年发表的人权研究论文

编号	题目	作者	出处
1	Courts across borders: The implications of judicial agency for human rights and democracy	David Jacobson	Feb 2003. Vol. 25, Iss. 1
2	Groups and the African Charter on Human and Peoples' Rights	Rachel Murray	Feb 2003. Vol. 25, Iss. 1
3	Human rights dynamics of abortion law reform	Rebecca J Cook	Feb 2003. Vol. 25, Iss. 1
4	International human rights law: Imperialist, inept, and ineffective? Cultural relativism and the UN Convention on the Rights of the Child	Sonia Harris-Short	Feb 2003. Vol. 25, Iss. 1
5	Law and the Inter-American human rights system	Lindsay Moir	Feb 2003. Vol. 25, Iss. 1
6	Torture as Tort: Comparative Perspectives on the Development of Transnational Human Rights Litigation	Susan Mathews	Feb 2003. Vol. 25, Iss. 1
7	Who shall be judge?: The United States, the International Criminal Court, and the global enforcement of human rights	Jamie Mayerfeld	Feb 2003. Vol. 25, Iss. 1
8	From conquest to constitutions: Retrieving a Latin American tradition of the idea of human rights	Paolo G Carozza	May 2003. Vol. 25, Iss. 2
9	Human Rights, An Interdisciplinary Approach	Richard Pierre Claude	May 2003. Vol. 25, Iss. 2
10	Is respect for human rights rewarded? An analysis of total bilateral and multilateral aid flows	Eric Neumayer	May 2003. Vol. 25, Iss. 2
11	Rights talk and the experience of law: Implementing women's human rights to protection from violence	Sarah Joseph	May 2003. Vol. 25, Iss. 2
12	The politics of being non-political: Human rights organizations and the creation of a positive human rights culture in Uganda	Susan Dicklitch	May 2003. Vol. 25, Iss. 2
13	The role of NGOs in the formulation of compliance with the optional protocol to the convention on the rights of the child on involvement of children in armed conflict	Clair Breen	May 2003. Vol. 25, Iss. 2
14	The UN as a human rights violator? Some reflections on the United Nations changing human rights responsibilities	Frederic Megret	May 2003. Vol. 25, Iss. 2
15	Does membership have its privileges?: Entrance into the Council of Europe and compliance with human rights norms	Pamela A Jordan	Aug 2003. Vol. 25, Iss. 3
16	International Human Rights	Anonymous	Aug 2003. Vol. 25, Iss. 3
17	The International Convention on the Rights of the Child: A catalyst for innovative childcare policies	Martha F Davis	Aug 2003. Vol. 25, Iss. 3
18	Transgovernmental activism: Canada's role in promoting national human rights commissions	Sonia Cardenas	Aug 2003. Vol. 25, Iss. 3

续表

编号	题目	作者	出处
19	A Taxonomy of Victims and Perpetrators: Human Rights and Reconciliation in South Africa	Tristan Anne Borer	Nov 2003. Vol. 25, Iss. 4
20	Child Poverty in Canada and the Rights of the Child	R Brian Howe	Nov 2003. Vol. 25, Iss. 4
21	Human Rights without Democracy? A Critique of the Separationist Thesis	Anthony J Langlois	Nov 2003. Vol. 25, Iss. 4;
22	Origins and Universality in the Human Rights Debates: Cultural Essentialism and the Challenge of Globalization	Michael Goodhar	Nov 2003. Vol. 25, Iss. 4
23	Protecting Economic, Social and Cultural Rights in the Inter-American System: A Manual for Presenting Claims	Alicia Ely Yamin	Nov 2003. Vol. 25, Iss. 4
24	Science in the Service of Human Rights	Ellen Dorsey	Nov 2003. Vol. 25, Iss. 4
25	Defending Economic, Social and Cultural Rights: Practical Issues Faced by an International Human Rights Organization	Kenneth Roth	Feb 2004. Vol. 26, Iss. 1
26	Teaching Human Rights Through Service Learning	Matthew Krain	Feb 2004. Vol. 26, Iss. 1
27	The Human Rights of Middle Eastern & Muslim Women: A Project for the 21st Century	Janet Afary	Feb 2004. Vol. 26, Iss. 1
28	The Rule of Law in the Middle East and the Islamic World: Human Rights and the Judicial Process	Ann Elizabeth Mayer	Feb 2004. Vol. 26, Iss. 1
29	An Effective Confluence of Forces in Support of Workers' Rights: ILO Standards, US Trade Laws, Unions, and NGOs	William A Douglas	May 2004. Vol. 26, Iss. 2
30	Gendered States: Rethinking Culture as a Site of South Asian Human Rights Work	Kamala Visweswaran	May 2004. Vol. 26, Iss. 2
31	Human Rights and Sexual Abuse: The Impact of International Human Rights Law on Japan	Keisuke Iida	May 2004. Vol. 26, Iss. 2
32	Human Rights Under African Constitutions	Hugh Corder	May 2004. Vol. 26, Iss. 2
33	Human Rights Nongovernmental Organizations and the Problems of Transition	Christine Bell	May 2004. Vol. 26, Iss. 2
34	Pathologies of Power: Health, Human Rights and the New War on the Poor	Alicia Ely Yamin	May 2004. Vol. 26, Iss. 2
35	Breaking Silence, The Case That Changed The Face of Human Rights	Richard Pierre Claude	Aug 2004. Vol. 26, Iss. 3
36	Dual Loyalty and Human Rights in Health Professional Practice: Proposed Guidelines and Institutional Mechanisms	Maryam Elahi	Aug 2004. Vol. 26, Iss. 3

续表

编号	题目	作者	出处
37	Human Rights of Religious Minorities and of Women in the Middle East	Nazila Ghanea	Aug 2004. Vol. 26, Iss. 3
38	Transnational Corporations and Human Rights	Steve Russell	Aug 2004. Vol. 26, Iss. 3
39	Advancing Economic, Social, and Cultural Rights: The Way Forward	Mary Robinson	Nov 2004. Vol. 26, Iss. 4
40	How International Human Rights Organizations Can Advance Economic, Social, and Cultural Rights: A Response to Kenneth Roth	Leonard S Rubenstein	Nov 2004. Vol. 26, Iss. 4
41	Human Rights, the Rule of Law and Development in Africa	Tiyanjana Maluwa	Nov 2004. Vol. 26, Iss. 4
42	Human Rights and Terrorism	Paul Hoffman	Nov 2004. Vol. 26, Iss. 4
43	Measuring Human Rights: Principle, Practice, and Policy	Todd Landman	Nov 2004. Vol. 26, Iss. 4
44	Conflicts over Human Rights between China and the US	Zhou Qi	Feb 2005. Vol. 27, Iss. 1
45	Conflicting Human Rights: An Exploration in the Context of the Right to a Fair Trial in the European Convention for the Protection of Human Rights and Fundamental Freedoms	Eva Brems	Feb 2005. Vol. 27, Iss. 1
46	Private Use of Prisoners' Labor: Paradoxes of International Human Rights Law	Colin Fenwick	Feb 2005. Vol. 27, Iss. 1
47	The Second Great Transformation: Human Rights Leapfrogging in the Era of Globalization	Rhoda E Howard-Hassmann	Feb 2005. Vol. 27, Iss. 1
48	A Second Look at the South African Human Rights Commission, Access to Information, and the Promotion of Socioeconomic Rights	Jonathan Klaaren	May 2005. Vol. 27, Iss. 2
49	Power, Capture, and Conflict: A Call for Human Rights Accountability in Development Cooperation	Mac Darrow	May 2005. Vol. 27, Iss. 2
50	The Human Rights of Persons with Intellectual Disabilities: Different But Equal	Maya Sabatello	May 2005. Vol. 27, Iss. 2
51	The Rights of Indigenous Peoples and the Development Process	Helen Quane	May 2005. Vol. 27, Iss. 2
52	Dignity Counts: A Guide to Using Budget Analysis to Advance Human Rights	Claudio Schuftan	Aug 2005. Vol. 27, Iss. 3
53	Human Rights and Police Training in Transitional Societies: Exporting the Lessons of Northern Ireland	Mary O'Rawe	Aug 2005. Vol. 27, Iss. 3
54	International Human Rights Law as Power/Knowledge	Tony Evans	Aug 2005. Vol. 27, Iss. 3

续表

编号	题目	作者	出处
55	International Criminal Law and Human Rights	David Stoelting	Nov 2005. Vol. 27, Iss. 4
56	Male/Male Rape and the "Taint" of Homosexuality	Sandesh Sivakumaran	Nov 2005. Vol. 27, Iss. 4
57	The Future in the Mirror: Incorporating Strategies for the Defense and Promotion of Economic, Social, and Cultural Rights into the Mainstream Human Rights Agenda	Alicia Ely Yamin	Nov 2005. Vol. 27, Iss. 4
58	The Right to a Green Future: Human Rights, Environmentalism, and Intergenerational Justice	Richard P Hiskes	Nov 2005. Vol. 27, Iss. 4
59	Vive la France! French Multinationals and Human Rights	Ariel Colonomos	Nov 2005. Vol. 27, Iss. 4
60	When Neutrality is a Sin: The Darfur Crisis and the Crisis of Humanitarian Intervention in Sudan	Nsongurua J Udombana	Nov 2005. Vol. 27, Iss. 4
61	Who's Watching "Big Brother"? Globalization and the Protection of Cultural Rights in Present Day Africa	J Oloka-Onyango	Nov 2005. Vol. 27, Iss. 4
62	Companies, International Trade and Human Rights	Christiana Ochoa.	Feb 2006. Vol. 28, Iss. 1
63	Domestic Violence and Housing Rights: A Reinterpretation of the Right to Housing	Giulia Paglione	Feb 2006. Vol. 28, Iss. 1
64	Feminist Influences on the United Nations Human Rights Treaty Bodies	Rachael Lorna Johnstone	Feb 2006. Vol. 28, Iss. 1
65	Human Rights in Conflict Resolution: The Role of the Office of the High Commissioner for Human Rights in UN Peacemaking and Peacebuilding	Hurst Hannum	Feb 2006. Vol. 28, Iss. 1
66	Pinochet in London-Pinochet in Chile: International and Domestic Politics in Human Rights Policy	Rebecca Evans	Feb 2006. Vol. 28, Iss. 1
67	The Human Rights of Stateless Persons	David Weissbrodt	Feb 2006. Vol. 28, Iss. 1
68	The Right to be Taken Seriously: Self-Determination in International Law	Jan Klabbers	Feb 2006. Vol. 28, Iss. 1
69	Which Rights Should Be Universal?	Peter Juviler	Feb 2006. Vol. 28, Iss. 1
70	Guns and Human Rights: Major Powers, Global Arms Transfers, and Human Rights Violations	Lerna K Yanik	May 2006. Vol. 28, Iss. 2
71	Mental Disabilities and the Human Right to the Highest Attainable Standard of Health	Paul Hunt	May 2006. Vol. 28, Iss. 2
72	Placing Access to Energy Services within a Human Rights Framework	Adrian J Bradbrook	May 2006. Vol. 28, Iss. 2
73	Reproductive Choice: Screening Policy and Access to the Means of Reproduction	Lucinda Vandervort	May 2006. Vol. 28, Iss. 2

续表

编号	题目	作者	出处
74	The Pinochet Effect: Transnational Justice in the Age of Human Rights	Richard J Wilson	May 2006. Vol. 28, Iss. 2
75	Torture: A Human Rights Perspective	Elaine Webster	May 2006. Vol. 28, Iss. 2
76	Balancing Human Rights? Methodological Problems with Weights, Scales and Proportions	Basak Çali	Feb 2007. Vol. 29, Iss. 1
77	"Dalit Rights are Human Rights": Caste Discrimination, International Activism, and the Construction of a New Human Rights Issue	Clifford Bob	Feb 2007. Vol. 29, Iss. 1
78	On Historiography of Human Rights Reflections on Paul Gordon Lauren's The Evolution of International Human Rights: Visions Seen	Reza Afshari	Feb 2007. Vol. 29, Iss. 1
79	Rights and Place: Using Geography in Human Rights Work	Jean Connolly Carmalt	Feb 2007. Vol. 29, Iss. 1
80	Towards Non-Discrimination on the Basis of Sexual Orientation: The Normative Basis and Procedural Possibilities before the African Commission on Human and Peoples' Rights and the African Union	Rachel Murray	Feb 2007. Vol. 29, Iss. 1
81	Engaging a Pariah: Human Rights Training In Burma/Myanmar	David Kinley	May 2007. Vol. 29, Iss. 2
82	Human Rights and the Global Marketplace: Economic, Social and Cultural Dimensions	Barbara Stark	May 2007. Vol. 29, Iss. 2
83	Human Rights-Based Approaches to Development Cooperation, HIV/AIDS, and Food Security	Alessandra Lundström Sarelin	May 2007. Vol. 29, Iss. 2
84	Human Rights and Intellectual Property Protection in the TRIPS Era	Philippe Cullet	May 2007. Vol. 29, Iss. 2
85	Justiciability of Economic, Social, and Cultural Rights in the Inter-American System of Protection of Human Rights: Beyond Traditional Paradigms and Notions	Mónica Feria Tinta	May 2007. Vol. 29, Iss. 2
86	The Relative Universality of Human Rights	Jack Donnelly	May 2007. Vol. 29, Iss. 2
87	The United Nations, Counter Terrorism, and Human Rights: Institutional Adaptation and Embedded Ideas	Rosemary Foot	May 2007. Vol. 29, Iss. 2
88	"To Preserve and Build on its Achievements and to Redress its Shortcomings": The Journey from the Commission on Human Rights to the Human Rights Council	Paul Gordon Lauren	May 2007. Vol. 29, Iss. 2
89	Torture, Justification, and Human Rights: Toward an Absolute Proscription	Sumner B Twiss	May 2007. Vol. 29, Iss. 2
90	Do Human Rights Violations Cause Internal Conflict?	Oskar N T Thoms	Aug 2007. Vol. 29, Iss. 3

续表

编号	题目	作者	出处
91	Human Rights Lawmaking in China: Domestic Politics, International Law, and International Politics	Ming Wan	Aug 2007. Vol. 29, Iss. 3
92	Resisting "Dull and Torpid" Assent: Returning to the Debate Over the Foundations of Human Rights	Serena Parekh	Aug 2007. Vol. 29, Iss. 3
93	Standard Setting in Human Rights: Critique and Prognosis	Makau Mutua	Aug 2007. Vol. 29, Iss. 3
94	ASEAN States, Their Reservations to Human Rights Treaties and the Proposed ASEAN Commission on Women and Children	Suzannah Linton	May 2008. Vol. 30, Iss. 2
95	The Disabilities Convention: Human Rights of Persons with Disabilities or Disability Rights?	Frédéric Mégret	May 2008. Vol. 30, Iss. 2
96	Un-Just War Against Terrorism and the Struggle to Appropriate Human Rights	Tom Farer	May 2008. Vol. 30, Iss. 2

四　近年来有关人权研究的英文著作目录

编号	书名	作者	出版机构
1	Copyright and Multimedia Works	Irini A. Stamatoudi	CAMBRIDGE
2	The Environmental Consequences of War	Jay E. Auetin, ...	CAMBRIDGE
3	From Nuremberg to The Hague	Philippe Sands	CAMBRIDGE
4	Immigration as a Democratic Challenge	Ruth Rubio-Marin	CAMBRIDGE
5	Humanitarian Intervention	J. L. Holzgrefe, ...	CAMBRIDGE
6	Walking the Talk – the Business Case for Sustainable Development	Charles O. Holliday, Jr	Greenleaf publishing
7	Transboundary Damage in International Law	Xue Hanqin	CAMBRIDGE
8	Terrorism and the International Legal Order	Van Krieken	T. M. C. ASSER Press
9	Religious Fundamentalisms and the Human Rights of Women	Courteny W. Howland	ST. MARTIN'S Press
10	The Modern Chinese State	David Shambaugh	CAMBRIDGE
11	The Law of State Immunity	Hazi Fox Qc	OXFORD
12	Human Rights	Louis Henkin	Foundation Press
13	The New Partnership for Africa's Development	Henning Melber	Nordiska Afrikainstitutet
14	European Union Law	Elspeth Deards	Blackstone Press

续表

编号	书名	作者	出版机构
15	India and Pakistan	Selig S. Harrison	CAMBRIDGE
16	Between the State and Islam	Charles E. Butterworth	CAMBRIDGE
17	The East European Gypsies	Zoltan Barany	CAMBRIDGE
18	Using Human Rights to Change Tradition	Corinne A. A. Packer	INTERSENTIA
19	Workshop on National Legislation on Domestic Violence in the Mekong Sub-region	Alison Gita Aggarwal	Forum-Asia
20	From Chance to Choice	Alien Buchanan, ...	CAMBRIDGE
21	Language, Democracy and Education in Africa	Brigit Brock-utne	Nordiska Afrikainstitutet
22	Implementing Human Rights in Africa	Inger Osterdahl	INSTUS FORLAG
23	International Human Rights Documents	Otto Malmgren	Norwegian Iinstitute of Human Rights
24	Everybody's Business	David Grayson, ...	DK
25	Report Killings as Human Rights Violations	Kate Thompson, ...	University of Essex
26	The Architecture of Democracy	Andrew Reynolds	OXFORD
27	Crime and Criminology	Rob White, ...	OXFORD
28	Employment Law & Human Rights	Robin Allen, ...	OXFORD
29	Blackstone's Guide to the Anti-terrorism Legislation	Clive Walker	OXFORD
30	From Social Justice to Criminal Justice	William C. Heffernan, ...	OXFORD
31	International Justice & the International Criminal Court	Bruce Broomhall	OXFORD
32	Rethinking Human Rights	David Chandler	PALGRAVE MACMILLAN
33	Intellectual Property Law	Lional Benly, ...	OXFORD
34	Anti-discrimination Law and the European Union	Mark Bell	OXFORD
35	International Human Rights	Thomas Buergenthal, ...	WEAT GROUP
36	Executive Policing: Enforcing the Law in Peace Operations	Renata Dwan	OXFORD
37	Accountability in the European Union	Carol Harlow	OXFORD
38	EU Treaties & Legislation	Derrick Wyatt	OXFORD
39	Gender Justice, Development, and Rights	Maxine Molyneux, ...	OXFORD

续表

编号	书名	作者	出版机构
40	The General Principles of EC Law	Takis Tridimas	OXFORD
41	The Handbook of Crime and Punishment	Michael Tonry	OXFORD
42	Human Rights in International Criminal Proceedings	Salvatore Zappala	OXFORD
43	Cases & Materials on International Law	Martin Dixon, . . .	OXFORD
44	Elements of War Crimes: under the Rome Statute of the International Criminal Court	Kunt Dormann	CAMBRIDGE
45	The Politics of Justice and Human Rights	Anthony J. Langlois	CAMBRIDGE
46	The Judicial Application of Human Rights Law	Nihal Jayawickrama	CAMBRIDGE
47	Democratic Accountability and the Use of Force in International Law	Charlotte Ku, . . .	CAMBRIDGE
48	The Right to Tell: the Role of Mass Media in Economic Development	WBI development studies	The World Bank
49	Beyond Voluntarism: Human Rights and the Developing International Legal Obligations of Companies	The international council on human rights policy	The international council on human rights policy
50	Education Denied	Katarina Tomasevski	Zed books
51	Universal Ethics: Perspectives and Proposals from Scandinavian Scholars	Goran Bexell, . . .	Martinus Nijhoff Publishers
52	World Poverty and Human Rights	Thomas Pogge	POLITY
53	The World Court Reference Guide	Bimal N. PATEL	Kluwer Law International
54	The Abolition of the Death Penalty in International Law	William A. Schabas	CAMBRIDGE
55	Justice and Gender	Deborah L. Rhode	HARVARD
56	Max Planck Yearbook of United Nations Law	Jochen A. Frowein, . . .	Kluwer Law International
57	Justice Pending: Indigenous Peoples and Other Good Causes	Gudmundur, Alfredsson, . . .	Martinus Nijhoff Publishers
58	Corruption, Integrity and Law Enforcement	Cyrille Fijnaut, . . .	Kluwer Law International
59	Textbook on International Human Rights	Rhonak K. M. Smith	OXFORD
60	Telecommunication Law	Lan Walden, . . .	Blackstone Press
61	Cases and Materials on EU Law	Stephen Weatherill	OXFORD
62	Human Rights and Human Security	Bertrand G. Ramcharan	Martinus Nijhoff Publishers

续表

编号	书名	作者	出版机构
63	Baltic Yearbook of International Law	Ineta Ziemele	Kluwer law international
64	Yearbook of International Environmental Law	Geir Ulfstein,...	OXFORD
65	Religions	John Bowker	CAMBRIDGE
66	The Standards of the Best Interest of the Child	Claire Breen	Martinus Nijhoff Publishers
67	The Right of Hot Pursuit in International Law	Nicholas M. Poulantzas	Martinus Nijhoff Publishers
68	Setting Global Standards	S. Prakash Sethi	WILEY
69	Combating Racial and Ethnic: Taking the European Legislative Agenda Further	Isabelle Chopin,...	MPG
70	China Human Development Report 2002: Making Green Development a Choice	Stockholm Environment institute	OXFORD
71	The Riddle of all Constitutions	Susan Marks	OXFORD
72	Reviving Democracy	Barry Knight,...	EARTHSCAN
73	International Law & the Environment	Patricia Birnie,...	OXFORD
74	The Death Penalty: a Worldwide Perspective	Roger Hood	OXFORD
75	Human Rights: Universality and Diversity	Eva Brems	Martinus Nijhoff Publishers
76	Human Rights and Chinese Thought	Stephen C. Angle	CAMBRIDGE
77	International Law Report(123)	Sir Elihu Lauterpacht,...	CAMBRIDGE
78	International Law Report(124)	Sir Elihu Lauterpacht,...	CAMBRIDGE
79	United States Practice in International Law(volume 1: 1999-2001)	Sean D. Murphy	CAMBRIDGE
80	International Perspective on Consumer's Access to Justice	Charles E. F. Rickett,...	CAMBRIDGE
81	International and Transnationalism in Africa Global-local Networks of Power	Thomas Callaghy,...	CAMBRIDGE
82	An Introduction to International Institutional Law	Jan Klabbers	CAMBRIDGE
83	Police and Justice Co-operation and the New European Borders	Malcolm Anderson,...	Kluwer law international
84	Recharacterizing Restructuring: Law, Distribution and Gender in Market Reform	Kerry Rittich,...	Kluwer law international
85	European Criminal Law	Geert Corstens· Jean pradle	Kluwer law international

续表

编号	书名	作者	出版机构
86	Feminism & Methodology	Sandra Harding	Indiana University Preess
87	Human Rights	Michael Freeman	POLITY
88	Mass Refugee Influx and the Limits of Public International Law	Ann Vibeke Eggli	Martinus Nijhoff Publishers
89	The EU 's Approach to Human Rights Conditionality in Practice	Elena Fierro	Martinus Nijhoff Publishers
90	Globalization and Human Rights	Alison Brysk	University of California Press
91	Policing World Society	Mathieu Deflem	OXFORD
92	The Responsibility of States for International Crimes	Nina H. B. Jorgensen	OXFORD
93	Human Rights and the UN: Practice before the Treaty Bodies	Michael O' Flaherty	Kluwer law international
94	Human Rights for the New Millennium	Frances Butler	Kluwer law international
95	Human Rights Functions of United Nations Peacekeeping Operations	Mari Katayanagi	Martinus Nijhoff Publishers
96	Human Rights in Russia and Eastern European	Ferdinand Feldbrugge	Martinus Nijhoff Publishers
97	International Criminal Law	Antonio Cassese	OXFORD
98	Human Rights in Natural Resource Development	Donald N. Ziliman . . .	Oxford university press
99	Economic, Social and Cultural Rights	Asbjorn Eide, . . .	Martinus nijhoff publishers
100	The Least Developed Countries 2000 Report	UNCTAD Secretariat	United Nations
101	World Economic Issues at the United Nations half a Century of Debate	Mahfuzur Rahman	Kluwer academic publishers
102	Dignity and Human Rights	Berma Klein Goldewijk, . . .	intersentia
103	Liability of Multinational Corporations under International Law	Menno T. kamminga, . . .	Kluwer law international
104	Giving meaning to Economic, Social and Cultural Rights	Isfahan Merall Valerie Oosterveld	University of pennsylvannia press philadelphia
105	World Development Law	Koen De Feyter	Intrersentia
106	Human Rights in Private Law	Daniel Friedmann, . . .	Hart publishing
107	Environment, Human Rights and International Trade	Francesco Francioni	Hart publishing
108	The Poverty of Rights	Willem Van Genugten &Camilo Perez-bustillo	ZED BOOKS

续表

编号	书名	作者	出版机构
109	NGOS and Human Rights	Claudee. Welch, jr.	University of Pennsylvania press philadelphia
110	Legislative Drafting for Democratic Social Change	Ann Seidman ...	Kluwer law international
111	Human Rights and Good Governance	Hans-otto Sano ...	Martinus nilhoff publishers
112	The International Ombudsman Yearbook	Linda C. Reif	Kluwer law international
113	Bringing International Human Rights Law Home		United nations
114	Essential Texts on Human Rights for the Police	Ralph Crawshaw Leif Holmstrom	Kluwer law international
115	Human Rights and the UN: Practice before the Treaty Bodies	Michael O'Flaherty	Kluwer law international
116	Human Rights on Common Grounds	Kirsten Hastrup	Kluwer law international
117	Legal Cultures and Human Rights	Kirsten Hastrup	Kluwer law international
118	The Prevention of Human Rights Violations	Linos-alexander Sicilianos	Martinus nijhoff publishers Ant. n, sakkoulas publishers
119	Human Rights Protection: Methods and Effectiveness	Frances Butler	Kluwer law international
120	Human Rights – University in Practice	Peter R. Baehr	Palgrave
121	Human Rights – a Political & Cultural Critique	Makau Mutua	University of Pennsylvania press philadelphia
122	International Human Rights Law – a Practical Approach	Javaid Rehman	Longman
123	Peoples' Rights	Philip Alston	Oxford
124	Concluding Observations of the UN Committee on the Elimination of Racial Discrimination	Leif Holmstrom	Martinus nijhoff publishers
125	The International Human Rights to Freedom of Conscience	Leonard M. Hammer	Ashgate
126	Towards International Personality: the Position of Minorities and Indigenous Peoples in International Law	Anna Meijknecht	Intertsentia-hart
127	Ending Violence against Women – A Challenge for Development and Humanitarian Work	Francine Pickup	Oxfam publishers
128	Women, Gender and Work	Martha Fetherolf Loutfi	International labour office
129	Women, Armed Conflict and International Law	Judith G. Gardam Michelle J. Jarvis	Kluwer law international
130	Discrimination and Human Rights – the Case of Racism	Sandra Fredman	Oxford University Press
131	The Marangopoulos Foundation for Human Rights: Twenty Years of Activity		Ant. T. Sakkoulas Publishers

续表

编号	书名	作者	出版机构
132	New Challenges for UNICEF – Children, Women and Human Rights	Yves Beigbeder	Palgrave
133	Children's Rights: Equal Rights?	Sarah Muscroft	The International Save the Children Alliance
134	Children's Rights in Education	Stuart HartEtc.	Jessica kingsley publishers
135	Human Rights of Women – International Instruments and African Experiences	Wolfgang Benedek Esther M. Kisaakye, . . .	Zed books
136	Gender Perspectives on Property and Inheritance		Oxfam publishers
137	The Human Rights of Aliens under International and Comparative Law	Garmen Tiburcio	Martinus nijhoff publishers
138	The Human Rights of Migrants	Reginald Appleyard	International Organization for Migration & United Nations
139	Health, Migration and Return	Peter J. Van Krieken	T. M. C. Asser Press
140	The Grounds of Refugee Protection in the Context of International Human Rights and Humanitarian Law	Mark R. Von Sternberg	Martinus Nijhoff publishers
141	The Land beyond – Collected Essays on Refugee Law and Policy	Peter Macalister-Smith Gudmundur Alfredsson	Martinus Nijhoff publishers
142	Amnesty for Crime in International Law and Practice	Andreas O'Shea	Kluwer law international
143	International Criminal Law	Illas Bantekas Susan Nash, . . .	Cavendish Publishing Limited
144	Taking Life Imprisonment Seriously in National and International Law	Dirk Van Zyl Smit	Martinus Nijhoff publishers
145	The Rights to a Fair Trial	David Weissbrodt	Martinus Nijhoff publishers
146	Human Rights Commissions and Ombudsman Offices – National Experiences Throughout the World	Kamal Hossain, Etc.	Martinus Nijhoff publishers
147	International Human Rights – Text and Materials	Rebecca M. M. Wallace	Sweet & Maxwell
148	Quiet Diplomacy in Action: the Osce High Commissioner on National Minorities	Walter A. Kemp	Kluwer law international
149	The UNHCR and World Politics	Gil Loescher	Oxford University Press
150	Terrorism and the Law	Yonah Alexander, . . .	Transnational Publishers
151	The Law of Internal Armed Conflict	Lindsay Moir	Cambridge University Press
152	Civilians in War	Simon Chesterman	Lynne Rienner Publishers

续表

编号	书名	作者	出版机构
153	International Human Rights and Humanitarian Law	Rene Provost	Cambridge university press
154	World Court Decisions at the Turn of the Millennium(1997-2001)	Pieter H. F. Bekker	Martinus nijhoff publishers
155	The Future of UN Human Rights Treaty Monitoring	Philip Alston, James Crawford	Cambridge university press
156	International Human Rights Monitoring Mechanisms	Gudmundur Alfredsson, Etc.	Martinus Nijhoff Publishers
157	Max Planck Yearbook of United Nations Law (Volume 5. 2001)	Jochen A. Frowein, . . .	Kluwer law international
158	The International Law Commission's Articles on State Responsibility	James Crawford	Cambridge university press
159	International Law and the Use of Force	Christine Gray	Oxford university press
160	Unity and Pluralism in Public International Law	Oriol Casanovas	Martinus nijhoff publishers
161	Public International Law	Alina Kaczorowska	Old bailey press
162	Baltic Yearbook of International Law(Volume 1, 2001)	Ineta Ziemele	Kluwer law international
163	The UN Committee against Torture	Chris Ingelse	Kluwer law international
164	The United Nations – Law and Practice	Franz Cede, . . .	Kluwer law international
165	Resolutions and Statements of the United Nations Security Council(1946-2000)	Karel Wellens	Kluwer law international
166	From Kosovo to Kabul – Human Rights and International Intervention	David Chandler	Pluto press
167	The International Covenant on Civil and Political Rights – Cases, Materials and Commentary	Sarah Joseph, etc.	Oxford university press
168	Contemporary Issues in International Law – A Collection of The Josephineonoh Memorial Lectures	David Freestone Etc.	Kluwer law international
169	Hierarchy in International Law – the Human Rights Dimension	Lan D. Seiderman	Intersentia-hart
170	The Impact of the United Nations Human Rights – Rights Treaties on the Domestic Level	Christof Heyns Frans Viljoen	Kluwer law international
171	The UN Human Rights Treaty System – University at the Crossroads	Anne F. Bayefsky	Kluwer law international
172	The United Nations and Human Security	Edward Newman Oliver P. Richmond	Palgrave
173	The International Court of Justice		The UN Department of Public Information
174	Children's Rights: A Second Chance		Save the children

续表

编号	书名	作者	出版机构
175	Introduction to the International Human Rights Regime	Manfred Nowak	Brill
176	The Limits of International Law	Jack L. Goldsmith and Eric A. Posner	Oxford University Press
177	International Law – Modern Feminist Approaches	Doris Buss and Ambreena Manji	Hart Publishing
178	Supranational criminal prosecution of sexual violence: the ICC and the practice of the ICTY and the ICTR	Anne-Marie L. M. de Brouwer	Intersentia
179	International Criminal Law & Human Rights	Claire de Than, Edwin Shorts	Sweet & Maxwell
180	Beyond National Borders: States' Human Rights Obligations in International Cooperation	S. Skogly	Intersentia
181	International human rights and humanitarian law: treaties, cases & analysis	Francisco Forrest Martin	Cambridge University Press
182	Trafficking of Human Beings from a Human Rights Perspective: Towards a Holistic Approach	Tom Obokata	Brill
183	The Evolution of International Human Rights – Visions Seen 2nd Ed.	Paul Gordon Lauren	University of Pennsylvania Press
184	The Judicial Application of Human Rights Law National, Regional and International Jurisprudence	Nihal Jayawickrama	Cambridge University Press
185	Can Human Rights Survive?	Conor Gearty	Cambridge University Press
186	Human Rights and Criminal Justice for the Downtrodden – Essays in Honour of Asbj?rn Eide	Morten Bergsmo(ed.)	Brill
187	Expanding the Horizons of Human Rights Law New Authors, New Themes(The Raoul Wallenberg Institute New Authors Series volume1)	Ineta Ziemele(ed.)	Brill Academic Publishers
188	Remedies in International Human Rights Law – 2nd Edition	Dinah Shelton	Oxford University Press
189	Non-State Actors and Human Rights	Philip Alston(ed.)	Oxford University Press
190	Customary International Humanitarian Law Boxed Set of 3 Hardback Books	Jean-Marie Henckaerts and Louise Doswald-Beck(eds.)	Cambridge University Press
191	Human rights and refugees, internally displaced persons and migrant workers : essays in memory of Joan Fitzpatrick and Arthur Helton	Anne F. Bayefsky	Brill

续表

编号	书名	作者	出版机构
192	The Protection of the Right to Education by International Law: Including a Systematic Analysis of Article 13 of the International Covenant on Economic, Social and Cultural Rights	Klaus Dieter Beiter	Brill
193	International Covenant on Civil and Political Rights - Cases, Material and Commentary, 2nd Ed.	Sarah Joseph, Jenny Schultz, Melissa Castan	Oxford University Press
194	The Nature of the Obligations under the International Covenant on Economic, Social and Cultural Rights	Sepúlveda, M.	Intersentia
195	The Barbaric punishment: Abolishing the Death Penalty(the Raoul Wallenberg Institute Human Rights Library Series Volume 12)	ranck; Schabas	Brill
196	Food and Human Rights in Development - Volume I: Legal and institutional dimensions and selected topics	Eide, W. and Kracht, U. (eds.)	Intersentia
197	Human Rights Obligations in Education	Katarina Tomasevski	Wolf Legal Publishers
198	Justiciability of Economic and Social Rights - Experience from domestic systems	F. Coomans	Intersentia
199	Human Rights, Culture and the Rule of Law	Jessica Almqvist	Hart Publishing
200	Understanding human rights - manual on human rights education	W. Benedek	Intersentia

注：本目录是中国社会科学院法学研究所人权资料中心的部分英文藏书目录。其他藏书目录请在人权资料中心网站查询。

人权资料库：http：//humanrights. fyfz. cn/blog/humanrights/

五 联合国8个国际人权公约条约机构通过的一般性意见目录

1. 人权事务委员会通过的一般性意见

编号	内容	通过时间
第1号	报告义务	1981. 7. 27
第2号	报告准则	1981. 7. 28
第3号	各国的执行工作（第2条）	1981. 7. 29
第4号	男女平等享有所有公民权利和政治权利（第3条）	1981. 7. 30

续表

编号	内容	通过时间
第5号	克减权（第4条）	1981. 7. 31
第6号	生命权（第6条）	1982. 4. 30
第7号	禁止酷刑和其他残忍、不人道或有辱人格的待遇或处罚（第7条）	1982. 5. 30
第8号	个人享有自由和安全的权利（第9条）	1982. 6. 30
第9号	被剥夺自由的人的待遇问题（第10条）	1982. 7. 30
第10号	见解自由（第19条）	1983. 6. 29
第11号	（第20条）	1983. 7. 29
第12号	自决权（第1条）	1984. 3. 13
第13号	法律面前人人平等（第14条）	1984. 4. 13
第14号	生命权（第6条）	1984. 11. 9
第15号	《公约》规定的外侨的地位	1986. 4. 11
第16号	隐私权（第17条）	1988. 4. 8
第17号	儿童权利（第24条）	1989. 7. 4
第18号	不歧视	1989. 11. 10
第19号	对家庭的保护（第23条）	1990. 7. 27
第20号	禁止酷刑和其他残忍、不人道或有辱人格的待遇或处罚（第7条）	1992. 3. 10
第21号	被剥夺自由的人的待遇问题（第10条）	1992. 4. 10
第22号	思想、良心和宗教自由（第18条）	1993. 7. 30
第23号	少数群体的权利（第27条）	1994. 4. 8
第24号	关于批准或加入《公约》或其《任择议定书》时提出的保留意见或者有关在《公约》第41条下声明的问题	1994. 11. 4
第25号	参与公共生活和投票的权利（第25条）	1996. 7. 12
第26号	义务的延续性	1997. 12. 8
第27号	迁徙自由（第12条）	1999. 11. 2
第28号	男女权利平等（第3条）	2000. 3. 29
第29号	紧急状态下的克减问题（第4条）	2001. 8. 31
第30号	缔约国根据《公约》第40条报告的义务（第40条）	2002. 9. 18
第31号	《公约》缔约国的一般法律义务的性质	2004. 5. 26
第32号	在法庭和裁判所前一律平等和获得公正审判的权利（第14条）	2007. 7. 9

2. 经济、社会、文化权利委员会通过的一般性意见

编号	内容	通过时间
第1号	缔约国的报告	1989. 2. 24
第2号	国际技术援助措施（《公约》第22条）	1990. 2. 2
第3号	缔约国义务的性质（《公约》第2条第1款）	1990. 12. 14
第4号	适足住房权（《公约》第11条第1款）	1991. 12. 13
第5号	残疾人	1994. 12. 9
第6号	老龄人的经济、社会、文化权利	1995. 12. 8
第7号	适足住房权（《公约》第11条第1款）：强行驱逐	1997. 5. 20
第8号	经济制裁与尊重经济、社会、文化权利的关系	1997. 12. 12
第9号	《公约》在国内的适用	1998. 12. 3
第10号	国家人权机构在保护经济、社会、文化权利方面的作用	1998. 12. 14
第11号	初级教育行动计划（第14条）	1999. 5. 10
第12号	取得足够食物的权利（第11条）	1999. 5. 12
第13号	受教育权（第13条）	1999. 12. 8
第14号	享有能达到的最高健康标准的权利（第12条）	2000. 8. 11
第15号	水权（《公约》第11、12条）	2003. 1. 20
第16号	男女在享受一切经济、社会及文化权利方面的平等权利	2005. 8. 11
第17号	人人有权享受对其本人的任何科学、文学和艺术作品所产生的精神和物质利益的保护（公约第15条第1款（丙）项）	2006. 1. 12
第18号	工作权（第6条）	2006. 2. 6
第19号	社会保障的权利（第9条）	2007. 11. 23

3. 消除种族歧视委员会通过的一般性建议

编号	内容	通过时间
第1号	缔约国的义务（《公约》第4条）	1972. 2. 25
第2号	缔约国的义务	1972. 2. 26
第3号	缔约国的报告	1973. 8. 24
第4号	缔约国的报告（《公约》第1条）	1973. 8. 25
第5号	缔约国的报告（《公约》第7条）	1977. 4. 14
第6号	逾期报告	1982. 3. 19

续表

编号	内容	通过时间
第7号	根除煽动歧视和歧视行为的措施（第4条）	1985.8.23
第8号	根据自我认定判别种族或族裔归属（《公约》第1条第1、4款）	1990.8.22
第9号	尊重独立专家的地位（《公约》第8条第1款）	1990.8.23
第10号	技术援助	1991.3.24
第11号	非公民	1993.3.19
第12号	继承国	1993.3.20
第13号	培训执法人员保护人权	1993.3.21
第14号	种族歧视的定义（《公约》第1条第1款）	1993.3.22
第15号	根除煽动歧视和歧视行为的措施（第4条）	1993.3.23
第16号	提及其他国家的现状和缔约国报告的内容（第9条）	1993.3.24
第17号	设立国家机构以推动落实《公约》	1993.3.25
第18号	建立国际法庭起诉危害人类罪	1994.3.18
第19号	防止、禁止和消除种族分离和种族隔离（第3条）	1995.8.18
第20号	保障人权，免于种族歧视（第5条）	1996.3.15
第21号	自决权	1996.8.23
第22号	难民和流离失所者（第5条）	1996.8.24
第23号	土著人民的权利	1997.8.18
第24号	关于人口构成的统计资料（第1条）	1999.8.27
第25号	种族歧视与性别有关的方面	2000.3.20
第26号	寻求公正和适当赔偿或补偿的权利（第6条）	2000.3.24
第27号	对吉普赛人的歧视	2000.8.16
第28号	反对种族主义、种族歧视、仇外心理和相关的不容忍现象世界会议的后续行动	2002.3.19
第29号	基于世系的歧视（《公约》第1条第1款）	2002.11.1
第30号	对非公民的歧视	2004.10.1
第31号	在刑事审判制度的行政和运作中防止种族歧视	2005.8

4. 消除对妇女歧视委员会通过的一般性建议

编号	内容	通过时间
第1号	缔约国的报告	1986. 3. 21
第2号	缔约国的报告	1987. 4. 10
第3号	教育和宣传运动	1987. 4. 11
第4号	保留	1987. 4. 12
第5号	临时性特别措施	1988. 3. 4
第6号	有效的国家机制和宣传	1988. 3. 5
第7号	资源	1988. 3. 6
第8号	妇女有机会在国际事务中代表本国政府（第8条）	1988. 3. 7
第9号	有关妇女状况的统计资料	1989. 3. 3
第10号	《公约》通过十周年	1989. 3. 4
第11号	履行报告义务的技术咨询服务	1989. 3. 5
第12号	对妇女的暴力行为	1989. 3. 6
第13号	同工同酬	1989. 3. 7
第14号	女性割礼	1990. 2. 2
第15号	在防治艾滋病的国家战略中避免对妇女的歧视	1990. 2. 3
第16号	城乡家庭企业中的无酬女工	1991. 1. 2
第17号	妇女家务活动的衡量及其在经济中的确认	1991. 1. 3
第18号	残疾妇女	1991. 1. 4
第19号	对妇女的暴力行为	1992. 1. 29
第20号	保留	1992. 1. 30
第21号	婚姻和家庭关系中的平等	1994. 2. 4
第22号	对第20条关于会议时间的修正	1995. 2. 3
第23号	政治和公共生活	1997. 1. 31
第24号	妇女和保健（第12条）	1999. 2. 5
第25号	暂行特别措施（《公约》第4条第1款）	2004. 5. 12

5. 禁止酷刑委员会通过的一般性意见

编号	内容	通过时间
第1号	关于在有理由相信某人可能受到酷刑的情况下将其遣送回国的来文（参照《公约》第22条执行第3条）	1997. 11. 21
第2号	缔约国对《公约》第2条的执行	2008. 1. 24

6. 儿童权利委员会通过的一般性意见

编号	内容	通过时间
第1号	教育的目的	2001. 4. 17
第2号	独立的国家人权机构在保护和增进儿童权利方面的作用	2002. 11. 5
第3号	艾滋病毒/艾滋病于儿童权利	2003. 3. 17
第4号	在《儿童权利公约》的框架内青少年的健康和发展	2003. 7. 1
第5号	执行《儿童权利公约》的一般措施	2003. 10. 3
第6号	远离原籍国无人陪伴和无父母陪伴的儿童待遇	2005, 9. 1
第7号	在幼儿期落实儿童权利	2006. 9. 2
第8号	儿童受保护免遭体罚和其他残忍或不人道形式惩罚的权利	2007. 3. 2
第9号	残疾儿童的权利	2007. 2. 27
第10号	少年司法中的儿童权利	2007. 4. 25

7. 移徙工人委员会的一般性意见

目前尚未通过任何一般性意见

8. 残疾人权利委员会的一般性意见

目前尚未通过任何一般性意见

六　联合国有关国际人权公约的签署、批准情况

目录

1. International Covenant on Economic, Social and Cultural Rights
2. International Covenant on Civil and Political Rights
3. Optional Protocol to the International Covenant on Civil and Political Rights

4. Second Optional Protocol to the International Covenant on Civil and Political Rights, aiming at the abolition of the death penalty

5. International Convention on the Elimination of All Forms of Racial Discrimination

6. Convention on the Elimination of All Forms of Discrimination against Women

7. Convention against Torture and Other Cruel, Inhuman or Degrading Treatment or Punishment

8. Convention on the Rights of the Child

9. International Convention on the Protection of the Rights of All Migrant Workers and Members of Their Families

• International Covenant on Economic, Social and Cultural Rights (New York, 16 December 1966)

Entry into force: 3 January 1976, in accordance with article 27 1.

Registration: 3 January 1976, No. 14531.

Status: Signatories: 67, Parties: 158.

Participant	Signature	Ratification, Accession (a), Succession (d)
Afghanistan	.	24 Jan 1983 a
Albania	.	4 Oct 1991 a
Algeria	10 Dec 1968	12 Sep 1989
Angola	.	10 Jan 1992 a
Argentina	19 Feb 1968	8 Aug 1986
Armenia	.	13 Sep 1993 a
Australia	18 Dec 1972	10 Dec 1975
Austria	10 Dec 1973	10 Sep 1978
Azerbaijan	.	13 Aug 1992 a
Bahrain		27 Sep 2007 a
Bangladesh		5 Oct 1998 a
Barbados	.	5 Jan 1973 a
Belarus	19 Mar 1968	12 Nov 1973
Belgium	10 Dec 1968	21 Apr 1983

continued

Participant	Signature	Ratification, Accession (a), Succession (d)
Belize	6 Sep 2000	.
Benin	.	12 Mar 1992 a
Bolivia	.	12 Aug 1982 a
Bosnia and Herzegovina	.	1 Sep 1993 d
Brazil	.	24 Jan 1992 a
Bulgaria	8 Oct 1968	21 Sep 1970
Burkina Faso	.	4 Jan 1999 a
Burundi	.	9 May 1990 a
Cambodia	17 Oct 1980	26 May 1992 a
Cameroon	.	27 Jun 1984 a
Canada	.	19 May 1976 a
Cape Verde	.	6 Aug 1993 a
Central African Republic	.	8 May 1981 a
Chad	.	9 Jun 1995 a
Chile	16 Sep 1969	10 Feb 1972
China	27 Oct 1997	27 Mar 2001
Colombia	21 Dec 1966	29 Oct 1969
Congo	.	5 Oct 1983 a
Costa Rica	19 Dec 1966	29 Nov 1968
Côte d'Ivoire	.	26 Mar 1992 a
Croatia	.	12 Oct 1992 d
Cuba	28 Feb 2008	
Cyprus	9 Jan 1967	2 Apr 1969
Czech Republic	.	22 Feb 1993 d
Democratic People's Republic of Korea	.	14 Sep 1981 a
Democratic Republic of the Congo	.	1 Nov 1976 a
Denmark	20 Mar 1968	6 Jan 1972
Djibouti	.	5 Nov 2002 a
Dominica	.	17 Jun 1993 a
Dominican Republic	.	4 Jan 1978 a

continued

Participant	Signature	Ratification, Accession (a), Succession (d)
Ecuador	29 Sep 1967	6 Mar 1969
Egypt	4 Aug 1967	14 Jan 1982
El Salvador	21 Sep 1967	30 Nov 1979
Equatorial Guinea	.	25 Sep 1987 a
Eritrea	.	17 Apr 2001 a
Estonia	.	21 Oct 1991 a
Ethiopia	.	11 Jun 1993 a
Finland	11 Oct 1967	19 Aug 1975
France	.	4 Nov 1980 a
Gabon	.	21 Jan 1983 a
Gambia	.	29 Dec 1978 a
Georgia	.	3 May 1994 a
Germany	9 Oct 1968	17 Dec 1973
Ghana	7 Sep 2000	7 Sep 2000
Greece	.	16 May 1985 a
Grenada	.	6 Sep 1991 a
Guatemala	.	19 May 1988 a
Guinea	28 Feb 1967	24 Jan 1978
Guinea-Bissau	.	2 Jul 1992 a
Guyana	22 Aug 1968	15 Feb 1977
Honduras	19 Dec 1966	17 Feb 1981
Hungary	25 Mar 1969	17 Jan 1974
Iceland	30 Dec 1968	22 Aug 1979
India	.	10 Apr 1979 a
Indonesia	.	23 Feb 2006 a
Iran (Islamic Republic of)	4 Apr 1968	24 Jun 1975
Iraq	18 Feb 1969	25 Jan 1971
Ireland	1 Oct 1973	8 Dec 1989
Israel	19 Dec 1966	3 Oct 1991
Italy	18 Jan 1967	15 Sep 1978

continued

Participant	Signature	Ratification, Accession (a), Succession (d)
Jamaica	19 Dec 1966	3 Oct 1975
Japan	30 May 1978	21 Jun 1979
Jordan	30 Jun 1972	28 May 1975
Kazakhstan	2 Dec 2003	24 Jan 2006
Kenya	.	1 May 1972 a
Kuwait	.	21 May 1996 a
Kyrgyzstan	.	7 Oct 1994 a
Lao People's Democratic Republic	7 Dec 2000	13 Feb 2007
Latvia	.	14 Apr 1992 a
Lebanon	.	3 Nov 1972 a
Lesotho	.	9 Sep 1992 a
Liberia	18 Apr 1967	22 Sep 2004
Libyan Arab Jamahiriya	.	15 May 1970 a
Liechtenstein	.	10 Dec 1998 a
Lithuania	.	20 Nov 1991 a
Luxembourg	26 Nov 1974	18 Aug 1983
Madagascar	14 Apr 1970	22 Sep 1971
Malawi	.	22 Dec 1993 a
Maldives	.	19 Sep 2006 a
Mali	.	16 Jul 1974 a
Malta	22 Oct 1968	13 Sep 1990
Mauritania	.	17 Nov 2004 a
Mauritius	.	12 Dec 1973 a
Mexico	.	23 Mar 1981 a
Moldova	.	26 Jan 1993 a
Monaco	26 Jun 1997	28 Aug 1997
Mongolia	5 Jun 1968	18 Nov 1974
Montenegro	.	23 Oct 2006 d
Morocco	19 Jan 1977	3 May 1979
Namibia	.	28 Nov 1994 a

continued

Participant	Signature	Ratification, Accession (a), Succession (d)
Nepal	.	14 May 1991 a
Netherlands	25 Jun 1969	11 Dec 1978
New Zealand	12 Nov 1968	28 Dec 1978
Nicaragua	.	12 Mar 1980 a
Niger	.	7 Mar 1986 a
Nigeria	.	29 Jul 1993 a
Norway	20 Mar 1968	13 Sep 1972
Pakistan	3 Nov 2004	17 Apr 2008
Panama	27 Jul 1976	8 Mar 1977
Paraguay	.	10 Jun 1992 a
Peru	11 Aug 1977	28 Apr 1978
Philippines	19 Dec 1966	7 Jun 1974
Poland	2 Mar 1967	18 Mar 1977
Portugal	7 Oct 1976	31 Jul 1978
Republic of Korea	.	10 Apr 1990 a
Romania	27 Jun 1968	9 Dec 1974
Russian Federation	18 Mar 1968	16 Oct 1973
Rwanda	.	16 Apr 1975 a
Saint Vincent and the Grenadines	.	9 Nov 1981 a
San Marino	.	18 Oct 1985 a
Sao Tome and Principe	31 Oct 1995	.
Senegal	6 Jul 1970	13 Feb 1978
Serbia	.	12 Mar 2001 d
Seychelles	.	5 May 1992 a
Sierra Leone	.	23 Aug 1996 a
Slovakia	.	28 May 1993 d
Slovenia	.	6 Jul 1992 d
Solomon Islands	.	17 Mar 1982 d
Somalia	.	24 Jan 1990 a
South Africa	3 Oct 1994	.

continued

Participant	Signature	Ratification, Accession (a), Succession (d)
Spain	28 Sep 1976	27 Apr 1977
Sri Lanka	.	11 Jun 1980 a
Sudan	.	18 Mar 1986 a
Suriname	.	28 Dec 1976 a
Swaziland	.	26 Mar 2004 a
Sweden	29 Sep 1967	6 Dec 1971
Switzerland	.	18 Jun 1992 a
Syrian Arab Republic	.	21 Apr 1969 a
Tajikistan	.	4 Jan 1999 a
Thailand	.	5 Sep 1999 a
The Former Yugoslav Republic of Macedonia	.	18 Jan 1994 d
Timor-Leste	.	16 Apr 2003 a
Togo	.	24 May 1984 a
Trinidad and Tobago	.	8 Dec 1978 a
Tunisia	30 Apr 1968	18 Mar 1969
Turkey	15 Aug 2000	23 Sep 2003
Turkmenistan	.	1 May 1997 a
Uganda	.	21 Jan 1987 a
Ukraine	20 Mar 1968	12 Nov 1973
United Kingdom of Great Britain and Northern Ireland	16 Sep 1968	20 May 1976
United Republic of Tanzania	.	11 Jun 1976 a
United States of America	5 Oct 1977	.
Uruguay	21 Feb 1967	1 Apr 1970
Uzbekistan	.	28 Sep 1995 a
Venezuela (Bolivarian Republic of)	24 Jun 1969	10 May 1978
Viet Nam	.	24 Sep 1982 a
Yemen	.	9 Feb 1987 a
Zambia	.	10 Apr 1984 a
Zimbabwe	.	13 May 1991 a

• International Covenant on Civil and Political Rights (New York, 16 December 1966)

Entry into force: 23 March 1976, in accordance with article 49, for all provisions except those of article 41; 28 March 1979 for the provisions of article 41 (Human Rights Committee), in accordance with paragraph 2 of the said article 41.

Registration: 23 March 1976, No. 14668.

Status: Signatories: 70, Parties: 161.

Participant	Signature	Ratification, Accession (a), Succession (d)
Afghanistan	.	24 Jan 1983 a
Albania	.	4 Oct 1991 a
Algeria	10 Dec 1968	12 Sep 1989
Andorra	5 Aug 2002	22 Sep 2006
Angola	.	10 Jan 1992 a
Argentina	19 Feb 1968	8 Aug 1986
Armenia	.	23 Jun 1993 a
Australia	18 Dec 1972	13 Aug 1980
Austria	10 Dec 1973	10 Sep 1978
Azerbaijan	.	13 Aug 1992 a
Barhain	.	20 Sep 2006 a
Bangladesh	.	6 Sep 2000 a
Barbados	.	5 Jan 1973 a
Belarus	19 Mar 1968	12 Nov 1973
Belgium	10 Dec 1968	21 Apr 1983
Belize	.	10 Jun 1996 a
Benin	.	12 Mar 1992 a
Bolivia	.	12 Aug 1982 a
Bosnia and Herzegovina	.	1 Sep 1993 d
Botswana	8 Sep 2000	8 Sep 2000
Brazil	.	24 Jan 1992 a
Bulgaria	8 Oct 1968	21 Sep 1970
Burkina Faso	.	4 Jan 1999 a
Burundi	.	9 May 1990 a

continued

Participant	Signature	Ratification, Accession (a), Succession (d)
Cambodia	17 Oct 1980	26 May 1992 a
Cameroon	.	27 Jun 1984 a
Canada	.	19 May 1976 a
Cape Verde	.	6 Aug 1993 a
Central African Republic	.	8 May 1981 a
Chad	.	9 Jun 1995 a
Chile	16 Sep 1969	10 Feb 1972
China	5 Oct 1998	.
Colombia	21 Dec 1966	29 Oct 1969
Congo	.	5 Oct 1983 a
Costa Rica	19 Dec 1966	29 Nov 1968
Côte d'Ivoire	.	26 Mar 1992 a
Croatia	.	12 Oct 1992 d
Cuba	28 Feb 2008	
Cyprus	19 Dec 1966	2 Apr 1969
Czech Republic	.	22 Feb 1993 d
Democratic People's Republic of Korea	.	14 Sep 1981 a
Democratic Republic of the Congo	.	1 Nov 1976 a
Denmark	20 Mar 1968	6 Jan 1972
Djibouti	.	5 Nov 2002 a
Dominica	.	17 Jun 1993 a
Dominican Republic	.	4 Jan 1978 a
Ecuador	4 Apr 1968	6 Mar 1969
Egypt	4 Aug 1967	14 Jan 1982
El Salvador	21 Sep 1967	30 Nov 1979
Equatorial Guinea	.	25 Sep 1987 a
Eritrea	.	22 Jan 2002 a
Estonia	.	21 Oct 1991 a
Ethiopia	.	11 Jun 1993 a
Finland	11 Oct 1967	19 Aug 1975

continued

Participant	Signature	Ratification, Accession (a), Succession (d)
France	.	4 Nov 1980 a
Gabon	.	21 Jan 1983 a
Gambia	.	22 Mar 1979 a
Georgia	.	3 May 1994 a
Germany	9 Oct 1968	17 Dec 1973
Ghana	7 Sep 2000	7 Sep 2000
Greece	.	5 May 1997 a
Grenada	.	6 Sep 1991 a
Guatemala	.	5 May 1992 a
Guinea	28 Feb 1967	24 Jan 1978
Guinea-Bissau	12 Sep 2000	.
Guyana	22 Aug 1968	15 Feb 1977
Haiti	.	6 Feb 1991 a
Honduras	19 Dec 1966	25 Aug 1997
Hungary	25 Mar 1969	17 Jan 1974
Iceland	30 Dec 1968	22 Aug 1979
India	.	10 Apr 1979 a
Indonesia	.	23 Feb 2006 a
Iran (Islamic Republic of)	4 Apr 1968	24 Jun 1975
Iraq	18 Feb 1969	25 Jan 1971
Ireland	1 Oct 1973	8 Dec 1989
Israel	19 Dec 1966	3 Oct 1991
Italy	18 Jan 1967	15 Sep 1978
Jamaica	19 Dec 1966	3 Oct 1975
Japan	30 May 1978	21 Jun 1979
Jordan	30 Jun 1972	28 May 1975
Kazakhstan	2 Dec 2003	24 Jan 2006
Kenya	.	1 May 1972 a
Kuwait	.	21 May 1996 a
Kyrgyzstan	.	7 Oct 1994 a

continued

Participant	Signature	Ratification, Accession (a), Succession (d)
Lao People's Democratic Republic	7 Dec 2000	.
Latvia	.	14 Apr 1992 a
Lebanon	.	3 Nov 1972 a
Lesotho	.	9 Sep 1992 a
Liberia	18 Apr 1967	22 Sep 2004
Libyan Arab Jamahiriya	.	15 May 1970 a
Liechtenstein	.	10 Dec 1998 a
Lithuania	.	20 Nov 1991 a
Luxembourg	26 Nov 1974	18 Aug 1983
Madagascar	17 Sep 1969	21 Jun 1971
Malawi	.	22 Dec 1993 a
Maldives	.	19 Sep 2006 a
Mali	.	16 Jul 1974 a
Malta	.	13 Sep 1990 a
Mauritania	.	17 Nov 2004 a
Mauritius	.	12 Dec 1973 a
Mexico	.	23 Mar 1981 a
Monaco	26 Jun 1997	28 Aug 1997
Mongolia	5 Jun 1968	18 Nov 1974
Montenegro	.	23 Oct 2006 d
Morocco	19 Jan 1977	3 May 1979
Mozambique	.	21 Jul 1993 a
Namibia	.	28 Nov 1994 a
Nauru	12 Nov 2001	.
Nepal	.	14 May 1991 a
Netherlands	25 Jun 1969	11 Dec 1978
New Zealand	12 Nov 1968	28 Dec 1978
Nicaragua	.	12 Mar 1980 a
Niger	.	7 Mar 1986 a
Nigeria	.	29 Jul 1993 a

continued

Participant	Signature	Ratification, Accession (a), Succession (d)
Norway	20 Mar 1968	13 Sep 1972
Pakistan	17 Apr 2008	.
Panama	27 Jul 1976	8 Mar 1977
Paraguay	.	10 Jun 1992 a
Peru	11 Aug 1977	28 Apr 1978
Philippines	19 Dec 1966	23 Oct 1986
Poland	2 Mar 1967	18 Mar 1977
Portugal	7 Oct 1976	15 Jun 1978
Republic of Korea	.	10 Apr 1990 a
Republic of Moldova	.	26 Jan 1993 a
Romania	27 Jun 1968	9 Dec 1974
Russian Federation	18 Mar 1968	16 Oct 1973
Rwanda	.	16 Apr 1975 a
Saint Vincent and the Grenadines	.	9 Nov 1981 a
Samoa	.	15 Feb 2008
San Marino	.	18 Oct 1985 a
Sao Tome and Principe	31 Oct 1995	.
Senegal	6 Jul 1970	13 Feb 1978
Serbia and Montenegro	.	12 Mar 2001 d
Seychelles	.	5 May 1992 a
Sierra Leone	.	23 Aug 1996 a
Slovakia	.	28 May 1993 d
Slovenia	.	6 Jul 1992 d
Somalia	.	24 Jan 1990 a
South Africa	3 Oct 1994	10 Dec 1998
Spain	28 Sep 1976	27 Apr 1977
Sri Lanka	.	11 Jun 1980 a
Sudan	.	18 Mar 1986 a
Suriname	.	28 Dec 1976 a
Swaziland	.	26 Mar 2004 a

continued

Participant	Signature	Ratification, Accession (a), Succession (d)
Sweden	29 Sep 1967	6 Dec 1971
Switzerland	.	18 Jun 1992 a
Syrian Arab Republic	.	21 Apr 1969 a
Tajikistan	.	4 Jan 1999 a
Thailand	.	29 Oct 1996 a
The Former Yugoslav Republic of Macedonia	.	18 Jan 1994 d
Timor-Leste	.	18 Sep 2003 a
Togo	.	24 May 1984 a
Trinidad and Tobago	.	21 Dec 1978 a
Tunisia	30 Apr 1968	18 Mar 1969
Turkey	15 Aug 2000	23 Sep 2003
Turkmenistan	.	1 May 1997 a
Uganda	.	21 Jun 1995 a
Ukraine	20 Mar 1968	12 Nov 1973
United Kingdom of Great Britain and Northern Ireland	16 Sep 1968	20 May 1976
United Republic of Tanzania	.	11 Jun 1976 a
United States of America	5 Oct 1977	8 Jun 1992
Uruguay	21 Feb 1967	1 Apr 1970
Uzbekistan	.	28 Sep 1995 a
Vanuatu	29 Nov 2007	
Venezuela (Bolivarian Republic of)	24 Jun 1969	10 May 1978
Viet Nam	.	24 Sep 1982 a
Yemen	.	9 Feb 1987 a
Zambia	.	10 Apr 1984 a
Zimbabwe	.	13 May 1991 a

• Optional Protocol to the International Covenant on Civil and Political Rights (New York, 16 December 1966)

Entry into force: 23 March 1976, in accordance with article 9.

Registration: 23 March 1976, No. 14668.

Status: Signatories: 35, Parties: 111 1, 2, 3 .

Participant	Signature, Succession to signature (d)	Ratification, Accession (a), Succession (d)
Albania		4 Oct 2007 a
Algeria		12 Sep 1989 a
Andorra	5 Aug 2002	22 Sep 2006
Angola		10 Jan 1992 a
Argentina		8 Aug 1986 a
Armenia		23 Jun 1993 a
Australia		25 Sep 1991 a
Austria	10 Dec 1973	10 Dec 1987
Azerbaijan		27 Nov 2001 a
Barbados		5 Jan 1973 a
Belarus		30 Sep 1992 a
Belgium		17 May 1994 a
Benin		12 Mar 1992 a
Bolivia		12 Aug 1982 a
Bosnia and Herzegovina	1 Mar 1995	1 Mar 1995
Bulgaria		26 Mar 1992 a
Burkina Faso		4 Jan 1999 a
Cambodia	27 Sep 2004	
Cameroon		27 Jun 1984 a
Canada		19 May 1976 a
Cape Verde		19 May 2000 a
Central African Republic		8 May 1981 a
Chad		9 Jun 1995 a
Chile		27 May 1992 a

continued

Participant	Signature, Succession to signature (d)	Ratification, Accession (a), Succession (d)
China		
Colombia	21 Dec 1966	29 Oct 1969
Congo		5 Oct 1983 a
Costa Rica	19 Dec 1966	29 Nov 1968
Côte d'Ivoire		5 Mar 1997 a
Croatia		12 Oct 1995 a
Cyprus	19 Dec 1966	15 Apr 1992
Czech Republic		22 Feb 1993 d
Democratic Republic of the Congo		1 Nov 1976 a
Denmark	20 Mar 1968	6 Jan 1972
Djibouti		5 Nov 2002 a
Dominican Republic		4 Jan 1978 a
Ecuador	4 Apr 1968	6 Mar 1969
El Salvador	21 Sep 1967	6 Jun 1995
Equatorial Guinea		25 Sep 1987 a
Estonia		21 Oct 1991 a
Finland	11 Dec 1967	19 Aug 1975
France		17 Feb 1984 a
Gambia		9 Jun 1988 a
Georgia		3 May 1994 a
Germany		25 Aug 1993 a
Ghana	7 Sep 2000	7 Sep 2000
Greece		5 May 1997 a
Guatemala		28 Nov 2000 a
Guinea	19 Mar 1975	17 Jun 1993
Guinea-Bissau	12 Sep 2000	
Guyana		10 May 1993 a
Honduras	19 Dec 1966	7 Jun 2005
Hungary		7 Sep 1988 a

continued

Participant	Signature, Succession to signature (d)	Ratification, Accession (a), Succession (d)
Iceland		22 Aug 1979 a
Ireland		8 Dec 1989 a
Italy	30 Apr 1976	15 Sep 1978
Jamaica	[19 Dec 1966	3 Oct 1975]
Kazakhstan	25 Sep 2007	
Kyrgyzstan		7 Oct 1994 a
Latvia		22 Jun 1994 a
Lesotho		6 Sep 2000 a
Liberia	22 Sep 2004	
Libyan Arab Jamahiriya		16 May 1989 a
Liechtenstein		10 Dec 1998 a
Lithuania		20 Nov 1991 a
Luxembourg		18 Aug 1983 a
Madagascar	17 Sep 1969	21 Jun 1971
Malawi		11 Jun 1996 a
Maldives		19 Sep 2006 a
Mali		24 Oct 2001 a
Malta		13 Sep 1990 a
Mauritius		12 Dec 1973 a
Mexico		15 Mar 2002 a
Moldova	16 Sep 2005	23 Jan 2008
Mongolia		16 Apr 1991 a
Montenegro		23 Oct 2006 d
Namibia		28 Nov 1994 a
Nauru	12 Nov 2001	
Nepal		14 May 1991 a
Netherlands	25 Jun 1969	11 Dec 1978
New Zealand		26 May 1989 a
Nicaragua		12 Mar 1980 a

continued

Participant	Signature, Succession to signature (d)	Ratification, Accession (a), Succession (d)
Niger		7 Mar 1986 a
Norway	20 Mar 1968	13 Sep 1972
Panama	27 Jul 1976	8 Mar 1977
Paraguay		10 Jan 1995 a
Peru	11 Aug 1977	3 Oct 1980
Philippines	19 Dec 1966	22 Aug 1989
Poland		7 Nov 1991 a
Portugal	1 Aug 1978	3 May 1983
Republic of Korea		10 Apr 1990 a
Romania		20 Jul 1993 a
Russian Federation		1 Oct 1991 a
Saint Vincent and the Grenadines		9 Nov 1981 a
San Marino		18 Oct 1985 a
Sao Tome and Principe	6 Sep 2000	
Senegal	6 Jul 1970	13 Feb 1978
Serbia	12 Mar 2001 d	6 Sep 2001
Seychelles		5 May 1992 a
Sierra Leone		23 Aug 1996 a
Slovakia		28 May 1993 d
Slovenia		16 Jul 1993 a
Somalia		24 Jan 1990 a
South Africa		28 Aug 2002 a
Spain		25 Jan 1985 a
Sri Lanka		3 Oct 1997 a
Suriname		28 Dec 1976 a
Sweden	29 Sep 1967	6 Dec 1971
Tajikistan		4 Jan 1999 a
The Former Yugoslav Republic of Macedonia	12 Dec 1994 d	12 Dec 1994
Togo		30 Mar 1988 a

continued

Participant	Signature, Succession to signature (d)	Ratification, Accession (a), Succession (d)
Trinidad and Tobago		[14 Nov 1980 a]
Turkey	3 Feb 2004	24 Nov 2006
Turkmenistan		1 May 1997 a
Uganda		14 Nov 1995 a
Ukraine		25 Jul 1991 a
Uruguay	21 Feb 1967	1 Apr 1970
Uzbekistan		28 Sep 1995 a
Venezuela (Bolivarian Republic of)	15 Nov 1976	10 May 1978
Zambia		10 Apr 1984 a

• Second Optional Protocol to the International Covenant on Civil and Political Rights, aiming at the abolition of the death penalty (New York, 15 December 1989)

Last update: 4 April 2008

Entry into force: 11 July 1991, in accordance with article 8 (1).

Registration: 11 July 1991, No. 14668.

Status: Signatories: 35, Parties: 66.

Participant	Signature	Ratification, Accession (a), Succession (d)
Albania		17 Oct 2007 a
Andorra	5 Aug 2002	22 Sep 2006
Argentina	20 Dec 2006	
Australia		2 Oct 1990 a
Austria	8 Apr 1991	2 Mar 1993
Azerbaijan		22 Jan 1999 a
Belgium	12 Jul 1990	8 Dec 1998
Bosnia and Herzegovina	7 Sep 2000	16 Mar 2001
Bulgaria	11 Mar 1999	10 Aug 1999
Canada		25 Nov 2005 a
Cape Verde		19 May 2000 a

continued

Participant	Signature	Ratification, Accession (a), Succession (d)
Chile	15 Nov 2001	
Colombia		5 Aug 1997 a
Costa Rica	14 Feb 1990	5 Jun 1998
Croatia		12 Oct 1995 a
Cyprus		10 Sep 1999 a
Czech Republic		15 Jun 2004 a
Denmark	13 Feb 1990	24 Feb 1994
Djibouti		5 Nov 2002 a
Ecuador		23 Feb 1993 a
Estonia		30 Jan 2004 a
Finland	13 Feb 1990	4 Apr 1991
France		2 Oct 2007 a
Georgia		22 Mar 1999 a
Germany	13 Feb 1990	18 Aug 1992
Greece		5 May 1997 a
Guinea-Bissau	12 Sep 2000	
Honduras	10 May 1990	1 Apr 2008
Hungary		24 Feb 1994 a
Iceland	30 Jan 1991	2 Apr 1991
Ireland		18 Jun 1993 a
Italy	13 Feb 1990	14 Feb 1995
Liberia		16 Sep 2005 a
Liechtenstein		10 Dec 1998 a
Lithuania	8 Sep 2000	27 Mar 2002
Luxembourg	13 Feb 1990	12 Feb 1992
Malta		29 Dec 1994 a
Mexico		26 Sep 2007 a
Moldova		20 Sep 2006 a
Monaco		28 Mar 2000 a

continued

Participant	Signature	Ratification, Accession (a), Succession (d)
Montenegro		23 Oct 2006 d
Mozambique		21 Jul 1993 a
Namibia		28 Nov 1994 a
Nepal		4 Mar 1998 a
Netherlands	9 Aug 1990	26 Mar 1991
New Zealand	22 Feb 1990	22 Feb 1990
Nicaragua	21 Feb 1990	
Norway	13 Feb 1990	5 Sep 1991
Panama		21 Jan 1993 a
Paraguay		18 Aug 2003 a
Philippines	20 Sep 2006	20 Nov. 2007
Poland	21 Mar 2000	
Portugal	13 Feb 1990	17 Oct 1990
Romania	15 Mar 1990	27 Feb 1991
San Marino	26 Sep 2003	17 Aug 2004
Sao Tome and Principe	6 Sep 2000	
Serbia		6 Sep 2001 a
Seychelles		15 Dec 1994 a
Slovakia	22 Sep 1998	22 Jun 1999
Slovenia	14 Sep 1993	10 Mar 1994
South Africa		28 Aug 2002 a
Spain	23 Feb 1990	11 Apr 1991
Sweden	13 Feb 1990	11 May 1990
Switzerland		16 Jun 1994 a
The Former Yugoslav Republic of Macedonia		26 Jan 1995 a
Timor-Leste		18 Sep 2003 a
Turkey	6 Apr 2004	2 Mar 2006
Turkmenistan		11 Jan 2000 a
Ukraine		25 Jul 2007 a
United Kingdom of Great Britain and Northern Ireland	31 Mar 1999	10 Dec 1999
Uruguay	13 Feb 1990	21 Jan 1993
Venezuela (Bolivarian Republic of)	7 Jun 1990	22 Feb 1993

• International Convention on the Elimination of All Forms of Racial Discrimination (New York, 7 March 1966)

Entry into force: 4 January 1969, in accordance with article 19 1

Registration: 12 March 1969, No. 9464.

Status: Signatories: 85, Parties: 173.
[5 countries, which are signatories to the Convention, have not ratified it]

Participant	Signature	Ratification, Accession (a), Succession (d)
Afghanistan	.	6 Jul 1983 a
Albania	.	11 May 1994 a
Algeria	9 Dec 1966	14 Feb 1972
Andorra	5 Aug 2002	22 Sep 2006
Antigua and Barbuda	.	25 Oct 1988 d
Argentina	13 Jul 1967	2 Oct 1968
Armenia	.	23 Jun 1993 a
Australia	13 Oct 1966	30 Sep 1975
Austria	22 Jul 1969	9 May 1972
Azerbaijan	.	16 Aug 1996 a
Bahamas	.	5 Aug 1975 d
Bahrain	.	27 Mar 1990 a
Bangladesh	.	11 Jun 1979 a
Barbados	.	8 Nov 1972 a
Belarus	7 Mar 1966	8 Apr 1969
Belgium	17 Aug 1967	7 Aug 1975
Belize	6 Sep 2000	14 Nov 2001
Benin	2 Feb 1967	30 Nov 2001
Bhutan	26 Mar 1973	.
Bolivia	7 Jun 1966	22 Sep 1970
Bosnia and Herzegovina	.	16 Jul 1993 d
Botswana	.	20 Feb 1974 a
Brazil	7 Mar 1966	27 Mar 1968

continued

Participant	Signature	Ratification, Accession (a), Succession (d)
Bulgaria	1 Jun 1966	8 Aug 1966
Burkina Faso	.	18 Jul 1974 a
Burundi	1 Feb 1967	27 Oct 1977
Cambodia	12 Apr 1966	28 Nov 1983
Cameroon	12 Dec 1966	24 Jun 1971
Canada	24 Aug 1966	14 Oct 1970
Cape Verde	.	3 Oct 1979 a
Central African Republic	7 Mar 1966	16 Mar 1971
Chad	.	17 Aug 1977 a
Chile	3 Oct 1966	20 Oct 1971
China	.	29 Dec 1981 a
Colombia	23 Mar 1967	2 Sep 1981
Comoros	22 Sep 2000	27 Sep 2004
Congo	.	11 Jul 1988 a
Costa Rica	14 Mar 1966	16 Jan 1967
Côte d'Ivoire	.	4 Jan 1973 a
Croatia	.	12 Oct 1992 d
Cuba	7 Jun 1966	15 Feb 1972
Cyprus	12 Dec 1966	21 Apr 1967
Czech Republic	.	22 Feb 1993 d
Democratic Republic of the Congo	.	21 Apr 1976 a
Denmark	21 Jun 1966	9 Dec 1971
Djibouti	14 June 2006	.
Dominican Republic	.	25 May 1983 a
Ecuador	.	22 Sep 1966 a
Egypt	28 Sep 1966	1 May 1967
El Salvador	.	30 Nov 1979 a
Equatorial Guinea	.	8 Oct 2002 a
Eritrea	.	31 Jul 2001 a

continued

Participant	Signature	Ratification, Accession (a), Succession (d)
Estonia	.	21 Oct 1991 a
Ethiopia	.	23 Jun 1976 a
Fiji	.	11 Jan 1973 d
Finland	6 Oct 1966	14 Jul 1970
France	.	28 Jul 1971 a
Gabon	20 Sep 1966	29 Feb 1980
Gambia	.	29 Dec 1978 a
Georgia	.	2 Jun 1999 a
Germany	10 Feb 1967	16 May 1969
Ghana	8 Sep 1966	8 Sep 1966
Greece	7 Mar 1966	18 Jun 1970
Grenada	17 Dec 1981	.
Guatemala	8 Sep 1967	18 Jan 1983
Guinea	24 Mar 1966	14 Mar 1977
Guinea-Bissau	12 Sep 2000	.
Guyana	11 Dec 1968	15 Feb 1977
Haiti	30 Oct 1972	19 Dec 1972
Holy See	21 Nov 1966	1 May 1969
Honduras	.	10 Oct 2002 a
Hungary	15 Sep 1966	4 May 1967
Iceland	14 Nov 1966	13 Mar 1967
India	2 Mar 1967	3 Dec 1968
Indonesia	.	25 Jun 1999 a
Iran (Islamic Republic of)	8 Mar 1967	29 Aug 1968
Iraq	18 Feb 1969	14 Jan 1970
Ireland	21 Mar 1968	29 Dec 2000
Israel	7 Mar 1966	3 Jan 1979
Italy	13 Mar 1968	5 Jan 1976
Jamaica	14 Aug 1966	4 Jun 1971

continued

Participant	Signature	Ratification, Accession (a), Succession (d)
Japan	.	15 Dec 1995 a
Jordan	.	30 May 1974 a
Kazakhstan	.	26 Aug 1998 a
Kenya	.	13 Sep 2001 a
Kuwait	.	15 Oct 1968 a
Kyrgyzstan	.	5 Sep 1997 a
Lao People's Democratic Republic	.	22 Feb 1974 a
Latvia	.	14 Apr 1992 a
Lebanon	.	12 Nov 1971 a
Lesotho	.	4 Nov 1971 a
Liberia	.	5 Nov 1976 a
Libyan Arab Jamahiriya	.	3 Jul 1968 a
Liechtenstein	.	1 Mar 2000 a
Lithuania	8 Jun 1998	10 Dec 1998
Luxembourg	12 Dec 1967	1 May 1978
Madagascar	18 Dec 1967	7 Feb 1969
Malawi	.	11 Jun 1996 a
Maldives	.	24 Apr 1984 a
Mali	.	16 Jul 1974 a
Malta	5 Sep 1968	27 May 1971
Mauritania	21 Dec 1966	13 Dec 1988
Mauritius	.	30 May 1972 a
Mexico	1 Nov 1966	20 Feb 1975
Monaco	.	27 Sep 1995 a
Mongolia	3 May 1966	6 Aug 1969
Montenegro	.	23 Oct 2006 d
Morocco	18 Sep 1967	18 Dec 1970
Mozambique	.	18 Apr 1983 a
Namibia	.	11 Nov 1982 a

continued

Participant	Signature	Ratification, Accession (a), Succession (d)
Nauru	12 Nov 2001	.
Nepal	.	30 Jan 1971 a
Netherlands	24 Oct 1966	10 Dec 1971
New Zealand	25 Oct 1966	22 Nov 1972
Nicaragua	.	15 Feb 1978 a
Niger	14 Mar 1966	27 Apr 1967
Nigeria	.	16 Oct 1967 a
Norway	21 Nov 1966	6 Aug 1970
Oman	.	2 Jan 2003 a
Pakistan	19 Sep 1966	21 Sep 1966
Panama	8 Dec 1966	16 Aug 1967
Papua New Guinea	.	27 Jan 1982 a
Paraguay	13 Sep 2000	18 Aug 2003
Peru	22 Jul 1966	29 Sep 1971
Philippines	7 Mar 1966	15 Sep 1967
Poland	7 Mar 1966	5 Dec 1968
Portugal	.	24 Aug 1982 a
Qatar	.	22 Jul 1976 a
Republic of Korea	8 Aug 1978	5 Dec 1978
Republic of Moldova	.	26 Jan 1993 a
Romania	.	15 Sep 1970 a
Russian Federation	7 Mar 1966	4 Feb 1969
Rwanda	.	16 Apr 1975 a
Saint Lucia	.	14 Feb 1990 d
Saint Kitts and Nevis	.	13 October 2006 a
Saint Vincent and the Grenadines	.	9 Nov 1981 a
San Marino	11 Dec 2001	12 Mar 2002
Sao Tome and Principe	6 Sep 2000	.
Saudi Arabia	.	23 Sep 1997 a

continued

Participant	Signature	Ratification, Accession (a), Succession (d)
Senegal	22 Jul 1968	19 Apr 1972
Serbia	.	12 Mar 2001 d
Seychelles	.	7 Mar 1978 a
Sierra Leone	17 Nov 1966	2 Aug 1967
Slovakia	.	28 May 1993 d
Slovenia	.	6 Jul 1992 d
Solomon Islands	.	17 Mar 1982 d
Somalia	26 Jan 1967	26 Aug 1975
South Africa	3 Oct 1994	10 Dec 1998
Spain	.	13 Sep 1968 a
Sri Lanka	.	18 Feb 1982 a
Sudan	.	21 Mar 1977 a
Suriname	.	15 Mar 1984 d
Swaziland	.	7 Apr 1969 a
Sweden	5 May 1966	6 Dec 1971
Switzerland	.	29 Nov 1994 a
Syrian Arab Republic	.	21 Apr 1969 a
Tajikistan	.	11 Jan 1995 a
Thailand	.	28 Jan 2003 a
The Former Yugoslav Republic of Macedonia	.	18 Jan 1994 d
Timor-Leste	.	16 Apr 2003 a
Togo	.	1 Sep 1972 a
Tonga	.	16 Feb 1972 a

continued

Participant	Signature	Ratification, Accession (a), Succession (d)
Trinidad and Tobago	9 Jun 1967	4 Oct 1973
Tunisia	12 Apr 1966	13 Jan 1967
Turkey	13 Oct 1972	16 Sep 2002
Turkmenistan	.	29 Sep 1994 a
Uganda	.	21 Nov 1980 a
Ukraine	7 Mar 1966	7 Mar 1969
United Arab Emirates	.	20 Jun 1974 a
United Kingdom of Great Britain and Northern Ireland	11 Oct 1966	7 Mar 1969
United Republic of Tanzania	.	27 Oct 1972 a
United States of America	28 Sep 1966	21 Oct 1994
Uruguay	21 Feb 1967	30 Aug 1968
Uzbekistan	.	28 Sep 1995 a
Venezuela	21 Apr 1967	10 Oct 1967
Viet Nam	.	9 Jun 1982 a
Yemen	.	18 Oct 1972 a
Zambia	11 Oct 1968	4 Feb 1972
Zimbabwe	.	13 May 1991 a

• Convention on the Elimination of All Forms of Discrimination against Women

(New York, 18 December 1979) States Parties

Currently, 185 countries - over ninety percent of the members of the United Nations - are party to the Convention. An additional State has signed, but not ratified the treaty, therefore it is not bound to put the provisions of the Convention into practice.

185 ratifications, accessions and successions
(Latest Signature: San Marino, 26 September 2003
Latest Accession: Cook Islands, 11 Aug 2006) a/ Accession; b/ Declarations or reservations; c/ Reservation subsequently withdrawn; d/ Succession

State	Date of signature	Date of receipt of the instrument of ratification, accession or succession
Afghanistan	14 August 1980	5 March 2003 a/
Albania		11 May 1994 a/
Algeria		22 May 1996 a/ b/
Andorra		15 January 1997 a
Angola		17 September 1986 a/
Antigua and Barbuda		1 August 1989 a/
Argentina	17 July 1980	15 July 1985 b/
Armenia		13 September 1993 a/
Australia	17 July 1980	28 July 1983 b/
Austria	17 July 1980	31 March 1982 b/
Azerbaijan		10 July 1995 a/
Bahamas		6 October 1993 a/ b/
Bahrain		18 June 2002 a/
Bangladesh		6 November 1984 a/ b/
Barbados	24 July 1980	16 October 1980
Belarus	17 July 1980	4 February 1981 c/
Belgium	17 July 1980	10 July 1985 b/
Belize	7 March 1990	16 May 1990
Benin	11November 1981	12 March 1992
Bhutan	17 July 1980	31 August 1981
Bolivia	30 May 1980	8 June 1990
Bosnia & Herzegovina		1 September 1993 d/
Botswana		13 August 1996 a/
Brazil	31 March 1981 b/	1 February 1984 b/
Brunei Darussalam		24 May 2006 a/

continued

State	Date of signature	Date of receipt of the instrument of ratification, accession or succession
Bulgaria	17 July 1980	8 February 1982 c/
Burkina Faso		14 October 1987 a/
Burundi	17 July 1980	8 January 1992
Cambodia	17 October 1980	15 October 1992 a/
Cameroon	6 June 1983	23 August 1994 a/
Canada	17 July 1980	10 December 1981 c/
Cape Verde		5 December 1980 a/
Central African Republic		21 June 1991 a/
Chad		9 June 1995 a/
Chile	17 July 1980	7 December 1989 b/
China	17 July 1980 b/	4 November 1980 b/
Colombia	17 July 1980	19 January 1982
Comoros		31 October 1994 a/
Congo	29 July 1980	26 July 1982
Cook Islands		11 Aug 2006 a/
Costa Rica	17 July 1980	4 April 1986
Cote d'Ivoire	17 July 1980	18 December 1995 a/
Croatia		9 September 1992 d/
Cuba	6 March 1980	17 July 1980 b/
Cyprus		23 July 1985 a/ b/
Czech Republic		22 February 1993 c/ d/
Democratic People's Republic of Korea		27 February 2001 a/
Democratic Republic of the Congo	17 October 1986	16 November 1986
Denmark	17 July 1980	21 April 1983
Djibouti		2 December 1998 a/
Dominica	15 September 1980	15 September 1980
Dominican Republic	17 July 1980	2 September 1982
Ecuador	17 July 1980	9 November 1981
Egypt	16 July 1980 b/	18 September 1981 b/

continued

State	Date of signature	Date of receipt of the instrument of ratification, accession or succession
El Salvador	14 November1980 b/	19 August 1981 b/
Equatorial Guinea		23 October 1984 a/
Eritrea		5 September 1995 a/
Estonia		21 October 1991 a/
Ethiopia	8 July 1980	10 December 1981 b/
Fiji		28 August 1995 a/ b/
Finland	17 July 1980	4 September 1986
France	17 July 1980 b/	14 December1983b/ c/
Gabon	17 July 1980	21 January 1983
Gambia	29 July 1980	16 April 1993
Georgia		26 October 1994 a/
Germany	17 July 1980	10 July 1985 b/
Ghana	17 July 1980	2 January 1986
Greece	2 March 1982	7 June 1983
Grenada	17 July 1980	30 August 1990
Guatemala	8 June 1981	12 August 1982
Guinea	17 July 1980	9 August 1982
Guinea-Bissau	17 July 1980	23 August 1985
Guyana	17 July 1980	17 July 1980
Haiti	17 July 1980	20 July 1981
Honduras	11 June 1980	3 March 1983
Hungary	6 June 1980	22 December 1980 c/
Iceland	24 July 1980	18 June 1985
India	30 July 1980 b/	9 July 1993 b/
Indonesia	29 July 1980	13 September 1984 b/
Iraq		13 August 1986 a/ b/
Ireland		23 December 1985 a/ b/ c/
Israel	17 July 1980	3 October 1991 b/
Italy	17 July 1980 b/	10 June 1985

continued

State	Date of signature	Date of receipt of the instrument of ratification, accession or succession
Jamaica	17 July 1980	19 October 1984 b/
Japan	17 July 1980	25 June 1985
Jordan	3 December 1980 b/	1 July 1992 b/
Kazakhstan		26 August 1998 a/
Kenya		9 March 1984 a/
Kiribati		17 March 2004 a/
Kuwait		2 September 1994a/ b/
Kyrgyzstan		10 February 1997 a/
Lao People's Democratic Rep.	17 July 1980	14 August 1981
Latvia		14 April 1992 a/
Lebanon		21 April 1997 a/ b/
Lesotho	17 July 1980	22 August 1995 a/ b/
Liberia		17 July 1984 a/
Libyan A. Jamahiriya		16 May 1989 a/ b/
Liechtenstein		22 December 1995 a/ b/
Lithuania		18 January 1994 a/
Luxembourg	17 July 1980	2 February 1989 b/
Madagascar	17 July 1980	17 March 1989
Malawi		12 March 1987 a/ c/
Malaysia		5 July 1995 a/ b/
Maldives		1 July 1993 a/ b/
Mali	5 February 1985	10 September 1985
Malta		8 March 1991 a/ b/
Marshall Islands		2 March 2006 a/
Mauritania		10 May 2001 a/
Mauritius		9 July 1984 a/ b/
Mexico	17 July 1980 b/	23 March 1981
Micronesia		1 September 2004 a/
Monaco		18 March 2005 /a

continued

State	Date of signature	Date of receipt of the instrument of ratification, accession or succession
Mongolia	17 July 1980	20 July 1981 c/
Montenegro		23 October 2006 d/
Morocco		21 June 1993 a/ b/
Mozambique		16 April 1997 a/
Myanmar		22 July 1997 a/ b/
Namibia		23 November 1992 a/
Nepal	5 February 1991	22 April 1991
Netherlands	17 July 1980	23 July 1991 b/
New Zealand	17 July 1980	10 January 1985 b/ c/
Nicaragua	17 July 1980	27 October 1981
Niger		8 October 1999a/
Nigeria	23 April 1984	13 June 1985
Norway	17 July 1980	21 May 1981
Oman		7 February 2006 a/
Pakistan		12 March 1996 a/ b/
Panama	26 June 1980	29 October 1981
Papua New Guinea		12 January 1995 a/
Paraguay		6 April 1987 a/
Peru	23 July 1981	13 September 1982
Philippines	15 July 1980	5 August 1981
Poland	29 May 1980	30 July 1980 b/
Portugal	24 April 1980	30 July 1980
Republic of Korea	25 May 1983 b/	27 December 1984 b/ c/
Republic of Moldova		1 July 1994 a/
Romania	4 September 1980 b/	7 January 1982 b/
Russian Federation	17 July 1980	23 January 1981 c/
Rwanda	1 May 1980	2 March 1981
Saint Kitts & Nevis		25 April 1985 a/
Saint Lucia		8 October 1982 a/

continued

State	Date of signature	Date of receipt of the instrument of ratification, accession or succession
St. Vincent & the Grenadines		4 August 1981 a/
Samoa		25 September 1992 a/
San Marino	26 September 2003	10 December 2003
Sao Tome and Principe	31 October 1995	3 June 2003
Saudi Arabia	7 September 2000	7 September 2000 b/
Senegal	29 July 1980	5 February 1985
Serbia		12 Mar 2001 d/
Seychelles		5 May 1992 a/
Sierra Leone	21 September 1988	11 November 1988
Singapore		5 October 1995 a/ b/
Slovakia		28 May 1993 d/
Slovenia		6 July 1992 d/
Solomon Islands		6 May 2002
South Africa	29 January 1993	15 December 1995 a/
Spain	17 July 1980	5 January 1984 b/
Sri Lanka	17 July 1980	5 October 1981
Suriname		1 March 1993 a/
Swaziland		26 March 2004 a/
Sweden	7 March 1980	2 July 1980
Switzerland	23 January 1987	27 March 1997 a/ b/
Syrian Arab Republic		28 March 2003 a/
Tajikistan		26 October 1993 a/
Thailand		9 August 1985 a/ b/ c/
The former Yugoslav Republic of Macedonia		18 January 1994 d/
Timor-Leste		16 April 2003 a/
Togo		26 September 1983 a/
Trinidad and Tobago	27 June 1985 b/	12 January 1990 b/
Tunisia	24 July 1980	20 September 1985 b/

continued

State	Date of signature	Date of receipt of the instrument of ratification, accession or succession
Turkey		20 December1985a/ b/
Turkmenistan		1 May 1997 a/
Tuvalu		6 October 1999 a/
Uganda	30 July 1980	22 July 1985
Ukraine	17 July 1980	12 March 1981 c/
United Arab Emirates		6 October 2004 a/
United Kingdom of Great Britain & Northern Ireland	22 July 1981	7 April 1986 b/
United Republic of Tanzania	17 July 1980	20 August 1985
United States of America	17 July 1980	
Uruguay	30 March 1981	9 October 1981
Uzbekistan		19 July 1995 a/
Vanuatu		8 September 1995 a/
Venezuela	17 July 1980	2 May 1983 b/
Viet Nam	29 July 1980	17 February 1982 b/
Yemen		30 May 1984 a/ b/
Zambia	17 July 1980	21 June 1985
Zimbabwe		13 May 1991 a/

• Convention against Torture and Other Cruel, Inhuman or Degrading Treatment or Punishment (New York, 10 December 1984)

Entry into force: 26 June 1987, in accordance with article 27 (1) 1.

Registration: 26 June 1987, No. 24841.

Status: Signatories: 75, Parties: 145

Participant	Signature	Ratification, Accession (a), Succession (d)
Afghanistan	4 Feb 1985	1 Apr 1987
Albania	.	11 May 1994 a
Algeria	26 Nov 1985	12 Sep 1989
Andorra	5 Aug 2002	22 Sep 2006

continued

Participant	Signature	Ratification, Accession (a), Succession (d)
Antigua and Barbuda	.	19 Jul 1993 a
Argentina	4 Feb 1985	24 Sep 1986
Armenia	.	13 Sep 1993 a
Australia	10 Dec 1985	8 Aug 1989
Austria	14 Mar 1985	29 Jul 1987
Azerbaijan	.	16 Aug 1996 a
Bahrain	.	6 Mar 1998 a
Bangladesh	.	5 Oct 1998 a
Belarus	19 Dec 1985	13 Mar 1987
Belgium	4 Feb 1985	25 Jun 1999
Belize	.	17 Mar 1986 a
Benin	.	12 Mar 1992 a
Bolivia	4 Feb 1985	12 Apr 1999
Bosnia and Herzegovina	.	1 Sep 1993 d
Botswana	8 Sep 2000	8 Sep 2000
Brazil	23 Sep 1985	28 Sep 1989
Bulgaria	10 Jun 1986	16 Dec 1986
Burkina Faso	.	4 Jan 1999 a
Burundi	.	18 Feb 1993 a
Cambodia	.	15 Oct 1992 a
Cameroon	.	19 Dec 1986 a
Canada	23 Aug 1985	24 Jun 1987
Cape Verde	.	4 Jun 1992 a
Chad	.	9 Jun 1995 a
Chile	23 Sep 1987	30 Sep 1988
China	12 Dec 1986	4 Oct 1988
Colombia	10 Apr 1985	8 Dec 1987
Comoros	22 Sep 2000	.
Congo	.	30 Jul 2003 a

continued

Participant	Signature	Ratification, Accession (a), Succession (d)
Costa Rica	4 Feb 1985	11 Nov 1993
Côte d'Ivoire	.	18 Dec 1995 a
Croatia	.	12 Oct 1992 d
Cuba	27 Jan 1986	17 May 1995
Cyprus	9 Oct 1985	18 Jul 1991
Czech Republic 6	.	22 Feb 1993 d
Democratic Republic of the Congo	.	18 Mar 1996 a
Denmark	4 Feb 1985	27 May 1987
Djibouti	.	5 Nov 2002 a
Dominican Republic	4 Feb 1985	.
Ecuador	4 Feb 1985	30 Mar 1988
Egypt	.	25 Jun 1986 a
El Salvador	.	17 Jun 1996 a
Equatorial Guinea	.	8 Oct 2002 a
Estonia	.	21 Oct 1991 a
Ethiopia	.	14 Mar 1994 a
Finland	4 Feb 1985	30 Aug 1989
France	4 Feb 1985	18 Feb 1986
Gabon	21 Jan 1986	8 Sep 2000
Gambia	23 Oct 1985	.
Georgia	.	26 Oct 1994 a
Germany	13 Oct 1986	1 Oct 1990
Ghana	7 Sep 2000	7 Sep 2000
Greece	4 Feb 1985	6 Oct 1988
Guatemala	.	5 Jan 1990 a
Guinea	30 May 1986	10 Oct 1989
Guinea-Bissau	12 Sep 2000	.
Guyana	25 Jan 1988	19 May 1988
Holy See	.	26 Jun 2002 a

continued

Participant	Signature	Ratification, Accession (a), Succession (d)
Honduras	.	5 Dec 1996 a
Hungary	28 Nov 1986	15 Apr 1987
Iceland	4 Feb 1985	23 Oct 1996
India	14 Oct 1997	.
Indonesia	23 Oct 1985	28 Oct 1998
Ireland	28 Sep 1992	11 Apr 2002
Israel	22 Oct 1986	3 Oct 1991
Italy	4 Feb 1985	12 Jan 1989
Japan	.	29 Jun 1999 a
Jordan	.	13 Nov 1991 a
Kazakhstan	.	26 Aug 1998 a
Kenya	.	21 Feb 1997 a
Kuwait	.	8 Mar 1996 a
Kyrgyzstan	.	5 Sep 1997 a
Latvia	.	14 Apr 1992 a
Lebanon	.	5 Oct 2000 a
Lesotho	.	12 Nov 2001 a
Liberia	.	22 Sep 2004 a
Libyan Arab Jamahiriya	.	16 May 1989 a
Liechtenstein	27 Jun 1985	2 Nov 1990
Lithuania	.	1 Feb 1996 a
Luxembourg	22 Feb 1985	29 Sep 1987
Madagascar	1 Oct 2001	13 Dec 2005
Malawi	.	11 Jun 1996 a
Maldives	.	20 Apr 2004 a
Mali	.	26 Feb 1999 a
Malta	.	13 Sep 1990 a
Mauritania	.	17 Nov 2004 a
Mauritius	.	9 Dec 1992 a

continued

Participant	Signature	Ratification, Accession (a), Succession (d)
Mexico	18 Mar 1985	23 Jan 1986
Monaco	.	6 Dec 1991 a
Mongolia	.	24 Jan 2002 a
Montenegro	.	23 Oct 2006 d
Morocco	8 Jan 1986	21 Jun 1993
Mozambique	.	14 Sep 1999 a
Namibia	.	28 Nov 1994 a
Nauru	12 Nov 2001	.
Nepal	.	14 May 1991 a
Netherlands	4 Feb 1985	21 Dec 1988
New Zealand	14 Jan 1986	10 Dec 1989
Nicaragua	15 Apr 1985	5 Jul 2005
Niger	.	5 Oct 1998 a
Nigeria	28 Jul 1988	28 Jun 2001
Norway	4 Feb 1985	9 Jul 1986
Pakistan	17 Apr 2008	
Panama	22 Feb 1985	24 Aug 1987
Paraguay	23 Oct 1989	12 Mar 1990
Peru	29 May 1985	7 Jul 1988
Philippines	.	18 Jun 1986 a
Poland	13 Jan 1986	26 Jul 1989
Portugal	4 Feb 1985	9 Feb 1989
Qatar	.	11 Jan 2000 a
Republic of Korea	.	9 Jan 1995 a
Republic of Moldova	.	28 Nov 1995 a
Romania	.	18 Dec 1990 a
Russian Federation	10 Dec 1985	3 Mar 1987
Saint Vincent and the Grenadines	.	1 Aug 2001 a
San Marino	18 Sep 2002	27 Nov 2006

continued

Participant	Signature	Ratification, Accession (a), Succession (d)
Sao Tome and Principe	6 Sep 2000	.
Saudi Arabia	.	23 Sep 1997 a
Senegal	4 Feb 1985	21 Aug 1986
Serbia	.	12 Mar 2001 d
Seychelles	.	5 May 1992 a
Sierra Leone	18 Mar 1985	25 Apr 2001
Slovakia	.	28 May 1993 d
Slovenia	.	16 Jul 1993 a
Somalia	.	24 Jan 1990 a
South Africa	29 Jan 1993	10 Dec 1998
Spain	4 Feb 1985	21 Oct 1987
Sri Lanka	.	3 Jan 1994 a
Sudan	4 Jun 1986	.
Swaziland	.	26 Mar 2004 a
Sweden	4 Feb 1985	8 Jan 1986
Switzerland	4 Feb 1985	2 Dec 1986
Syrian Arab Republic	.	19 Aug 2004 a
Tajikistan	.	11 Jan 1995 a
Thailand	.	2 Oct 2007 a
The Former Yugoslav Republic of Macedonia	.	12 Dec 1994 d
Timor-Leste	.	16 Apr 2003 a
Togo	25 Mar 1987	18 Nov 1987
Tunisia	26 Aug 1987	23 Sep 1988
Turkey	25 Jan 1988	2 Aug 1988
Turkmenistan	.	25 Jun 1999 a
Uganda	.	3 Nov 1986 a
Ukraine	27 Feb 1986	24 Feb 1987
United Kingdom of Great Britain and Northern Ireland	15 Mar 1985	8 Dec 1988

continued

Participant	Signature	Ratification, Accession (a), Succession (d)
United States of America	18 Apr 1988	21 Oct 1994
Uruguay	4 Feb 1985	24 Oct 1986
Uzbekistan	.	28 Sep 1995 a
Venezuela (Bolivarian Republic of)	15 Feb 1985	29 Jul 1991
Yemen	.	5 Nov 1991 a
Zambia	.	7 Oct 1998 a

• Convention on the Rights of the Child (New York, 20 November 1989)

Entry into force: 2 September 1990, in accordance with article 49 (1).

Registration: 2 September 1990, No. 27531.

Status: Signatories: 140, Parties: 193.

Participant	Signature	Ratification, Acceptance (A), Accession (a), Succession (d)
Afghanistan	27 Sep 1990	28 Mar 1994
Albania	26 Jan 1990	27 Feb 1992
Algeria	26 Jan 1990	16 Apr 1993
Andorra	2 Oct 1995	2 Jan 1996
Angola	14 Feb 1990	5 Dec 1990
Antigua and Barbuda	12 Mar 1991	5 Oct 1993
Argentina	29 Jun 1990	4 Dec 1990
Armenia		23 Jun 1993 a
Australia	22 Aug 1990	17 Dec 1990
Austria	26 Aug 1990	6 Aug 1992
Azerbaijan		13 Aug 1992 a
Bahamas	30 Oct 1990	20 Feb 1991
Bahrain		13 Feb 1992 a
Bangladesh	26 Jan 1990	3 Aug 1990
Barbados	19 Apr 1990	9 Oct 1990
Belarus	26 Jan 1990	1 Oct 1990

continued

Participant	Signature	Ratification, Acceptance (A), Accession (a), Succession (d)
Belgium	26 Jan 1990	16 Dec 1991
Belize	2 Mar 1990	2 May 1990
Benin	25 Apr 1990	3 Aug 1990
Bhutan	4 Jun 1990	1 Aug 1990
Bolivia	8 Mar 1990	26 Jun 1990
Bosnia and Herzegovina		1 Sep 1993 d
Botswana		14 Mar 1995 a
Brazil	26 Jan 1990	24 Sep 1990
Brunei Darussalam		27 Dec 1995 a
Bulgaria	31 May 1990	3 Jun 1991
Burkina Faso	26 Jan 1990	31 Aug 1990
Burundi	8 May 1990	19 Oct 1990
Cambodia		15 Oct 1992 a
Cameroon	25 Sep 1990	11 Jan 1993
Canada	28 May 1990	13 Dec 1991
Cape Verde		4 Jun 1992 a
Central African Republic	30 Jul 1990	23 Apr 1992
Chad	30 Sep 1990	2 Oct 1990
Chile	26 Jan 1990	13 Aug 1990
China	29 Aug 1990	2 Mar 1992
Colombia	26 Jan 1990	28 Jan 1991
Comoros	30 Sep 1990	22 Jun 1993
Congo		14 Oct 1993 a
Cook Islands		6 Jun 1997 a
Costa Rica	26 Jan 1990	21 Aug 1990
Côte d'Ivoire	26 Jan 1990	4 Feb 1991
Croatia		12 Oct 1992 d
Cuba	26 Jan 1990	21 Aug 1991
Cyprus	5 Oct 1990	7 Feb 1991

continued

Participant	Signature	Ratification, Acceptance (A), Accession (a), Succession (d)
Czech Republic		22 Feb 1993 d
Democratic People's Republic of Korea	23 Aug 1990	21 Sep 1990
Democratic Republic of the Congo	20 Mar 1990	27 Sep 1990
Denmark	26 Jan 1990	19 Jul 1991
Djibouti	30 Sep 1990	6 Dec 1990
Dominica	26 Jan 1990	13 Mar 1991
Dominican Republic	8 Aug 1990	11 Jun 1991
Ecuador	26 Jan 1990	23 Mar 1990
Egypt	5 Feb 1990	6 Jul 1990
El Salvador	26 Jan 1990	10 Jul 1990
Equatorial Guinea		15 Jun 1992 a
Eritrea	20 Dec 1993	3 Aug 1994
Estonia		21 Oct 1991 a
Ethiopia		14 May 1991 a
Fiji	2 Jul 1993	13 Aug 1993
Finland	26 Jan 1990	20 Jun 1991
France	26 Jan 1990	7 Aug 1990
Gabon	26 Jan 1990	9 Feb 1994
Gambia	5 Feb 1990	8 Aug 1990
Georgia		2 Jun 1994 a
Germany	26 Jan 1990	6 Mar 1992
Ghana	29 Jan 1990	5 Feb 1990
Greece	26 Jan 1990	11 May 1993
Grenada	21 Feb 1990	5 Nov 1990
Guatemala	26 Jan 1990	6 Jun 1990
Guinea		13 Jul 1990 a
Guinea-Bissau	26 Jan 1990	20 Aug 1990
Guyana	30 Sep 1990	14 Jan 1991
Haiti	26 Jan 1990	8 Jun 1995

continued

Participant	Signature	Ratification, Acceptance (A), Accession (a), Succession (d)
Holy See	20 Apr 1990	20 Apr 1990
Honduras	31 May 1990	10 Aug 1990
Hungary	14 Mar 1990	7 Oct 1991
Iceland	26 Jan 1990	28 Oct 1992
India		11 Dec 1992 a
Indonesia	26 Jan 1990	5 Sep 1990
Iran (Islamic Republic of)	5 Sep 1991	13 Jul 1994
Iraq		15 Jun 1994 a
Ireland	30 Sep 1990	28 Sep 1992
Israel	3 Jul 1990	3 Oct 1991
Italy	26 Jan 1990	5 Sep 1991
Jamaica	26 Jan 1990	14 May 1991
Japan	21 Sep 1990	22 Apr 1994
Jordan	29 Aug 1990	24 May 1991
Kazakhstan	16 Feb 1994	12 Aug 1994
Kenya	26 Jan 1990	30 Jul 1990
Kiribati		11 Dec 1995 a
Kuwait	7 Jun 1990	21 Oct 1991
Kyrgyzstan		7 Oct 1994 a
Lao People's Democratic Republic		8 May 1991 a
Latvia		14 Apr 1992 a
Lebanon	26 Jan 1990	14 May 1991
Lesotho	21 Aug 1990	10 Mar 1992
Liberia	26 Apr 1990	4 Jun 1993
Libyan Arab Jamahiriya		15 Apr 1993 a
Liechtenstein	30 Sep 1990	22 Dec 1995
Lithuania		31 Jan 1992 a
Luxembourg	21 Mar 1990	7 Mar 1994
Madagascar	19 Apr 1990	19 Mar 1991

continued

Participant	Signature	Ratification, Acceptance (A), Accession (a), Succession (d)
Malawi		2 Jan 1991 a
Malaysia		17 Feb 1995 a
Maldives	21 Aug 1990	11 Feb 1991
Mali	26 Jan 1990	20 Sep 1990
Malta	26 Jan 1990	30 Sep 1990
Marshall Islands	14 Apr 1993	4 Oct 1993
Mauritania	26 Jan 1990	16 May 1991
Mauritius		26 Jul 1990 a
Mexico	26 Jan 1990	21 Sep 1990
Micronesia (Federated States of)		5 May 1993 a
Moldova		26 Jan 1993 a
Monaco		21 Jun 1993 a
Mongolia	26 Jan 1990	5 Jul 1990
Montenegro		23 Oct 2006 d
Morocco	26 Jan 1990	21 Jun 1993
Mozambique	30 Sep 1990	26 Apr 1994
Myanmar		15 Jul 1991 a
Namibia	26 Sep 1990	30 Sep 1990
Nauru		27 Jul 1994 a
Nepal	26 Jan 1990	14 Sep 1990
Netherlands	26 Jan 1990	6 Feb 1995 A
New Zealand	1 Oct 1990	6 Apr 1993
Nicaragua	6 Feb 1990	5 Oct 1990
Niger	26 Jan 1990	30 Sep 1990
Nigeria	26 Jan 1990	19 Apr 1991
Niue		20 Dec 1995 a
Norway	26 Jan 1990	8 Jan 1991
Oman		9 Dec 1996 a
Pakistan	20 Sep 1990	12 Nov 1990

continued

Participant	Signature	Ratification, Acceptance (A), Accession (a), Succession (d)
Palau		4 Aug 1995 a
Panama	26 Jan 1990	12 Dec 1990
Papua New Guinea	30 Sep 1990	2 Mar 1993
Paraguay	4 Apr 1990	25 Sep 1990
Peru	26 Jan 1990	4 Sep 1990
Philippines	26 Jan 1990	21 Aug 1990
Poland	26 Jan 1990	7 Jun 1991
Portugal	26 Jan 1990	21 Sep 1990
Qatar	8 Dec 1992	3 Apr 1995
Republic of Korea	25 Sep 1990	20 Nov 1991
Romania	26 Jan 1990	28 Sep 1990
Russian Federation	26 Jan 1990	16 Aug 1990
Rwanda	26 Jan 1990	24 Jan 1991
Saint Kitts and Nevis	26 Jan 1990	24 Jul 1990
Saint Lucia	30 Sep 1990	16 Jun 1993
Saint Vincent and the Grenadines	20 Sep 1993	26 Oct 1993
Samoa	30 Sep 1990	29 Nov 1994
San Marino		25 Nov 1991 a
Sao Tome and Principe		14 May 1991 a
Saudi Arabia		26 Jan 1996 a
Senegal	26 Jan 1990	31 Jul 1990
Serbia		12 Mar 2001 d
Seychelles		7 Sep 1990 a
Sierra Leone	13 Feb 1990	18 Jun 1990
Singapore		5 Oct 1995 a
Slovakia		28 May 1993 d
Slovenia		6 Jul 1992 d
Solomon Islands		10 Apr 1995 a
Somalia	9 May 2002	

continued

Participant	Signature	Ratification, Acceptance (A), Accession (a), Succession (d)
South Africa	29 Jan 1993	16 Jun 1995
Spain	26 Jan 1990	6 Dec 1990
Sri Lanka	26 Jan 1990	12 Jul 1991
Sudan	24 Jul 1990	3 Aug 1990
Suriname	26 Jan 1990	1 Mar 1993
Swaziland	22 Aug 1990	7 Sep 1995
Sweden	26 Jan 1990	29 Jun 1990
Switzerland	1 May 1991	24 Feb 1997
Syrian Arab Republic	18 Sep 1990	15 Jul 1993
Tajikistan		26 Oct 1993 a
Thailand		27 Mar 1992 a
The Former Yugoslav Republic of Macedonia		2 Dec 1993 d
Timor-Leste		16 Apr 2003 a
Togo	26 Jan 1990	1 Aug 1990
Tonga		6 Nov 1995 a
Trinidad and Tobago	30 Sep 1990	5 Dec 1991
Tunisia	26 Feb 1990	30 Jan 1992
Turkey	14 Sep 1990	4 Apr 1995
Turkmenistan		20 Sep 1993 a
Tuvalu		22 Sep 1995 a
Uganda	17 Aug 1990	17 Aug 1990
Ukraine	21 Feb 1990	28 Aug 1991
United Arab Emirates		3 Jan 1997 a
United Kingdom of Great Britain and Northern Ireland	19 Apr 1990	16 Dec 1991
United Republic of Tanzania	1 Jun 1990	10 Jun 1991
United States of America	16 Feb 1995	
Uruguay	26 Jan 1990	20 Nov 1990
Uzbekistan		29 Jun 1994 a

continued

Participant	Signature	Ratification, Acceptance (A), Accession (a), Succession (d)
Vanuatu	30 Sep 1990	7 Jul 1993
Venezuela (Bolivarian Republic of)	26 Jan 1990	13 Sep 1990
Viet Nam	26 Jan 1990	28 Feb 1990
Yemen	13 Feb 1990	1 May 1991
Zambia	30 Sep 1990	6 Dec 1991
Zimbabwe	8 Mar 1990	11 Sep 1990

• International Convention on the Protection of the Rights of All Migrant Workers and Members of their Families (New York, 18 December 1990)

Entry into force: 1 July 2003, in accordance with article 87 (1).

Registration: 1 July 2003, No. 39481.

Status: Signatories: 28, Parties: 37

Participant	Signature, Succession to signature (d)	Ratification, Accession (a), Succession (d)
Albania		5 Jun 2007 a
Algeria	.	21 Apr 2005 a
Argentina	10 Aug 2004	23 Feb 2007
Azerbaijan	.	11 Jan 1999 a
Bangladesh	7 Oct 1998	.
Belize	.	14 Nov 2001 a
Benin	15 Sep 2005	.
Bolivia	.	16 Oct 2000 a
Bosnia and Herzegovina	.	13 Dec 1996 a
Burkina Faso	16 Nov 2001	26 Nov 2003
Cambodia	27 Sep 2004	.
Cape Verde	.	16 Sep 1997 a
Chile	24 Sep 1993	21 Mar 2005
Colombia	.	24 May 1995 a
Comoros	22 Sep 2000	.

continued

Participant	Signature, Succession to signature (d)	Ratification, Accession (a), Succession (d)
Ecuador	.	5 Feb 2002 a
Egypt	.	19 Feb 1993 a
El Salvador	13 Sep 2002	14 Mar 2003
Gabon	15 Dec 2004	.
Ghana	7 Sep 2000	7 Sep 2000
Guatemala	7 Sep 2000	14 Mar 2003
Guinea	.	7 Sep 2000 a
Guinea-Bissau	12 Sep 2000	.
Guyana	15 Sep 2005	.
Honduras	.	9 Aug 2005 a
Indonesia	22 Sep 2004	.
Kyrgyzstan	.	29 Sep 2003 a
Lesotho	24 Sep 2004	16 Sep 2005
Liberia	22 Sep 2004	.
Libyan Arab Jamahiriya	.	18 Jun 2004 a
Mali	.	5 Jun 2003 a
Mauritania	.	22 Jan 2007 a
Mexico	22 May 1991	8 Mar 1999
Montenegro	23 Oct 2006 d	.
Morocco	15 Aug 1991	21 Jun 1993
Nicaragua	.	26 Oct 2005 a
Paraguay	13 Sep 2000	.
Peru	22 Sep 2004	14 Sep 2005
Philippines	15 Nov 1993	5 Jul 1995
Sao Tome and Principe	6 Sep 2000	.
Senegal	.	9 Jun 1999 a
Serbia	11 Nov 2004	.
Seychelles	.	15 Dec 1994 a
Sierra Leone	15 Sep 2000	.

continued

Participant	Signature, Succession to signature (d)	Ratification, Accession (a), Succession (d)
Sri Lanka	.	11 Mar 1996 a
Syrian Arab Republic	.	2 Jun 2005 a
Tajikistan	7 Sep 2000	8 Jan 2002
Timor-Leste	.	30 Jan 2004 a
Togo	15 Nov 2001	.
Turkey	13 Jan 1999	27 Sep 2004
Uganda	.	14 Nov 1995 a
Uruguay	.	15 Feb 2001 a

七　中国已经批准的国际人权公约目录

中国目前（2008 年 7 月 1 日）已签署/批准的国际人权公约共 24 个，按照中国加入的时间排序如下：

序号	公约	公约通过时间 公约生效时间	中国加入情况
1	关于战俘待遇之日内瓦公约	1949. 8. 12 1950. 10. 21	1952. 7. 13 声明承认，1956. 12. 28 对中国生效，对公约第 10、12、85 条予以保留
2	关于战时保护平民之日内瓦公约	1949. 8. 12 1950. 10. 21	1952. 7. 13 声明承认，1956. 12. 28 对中国生效，对公约第 11、45 条予以保留
3	改善战地武装部队伤者病者境遇之日内瓦公约	1949. 8. 12 1950. 10. 21	1952. 7. 13 声明承认，1956. 12. 28 交存批准书，对公约第 10 条予以保留
4	改善海上武装部队伤者病者及遇船难者境遇之日内瓦公约	1949. 8. 12 1950. 10. 21	1952. 7. 13 声明承认，1957. 6. 28 对中国生效，对公约第 10 条予以保留
5	消除对妇女一切形式歧视公约	1979. 12. 18 1981. 09. 03	1980. 7. 17 签署，1980. 11. 4 交存批准书，对公约第 29 条第 1 款予以保留
6	消除一切形式种族歧视国际公约	1966. 3. 7 1969. 1. 4	1981. 12. 29 交存加入书，1982. 2. 28 对中国生效，对公约第 22 条予以保留
7	关于难民地位的公约	1951. 7. 28 1954. 4. 22	1982. 9. 24 交存加入书 1982. 12. 23 对中国生效
8	关于难民地位的议定书	1966. 12. 16 1967. 10. 4	1982. 9. 24 交存加入书，同日对中国生效
9	禁止并惩治种族隔离罪行国际公约	1973. 11. 30 1976. 7. 18	1983. 4. 18 交存加入书，1983. 5. 18 对中国生效

续表

序号	公约	公约通过时间 公约生效时间	中国加入情况
10	一九四九年八月十二日日内瓦四公约关于保护国际性武装冲突受难者的附加议定书（第一议定书）	1977. 6. 8 1978. 12. 7	1983. 9. 14 交存加入书，1984. 3. 14 对中国生效，对议定书第 88 条第 2 款予以保留
11	一九四九年八月十二日日内瓦四公约关于保护非国际性武装冲突受难者的附加议定书（第二议定书）	1977. 6. 8 1978. 12. 7	1983. 9. 14 交存加入书，1984. 3. 14 对我国生效
12	禁止酷刑和其他残忍、不人道或有辱人格的待遇或处罚公约	1984. 12. 10 1987. 6. 27	1986. 12. 12 签署，1988. 10. 4 交存批准书，1988. 11. 3 对中国生效，对公约第 20 条和第 30 条第 1 款予以保留
13	经济、社会和文化权利国际公约	1966. 12. 16 1976. 1. 3	1997. 10. 27 签署，2001. 3. 27 交存批准书，对公约第 8 条第款第 1 项予以保留
14	公民权利和政治权利国际公约	1966. 12. 16 1976. 3. 23	1998. 10. 5 签署 目前未批准
15	反对体育领域种族隔离国际公约	1985. 12. 10 1988. 4. 3	1987. 10. 21 签署 1988. 4. 3 对中国生效
16	同酬公约	1951. 6. 29 1953. 5. 23	1990. 9. 7 批准 1990. 11. 2 对中国生效
17	儿童权利公约	1989. 11. 20 1990. 9. 2	1990. 8. 29 签署 1992. 1. 31 批准 1992. 4. 2 对中国生效，对公约第 6 条予以保留
18	就业政策公约	1964. 7. 9 1966. 7. 15	1997. 12. 17 交存批准书，1998. 12. 17 对中国生效
19	儿童权利公约关于儿童卷入武装冲突的任择议定书	2000. 5. 25 2002. 2. 12	2001. 3. 15 签署 目前未批准
20	禁止和立即行动消除最有害的童工形式公约	1999. 6. 17 2000. 11. 19	2002. 8. 8 交存批准书，2003. 8. 8 对中国生效
21	儿童权利公约关于买卖儿童、儿童卖淫和儿童色情制品问题的任择议定书	2000. 5. 25 2002. 1. 18	2002. 12. 3 交存批准书，003. 1. 3 对中国生效
22	联合国打击跨国有组织犯罪公约	2000. 11. 15 2003. 9. 29	2000. 12. 12 签署 2003. 8. 27 批准 2003. 9. 23 交存批准书
23	联合国人员和有关人员安全公约	1994. 12. 9 1999. 1. 15	2004. 9. 22 交存加入书，对公约第 22 条第 1 款予以保留
24	残疾人权利国际公约	2006. 12. 13 2008. 5. 3	2007. 3. 30 签署 2008. 6. 26 批准

八　有关人权研究的国内外主要网站网址

一　中国有关人权研究的主要网站

- 外交部网站中的“中国在人权领域的活动”
  http://www.fmprc.gov.cn/chn/wjb/zzjg/gjs/gjzzyhy/1115/1117/default.htm
- 国务院妇女儿童工作委员会　http://www.nwccw.gov.cn/index.jsp
- 中国残疾人联合会　http://www.cdpf.org.cn/
- 中国人权（中国人权研究会）
  http://www.humanrights-china.org/cn/index.htm
- 人权网（中国人权发展基金会）　http://www.humanrights.com.cn/
- 中国妇女发展基金会　http://www.cwdf.org.cn/index.jsp
- 中国儿童基金会　http://jiuzai.cctf.org.cn/
- 中国法律援助基金会　http://www.claf.com.cn/
- 人权资料库（中国社会科学院人权研究中心、法学研究所人权研究资料中心）
  http://humanrights.fyfz.cn/blog/humanrights/
- 北京大学法学院人权研究中心　http://www.hrol.org/
- 广州大学人权研究中心　http://www.humanrights.org.cn/01.htm
- 中国人权保障网　http://www.cnrqbz.com/
- 中国公益诉讼网　http://www.pil.org.cn/
- 中国农民工维权网　http://www.zgnmg.org/
- 中国青少年维权中心　http://www.chinachild.org/
- 人民网：中国政府白皮书
  http://politics.people.com.cn/GB/shizheng/252/2229/index.html
- 搜狐网的“发展中的中国人权”
  http://news.sohu.com/1/0304/74/subject219557433.shtml
- 中华人民共和国香港特别行政区民政事务局
  http://www.hab.gov.hk/index.htm
- 香港政府一站通：政府、法律及治安
  http://www.gov.hk/tc/residents/government/index.htm

- （台湾）东吴大学张佛泉人权研究中心 http：//www. scu. edu. tw/hr/
- （台湾）人权教育资讯网 http：//www. hre. edu. tw/report/adult/index. htm
- （台湾）劳动人权协会 http：//www. laborrights. net/_ NewSys/

二 国外有关人权研究的中文网站

- 联合国人权（中文）http：//www. un. org/chinese/hr/
- 联合国人权事务（中文）www. un. org/chinese/hr/issue/index. html
- 联合国难民署（中文）http：//www. unhcr. org. cn/
- 联合国艾滋病规划署在中国
  http：//www. unaids. org. cn/UNAIDS% 20The% 20Joint% 20United% 20Nations% 20Programme% 20on% 20HIV-AIDS. htm
- 红十字国际委员会（中文） http：//www. icrc. org/chi
- 亚洲·太平洋人权情报中心（HURIGHTS 大阪）
  http：//www. hurights. or. jp/index_ c. html

三 国外有关人权研究的英文网站

（一）联合国的有关网站

- 联合国主页 www. un. org/english
- 联合国人权事务高级专员办事处（OHCHR）
  Office of the United Nations High Commissioner for Human Rights
  www. ohchr. org
- 联合国教育、科学及文化组织（UNESCO）
  United Nations Educational，Scientific，and Cultural Organization
  www. unesco. org
- 教科文组织国际教育局（UNESCO） International Bureau of Education
  www. ibe. unesco. org
- 国际劳工组织（ILO） International Labour Organization
  www. ilo. org
- 联合国难民事务高级专员办事处（UNHCR）
  Office of the United Nations High Commissioner for Refugees
  www. unhcr. ch
- 世界卫生组织（WHO） World Health Organization

www. who. int

- 联合国粮食及农业组织（粮农组织）（FAO）
  Food and Agriculture Organization of the United Nations
  www. fao. org
- 联合国环境规划署（UNEP）United Nations Environment Programme
  http：//www. unep. org
- 联合国儿童基金会（UNICEF）　United Nations'Children Fund
  www. unicef. org
- 联合国妇女发展基金（UNIFEM）United Nations Develipment Fund for Women
  http：//www. unifem. org/
- 联合国监察员办公室
  http：//www. un. org/chinese/ombudsman/
- 国际刑事法院（ICC）International Criminal Court
  http：//www. icc-cpi. int/
- 联合国条约数据库　http：//untreaty. un. org/
- 联合国光盘系统　http：//www. ods. un. org/ods
- 联合国文件研究指南 http：//www. un. org/Depts/dhl/resguide/

（二）国际层面的有关网站

- 人权教育协会（HREA）　Human Rights Education Association
  http：//www. hrea. org
- 人权教育人民运动（PDHRE）People's Movement for Human Rights Education
  http：//www. pdhre. org
- 人权教育网站 http：//www. erc. hrea. org
- 国际赫尔辛基人权联合会（IFHR）
  International Helsinki Federation for Human Rights
  http：//ihf-hr. org/
- 国际拯救儿童联盟　International Save the Children Alliance
  http：//www. savethechildren. net
- 和平儿童国际　Peace Child International
  http：//www. peacechild. org
- 国际移民组织 International Organization for Migration

http：//www. iom. int/jahia/Jahia/lang/en/pid/1

- 红十字国际委员会 International Committee of the Red Cross
  http：//www. icrc. org/

（三）区域性的和各国的有关网站

1. 亚太地区

- 亚洲区域人权教育资源中心（ARRC）
  Asian Regional Resource Center for Human Rights Education
  http：//www. arrc-hre. com
- 亚太人权信息中心（HURIGHTS OSAKA）
  Asia-Pacific Human Rights Information Center
  http：//www. hurights. or. jp
- 亚太地区人权教育资源中心（ARRC）
  Asia-Pacific Regional Resource Center for Human Rights Education
  http：//www. arrc-hre. com/
- 澳大利亚人权和平等机会委员会 Human Rights& Equal Opportunity Commission
  http：//www. humanrights. gov. au/index. htm

2. 美洲

- 国际人权网站 Rights International http：//www. rightsinternational. org/
- 耶鲁大学法学院图书馆 http：//www. yale. edu/lawweb/avalon/diana/
- 明尼苏达大学人权中心　University of Minnesota Human Rights Center
  http：//www. hrusa. org/
- 明尼苏达大学人权图书馆 University of Minnesota Human Rights Library
  http：//www1. umn. edu/humanrts/
- 纽约大学法学院人权与全球司法中心
  Center for human rights and global justice，New York University，School of Law
  http：//www. chrgj. org/
- 加拿大人权委员会（CHRF）　Canadian Human Rights Commission
  http：//www. chrc-ccdp. ca/
- （加拿大）多伦多大学法律图书馆　http：//www. law-lib. utoronto. ca/diana/

3. 欧洲

- 欧洲理事会　Council of Europe

http：//www. coe. int

- 欧洲人权法院 European Court of Human Rights
  http：//www. echr. coe. int/echr/
- 公民权利基金会　Citizenship Foundation
  http：//www. citfou. org. uk/
- 关于教育的公民权利研究中心　Center for Citizenship Studies in Education
  http：//www. le. ac. uk/education/centeres/citizenship
- 全球教育中心　Centre for Global Education
  http：//www. yorksj. ac. uk
- （英国）国际拯救儿童联盟（ISCA）International Save the Children Alliance
  www. savethechildren. net
- 丹麦人权研究所 The Danish Institute for Human Rights
  http：//www. humanrights. dk/
- 挪威人权中心 Norwegian Centre for Human Rights
  http：//www. humanrights. uio. no/english/
- 瑞典隆德大学罗尔·瓦伦堡人权与人道主义法研究所
  Raoul Wallenberg Insitute of Human Rights and Humanitarian Law
  http：//www. rwi. lu. se/index. shtml
- 爱尔兰人权中心　National University of Ireland Galway
  http：//www. nuigalway. ie/human_ rights
- 路德维希·博茨曼人权研究所（奥地利维也纳）
  The Ludwig Boltzmann Institute of Human Rights（BIM）
  http：//www. univie. ac. at/bim
- 奥地利人权研究所　The Austrian Human Rights Institute
  http：//www. sbg. ac. at/oim/home. htm

4. 非洲

- 非洲人权和人民权利委员会（ACHPR）
  African Commission on Human Rights and Peoples' Rights
  http：//www. achpr. org/english/_ info/news_ en. html
- 非洲民主和人权研究中心（ACDHRS）
  African Centre for Democracy and Human Rights Studies
  http：//www. acdhrs. org

- 泛非人权联盟（UIDH） Union Interafricaine des Droits de I'Homme
  http：//www. hri. ca/partners/uidh
- 开罗人权研究所（CIHRS） Cairo Institute of Human Rights Studies
  http：//www. cihrs. org
- 阿拉伯人权研究所（AIHR） Arab Institute for Human Rights
  http：//aihr. org. tn
- 阿拉伯人权组织（ AOHR） the Arab Organization for Human Rights
  http：//www. aohr. org/

四 其他网络资源

1. 数据库

- LexisNexis 网站 http：//www. lexis. com
- Weatlaw 网站 http：//www. weatlaw. com
- EUR-Lex 数据库 http：//europa. eu. int/eur-lex

2. 六大搜索引擎

- Google http：//www. google. com
- Yahoo http：//www. yahoo. com
- Alta Vista http：//www. altavista. com
- HotBot http：//www. HotBot. com
- Lycos http：//www. lycos. com
- Northern Light http：//www. NorthernLight. com

九 近年来中国社会科学院人权研究中心召开的人权理论研究学术研讨会的情况

一 国内外学术会议

自 1991 年至 2008 年，法学研究所主办或合办了众多的国内外的双边或多边学术会议，主题涵盖了人权基本理论研究、国际人权公约的相关内容研究、联合国人权两公约的相关规定和实施机制、妇女人权、儿童权利、弱势群体权利保护、各国的人权相关规定和保障机制的比较研究、中国的人权保障机制等内容。其中规模较大的会议共计 35 次，包括：

1. 1991 年 6 月 18—21 日，法学所和中国社会科学院人权研究中心在北京主办“人权理论研讨会”。

2. 1994 年 9 月 20—22 日，法学所和人权研究中心在北京主办“人权的普遍性和特殊性国际研讨会”。

3. 1994 年北京世界妇女大会期间，法学所和人权研究中心主办“妇女与人权论坛”及会前的“妇女与人权”国际学术研讨会，得到联合国和与会各国、各地区代表的高度评价。

4. 1997 年 11 月 11—13 日，法学所、人权研究中心与挪威奥斯陆大学人权研究所在奥斯陆共同主办了“中国—挪威《经济、社会和文化权利国际公约》研讨会”。

5. 1997 年，法学所先后两次参与主办“中国—欧盟司法中的人权保障研讨会”。

6. 1998 年 11 月，法学所、人权研究中心与丹麦人权研究所合办的“中国—丹麦司法中的人权保障学术研讨会”在丹麦哥本哈根举行。

7. 1998 年，法学所、人权研究中心与联合国人权高级专员罗宾逊夫人就国际人权两公约的实施问题进行了研讨。

8. 1999 年 4 月，法学所、人权研究中心在北京举办了由 6 个国家近 40 名人权专家和学者参加的“人权与 21 世纪”国际学术研讨会。

9. 2001 年 4 月 18—21 日，法学所与丹麦人权研究中心合办的“21 世纪人权保护和反酷刑国际研讨会”在北京举行。

10. 2001 年 11 月，“中英表达自由与大众传媒法国际研讨会”在北京举行。

11. 2002 年 5 月 10—11 日，法学所与荷兰乌特勒支大学人权研究中心主办的“社会团体的法律问题研讨会”。

12. 2002 年 12 月 9—11 日，“死刑问题国际研讨会”在湖南召开。

13. 2002 年 12 月 16—17 日，人权研究中心与英国大使馆文化教育处合办的“国际法与国内法：《公民权利和政治权利国际公约》的视角学术研讨会”在北京举行。

14. 2003 年 2 月 18 日，法学所举办“中荷人权与社会发展研讨会”。

15. 2003 年 3 月 10—11 日，“获得司法正义的权利国际研讨会”在北京举办。会后，中欧专家在重庆举办了为期三天的“获得司法正义的权利”培训班。

16. 2004 年 1 月 8—9 日，法学所与英国英中协会合办的“加强中国死刑案件的辩护项目启动研讨会”在北京召开。

17. 2004 年 12 月 4—5 日，社科院国际法研究中心主办“中国的和平发展与国际法研讨会”，讨论了国际人道法的历史和前瞻、国际人权公约的研究等相关问题。

18. 2004 年 12 月 11—12 日，法学所、丹麦人权研究中心、西南政法大学联合主办“死刑问题国际研讨会”，会议围绕死刑的限制和存废、死刑案件的辩护和实证研究进行了热烈的讨论。

19. 由中国外交部和欧盟委员会共同设立的中国—欧盟联合国人权两公约学术交流网络，于 2002 年初启动，网络由中欧双方各 15 个人权研究机构组成，法学所和爱尔兰人权研究中心分别作为中欧的协调单位，于 2003 年至 2005 年牵头主办了一系列的人权网络学术研讨会，同时，还承担了一系列的中国—欧盟司法与人权对话研讨会的协调与组织工作。中国社会科学院人权研究中心承担了部分协助工作。三年内召开的会议包括：

- 2002 年 4 月 24—25 日，“透明度与大众传媒规制国际研讨会”在爱尔兰戈尔威大学召开。
- 2002 年 10 月 17—18 日，“防止酷刑国际研讨会”在丹麦哥本哈根举行。
- 2003 年 9 月 1—2 日，“结社自由国际研讨会”在爱尔兰戈尔维大学召开。
- 2003 年 11 月 10—11 日，“少数人权利保护国际研讨会”在北京召开，会后，中欧专家在云南大学举办培训班。
- 2003 年 12 月 15—16 日，中国—欧盟第 10 次人权对话研讨会在意大利威尼斯成功举行。主题包括：人权的司法保障、非政府组织的能力建设。
- 2004 年 4 月 27—28 日，中欧第五次人权网络学术研讨会在英国埃塞克斯大学成功举行。主题为“健康权”和“社会保障权”。
- 2004 年 6 月 28—29 日，中国—欧盟第 11 次人权两公约司法研讨会在北京召开，主题为：加强辩护权、公司的社会责任。
- 2004 年 9 月 26—27 日，法学所性别与法律研究中心协办的“性别与法律研讨会”在北京召开，会后，中欧专家在贵州大学举办培训班。
- 2004 年 11 月 8—9 日，法学所与爱尔兰人权中心联合主办，法国巴黎第二大学、意大利米兰大学、英国艾塞克斯大学合作承办的第 12 次中国—欧盟司法与人权对话研讨会在荷兰海牙成功举行。会议包括两个主题，即《公民权利和政治权利国际公约》的批准和实施、健康权。

- 2005年6月20—21日，中国—欧盟第13次人权对话研讨会在北京召开，会议包括两个主题：表达自由和死刑。

20. 2005年2月3—4日，法学所主办“人权教育法律制度研究”国际研讨会，就人权文化与人权教育、人权与人权教育、国家和非政府组织在人权教育中的作用等问题进行了全面深入的探讨。

21. 2005年6月11—12日，法学所主办“人身权保护与法制改革”国际研讨会，会议围绕人权保护的内涵及其发展、人身权的宪法保障、人身权保护与法律保障、人身权保护与法制改革这四个议题展开讨论。

22. 2005年9月1日，法学所主办“人权与法治”国际研讨会，联合国人权高级专员路易丝·阿尔布尔女士等参加，会议就宪法与人权、刑诉法修改与人权保障问题、人权两公约的批准和实施、妇女权利的保护、国际刑法与人权保护、人权教育和人权公约的普及、公益诉讼对人权保障的促进等问题进行探讨。

23. 2005年12月2日，法学所与前爱尔兰总统、联合国人权高级专员、马德里俱乐部副主席玛丽·罗宾逊夫人率领的马德里俱乐部举办“法律中的社会性别主流化”圆桌会议。

24. 2005年12月24—25日，国际法研究中心和法学所在京举办“《公民权利和政治权利国际公约》的批准与实施”国际研讨会，会议围绕公约与我国和谐社会建设、公约与中国国内法的关系、公约规定的各项基本权利、公约的实施机制等主题进行广泛而深入的讨论。

25. 2006年1月14—15日，法学所与英国英中协会举办“加强死刑案件辩护”国际研讨会，会议就死刑案件的适用及其限制，死刑案件辩护的困难和解决、律师技能和职业道德与死刑案件辩护、死刑案件的程序问题、如何加强死刑案件的辩护等问题展开讨论。

26. 2006年6月17日，法学所主办“个人信息保护及其立法”国际学术研讨会，会议围绕以下议题展开讨论：国际社会个人信息保护立法的现状和发展趋势、中国个人信息保护立法的必要性及其基本制度研究、各国法律实施过程中的主要问题与挑战。

27. 2006年10月16—17日，欧盟驻华代表团与法学所主办第15次“中欧司法研讨会”。会议议题是劳动权和知情权。

28. 2006年12月18—19日，法学所性别与法律研究中心承办的“亚洲地区性别与法律比较研讨会”在北京召开。

29. 2007 年 4 月 13—14 日，法学所与国际计划中国办公室举办“弱势儿童的权利保护：国际和国内视角”国际研讨会。会议围绕《儿童权利公约》及其实施、弱视儿童权利保护的现状、加强对弱视儿童权利的保护这三个主题进行讨论。

30. 2007 年 12 月 21 日，法学所公法中心主办“户口与公民权利保护”学术研讨会，对改革我国现行的两元户口体制等问题进行讨论。

31. 2008 年 3 月 21 日，法学所与国际计划中国办公室举办的“弱势儿童权利保护国际研讨会”在北京召开，会议围绕儿童权利保护的主题，从国家和立法立法、少年司法和儿童不良行为矫治、法律实施以及公民社会四个层面展开讨论。

32. 2008 年 3 月 29—30 日，法学所与联合国人权事务高级专员办公室联合主办的“经济、社会和文化权利的可诉性国际研讨会”在北京召开，会议围绕经济、社会和文化权利的可诉性及相关问题进行了探讨。

33. 2008 年 5 月 13—14 日，中国—欧盟第 16 次人权对话研讨会在斯洛文尼亚首都卢布尔雅那举行，法学所受外交部委托，组织了国内代表团参与本次非政府层面的会议。会议围绕儿童权利和健康权利两个主题分组同时讨论。

34. 2008 年 5 月 17—18 日，法学所性别与法律研究中心承办的“性别平等与法律改革国际研讨会”在北京召开，会议围绕立法中/司法实践中社会性别视角的纳入、针对妇女的暴力与法律干预、社会性别视角与法律研究/教育这四个议题展开讨论。

35. 2008 年 5 月 20—22 日，法学所与瑞士弗莱堡大学联邦研究所联合举办“《公民权利和政治权利国际公约》的理论与实践国际研讨会”，会议主题是少数人的权利。

二　学术讲座

为普及人权知识，加强国内外人权研究领域的学术交流，法学研究所邀请了众多国内外知名人权专家、学者来法学所举办学术讲座，自 2003 年开始统计，大约有 30 次，包括：

1. 2003 年 3 月 4 日，法学所副所长陈泽宪教授主讲“国际刑事法院管辖权的性质”。

2. 2003 年 6 月 19 日，原法学所副所长、现全国人大常委会法工委副主任信春鹰教授主讲“社会性别的法律意义”。

3. 2003 年 11 月 18 日，北京大学法学院白桂梅教授主讲“国际人权公约与社会性别”。

4. 2003 年 12 月 9 日，西北工业大学郭惠敏教授主讲“社会性别的法理基础”。

5. 2004 年 3 月 30 日，原加拿大国际发展署性别顾问陈敏律师主讲“受暴妇女综合症的法理思考”。

6. 2004 年 5 月 25 日，中国妇女研究会李秋芳副会长主讲“男女平等基本国策与法律研究”。

7. 2004 年 6 月 22 日，社科院社会学所唐灿副研究员主讲“性骚扰与法律对策”。

8. 2004 年 7 月 15 日，法学所黄列研究员主讲“西方女权主义法学流派”。

9. 2004 年 8 月 18 日，人权研究中心邀请美国哈佛大学著名人权教授、美国人权运动和人权教育创始人亨利·施泰纳教授主讲“21 世纪人权与人权教育”。

10. 法学所人权教育项目组举办一系列讲座，包括：

- 2004 年 9 月 14 日和 21 日，社科院国际法研究中心孙世彦副教授主讲“国际人权法概论”、“《公民权利和政治权利国际公约》及其对中国的影响”。
- 2004 年 10 月 13 日，教育部法制办公室王家勤先生主讲“人权教育与受教育权”。
- 2004 年 10 月 19 日，法学所黄列研究员主讲“《消除对妇女一切形式歧视国际公约》及其对中国的影响”。
- 2004 年 10 月 26 日，法学所柳华文副研究员主讲“《经济、社会和文化权利国际公约》及其对中国的影响”。
- 2004 年 11 月 9 日，法学所朱晓青研究员主讲“欧洲的人权保护机制”。
- 2004 年 11 月 15 日，中国人权研究会研究部副主任谷盛开主讲“美国人权机制的理论与实践”。

11. 2004 年 10 月 12 日，瑞典隆德大学罗尔·瓦伦堡人权与人道主义法研究所尤纳斯·格里姆赫顿博士主讲“欧盟宪法与人权保护”。

12. 2004 年 12 月 14 日，荷兰阿姆斯特丹大学法学院国际刑法副教授

Goran Sluiter 主讲“国际人权与国内法律秩序：若干基本问题”。

13. 2005 年 1 月 18 日，原国际劳工组织驻北京局高级顾问张幼云女士主讲“性别平等主流化战略”。

14. 2005 年 4 月 16 日，美国伯克利大学教授 Elizabeth M. Schneider 主讲“反歧视法与家暴对策”。

15. 2005 年 6 月 21 日，爱尔兰人权研究中心主任威廉·夏巴斯教授主讲“国际刑事法院与国际刑法的发展”。

16. 2005 年 9 月 12 日，美国得克萨斯大学家庭暴力诊所主任、哈佛大学妇女权益倡导项目创始人萨尔西·布埃尔主讲“社会性别如何纳入美国立法和司法体系”。

17. 2005 年 10 月 13 日，瑞典乌普萨拉大学法学系高级讲师克里斯蒂娜·约翰松博士主讲“国际人权法中的非歧视原则：国际和国内的视角”。

18. 2005 年 11 月 29 日，前联合国教育权特别报告员、瑞典隆德大学罗尔·瓦伦堡人权与人道法研究所卡塔瑞纳·托马舍夫斯基教授主讲“国际人权法视角下的教育权问题”。

19. 2005 年 12 月 6 日，中国人民大学法学院国际人道法研究所所长朱文奇教授主讲“国际刑事法院与中国”。

20. 2005 年 12 月 23 日，社科院社会研究所李银河研究员主讲“中国当代性法律批判”。

21. 2006 年 1 月 12 日，爱尔兰人权中心主任威廉·夏巴斯教授主讲“种族灭绝罪的现状与发展”。

22. 2006 年 4 月 26 日，荷兰乌特勒支大学法学院人权研究所所长凯斯·弗林特曼教授主讲“联合国人权制度改革”。

23. 2007 年 1 月 16 日，美国联邦地区法院法官南茜·哥特内尔女士主讲“法律职业中的性别偏见”、美国韦尔兹利中心中国项目主任兰缇加·德·西尔瓦女士主讲“美国和其他国家法律的性别分析”。

24. 2007 年 4 月 1 日，李林教授主讲“当代人权发展的理论与实践”。

25. 2007 年 11 月 20 日，爱尔兰人权中心主任威廉·夏巴斯教授主讲“国际刑事法院的新发展”。

26. 2007 年 11 月 23 日，美国乔治敦大学诊所项目助理主任南茜·赤·坎塔路普女士主讲“性别与法律的关系”。

三　人权培训

2003年10月9—20日，法学所与瑞典隆德罗尔·瓦伦堡人权与人道主义法研究所、挪威奥斯陆大学挪威人权研究所、丹麦人权研究所联合举办“高校教师国际人权法研修班”。

四　国内外人权专家学者的来访

近年来，国内外著名的人权专家或学者访问过法学所，并与法学所的领导和部分研究人员举行了座谈，参观了人权资料中心。自2005年来主要包括：

1. 2005年7月5日，联合国人权副高专技术团长米哈·肯·威廉姆斯一行访问法学所。

2. 2005年9月1日，联合国人权高级专员路易丝·阿尔布尔女士率团访问法学所。

3. 2005年10月18日，挪威人权中心主任盖尔·乌尔费斯坦因教授、奥斯陆大学法学院中国项目主任科恩·威兰斯先生访问法学所。

4. 2005年11月23日，联合国人权委员会酷刑问题特别报告员曼弗雷德·诺瓦克先生访问法学所。

5. 2006年2月21日，联合国人权高专办技术合作资源基金秘书彼特·海尔姆斯率技术代表团访问法学所。

6. 2006年9月16日，英国诺丁汉大学人权中心主任迈克尔·O. 弗拉海蒂教授和詹姆斯·哈里森博士访问法学所。

7. 2006年12月15日，荷兰人权大使皮特·克拉克先生访问法学所，并就“中国民间社团的法律问题”进行座谈。

8. 2007年8月5日，挪威奥斯陆大学法学院院长琼·T. 约翰逊教授、挪威人权研究中心中国项目主任白莎丽女士等访问法学所。

9. 2007年10月12日，全国政协副主席、中国人权研究会会长罗豪才、中国人权研究会副会长兼秘书长董云虎到法学所调研并座谈。

10. 2007年11月14日，美国伊利诺伊州人权局局长罗科·J. 克莱普斯先生访问法学所，就中国的人权理论的相关研究成果以及人权保障的进展等情况进行座谈。

11. 2007年11月20日，爱尔兰国立大学校长欧凯那、副校长何杰乐、爱尔兰人权研究中心主任夏巴斯教授访问法学所和国际法中心。

12. 2008 年 4 月 24 日，乌兹别克斯坦国家人权中心主任阿克马尔·萨伊多夫访问法学所。

五 近年来的法学研究所和人权研究中心的学术成果

（一）撰写的内部报告和对策建议，包括：

《人权研究》（内部出版物第一辑、第二辑）

《关于人权的概念》

《中国应高举社会主义人权旗帜》

《划清人权的国家保护和以人权为借口干涉别国内政的界限》

《关于将保障人权明确写入我国宪法》

《关于生存权的不同观点及我国采取的立场》

《发展权是各项人权的必要条件》

《主权与人权的几个问题》

《关于香港人权的法律问题》

《取消对少年犯罪适用“死刑缓期二年执行”的建议》

《关于废除“收容审查制度”、“类推适用制度”和“反革命罪”》

《罪刑法定原则与人权保障》

《被害人刑事诉讼权利及其保障问题研究》

《自由刑与人权保障》

《死刑与人权保障》

《关于合并、削减刑法中死刑条款的意见和建议》

《关于实施排除违法取得刑事证据资料证据效力原则的若干建议》

《无罪推定与罪刑法定》

《关于刑事案件律师应提前介入的建议》

《关于借鉴一些国家改善被害人境遇的法律制度的建议》

《关于取消劳动教养制度的建议》

《刑事审判简易程序与公民权利保障》

《关于侵犯公民人身权利犯罪的立法完善》

《关于中国参加国际人权两公约的建议》

《〈经济、社会和文化权利国际公约〉与中国有关法律对照研究》

《关于加入〈经济、社会和文化权利国际公约〉的研究报告》

《关于〈公民权利和政治权利国际公约〉的研究报告》

（二）专著

1.《人权概念起源——权利的历史哲学》，夏勇著，中国社会科学出版社，1992年第一版。

2.《国际人权文件与国际人权机构》，中国社会科学院法学研究所主编，社会科学文献出版社，1993年。

3.《发展中国家与人权》，刘楠来主编，四川人民出版社，1994年。

4.《各国残疾人权益保障比较研究》，刘翠霄编，中国社会科学出版社，1994年。

5.《当代人权理论与实践》，李林主编，吉林大学出版社，1996年。

6.《人权的普遍性和特殊性》，刘楠来、P.R.比伊尔、陶正华、F.范·霍夫编，社会科学出版社，1996年。

7.《妇女与人权》，信春鹰主编，吉林大学出版社，1996年。

8.《人权与科学技术发展》，［斯里兰卡］C.G.威拉曼特里编，张新宝等译，知识出版社，1997年。

9.《中国人权百科全书》，王家福、刘海年主编，中国大百科全书出版社，1998年。

10.《人权与国际关系》，［英］R.J.文森特著，黄列译，知识出版社，1998年。

11.《人权与宪政——中国—瑞士宪法国际研讨会文集》，刘海年、李林主编，中国法制出版社，1999年。

12.《人权与司法——中国—丹麦司法中的人权保障学术研讨会论文集》，刘海年、李林、莫尔顿·克主编，中国法制出版社，1999年。

13.《〈经济、社会和文化权利国际公约〉研究》，刘海年主编，中国法制出版社，2000年。

14.《人权与21世纪》，王家福、刘海年、李林主编，中国法制出版社，2000年。

15.《走向权利的时代》（修订本），夏勇著，中国政法大学出版社，2000年。

16.《如何根除酷刑——中国与丹麦酷刑问题合作研究》，夏勇、莫顿·凯依若姆主编，社会科学文献出版社，2003年。

17.《民权公约评注》，［奥］曼弗雷德·诺瓦克著，毕小青、孙世彦译，夏勇审校，三联书店，2003年。

18.《法治·人权·自由》小丛书，王家福、刘海年主编，中国社会科学出版社，2003 年。包括四本：《表达自由的法律保障》，陈欣新著；《走向人权与法治——反酷刑纵横谈》，陈云生著；《〈公民权利和政治权利国际公约〉及其实施机制》，葛明珍著；《〈经济、社会和文化权利国际公约〉及其实施》，朱晓青、柳华文著。

19.《反酷刑——当代中国的法治与人权保护》，陈云生著，社会科学文献出版社，2004 年。

20.《国际人权公约与中国》，莫纪宏著，世界知识出版社，2005 年。

21.《人权法学》，李步云著，高等教育出版社，2005 年。

22.《儿童权利论》，王雪梅著，社会科学文献出版社，2005 年。

23.《论国家在〈经济、社会和文化权利国际公约〉下的义务的不对称性》，柳华文著，北京大学出版社，2005 年。

24.《中国人权年刊》第 1 卷，黄列、威廉·夏巴斯执行主编，社会科学文献出版社，2005 年。

25.《中国人权年刊》第 2 卷，孙世彦、威廉·夏巴斯执行主编，社会科学文献出版社，2006 年。

26.《中国人权年刊》第 3 卷，毕小青、威廉·夏巴斯执行主编，社会科学文献出版社，2007 年。

（三）译著

1.《妇女的人权——国家和国际的视角》，［加］丽贝卡·J. 库克编著，黄列译，中国社会科学出版社，2001 年。

2.《经济、社会和文化的权利》，［挪］艾德等著，黄列译，中国社会科学出版社，2003 年。

3.《公民政治权利评述》，毕小青等译，三联书店，2003 年。

4.《妇女与国际人权法》第 1 卷，［美］凯利·D. 阿斯金、多萝安·M. 科尼格编，黄列、朱晓青译，三联出版社，2007 年。

十　中国有关人权立法的目录

一　宪法及宪法相关法

1. 中华人民共和国宪法（1982）

中华人民共和国宪法修正案（1988）

中华人民共和国宪法修正案（1993）

中华人民共和国宪法修正案（1999）

中华人民共和国宪法修正案（2004）

2. 中华人民共和国全国人民代表大会和地方各级人民代表大会选举法（1979年，1982年修正、1986年修正、1995年修正、2004年修正）

3. 中华人民共和国国籍法（1980）

4. 全国人民代表大会常务委员会关于县级以下人民代表大会代表直接选举的若干规定（1983）

5. 中华人民共和国民族区域自治法（1984年，2001年修正）

6. 中华人民共和国集会游行示威法（1989）

7. 中华人民共和国城市居民委员会组织法（1989）

8. 中华人民共和国全国人民代表大会和地方各级人民代表大会代表法（1992）

9. 中华人民共和国国家赔偿法（1994）

10. 中华人民共和国法官法（1995年，2001年修正）

11. 中华人民共和国村民委员会组织法（1998）

二　民法商法

1. 中华人民共和国婚姻法（1980年，2001年修正）

2. 中华人民共和国继承法（1985）

3. 中华人民共和国民法通则（1986）

4. 中华人民共和国著作权法（1990年，2001年修正）

5. 中华人民共和国收养法（1991年，1998年修正）

6. 中华人民共和国消费者权益保护法（1993）

7. 中华人民共和国农村土地承包法（2002）

8. 中华人民共和国物权法（2007）

三　行政法

1. 全国人民代表大会常务委员会批准国务院关于劳动教养问题的决定的决议（1957）

附：国务院关于劳动教养问题的决定

2. 中华人民共和国户口登记条例（1958）

3. 全国人民代表大会常务委员会关于批准《国务院关于安置老弱病残干部的暂行办法》的决议（1978）

附：国务院关于安置老弱病残干部的暂行办法

4. 全国人民代表大会常务委员会批准《国务院关于劳动教养的补充规定》的决议（1979）

附：国务院关于劳动教养的补充规定

5. 全国人民代表大会常务委员会关于批准《国务院关于老干部离职休养的暂行规定》的决议（1980）

附：国务院关于老干部离职休养的暂行规定

6. 中华人民共和国海洋环境保护法（1982 年，1999 年修订）

7. 中华人民共和国水污染防治法（1984 年，1996 年修正、2008 年修订）

8. 中华人民共和国兵役法（1984 年，1998 年修正）

9. 中华人民共和国药品管理法（1984 年，2001 年修订）

10. 中华人民共和国外国人入境出境管理法（1985）

11. 中华人民共和国公民出境入境管理法（1985）

12. 中华人民共和国义务教育法（1986 年，2006 年修订）

13. 中华人民共和国国境卫生检疫法（1986 年，2007 年修正）

14. 中华人民共和国大气污染防治法（1987 年，1995 年修正、2000 年修订）

15. 中华人民共和国传染病防治法（1989 年，2004 年修订）

16. 中华人民共和国环境保护法（1989）

17. 中华人民共和国归侨侨眷权益保护法（1990 年，2000 年修正）

18. 中华人民共和国教师法（1993）

19. 中华人民共和国城市房地产管理法（1994 年，2007 年修正）

20. 中华人民共和国母婴保健法（1994）

21. 中华人民共和国监狱法（1994）

22. 中华人民共和国人民警察法（1995）

23. 中华人民共和国教育法（1995）

24. 中华人民共和国体育法（1995）

25. 中华人民共和国固体废物污染环境防治法（1995 年，2004 年修订）

26. 中华人民共和国食品卫生法（1995）

27. 中华人民共和国行政处罚法（1996）

28. 中华人民共和国律师法（1996 年，2001 年修正、2007 年修订）

29. 中华人民共和国职业教育法（1996）

30. 中华人民共和国环境噪声污染防治法（1996）
31. 中华人民共和国行政监察法（1997）
32. 中华人民共和国建筑法（1997）
33. 中华人民共和国献血法（1997）
34. 中华人民共和国防震减灾法（1997）
35. 中华人民共和国消防法（1998）
36. 中华人民共和国执业医师法（1998）
37. 中华人民共和国高等教育法（1998）
38. 中华人民共和国行政复议法（1999）
39. 中华人民共和国气象法（1999）
40. 中华人民共和国国家通用语言文字法（2000）
41. 中华人民共和国防沙治沙法（2001）
42. 中华人民共和国人口与计划生育法（2001）
43. 中华人民共和国环境影响评价法（2002）
44. 中华人民共和国民办教育促进法（2002）
45. 中华人民共和国居民身份证法（2003）
46. 中华人民共和国放射性污染防治法（2003）
47. 中华人民共和国行政许可法（2003）
48. 中华人民共和国道路交通安全法（2003 年，2007 年修正）
49. 中华人民共和国治安管理处罚法（2005）
50. 中华人民共和国公证法（2005）
51. 中华人民共和国突发事件应对法（2007）
52. 中华人民共和国禁毒法（2007）

四　经济法

1. 中华人民共和国动物防疫法（1997 年，2007 年修订）
2. 中华人民共和国防洪法（1997）
3. 中华人民共和国节约能源法（1997 年，2007 年修订）
4. 中华人民共和国农产品质量安全法（2006）

五　社会法

1. 全国人民代表大会常务委员会关于批准《国务院关于工人退休、退职的暂行办法》的决议（1978）

附：国务院关于工人退休、退职的暂行办法

2. 全国人民代表大会常务委员会关于批准《国务院关于职工探亲待遇的规定》的决议（1981）

附：国务院关于职工探亲待遇的规定

3. 中华人民共和国残疾人保障法（1990）

4. 中华人民共和国未成年人保护法（1991 年，2006 年修订）

5. 中华人民共和国工会法（1992 年，2001 年修正）

6. 中华人民共和国妇女权益保障法（1992 年，2005 年修正）

7. 中华人民共和国矿山安全法（1992）

8. 中华人民共和国红十字会法（1993）

9. 中华人民共和国劳动法（1994）

10. 中华人民共和国老年人权益保障法（1996）

11. 中华人民共和国预防未成年人犯罪法（1999）

12. 中华人民共和国公益事业捐赠法（1999）

13. 中华人民共和国职业病防治法（2001）

14. 中华人民共和国安全生产法（2002）

15. 中华人民共和国劳动合同法（2007）

16. 中华人民共和国就业促进法（2007）

17. 中华人民共和国劳动争议调解仲裁法（2007）

六　刑法

中华人民共和国刑法（1979 年，1997 年修订）

中华人民共和国刑法修正案（1999）

中华人民共和国刑法修正案（二）（2001）

中华人民共和国刑法修正案（三）（2001）

中华人民共和国刑法修正案（四）（2002）

中华人民共和国刑法修正案（五）（2005）

中华人民共和国刑法修正案（六）（2006）

七　诉讼与非诉讼程序法

1. 中华人民共和国刑事诉讼法（1979 年，1996 年修正）

2. 全国人民代表大会常务委员会关于对中华人民共和国缔结或者参加的国际条约所规定的罪行行使刑事管辖权的决定（1987）

3. 中华人民共和国行政诉讼法（1989）
4. 中华人民共和国民事诉讼法（1991 年，2007 年修正）
5. 中华人民共和国仲裁法（1994）
6. 中华人民共和国海事诉讼特别程序法（1999）
7. 中华人民共和国引渡法（2000）